XAVIER BERTRAND

DU MÊME AUTEUR

Tariq Ramadan, histoire d'une imposture, Flammarion, 2020.

Banquier. Un Suisse dans le grand banditisme, entretiens avec François Rouge, La Manufacture de livres, 2015.

Notre ami Bernard Tapie, L'Archipel, 2015.

Sarko & Cie. La République des copains et des réseaux, L'Archipel, 2013.

Les Bettencourt, derniers secrets, L'Archipel, 2013.

L'Affaire Ségalat, ou la présomption de culpabilité, Éditions du Belvédère, 2013.

Et si la Suisse ne servait plus à rien ?, Larousse, 2010.

L'Énigme Oussama Ben Laden, Payot, 2008.

La Vérité sur Tariq Ramadan : sa famille, ses réseaux, sa stratégie, Favre, 2007.

Quid du canton de Genève ?, Connaissance et Communication, 2003.

Les Guyanais, Français en sursis ?, Entente, 1979.

IAN HAMEL

XAVIER BERTRAND
L'OBSTINÉ

l'Archipel

Cet ouvrage constitue une édition revue et augmentée
de *Xavier Bertrand, les coulisses d'une ambition*,
paru en 2010 aux éditions de l'Archipel.

Notre catalogue est consultable à l'adresse suivante :
www.editionsarchipel.com

Éditions de l'Archipel
92, avenue de France
75013 Paris

ISBN 978-2-8098-4152-7

À Lorette

Avant-propos

« Xavier Bertrand, président de la République ? Les ténors de la classe politique française risquent de hausser les épaules ou de pouffer de rire. N'est-il pas trop petit, trop gros, trop plouc, trop lèche-bottes ? » Voilà ce que j'écrivais, en février 2010, en ouverture de la première edition de ce livre.

Je me souviens aussi de la réaction du socialiste Benoît Hamon, futur candidat à l'élection présidentielle de 2017, croisé par hasard sur un marché dans le département de l'Ain : « Un livre sur Xavier Bertrand ? Quelle drôle d'idée ! Vous feriez mieux de vous intéresser à Jean-François Copé. »

Je ne suis pas devin, mais il y a une décennie, on pouvait déjà saisir que l'ancien assureur de mobylettes à Flavy-le-Martel, dans l'Aisne, ne resterait pas indéfiniment aux services d'un puissant. À l'époque, Xavier Bertrand avait gagné à Paris le surnom de « chouchou » de Nicolas Sarkozy. Mais dans sa ville, à Saint-Quentin, ses proches me confiaient qu'en réalité il supportait mal le chef de l'État. Pour preuve, le soir même de sa défaite en 2012, il le dénigrait déjà auprès des journalistes.

Cette année-là, le maire de Saint-Quentin s'est mis une fois pour toutes à son compte. D'abord modestement, dans sa sous-préfecture, loin des projecteurs. Ce qui ne l'a pas empêché d'enfanter La Manufacture, à la fois boîte à idées et micro-parti, afin de financer ses lointaines ambitions présidentielles. Sa course vers l'Élysée n'a pris l'ascenseur qu'en 2015 avec sa victoire sur Marine Le Pen aux élections régionales des Hauts-de-France, nés de la fusion du Nord-Pas-de-Calais et de la Picardie, grâce au désistement de la gauche en sa faveur. D'un seul coup, Xavier Bertrand devient, pour nombre de Français, le champion de la lutte contre l'extrême droite. Ils ignorent qu'en 1998, deux cents manifestants occupaient la mairie de Saint-Quentin pour protester contre la présence de Charles Bauer, conseiller municipal qui avait conservé la présidence de la région Picardie grâce aux voix du Front national. Xavier Bertrand, adjoint au maire et franc-maçon, membre du Grand Orient de France, avait gardé le silence.

Devenu secrétaire général de l'UMP, il côtoie presque quotidiennement Patrick Buisson, le très droitier conseiller de Nicolas Sarkozy à l'Élysée, ancien rédacteur en chef de l'hebdomadaire *Minute*. Dans *Histoire secrète de la droite française*, Gérard Davet et Fabrice Lhomme révèlent que c'est Xavier Bertrand, au nom de l'UMP, qui lui a signé un très juteux contrat de conseil[1]. Enfin, qui figure sur ses listes aux élections régionales de 2015, comme de 2021 ? Guy Harlé d'Ophove, le patron des chasseurs, ancien conseiller régional et ancien secrétaire fédéral du FN de l'Oise.

La cote de popularité de Xavier Bertrand n'en a pas souffert. Il a été facilement réélu en juin 2021 à la tête

1. Gérard Davet, Fabrice Lhomme, *Histoire secrète de la droite française*, Fayard/Pluriel, mars 2021, p. 120.

des Hauts-de-France, malgré une improbable offensive du président de la République qui lui a envoyé un commando de cinq ministres – dont ceux de l'Intérieur et de la Justice – pour tenter de lui barrer la route. Xavier Bertrand est aujourd'hui l'homme de droite le plus populaire, capable de faire dérayer le duo Macron-Le Pen à l'élection présidentielle de 2022. Son bilan à la tête des Hauts-de-France n'a pourtant rien d'exceptionnel. En février 2021, le rapport de la Cour des comptes a même descendu en flèche sa politique de l'emploi. La région serait incapable de fournir des d'outils pour « évaluer si les aides ont permis ou accéléré le retour à l'emploi[1] »...

Xavier Bertrand a été un ministre de la Santé et du Travail bûcheur et efficace sous les présidents Chirac et Sarkozy. Une décennie plus tard, c'est la déconvenue : l'ancien maire de Saint-Quentin est devenu le roi de la communication, accro aux caméras, préférant le « faire savoir » au « faire ». Certes, il est resté un bourreau de travail, labourant quotidiennement les cinq départements de sa région, avalant des milliers de kilomètres. « Mais à côté de cela, il n'a aucune vision. C'est le vide sidéral. Il n'a pas écrit une ligne sur ce que sera la région dans vingt ans. Il est incapable de se projeter dans l'avenir », déplore Benoît Guittet, cadre et ancien délégué syndicat CFDT à la région. Véronique Malengé, ancienne chef de cabinet au conseil régional du Nord-Pas-de-Calais, assure que, pour survivre à l'arrivée de Xavier Bertrand, « les fonctionnaires ont souvent été obligés de ne plus réfléchir. Les cerveaux ont rejoint les placards ». Quant aux syndicats, ils dénoncent un élu dictatorial et fort peu social.

---

1. « Mobilité et accès à l'emploi. La région Hauts-de-France : une illustration des enjeux nationaux », Cour des comptes, février 2021.

Le « petit gros » n'est plus du tout un « bon gros ». L'ancien secrétaire général de l'UMP est un tueur froid et méthodique. Sans affect, il a servi tour à tour Philippe Séguin, Alain Juppé, Jean-Pierre Raffarin, Dominique de Villepin et Nicolas Sarkozy. François Baroin, peu pressé de poser sa candidature à l'élection présidentielle, l'a côtoyé au gouvernement. Il assure que « tous ceux qui ont été ministres en même temps que lui sont maintenant contre lui ». Quant à Michel Barnier, qui pourrait être tenté par l'aventure, il se souvient de ses "saloperies » : « Aux élections européennes de 2009, j'étais tête de liste en Île-de-France. Il était secrétaire général de l'UMP et en profitait pour me balancer des peaux de bananes. »

À Saint-Quentin, ses adversaires, de gauche comme d'extrême droite, dénoncent ses coups tordus presque à chaque élection. Xavier Bertrand aurait fait recouvrir ses propres affiches électorales et inspiré un tract mettant en cause sa vie privée à dessein de discréditer l'opposition. Le socialiste Jean-Pierre Balligand, ancien président du conseil général de l'Aisne, assure qu'il l'a appelé pour l'encourager à faire battre dans le sud de l'Aisne un candidat UMP qui ne lui convenait pas. Certes, la politique n'est pas le monde des Bisounours. Malgré tout, comme le déclarait son ancien ami Jérôme Lavrilleux après avoir été froidement écarté de la mairie de Saint-Quentin : « Il y a des choses qui ne se pardonnent pas. La fin ne justifie pas les moyens. »

Alors, peut-on faire confiance à Xavier Bertrand ? Son honnêteté n'a jamais été mise en cause. On ne lui connaît pas de casserole. Mais, pour le reste, le Picard demeure l'un des personnages les plus mystérieux de la République. A-t-il seulement une vraie passion dans la vie, autre que la politique et hormis une vie privée mouvementée ? Non seulement il ne se livre pas, mais rien, chez lui, n'est jamais spontané. Tout est préparé, même ses blagues. « Il flirte avec l'insincérité. [...] Ses colères sont parfois surjouées », reconnaît un député parmi ses soutiens[1]. Avant, Xavier Bertrand ne mettait jamais de cravate, pour « faire peuple » ; depuis l'annonce de sa candidature, il en porte systématiquement une, pour « faire président », et appelle les journaux pour s'assurer qu'elle soit bien visible sur les photos.

Mais il y a plus préoccupant : le candidat nordiste à l'élection présidentielle n'a de social que le vocabulaire. Son programme, en revanche, flirte avec la droite de la droite. Plus inquiétant, Xavier Bertrand décide de tout, tout seul. Ses adjoints à la mairie de Saint-Quentin, comme ses vice-présidents du conseil régional, ne font que de la figuration. « C'est un homme d'écoute, mais qui ne change pas d'avis », ironisent les syndicalistes. Plus grave enfin, que veut-il pour la France ? Des élus, des technicens, des hommes de bonne volonté ont tenté de l'intéresser à des sujets majeurs tels que l'éducation, l'écologie, l'international. Peine perdue. Ils l'ont quitté catastrophés. « L'Europe ? L'Afrique ? Le réchauffement climatique ? Ça ne l'intéresse pas. Il n'est que dans le marketing », déplore un député, incapable de définir ce que pourrait être le « bertrandisme ».

Tentons d'y voir plus clair...

---

1. Paul Chaulet, Éric Mandonnet, « Les équations de Xavier Bertrand », *L'Express*, 1er juillet 2021.

1

Première élection, première défaite

Février 1989, Jacques Braconnier, le sénateur-maire RPR de Saint-Quentin, sous-préfecture de l'Aisne, présente à la presse sa liste pour les élections municipales. « On ne change pas une équipe municipale qui, globalement, a réussi », annonce-t-il. L'édile de la sous-préfecture de l'Aisne repart en campagne avec les mêmes adjoints ou presque. Il n'y a que deux nouveaux : un ingénieur de soixante-trois ans et Xavier Bertrand, vingt-quatre ans. Pour la photo, le maire est assis au premier rang, Xavier Bertrand se tient sagement debout derrière lui, à sa droite. Il affiche l'air sérieux d'un premier communiant. C'est son premier combat électoral. Mais ce n'est plus tout à fait un néophyte en politique. Assistant parlementaire de Jacques Braconnier depuis deux ans, le jeune homme est déjà délégué départemental des jeunes RPR de l'Aisne.

Souvenirs amers d'un directeur de campagne

Jacques Braconnier est un vieux routier de la politique. Né en 1924, cet ancien résistant, marchand de meubles de profession, poursuit un incessant chassé-croisé avec le communiste Daniel Le Meur, ancien ouvrier métallurgiste, dans la plus pure tradition des débuts de la Ve République, gaullistes contre communistes. « C'étaient des adversaires que nous respections et qui nous respectaient. Les coups bas sont arrivés après, avec les socialistes », assure Xavier Bertrand. Siège de Motobécane (devenu MBK en 1983), le constructeur de scooters, de motos et de moteurs hors-bord, Saint-Quentin est alors une ville ouvrière, lourdement pénalisée par le chômage. Jacques Braconnier a remporté les élections municipales de 1971, perdu celles de 1977. L'année suivante, il est encore battu par Daniel Le Meur aux élections législatives. Le gaulliste reprend la municipalité en 1983. En juin 1988, Daniel Le Meur conserve facilement son siège de député. L'issue du combat s'annonce incertaine.

À quelle famille gaulliste se rattache Jacques Braconnier ? « C'était un gaulliste social, progressiste, sans aucun doute. En 1974, il était resté fidèle à Chaban-Delmas et n'avait pas suivi Jacques Chirac. Il était proche d'Olivier Guichard », confie Xavier Bertrand. D'autres évoquent des liens profonds avec l'ancien Premier ministre Michel Debré. Braconnier a pu, un temps, entrevoir une carrière ministérielle, un poste de secrétaire d'État. Pierre Messmer, alors Premier ministre, lui confie une mission sur la sécurité routière. Comble de malchance, un accident de voiture un soir, sur un passage protégé, anéantit ses ambitions nationales.

Lors de sa conférence de presse, Jacques Braconnier rappelle que l'emploi reste sa préoccupation principale.

« Entre 1983 et 1989, nous avons stoppé l'hémorragie et certaines entreprises ont été reprises », dit-il, assurant que « Saint-Quentin a tourné le dos au déclin et repris confiance en son avenir ». L'avenir ne lui a guère donné raison. En 1975, la population s'élevait à 67 000 habitants, la sous-préfecture ne compte plus en 2017 que 53 816 âmes. Quant à la situation économique, elle n'a jamais été au beau fixe, y compris sous le mandat de Xavier Bertrand, de 2010 à 2016. Le taux de chômage frappe 12 % de la population active. « Quand il était ministre du Travail, Xavier Bertrand n'a pas attiré une seule entreprise à Saint-Quentin ! Amazon a préféré s'implanter près d'Amiens, créant six cents emplois en trois ans. L'agglomération du Saint-Quentinois se gargarise en se qualifiant de "Territoire robonumérique d'excellence", de "future Silicon Valley". Ce n'est, hélas, que de la poudre aux yeux », déplore le communiste Olivier Tournay, conseiller municipal d'opposition[1]. Saint-Quentin se retrouve aujourd'hui en tête des villes de France où l'immobilier est les plus abordable, devant Niort et Montauban, avec un prix au mètre carré en dessous de mille euros[2]. Mais est-ce vraiment une nouvelle réjouissante ?

En 1989, le sénateur-maire RPR a soixante-cinq ans. Il sent que la partie va se jouer sur le fil. En 1983, il n'a gagné qu'avec 50,9 % des suffrages. En 1988, au second tour des élections présidentielles à Saint-Quentin, François Mitterrand a écrasé Jacques Chirac, avec 62 % des voix. Cette fois, Braconnier doit combattre trois listes. Celle de son ennemi traditionnel, le communiste

1. Entretien avec l'auteur, Saint-Quentin, novembre 2020.
2. Baptiste Legout, « Palmarès familles 2021 : les villes où l'immobilier est abordable », *Le Figaro immobilier*, 3 mars 2021.

Daniel Le Meur, mais aussi à droite, le Front national ainsi qu'une association des démocrates, conduite par un dissident, un médecin, membre de sa propre équipe municipale. Nettement distancé au premier tour, le gaulliste historique ne s'incline finalement que de justesse, de huit cents voix, au second tour. Pour son baptême du feu, Xavier Bertrand essuie sa première défaite. Lorsque *L'Express*, en 2008, lui demande d'évoquer son souvenir politique personnel le plus douloureux, il répond sans hésiter : « la défaite aux municipales de Saint-Quentin en 1989 ».

Trois décennies plus tard, Xavier Bertrand n'oublie rien. Quand il évoque cet échec, il abandonne cet air « gentil » qu'il adopte souvent en public. « Je me souviens parfaitement de ceux qui m'ont rendu responsable de la défaite », lâche-t-il. Cet échec l'a beaucoup affecté. Il y revient fréquemment dans les interviews. « Quand je deviens à vingt-deux ans directeur de cabinet du sénateur-maire de Saint-Quentin, Jacques Braconnier, tout le monde me prédit une carrière brillante et fulgurante. Moins de deux ans après, je dirige sa campagne aux municipales, nous perdons et je suis désigné comme le responsable de tout. Le fait de connaître une défaite au tout début a été un élément fondateur de mon parcours politique », commente-t-il en 2012 dans *L'Express*[1]. Certains anciens adjoints de Jacques Braconnier minimisent le rôle joué par Xavier Bertrand durant la campagne de 1989. Même s'ils reconnaissent, dès cette époque, sa capacité de travail, son dynamisme, son bouillonnement d'idées. Mais, à vingt-quatre ans, « il n'était certainement pas le patron

1. Éric Mandonnet et Benjamin Sportouch, « Xavier Bertrand : "Je ne veux pas d'une droite dure avec les faibles" », *L'Express*, 21 novembre 2012.

de la droite saint-quentinoise. D'ailleurs, trente ans plus tard, il ne parvient toujours pas à y faire la pluie et le beau temps[1] », remarque, acide, Vincent Savelli, ancien adjoint de Jacques Braconnier et toujours conseiller municipal.

Jacques Braconnier disparaît le 15 décembre 1999. « En devenant l'assistant parlementaire de mon mari à vingt-deux ans, Xavier Bertrand a tout de suite été jalousé. Certains craignaient qu'à la succession de Jacques Braconnier, on saute une génération », raconte la veuve de l'ancien sénateur-maire de Saint-Quentin. « En raison de la différence d'âge, Xavier n'était pas le fils, mais le petit-fils politique de Jacques Braconnier. C'était aussi mon gamin[2] », nous avait confié Marianne Braconnier, sa veuve, en 2009. Encore aujourd'hui, l'ancien ministre de Nicolas Sarkozy rend hommage à l'ancien maire à l'occasion de l'anniversaire de sa disparition, en décembre, rappelant que « si Jacques Braconnier ne lui avait pas donné sa chance, il ne serait pas président des Hauts-de-France ». Le parc naturel de 48 hectares au cœur de la ville a pris le nom de Parc d'Isle-Jacques-Braconnier. Toutefois, les relations ne semblent plus aussi bonnes entre la veuve de l'ancien maire et Xavier Bertrand. Dans un article paru en 2014 dans *Marianne*, celle-ci le qualifie de « carriériste » et ajoute : « Xavier Bertrand est quelqu'un avec qui les rapports sont beaucoup plus froids, il est un peu sans état d'âme[3]... »

Pour Xavier Bertrand, la traversée du désert n'est que de courte durée. Très vite, le patron des jeunes

1. Entretien avec l'auteur, Saint-Quentin, novembre 2020.
2. Entretien avec l'auteur, Saint-Quentin, mars 2009.
3. Mathias Destal et Laureline Dupont, « La Saint-Quentin connection », *Marianne*, 11 juillet 2014.

RPR axonais s'impose comme le leader de l'opposition au conseil municipal de Saint-Quentin. En mai 1989, moins de deux mois après les élections, il attaque le nouveau maire, Daniel Le Meur, qui vient de créer deux emplois de secrétaire général adjoint et six emplois de chargés de missions. Xavier Bertrand dénonce la « régularité limite » de l'opération, les crédits n'étant ajoutés qu'au budget supplémentaire. « Et entre-temps ? », lance le jeune conseiller municipal d'opposition. Daniel Le Meur, dinosaure du PCF, contre-attaque : La droite n'a-t-elle pas, elle aussi « jugé utile de créer des postes de contractuels » ? Réplique cinglante du jeune loup de droite : « Il faut comparer ce qui est comparable. Quinze postes en six ans pour l'ancienne municipalité, onze en deux mois pour l'actuelle ! » C'est clair, précis : Xavier Bertrand a bûché le dossier.

« Nous étions douze élus de droite et je dois le reconnaître, Xavier Bertrand était l'adversaire le plus coriace du maire communiste. Il avait déjà un bagout extraordinaire et il ne lâchait pas le morceau », raconte Vincent Savelli. Même son de cloche de la part de Pierre André, maire UMP de Saint-Quentin de 1995 à 2010 : « Xavier Bertrand s'est rapidement imposé comme le patron de l'opposition. Il ne cessait de mordiller les mollets de Le Meur[1]. » Loin de se contenter de contrer l'élu communiste lors des conseils municipaux, il assiste à toutes les réunions de quartier organisées par le maire. « J'ai lancé une commission baptisée "vie locale", dans laquelle j'expliquais aux militants notre action, et ce que faisait la mairie », confie l'ancien secrétaire général de l'UMP.

1. Entretien avec l'auteur, Paris, mars 2009.

Arrivée à Saint-Quentin en 1978

Mais d'où vient cette passion dévorante pour la chose publique ? À Paris, on prétend parfois, avec condescendance, qu'en province les jeunes s'ennuient tellement qu'ils se jettent à corps perdu dans la politique, à seule fin d'échapper aux soirées télé et aux repas de famille. Ce n'est pas le cas de Xavier Bertrand. La flamme s'allume très tôt dans le cœur de ce fils de cadre moyen. Il a le déclic pendant la campagne présidentielle de 1981, qui oppose Valéry Giscard d'Estaing, François Mitterrand et Jacques Chirac. Il a tout juste seize ans et se dit estomaqué par le « charisme » et l'« énergie » du patron du mouvement gaulliste. Scotché devant son poste de télévision, il lit tout ce qui se rapporte à cette campagne et croit dur comme fer à « cette troisième voie entre Giscard et Mitterrand ». Il s'est découvert une vraie passion : la politique. « N'aimant pas faire comme tout le monde[1] », l'adolescent choisit la droite, au moment où la France bascule à gauche pour la première fois sous la Vᵉ République, avec la victoire de François Mitterrand au second tour de l'élection présidentielle.

Cet engagement, Xavier Bertrand le prend seul. Chez les Bertrand, ni le père, Jean-Pierre, directeur d'agence bancaire à la Société générale, ni la mère, Madeleine, née Bedin, employée de banque, ne parlent politique à table. En revanche, ils manifestent quelque sympathie pour le mouvement gaulliste. Lors de l'élection présidentielle de 1974, ils ont voté pour Jacques Chaban-Delmas au premier tour et pour Valéry Giscard d'Estaing au second.

Xavier René Louis Bertrand a vu le jour le 21 mars 1965 à Châlons-sur-Marne, rebaptisée depuis

1. « Vivement Dimanche », France 2, février 2009.

Châlons-en-Champagne. Il est Bélier. Pour ceux qui attachent de l'importance à l'astrologie, le natif de ce signe serait « impatient, courageux, impulsif. Il est souvent d'un tempérament dominateur et n'apprécie pas la contradiction ». Ses grands-parents viennent de Vitry-le-François, sous-préfecture de la Marne. Plusieurs membres de sa famille sont assureurs, notamment son grand-père. Jean-Pierre Bertrand a envisagé d'embrasser cette profession, avant de se tourner vers la banque.

Est-ce par pudeur ? Xavier Bertrand n'est pas bavard sur son enfance et sur sa famille. Il a même verrouillé les archives et jeté la clé. Tout juste apprend-on qu'à quatre ans, en vacances chez ses grands-parents, il se souvient d'avoir suivi en direct à la télévision les premiers pas de l'homme sur la Lune. Son héros préféré devant le petit écran ? Thierry la Fronde. « Peut-être à cause de ce côté "frondeur" qui me plaisait bien », explique-t-il[1]. Le petit Xavier a droit à deux rituels dans la semaine : « Le film du dimanche soir et les émissions pour les enfants, à l'époque le jeudi, avec mes rendez-vous préférés : *Rintintin* et *Poly.* »

C'est quand il parle de programmes télévisés que le président des Hauts-de-France se montre le plus loquace sur ses premières années. Il confie à *Télé Loisirs* qu'un jour il a été puni et privé de télé. Une tragédie : le film *Cartouche* passait justement ce soir-là. « J'avais rampé en cachette derrière le canapé, au fond de la pièce. Je me souviens que j'avais gardé mes chaussettes pour ne pas faire de bruit. » Les moments les plus marquants, toujours devant le petit écran ? La victoire de Guy Drut à Montréal, au cent dix mètres haies, et celle de Yannick Noah en 1983 à Roland Garros. Le pudique Xavier Bertrand n'est pas Rachida Dati,

---

1. « Xavier Bertrand : "Je ne regarde la télévision qu'après minuit" », *Télé Loisirs*, 2 juin 2008.

ex-Garde des Sceaux, capable d'évoquer à six reprises la naissance de sa fille Zohra au cours d'une interview. Tout en prétendant, dans le même entretien, qu'elle ne met jamais en avant sa vie privée. Jusqu'à une date très récente, personne n'aurait imaginé Xavier Bertrand embarquer une journaliste de *Gala* avec lui ou posant en maillot de bain dans *Voici*. Mais, depuis l'annonce de sa candidature, le Picard se lâche, tenant Vanessa Williot, sa jeune épouse, par la main, et l'embrassant en public sur la bouche.

Candidat à l'élection présidentielle de 2022, Xavier Bertrand va-t-il céder à la “peopolisation” et étaler au grand jour sa vie privée ? Il y a douze ans, Bernard Sananès, alors directeur général de la société de conseil en communication Euro RSCG, qui comptait Xavier Bertrand parmi ses clients (ainsi que Valérie Pécresse et Laurent Wauquiez), n'y croyait pas : « Non, ce n'est vraiment pas son truc. Il ne confond pas personnalisation et “peopolisation”. Xavier Bertrand travaille sur le durable. Il a refusé à *Paris Match* de faire des photos chez lui. Faire des coups de communication, ce n'est pas très difficile. Mais qu'en reste-il ensuite[1] ? » Le candidat à l'élection présidentielle le dit clairement : « Quand un magazine me dit : “On vient chez vous ou autrement il n'y a pas de couverture”, je réponds : “Rien, tant pis.” C'est pareil pour mes enfants, il n'est pas question de les exposer. » Même son de cloche de son ami Jean-François Rapin, sénateur du Pas-de-Calais et conseiller régional des Hauts-de-France : « Xavier va garder la même ligne et rester très discret sur sa vie privée. Ses amis ne se prêteront pas non plus au jeu. Pas question de raconter que nous avons fait la fête ensemble[2] », assure le parlementaire, membre des Républicains.

1. Entretien avec l'auteur, Suresnes, juin 2009.
2. Entretien avec l'auteur, Paris, février 2021.

On sait seulement que les parents de Xavier Bertrand étaient très jeunes quand il est venu au monde et que sa jeune sœur, Vanessa, a travaillé au Club Med. Pour le reste, l'ancien maire de Saint-Quentin n'évoque jamais ses rapports avec ses parents. Par pudeur, ou cache-t-il une blessure profonde ? Interrogé sur la question, Jean-Jacques Moscovitz, psychanalyste et neuropsychiatre, précise d'emblée qu'il ne connaît pas Xavier Bertrand et qu'il ne se permet pas de porter le moindre jugement sur lui. « Je n'émets que des idées très générales. On constate effectivement que certains patients occultent leurs parents pour masquer des manques. C'est une stratégie de défense. On peut penser que quelque chose, à ce moment-là, cherche à se dire. Ce sont souvent des personnes qui n'ont pas une véritable aisance, qui veulent nous dire (est-ce vécu ou réel ?) qu'ils ne savent pas bien où est leur place[1]. »

Jean-Pierre Bertrand, le père de Xavier, débute comme guichetier dans une banque. Il s'élève par les cours du soir jusqu'à devenir cadre supérieur. « L'ascension sociale existait alors et le petit Xavier, qui vécut un temps en HLM, n'oubliera pas leçon. Chacun doit pouvoir s'élever », écrit le magazine *Challenges*[2]. Cela ne fait pas pour autant de Xavier Bertrand un « enfant du peuple », comme il ne cesse de le répéter depuis l'annonce de sa candidature à l'élection présidentielle. À *Valeurs actuelles*, il déclare en mai 2021 : « J'ai toujours subi les quolibets de mon camp, cela ne m'a pas empêché d'avancer. Je viens du peuple et je souhaite plus que tout au monde ramener l'électorat populaire

1. Jean-Jacques Moscovitz, Yann de l'Écotais, *Psychanalyse d'un président*, L'Archipel, mai 2008. Entretien avec l'auteur, avril 2009.
2. Nicolas Domenach, « Affamé », *Challenges*, 10 décembre 2020.

vers la droite[1]. » De « directeur de banque », le père de Xavier Bertrand est dorénavant rétrogradé, selon les dires de son fils, en « employé en banque ». Dorénavant, le candidat à l'élection présidentielle affirme avoir passé « une partie de son enfance en HLM ». Ce n'est pas le souvenir que conservent ses plus anciens camarades[2].

Responsable commercial au sein de la Société générale Asset Management, Jean-Pierre Bertrand n'a bénéficié qu'une seule fois des honneurs de la presse nationale. En décembre 2009, il poursuit aux prud'hommes son ancien employeur, lui réclamant 250 000 euros d'indemnités et des dommages-intérêts pour l'avoir prié de prendre la porte après quarante et un ans de bons et loyaux services. Jean-Pierre Bertrand explique qu'il a laissé son fils, ancien ministre du Travail, en dehors de ce conflit[3].

Disons-le nettement : Xavier Bertrand n'a été un enfant ni délaissé, ni mal-aimé. « Je n'ai jamais connu la cantine. Je rentrais tous les midis pour déjeuner à la maison. Et en vacances, mes parents ne m'ont jamais mis dans une colonie de vacances », confie-t-il. Ce n'est que tout récemment que l'on a découvert que ses parents, dans les années 1970, l'emmenaient l'été en Corse. Et qu'« il y est retourné plus tard avec sa seconde épouse, originaire de Lumio, un village de Balagne[4]. » « Je n'ai pas de revanche sociale à prendre. J'étais heureux », précise-t-il sur CNews le 28 mars 2021. C'est donc un choc quand

1. Jules Torres, « Bertrand, la présidentielle par la face nord », *Valeurs actuelles*, 13 mai 2021.

2. Christine Ollivier, « Valérie Pécresse à l'assaut de Xavier Bertrand », *Le Journal du dimanche*, 25 juillet 2021.

3. Maxime Goldbaum, « Le père de Xavier Bertrand aux prud'hommes », *Le Parisien*, 3 décembre 2009.

4. François Tonneau, « Comment Xavier Bertrand est devenu un homme du Sud », www.lepoint.fr, 1er août 2021.

il se retrouve seul, à dix-huit ans, surveillant dans un lycée technique à Laon, préfecture de l'Aisne, pour payer ses études supérieures. Bernard Delaire, préparateur en pharmacie à Saint-Quentin et cofondateur de Quintinus, une association de défense du patrimoine, est un très ancien ami de Xavier Bertrand. Il confirme que ce dernier ne parle jamais de ses parents. « Mais je sais qu'il est en bons termes avec eux[1] », confie-t-il. Même appréciation de Francis Normand, coordinateur des premières campagnes électorales de Xavier Bertrand : « J'ai dû entrevoir ses parents en tout et pour tout à deux reprises, dont une fois dans les locaux de FR3 à Amiens, quand Xavier a été élu député. J'ai le souvenir de gens simples[2]. »

Xavier Bertrand se lâche un peu lorsqu'il annonce sa candidature dans *Le Point* en mars 2021. « Enfant, j'ai vu mon père, employé de banque, travailler dur à la maison le soir et le week-end pour passer des examens professionnels et gravir les échelons. Sa détermination m'a marqué. À l'époque, nous habitions dans un HLM à Troyes et il y faisait bon vivre. Je viens du peuple[3] », assure-t-il. « Après l'interview que nous a accordée Xavier Bertrand, nous avons déjeuné ensemble, souligne Sébastien Le Fol, directeur de la rédaction du *Point*. Ce qui m'a frappé chez lui, c'est la manière dont il parle de son père, employé de banque devenu cadre grâce aux cours du soir. Il vient de cette France persévérante, besogneuse, qui s'élève en travaillant dur, en souffrant[4]. »

1. Entretien avec l'auteur, Saint-Quentin, mai 2009.
2. Entretien avec l'auteur, Saint-Quentin, mai 2009. Francis Normand est décédé en 2017.
3. Sébastien Le Fol, Nathalie Schuck, « Xavier Bertrand : "Je serai candidat" », *Le Point*, 25 mars 2021.
4. Entretien avec l'auteur, avril 2021.

Au hasard des mutations professionnelles, la famille Bertrand s'installe d'abord à Troyes, dans l'Aube, puis à Saint-Quentin en 1978. Son père a refusé une affectation à Longwy. « Saint-Quentin, c'était le Nord pour nous. Dans la Marne, les maisons sont souvent en torchis, en Picardie, c'est la brique qui domine », se souvient le futur ministre. Aux portes de la sous-préfecture, Xavier Bertrand déchiffre un panneau vantant la plage et les pastels de Saint-Quentin : un héritage du Saint-Quentinois Maurice Quentin de La Tour, portraitiste de Louis XV. Quant à la plage, elle se résume à un modeste lieu de baignade sur l'Étang d'Isle. « J'ai aussitôt demandé à mes parents l'autorisation d'aller me baigner. Ma déception a été grande en découvrant le site », raconte le futur « inventeur » de Saint-Quentin Plage, la première plage urbaine – une idée reprise depuis par Paris et des dizaines d'autres villes européennes.

Xavier Bertrand entre en classe de quatrième au collège Metz. Il poursuit sa scolarité au lycée Pierre-de-La-Ramée, du nom d'un philosophe picard du XVIe siècle. « J'étais plutôt bon élève. À la maison, quand j'étais premier, mes parents ne me disaient rien. En revanche, quand j'étais deuxième, on me le faisait remarquer[1] ». Le futur ministre n'avoue des faiblesses qu'en éducation physique. Xavier Bertrand suit une 2e C, puis une 1e C (mathématiques), mais bifurque ensuite en terminale A4 (lettres, option maths). « J'ai obtenu un 20 sur 20 en maths. En revanche, un 8 sur 20 en français à l'oral m'a fait manquer la mention très bien », regrette-t-il. Il obtient son bac en 1983, avec 14,5 sur 20 de moyenne et une mention bien. Ce « 20 sur 20 en maths », qui contraint l'examinateur à rédiger un rapport justificatif, Xavier Bertrand manque rarement une occasion de le rappeler.

1. « Envoyé spécial », France 2, avril 2009.

« Un jour, on collera mes affiches »

En 1981, Marianne Braconnier organise une sortie à Paris pour un club local de boursicoteurs animé par le père de Xavier Bertrand. La quinzaine de participants sont reçus à l'Hôtel de Ville, puis au Sénat, où les accueille Jacques Braconnier. « C'étaient des Saint-Quentinois, pas des militants. À un moment, les Bertrand ont signalé à mon mari que leur fils attendait dans une brasserie voisine du palais du Luxembourg et qu'il serait très heureux de lui parler », se souvient Marianne Braconnier. Le sénateur de l'Aisne, bon enfant, traverse la rue. Il est tout de suite séduit par ce jeune homme vif, très motivé et qui pose les bonnes questions. Il apprécie aussi « son sens de l'humour », ajoute la veuve de l'ancien sénateur. Dès le lendemain de cette rencontre, Xavier Bertrand, âgé de seize ans, décide de s'investir chez les jeunes RPR.

Arnaud Defremont conserve un excellent souvenir du jeune Xavier : « Nous militions tous les deux chez les jeunes gaullistes. La section locale tournait autour d'un noyau dur de trois à quatre militants. Xavier était incontestablement le plus assidu, le plus motivé[1]. » Il organise des rencontres, des débats, au lycée et dans les cafés. Il prend la parole dans les associations. « C'était déjà un excellent négociateur. Il n'a pas mis longtemps pour devenir le responsable local des jeunes gaullistes, alors que d'autres avaient plus d'ancienneté que lui », note Arnaud Defremont.

Xavier Bertrand devient vite une mine pour la presse locale. Avec lui, il se passe toujours quelque chose. Un jour, il organise un tournoi de football en salle : jeunes RPR contre journalistes, policiers municipaux et anciens

1. Entretien avec l'auteur, février 2009.

du RPR. Un autre, il propose de débattre avec des jeunes socialistes et des jeunes communistes. Aux militants, il parle avec enthousiasme de la dernière université d'été des jeunes gaullistes, où il a pu croiser Jacques Chirac, Charles Pasqua et Alain Juppé. « Xavier Bertrand fait autant figure de copain que de frère spirituel, le rôle du père étant laissé à Jacques Braconnier[1] », écrit le quotidien *L'Union*. Tout sourire, le col de chemise ouvert, le futur président de région trône au milieu du groupe. Dès cette époque, Xavier Bertrand déteste les cravates.

Autre époque, autre comportement. « Son attitude vis-à-vis de la presse a changé. Maire de Saint-Quentin, Xavier Bertrand pouvait être parfois carrément insupportable. Il hurlait à tout propos au téléphone. En fait, il ne supportait pas que *L'Aisne nouvelle* ne soit pas la courroie de transmission de la mairie, ce qu'elle a été autrefois. En revanche, depuis qu'il préside de région et aspire aux plus hautes fonctions, nous n'existons plus guère à ses yeux[2] », constate Samir Heddar, rédacteur en chef de la publication.

Le jeune Xavier Bertrand ne cache déjà pas ses ambitions. Une anecdote marque Arnaud Defremont. Lors d'une élection cantonale, celui-ci part avec son copain Xavier coller les affiches du candidat gaulliste. Par hasard, l'un des jeunes cousins de Xavier Bertrand assiste à la scène et lui demande naïvement s'il s'agit de ses affiches. « Non, ce ne sont pas les miennes, répond-il. Mais j'espère bien qu'un jour on collera *mes* affiches. »

Les élections cantonales de 1985 ont-elles ouvert les yeux des jeunes militants RPR sur les mœurs politiques

1. Dominique Bardet, « Quand les jeunes du RPR jouent aussi à l'éternel retour », *L'Union*, 25 septembre 1989.
2. Entretien avec l'auteur, Saint-Quentin, novembre 2020.

locales ? Dans le canton Saint-Quentin-Nord, mi-citadin mi-rural, Jacques Braconnier parvient à conserver son siège, même s'il est sérieusement accroché par le candidat socialiste. En revanche, dans le canton voisin de Saint-Quentin-Centre, Maxime Hénoque, premier adjoint divers droite de Jacques Braconnier, a la surprise de se voir opposer au premier tour un candidat RPR, Pierre André, directeur général de la chambre de commerce et d'industrie. « J'étais le secrétaire général de la sous-préfecture de Saint-Quentin et j'ai pris ma retraite en 1982, explique Maxime Hénoque. Presque aussitôt, Jacques Braconnier m'a demandé d'être son premier adjoint aux élections municipales de 1983. Quel n'a pas été ma surprise de me retrouver en 1985 aux élections cantonales avec un adversaire RPR contre moi, appartenant au même parti que Jacques Braconnier[1] ! »

Finalement, Maxime Hénoque devance Pierre André de quatre points au premier tour, puis l'emporte au second. Depuis un quart de siècle, l'hostilité entre les deux hommes ne s'est jamais vraiment atténuée. « La vie politique saint-quentinoise, c'est tout sauf le royaume merveilleux de Mickey. Il faut intégrer cette donnée pour comprendre l'excessive dureté de Xavier Bertrand. Si vous lui chiez dans les bottes, il vous flingue instantanément », analyse un élu de la sous-préfecture. Quand à Maxime Hénoque, à l'âge de quatre-vingt-dix-neuf ans, il a eu les honneurs du *Courrier picard* en décembre 2020. Une salle de la sous-préfecture de Saint-Quentin, où il a exercé durant quatre décennies, a été baptisée en son nom[2].

---

1. Entretien avec l'auteur, Saint-Quentin, mai 2009.
2. Nicolas Totet, « Maxime Hénoque à l'orée de ses 100 ans », *Le Courrier picard*, 19 décembre 2020.

2

À dix-huit ans, le choix de Saint-Quentin

Le virus de la politique a également contaminé Vincent Savelli très tôt. Lui, c'était en 1965, à l'occasion de l'élection présidentielle opposant Charles de Gaulle à François Mitterrand. « J'avais un professeur de français qui ne cessait de critiquer le Général. Par réaction, je suis allé voir Jacques Braconnier pour lui demander de coller des affiches de de Gaulle[1] », raconte-t-il avec fougue. À l'époque, les jeunes gaullistes se regroupent au sein de l'Union des jeunes pour le progrès (UJP). Vincent Savelli crée une section à Saint-Quentin. En 1971, à vingt-trois ans (un an de moins que Xavier Bertrand), il est élu conseiller municipal sur la liste de Jacques Braconnier.

Vincent Savelli est aujourd'hui le plus ancien conseiller municipal de Saint-Quentin. « Les raisons de cette assez exceptionnelle longévité ? Sans doute une certaine notoriété. J'ai été pendant trente-sept ans conseiller principal d'éducation au lycée Henri-Martin. J'ai des centaines d'anciens élèves dans la ville[2] », raconte l'élu, fondateur

1. Entretien avec l'auteur, Saint-Quentin, octobre 2008.
2. Entretien avec l'auteur, Saint-Quentin, novembre 2020.

du Rassemblement européen des valeurs (REV), afin de promouvoir l'Europe auprès des jeunes. Aux élections régionales de juin 2021, Vincent Savelli figurait sur la liste conduite par le ministre Laurent Pietraszewski. Une carrière locale bien remplie, mais sans commune mesure avec la progression météorique de Xavier Bertrand, son ancien protégé et aujourd'hui ennemi intime.

Secrétaire de circonscription du mouvement gaulliste pendant dix-huit ans, Vincent Savelli se souvient parfaitement des premiers pas en politique du futur candidat à l'élection présidentielle. « C'était un garçon très intelligent, très actif. Avec déjà un verbe incontestable et un pouvoir de séduction. Bien évidemment, je l'ai encouragé à fond », dit-il. Mais, assassin, il ajoute : « Quant à savoir s'il possède des convictions profondes, je réponds : non, non et non. »

Surveillant dans un lycée technique

Le bac en poche, à dix-huit ans, Xavier Bertrand s'inscrit à la faculté de droit de Reims, à une petite centaine de kilomètres de Saint-Quentin. Il obtient une maîtrise de droit public en quatre ans, puis un diplôme d'études supérieures spécialisées (DESS) d'administration locale, qu'il passe en deux ans, effectuant en même temps son service militaire. « J'avais d'excellents professeurs, souvent socialistes, notamment Guy Carcassonne, chargé de cours en droit parlementaire, qui a participé au comité animé par Édouard Balladur sur la réforme de l'administration. » Xavier Bertrand cite moins volontiers René Dosière, spécialiste des finances locales à l'université de Reims. Député apparenté socialiste de la première circonscription de l'Aisne jusqu'en 2017, René Dosière s'est fait connaître du grand public en dénonçant les dérives budgétaires de l'Élysée[1]. Il a récidivé en 2019 avec *Frais de Palais. La vérité sur les dépenses de l'Élysée*[2]. L'ancien président du conseil régional de Picardie et ancien maire de Laon n'a pas voté pour le candidat socialiste aux dernières élections présidentielles, préférant soutenir Emmanuel Macron. Quant à ses relations avec Xavier Bertrand, elles sont toujours restées très distantes.

Pour payer ses études, le futur ministre du Travail est surveillant dans un lycée technique à Laon, préfecture de l'Aisne. Doué d'une mémoire d'éléphant, il se rappelle avoir signé son premier contrat de travail le 20 février 1984. « C'est une bonne expérience. Il faut savoir se faire respecter, notamment quand de solides gaillards vous dépassent physiquement d'une tête, et surtout ne pas tomber dans la démagogie pour avoir la paix », sourit le président des Hauts-de-France. Le matin, surtout en hiver, il doit demander l'aide des élèves pour pousser sa vieille voiture, rachetée à son grand-père et qui refuse de démarrer. Tous les week-ends, fidèle au poste, Xavier Bertrand revient à Saint-Quentin. Il milite toujours aussi activement au RPR. A-t-il d'autres occupations dans la vie ? « Ce n'était pas le gars à fréquenter les boîtes de nuit, c'est certain. Mais nous allions parfois au cinéma. Il aimait la musique. Pour chahuter, ce n'était pas le dernier non plus[3] », retient Arnaud Defremont, qui l'accompagne à une université d'été du RPR à Nîmes, dans le Gard.

---

1. René Dosière, *L'Argent caché de l'Élysée*, préface de Guy Carcassonne, Seuil, 2007.
2. Éditions de l'Observatoire.
3. Entretien avec l'auteur, février 2009.

Dès l'âge de dix-huit ans, Xavier Bertrand se retrouve seul à Saint-Quentin. Il n'a pas souhaité suivre ses parents, mutés à Annecy, en Haute-Savoie. Difficile de cerner sa personnalité sans comprendre son attachement viscéral pour cette sous-préfecture picarde, que des voyageurs trop pressés trouvent parfois lugubre, surtout par temps de pluie. Arrivé dans cette ville à treize ans, Xavier Bertrand s'est entiché de Saint-Quentin et de ses habitants. Pourquoi cet engouement ? « Saint-Quentin m'a fait confiance », répond-il, toujours aussi sobrement.

« Aller sur les marchés, serrer les mains des gens, plaisanter avec eux, ce n'est absolument pas une corvée pour lui. Bien au contraire, il y prend beaucoup de plaisir[1] », note Damien Mascret. Originaire de Saint-Quentin, médecin, journaliste, intervenant médical sur France 2, il est l'auteur de la première biographie de Xavier Bertrand[2]. Né à Saint-Quentin, ancien directeur délégué du *Figaro*, Jean-Paul Mulot loue également l'attachement de Xavier Bertrand pour sa cité. « Le Parc d'Isle, le grand parc naturel de 48 hectares au cœur de Saint-Quentin, reste sa promenade favorite. Il habite toujours dans sa ville, quitte à devoir se lever très tôt le matin pour rejoindre Lille. Il assume toujours consciencieusement ses mandats de conseiller municipal de la ville et de conseiller d'agglomération[3] », souligne l'ancien représentant de la région Hauts-de-France au Royaume-Uni, sur la liste conduite par Xavier Bertrand aux élections régionales.

Ses diplômes de droit en poche, Xavier Bertrand revient à Saint-Quentin. Il envisage sérieusement de

---

1. Entretien avec l'auteur, Paris, octobre 2008.
2. Damien Mascret, *Ministre, un an dans les pas de Xavier Bertrand*, Éditions de santé, avril 2007.
3. Entretien avec l'auteur, Saint-Quentin, novembre 2020.

devenir journaliste, au point de retirer un dossier au Centre de formation des journalistes (CPJ). Une candidature qui n'enverra pas. Le sénateur-maire, qui n'a jamais cessé de garder un œil sur ce brillant élément, lui propose de travailler à ses côtés. « Je me souviens parfaitement de la date : le 2 mai 1987, je suis devenu attaché parlementaire de Jacques Braconnier », rappelle Xavier Bertrand. Adieu la presse !

Antoine Pagni, de la Corse à l'Aisne

Vincent Savelli a accueilli avec enthousiasme ce jeune homme prometteur. Mais il ne tarde pas à émettre quelques réserves. « Très vite, Xavier Bertrand m'a dit en privé qu'il voulait faire carrière. Carrière, c'est un mot que je déteste. La politique, c'est avant tout des convictions », assène le vieux militant gaulliste. Depuis, les relations n'ont cessé de se dégrader entre les deux hommes. Vincent Savelli a démissionné de l'UMP le 24 janvier 2009, le jour même où Xavier Bertrand était confirmé dans ses fonctions de secrétaire général. En claquant la porte du parti, Vincent Savelli reproche à son collègue de la mairie de Saint-Quentin son appartenance à la franc-maçonnerie. « On ne peut servir deux maîtres à la fois. L'histoire montre à chaque fois que c'est la franc-maçonnerie qui triomphe. Cette appartenance ne me rassure pas », dénonce-t-il à l'époque dans la presse locale.

C'est d'ailleurs une affaire liée indirectement à la franc-maçonnerie qui provoque le premier clash entre les deux hommes. L'histoire remonte à 1988. Les vieilles haines dans la capitale de la Haute-Picardie macèrent depuis des décennies. La réélection de François Mitterrand a entraîné la dissolution de l'Assemblée nationale. Dans la deuxième circonscription de l'Aisne, celle de Saint-Quentin, le mouvement gaulliste désigne comme champion un personnage haut en couleur, Antoine Pagni. Il n'est pourtant maire que d'un village de neuf cents habitants, au nord-ouest de Saint-Quentin, Vaux-Andigny. Originaire de Vezzani, en Haute-Corse, cet ancien résistant, décoré de la Croix-de-guerre, est un ami de Charles Pasqua (ils seraient de lointains cousins par leurs grands-mères).

La journaliste Sophie Coignard, spécialiste de la franc-maçonnerie, lui a consacré plusieurs pages. « D'abord élu en Corse, il est obligé de quitter l'île de Beauté où il est accusé d'avoir bourré les urnes. "Je n'ai fait qu'exprimer les dernières volontés des morts", a-t-il coutume de dire sur le ton de la plaisanterie à toutes ses connaissances. [...] C'est ainsi qu'il se retrouve dans l'Aisne, comme maire de Vaux-Andigny et conseiller général du canton méconnu de Wassigny », écrit-elle[1]. Une « note blanche » des Renseignements généraux précise qu'Antoine Pagni aurait été maire de Pietroso en Haute-Corse de 1959 à 1977, conseiller général du canton de Vezzani (1970-1976) et condamné en 1975 à un an de prison avec sursis pour fraude électorale. La condamnation, portée à deux ans de prison par la cour d'appel de Bastia, aurait été cassée par le tribunal d'Aix-en-Provence[2].

Cette note blanche, non signée et qui ne reflète pas forcément la vérité, parvient en 1988 dans les boîtes aux lettres de certains élus gaullistes de Saint-Quentin. Selon Sophie Coignard, Antoine Pagni est franc-maçon,

1. Sophie Coignard, *Un État dans l'État, le contre-pouvoir maçonnique*, Albin Michel, mars 2009, p. 145.
2. Archives de l'auteur.

membre de la Grande loge nationale de France (GLNF), et fondateur de la loge La Lyre de Salomon, qui compterait « de nombreux membres des “services”, comme le général Imbot, qui prit la tête de la DGSE[1] ». La GNLF est habituellement classée très à droite.

Au premier tour de cette élection législative, le communiste Daniel Le Meur arrive en tête (31,5 %), devançant de justesse un parachuté socialiste, Pierre Guidoni (27,6 %), suivi d'Antoine Pagni (23,2 %). Au second tour, ce dernier est largement battu par Daniel Le Meur[2]. « Antoine Pagni n'était pas un personnage très recommandable, mais il faisait peur à beaucoup de monde, explique Vincent Savelli. J'étais opposé à sa candidature. En revanche, Xavier Bertrand, qui était au courant comme moi de la note des RG, a pris la tête de la campagne en faveur d'Antoine Pagni… et m'a remplacé comme secrétaire de circonscription. Antoine Pagni, comme Xavier Bertrand, sont des francs-maçons », insiste-t-il.

« Comme j'étais le seul au RPR à avoir eu le courage de mettre en cause la candidature d'Antoine Pagni, on a voulu me “punir” en lançant de méchantes rumeurs sur moi à Saint-Quentin, ajoute l'élu gaulliste. Des rumeurs laissant entendre que j'aurais des mœurs dissolues. Ces bruits nauséabonds ont été réactivés, comme par hasard, quand je me suis permis de critiquer la gestion dictatoriale de la mairie de Saint-Quentin dans *L'Express* en 2008[3]. » Comble de l'ironie, la note blanche des RG met aussi en cause Antoine Pagni dans des affaires de mœurs sur mineurs de plus de quinze ans.

1. Sophie Coignard, *op. cit.*, p. 143.
2. Daniel Le Meur remportera l'année suivante la mairie de Saint-Quentin.
3. Entretien avec l'auteur, juillet 2009.

Qui était Antoine Pagni, décédé en 2003 et que tout le monde appelait « Monsieur Antoine » ? Dans la classe politique locale comme dans la franc-maçonnerie, on évoque encore avec nostalgie les facéties de ce notable pas comme les autres, capable de faire jouer *L'Ajaccienne* avant *La Marseillaise* lors des cérémonies officielles. « En raison de ses liens avec Charles Pasqua, il avait le bras très long, nous avait raconté il y a quelques années Francis Normand, spécialisé dans le conseil politique, membre du Club 33 et d'une loge du Grand Orient de France à Tergnier, près de Saint-Quentin. D'un simple coup de fil, il pouvait vous faire entrer à EDF, à la SNCF ou chez Air France. Il dénichait des postes intéressants dans l'armée pour tous les jeunes de son canton qui voulaient éviter de s'ennuyer dans une caserne pendant leur service militaire[1]. »

Sophie Coignard avance qu'Antoine Pagni, contrôleur général à l'EDF, avait la haute main sur la sécurité des centrales nucléaires, ce qui lui permettait de faire embaucher nombre d'anciens policiers et membres des services secrets, de préférence des « frères ». « Il recrute d'anciens parachutistes qu'il transforme en chauffeurs pour dirigeants et qui viennent lui rapporter mille et une histoires glanées dans les berlines[2]. »

Cela ne prouve pas nécessairement que l'engagement maçonnique d'Antoine Pagni ait pu avoir un poids quelconque sur les choix personnels de Xavier Bertrand. Ce dernier n'entre d'ailleurs que quelques années plus tard en franc-maçonnerie, choisissant une obédience classée nettement plus à gauche que la GNLF, le Grand Orient de France (GODF). « Il était de notoriété publique

1. Entretien avec l'auteur, Saint-Quentin, février 2009.
2. Sophie Coignard, *op. cit.*, p. 146.

qu'Antoine Pagni n'aimait ni Pierre André, le futur maire de Saint-Quentin, ni Xavier Bertrand. Il répétait à leur encontre : "Pour moi, deux prénoms n'ont jamais fait un grand nom !" Il serait ridicule de chercher à tout expliquer par la franc-maçonnerie », avance un membre de la Grande Loge de France[1] (GLF) à Saint-Quentin.

Xavier Bertrand réfute catégoriquement toute affinité avec Antoine Pagni. « En 1988, je n'étais pas franc-maçon. Je ne suis entré au Grand Orient qu'en 1995. Non seulement Antoine Pagni ne m'aimait pas, mais il s'est débrouillé, grâce à ses relations, pour que je ne puisse pas effectuer mon service militaire à Cambrai comme je le souhaitais. Ayant réussi ma préparation militaire, j'ai finalement été affecté à Reims. » En revanche, Antoine Pagni aurait bien parrainé dans l'Aisne un autre jeune loup du RPR, Renaud Dutreil. Né en 1960, député de la cinquième circonscription de l'Aisne, plusieurs fois secrétaire d'État et ministre, ce normalien, ancien élève de l'Ena, a longtemps contesté à Xavier Bertrand le leadership du mouvement néogaulliste dans le département. Renaud Dutreil s'est éloigné de la politique en 2008, après son échec aux élections municipales à Reims. Il a toutefois apporté son soutien à Emmanuel Macron lors des élections présidentielles de 2017, « en tant que simple citoyen ».

Le Club 33, objet de fantasmes

On retrouve encore Antoine Pagni à l'occasion de la création d'une association locale, le Club 33, que certains

1. La GLF, l'une des trois grandes obédiences françaises, occupe une position au centre, entre le GODF, et la GNLF.

présentent comme un lieu de rencontre entre francs-maçons de diverses obédiences. Officiellement, les frères de la GNLF ne reconnaissent pas ceux du GODF et de la GLF et ne peuvent les croiser en loges. En revanche, rien ne leur interdit de se retrouver dans des lieux « profanes ». Dans certains rites maçonniques, comme le « Rite écossais ancien et accepté », il existe trente-trois grades. Faut-il y voir un rapport avec le nom du Club 33 ? Jacques Marlier (disparu en décembre 2019), l'un de ses fondateurs, était adjoint au maire communiste de Saint-Quentin, chargé de l'urbanisme. Comme Antoine Pagni, il travaillait à l'EDF. Il y a une dizaine d'années, il m'avait livré une autre interprétation : « Nous avions l'habitude de déjeuner ensemble le dernier vendredi de chaque mois. Il s'agissait d'une rencontre purement amicale. Nous ne parlions pas de politique. Les repas se prenaient dans un petit restaurant à côté d'EDF. En se structurant, le Club a rapidement compté trente-deux membres. Mais, chaque fois, nous accueillions un invité différent[1]. »

« Bien évidemment, le Club 33 se réfère à la symbolique maçonnique. Mais comme à une certaine époque l'association comptait des médecins, nous faisions croire que le nombre 33 renvoyait à la célèbre phrase prononcée par les docteurs à leurs patients : "Dites 33" », plaisante un franc-maçon, membre du Club 33. Lequel fonctionne toujours selon les mêmes règles, sinon les mêmes rites. Le dernier vendredi du mois, ses membres – uniquement des hommes – se retrouvent pour déjeuner dans un restaurant gastronomique de la ville ou des environs. C'est ainsi que le Club 33 a reçu à plusieurs reprises Xavier Bertrand à sa table. En 2010, le Club

1. Entretien avec l'auteur, Saint-Quentin, mai 2009.

était présidé par Thierry Comble, géomètre expert et cofondateur de l'association culturelle Quintinus, chère à Xavier Bertrand. Ce dernier téléphonait parfois « pour prendre des nouvelles » lors du repas mensuel du Club, comme je l'avais moi-même constaté[1]. « Xavier Bertrand aime s'entretenir régulièrement avec les membres de cette association, qui réunit des notables et des personnes moins connues de la sous-préfecture. Il lui plaît de participer à nos déjeuners mensuels, de connaître nos opinions, nos humeurs, nos propositions et même nos critiques – peut-être surtout nos critiques[2] », confiait Thierry Comble. En 2013, il a cédé sa place à Patrick Plets, ancien commissaire de police, puis directeur des Compagnies républicaines de sécurité (CRS) du nord de la France.

Par certains aspects, le Club 33 ressemble à une « fraternelle maçonnique », une structure regroupant des francs-maçons d'un même secteur d'activité. Mais ce n'en est pas une. Si certains membres, environ la moitié, se disent francs-maçons, d'autres ne le sont pas. Pour preuve, le Club 33 compte parmi ses plus anciens membres un militant du Parti communiste, ancien responsable national, totalement profane. « Ce n'est ni un club de droite, ni un rassemblement de francs-maçons. C'est au contraire ce panel d'opinions fort différentes qui fait l'originalité du Club 33 », assurait Thierry Comble en 2010. Un panel qui ne va pas jusqu'à l'extrême droite. Depuis, l'ancien président a été exclu du club, après son recrutement comme directeur de cabinet du Rassemblement national au conseil régional des Hauts-de-France.

1. J'ai été invité au Club 33 les 26 septembre 2008, 27 février 2009 et 29 mai 2009.
2. Entretien avec l'auteur, Saint-Quentin, septembre 2008.

Le Club 33 alimente toujours autant les fantasmes dans la sous-préfecture de l'Aisne. Ce n'est sans doute pas un hasard si, le même 30 mai 2013, *Le Courrier picard* et *L'Aisne nouvelle* lui consacrent deux longs articles, annoncés en une. « Le Club 33, source de fantasmes », titre la première publication. Elle assure que ce club « n'en finit pas de faire jaser ». Selon ses statuts, l'association a pour but de « développer entre ses membres l'amitié, la fraternité et la recherche de la connaissance et du savoir ». « Le très intrigant Club 33 se met à table », écrit l'autre journal. « Certes, on n'est pas un réseau d'influence en tant que tel, confie l'un des membres. Mais on est des leaders d'opinion. Quand je dis que je vais soutenir un parti politique auquel je n'adhère pas habituellement, le lendemain, ce sont mille cinq cents personnes qui le sauront, pour qui mon avis importe. [...] En ce sens-là, on est un réseau d'influence car on connaît tous beaucoup de monde[1]. » Charles Simon, que les internautes du *Courrier picard* ont élu « Saint-Quentinois de l'année 2015 », a lui aussi été exclu du Club 33. « Je ne suis pas au Rassemblement national, mais je suis l'ami de Thierry Comble, l'ancien président. Xavier Bertrand a réussi petit à petit à placer ses pions. Le Club est devenu aujourd'hui ses yeux et ses oreilles. C'est désolant[2] », fulmine cet ancien cadre de la SNCF.

Les méthodes d'Antoine Pagni, proches de celles de Charles Pasqua, président du conseil général des Hauts-de-Seine et ancien responsable du Service d'action civique (Sac), ont dû faire découvrir à Xavier Bertrand une autre

1. Alice Meunier, « Le Club 33, source de fantasmes », *Le Courrier picard*, 30 mai 2013. Aurélien Walti, « Le très intrigant Club 33 se met à table », *L'Aisne nouvelle*, 30 mai 2013.
2. Entretien avec l'auteur, février 2021.

façon de faire de la politique, très loin de la gestion paternaliste du sénateur Jacques Braconnier. « Mon mari était un pur, ni intéressé ni calculateur, assure Marianne Braconnier, la veuve de l'ancien sénateur-maire de Saint-Quentin. Il cherchait surtout à aider les autres. Près du peuple, il ne défendait pas les intérêts de la bourgeoisie locale. »

« Non » à Maastricht !

Retour à l'année 1988. François Mitterrand gagne l'élection présidentielle avec une confortable avance sur Jacques Chirac. En septembre, aux cantonales, le siège de Saint-Quentin-Sud reste en mains communistes. Le candidat RPR n'arrive qu'en troisième position. En mars de l'année suivante, Jacques Braconnier, et ses colistiers Maxime Hénoque, Vincent Savelli et Xavier Bertrand sont défaits par la liste de gauche. Mais le vieux lion ne rend pas les armes. En septembre 1989, Jacques Braconnier retrouve au deuxième tour de scrutin son poste de sénateur de l'Aisne.

L'entente est parfaite entre le locataire du palais du Luxembourg et son jeune attaché parlementaire. En revanche, les relations deviennent vite exécrables entre Xavier Bertrand et Maria Garnier, l'autre attachée parlementaire de Jacques Braconnier, plus ancienne dans la fonction, devenue Maria André en épousant celui qui allait devenir maire de Saint-Quentin en 1995. Que s'est-il passé ? Les rumeurs vont toujours bon train. « C'est une affaire d'ordre privé. Il n'y a pas eu que des empoignades. Un événement grave a opposé Xavier Bertrand à Maria et à Pierre André. Jacques Braconnier a plutôt donné raison à Xavier Bertrand[1] », souffle un ancien adjoint de Jacques Braconnier, sous couvert d'anonymat. Marianne Braconnier ne souhaite pas non plus s'étendre davantage sur cet « accroc ». Elle confirme, en esquissant un sourire, que « ces deux-là, Maria Garnier et Xavier Bertrand, ah non, ils ne s'entendaient pas ! ».

Ce clash n'a certainement pas facilité l'entente entre Pierre André, le futur maire de Saint-Quentin, et Xavier Bertrand, qui allait devenir son adjoint. « Pierre André reconnaît qu'il a "une femme de caractère. Comme elle m'a maté, elle a dû mater un peu Xavier". Car, s'amuse-t-il, "il faut savoir le garder un peu en main"[2]. » De son côté, Xavier Bertrand ne mâche pas ses mots. « J'ai été l'objet de menaces. Je me suis rendu au commissariat avec l'intention de déposer une plainte. Jacques Braconnier m'en a dissuadé. Je n'en dirai pas plus, il y a prescription », conclut-il, assurant que, depuis, ses relations sont au beau fixe avec Maria et Pierre André. Mais, pour la plupart des observateurs saint-quentinois, leurs relations auraient « toutes les apparences de la fausse convivialité ».

Au début des années 1990, Xavier Bertrand et Pierre André, que dix-huit années séparent, sont en compétition pour prendre la succession de Jacques Braconnier. L'ancien résistant domine de la tête et des épaules la droite locale depuis deux décennies. Il a ceint sa première écharpe de maire en 1966, remplaçant le gaulliste Pierre Dupuy, décédé en cours de mandat. Jacques Braconnier a décidé de ne pas se représenter aux élections municipales de 1995. C'est finalement Pierre André, ancien directeur de la chambre de commerce et d'industrie de l'Aisne,

1. Entretien avec l'auteur, Saint-Quentin, février 2009.
2. Christophe Jakubyszyn, Muriel Pleynet, *Le Chouchou. Le fabuleux destin de Xavier Bertrand*, Anne Carrière, octobre 2008, p. 29.

qui prendra la tête de la liste de droite, Xavier Bertrand devenant son troisième adjoint. Depuis, les deux hommes n'ont jamais manifesté en public le moindre désaccord. Leurs différends, ils ont toujours préféré les régler en tête à tête dans un bureau de l'hôtel de ville ou au fond du restaurant Chez Mario, une pizzeria aux murs agrémentés de photos de Ferrari, à quelques pas de la mairie, à l'angle des rues Émile-Zola et Ernest-Renan.

Xavier Bertrand se définit alors, à l'image de son grand-père politique, comme un gaulliste social. Il est proche du courant défendu par Philippe Séguin, l'une des étoiles montantes du mouvement gaulliste. En 2021, c'est toujours l'image qu'il entend donner. Pour l'emporter, assure-t-il, « il faut partir de la droite, rassembler son camp puis l'élargir en captant l'électorat populaire ». En 1992, à l'occasion du référendum sur le traité de Maastricht, le jeune conseiller municipal RPR de Saint-Quentin fait campagne pour le « non ». Il estime que ce traité sur l'Union européenne est une menace pour l'indépendance de la France et dit craindre une Europe trop libérale. Jacques Braconnier et Daniel Le Meur, le député-maire communiste, sont sur la même longueur d'ondes. Pendant cette campagne, Xavier Bertrand ne joue pas petit bras : il réussit à attirer Philippe Séguin dans la capitale de la Haute-Picardie. Ce dernier remplit le théâtre. « Je dois le reconnaître, la venue de Séguin a été un énorme succès personnel pour Xavier Bertrand », commente Hervé Savelli, partisan du « oui » à Maastricht. Si le « oui » l'emporte finalement d'une courte tête au niveau national, avec 51,05 % des voix, Saint-Quentin penche à 56 % pour le « non ».

Depuis, Xavier Bertrand a changé son fusil d'épaule sur le sujet de l'Europe, mais il ne renie pas cet engagement aux côtés de Philippe Séguin et Charles Pasqua.

« En 1992, j'ai voté "non". Je ne voulais pas d'une Europe de technocrates. Je voulais une Europe politique », lance-t-il à Maisons-Alfort, le 7 mars 2009, aux côtés de Michel Barnier et Rachida Dati, têtes de liste de l'UMP aux élections européennes en Île-de-France.

Depuis, Xavier Bertrand a correctement négocié son virage sur l'Europe. Mais, pour ses adversaires, cet engagement en faveur du « non » à Maastricht et son soutien à Philippe Séguin ne sont-ils pas la preuve de convictions changeantes ? À cette époque, le maire d'Épinal est l'une des stars du RPR, prêt à prendre la relève d'un Jacques Chirac affaibli par deux échecs successifs à l'élection présidentielle. Xavier Bertrand balaie ces accusations d'opportunisme : « Dire que Philippe Séguin avait le vent en poupe à ce moment-là, c'est très exagéré. Avec Charles Pasqua, il avait bien tenté d'organiser un courant au sein du RPR, qui s'est planté aux assises du Bourget en 1990, ne recueillant même pas un tiers des voix. » Xavier Bertrand rappelle surtout qu'il n'était pas le seul, au RPR, à voter contre le traité de Maastricht : il y avait aussi un certain François Fillon.

3

Retour de la droite dans la cité picarde

À la fin des années 1980, hormis sa passion pour la politique, Xavier Bertrand n'a pas d'idées très arrêtées sur son avenir professionnel. Devant ses amis, il se dit parfois tenté par le métier de journaliste. Dans une pièce de théâtre montée par l'association Quintinus, Xavier Bertrand joue le rôle d'un journaliste à l'ancienne, épaisse moustache, lunettes rondes, galurin, nœud papillon et costume trois pièces. Loïc Chaux a été rédacteur à *L'Union*, en poste à Saint-Quentin en 2008. « Il m'a souvent dit que j'exerçais le métier qu'il aurait voulu faire. Il a du respect pour la profession et, à ma connaissance, il ne fait pas pression sur les rédactions. Il donne facilement son numéro de téléphone portable aux journalistes locaux[1]. »

Aujourd'hui encore, Bertrand Duchet, président et directeur de *St-Quentin Mag*, le gratuit de l'agglomération, assure que, « contrairement à ce que certains peuvent prétendre, Xavier Bertrand n'est absolument pas interventionniste. Il peut se passer des semaines sans que je

1. Entretien avec l'auteur, Saint-Quentin, juillet 2008.

le rencontre[1]. » Mais à l'époque de l'UMP, au niveau national, la presse se montre parfois beaucoup plus sévère vis-à-vis du secrétaire général du parti. « Il est le rond méchant qui joue avec les journalistes[2] », avertissent certains. Une décennie plus tard, elle s'en méfie encore davantage : « En toute occasion, Bertrand vous adresse des SMS pour vous donner l'impression que vous êtes une personne très importante pour lui. Mais ça pue la com. Il n'y a jamais rien de spontané chez lui », constate un journaliste parisien qui s'apprête suivre l'élection présidentielle[3].

L'assureur de Flavy-le-Martel

En 1992, à la surprise générale, Xavier Bertrand décide d'abandonner son poste d'attaché parlementaire. Marianne Braconnier se souvient du désarroi du sénateur en apprenant la nouvelle : « Mon mari avait l'air accablé. Il m'a dit, en rentrant le soir : "J'ai une très mauvaise nouvelle à t'apprendre, Xavier vient de démissionner."[4] » Mais avant de quitter son grand-père en politique, Xavier Bertrand s'implique à fond dans sa campagne pour les élections cantonales. « Jacques Braconnier n'avait été réélu que de justesse en 1985, explique-t-il. Je l'ai poussé à mener une campagne de proximité, à aller dans les cafés pour rencontrer les gens. » Résultat, au premier tour, dans le canton Saint-Quentin-Nord, Jacques Braconnier engrange deux fois plus de

1. Entretien avec l'auteur, Saint-Quentin, novembre 2020.
2. Vae Solis Corporate, *op. cit.*, p. 17.
3. Entretien avec l'auteur, juin 2021.
4. Entretien avec l'auteur, Saint-Quentin, mars 2009.

voix que son adversaire socialiste et l'emporte facilement au second tour. « J'entretenais des rapports quasi familiaux avec Jacques Braconnier, explique Xavier Bertrand. J'aurais pu rester son assistant parlementaire jusqu'à la fin de son mandat en 1998. Mais je risquais de devenir un apparatchik. Or j'ai une autre idée de l'action politique. » Et qui succède à Xavier Bertrand comme attaché parlementaire de Jacques Braconnier ? Jérôme Lavrilleux, né à Saint-Quentin en 1969, très impliqué dans l'affaire Bygmalion et l'explosion des dépenses de la campagne de Nicolas Sarkozy en 2012.

Pourquoi ce départ brutal ? Xavier Bertrand a rencontré une militante RPR, Isabelle Dubois, qui va devenir son épouse. Son père, Lionel Dubois, ancien résistant, vieux militant gaulliste, est le représentant de La Baloise, une compagnie d'assurance suisse, à Flavy-le-Martel, bourgade de mille cinq cents âmes, à une vingtaine de kilomètres de Saint-Quentin, dans le canton de Saint-Simon. Le portefeuille appartient à son épouse, Yvette. À vingt-sept ans, le jeune espoir de la droite saint-quentinoise décide de devenir agent d'assurances et de s'établir à Flavy.

Flavy-le-Martel ! Imaginez un petit village au milieu des champs, avec ses bâtisses en brique rouge sombre, son mémorial du général Leclerc et sa maison de retraite. Comment un garçon, que l'on imagine très ambitieux, a-t-il pu choisir de se « perdre », parmi les vaches, entre le canal de Saint-Quentin et une petite voie ferrée ? « Il voulait se prouver qu'il pouvait réussir dans le privé, estime l'un de ses amis. Et montrer aux électeurs qu'il était capable de se débrouiller en dehors de la politique. Il a parfaitement réussi[1]. »

1. Entretien avec l'auteur, Saint-Quentin, mai 2009.

Explication du principal intéressé : « Mon grand-père était assureur, un grand-oncle également. Mon père avait failli l'être. Je n'étais donc pas trop dépaysé. Yvette Dubois, ma belle-mère, avait été admise en invalidité. Elle a vendu son portefeuille et je l'ai racheté à La Baloise. Je suis resté dans les locaux qu'elle occupait et je lui payais un loyer. » Xavier Bertrand tient à se montrer précis. Des rumeurs ont couru, après son divorce avec Isabelle Dubois, sur sa mésentente avec son ancienne belle-famille. Les relations seraient toujours plus que glaciales avec Éric Dubois, le frère d'Isabelle, agent général d'assurances.

« Étant conseiller municipal d'opposition à Saint-Quentin, je tenais à ne pas mélanger les genres. Malgré des appels du pied de la part de plusieurs compagnies d'assurances, je n'ai jamais ouvert de bureau dans la sous-préfecture », ajoute le candidat à l'élection présidentielle. Interrogés par France 3 Hauts-de-France après son élection à la présidence du conseil régional, ses anciens voisins à Flavy-le-Martel évoquent le confort précaire de son cabinet. Était-il fréquenté ? « Pas trop quand même. Il y avait du passage, mais on ne peut pas dire que c'était débordant de clients », se souvient l'un d'entre eux[1]. « C'était une petite agence de proximité : vitrine, bureau d'accueil, espace administratif, tout ça assez exigu. Au début, c'était même difficile d'avoir les commodités : il fallait aller au commerce d'à côté pour la pause technique », se souvient Christophe Coulon, à l'époque collaborateur de Xavier Bertrand, aujourd'hui vice-président du conseil régional des Hauts-de-France[2].

---

1. France 3 Hauts-de-France, « Xavier Bertrand, un parcours quasi sans faute », 13 février 2016.
2. Dominique Albertini, « Xavier Bertrand, le "petit assureur" qui attendait son heure », www.liberation.fr, 25 mars 2021.

Le métier d'assureur présente quelques avantages pour celui qui souhaite continuer à mener, en parallèle, une carrière politique. Certes, il faut travailler très dur les premières années, mais ensuite, les contrats se renouvellent presque automatiquement, générant un chiffre d'affaires de plus en plus appréciable. Xavier Bertrand conserve son cabinet jusqu'en 2004, date de son entrée dans le gouvernement. « Après ma nomination comme secrétaire d'État, j'ai eu un mois pour tout arrêter, fermer mon cabinet. Financièrement, cela n'a pas été une bonne opération pour moi. L'assurance peut rapporter nettement plus d'argent que la politique », jure-t-il.

L'assurance n'est peut-être pas une vocation pour l'ancien attaché parlementaire, mais il y réussit plutôt bien. Il est sérieux, souriant, disponible. Et, comme en politique, il ne compte pas ses heures. Jean-Claude Canone, qui sillonne depuis trente-cinq ans le canton de Saint-Simon pour *L'Aisne nouvelle*, l'assure : « Il est difficile de se fâcher avec Xavier Bertrand. Il est chaleureux, toujours prêt à faire une partie de boules ou à jouer au tennis de table avec les gens du coin. Même aujourd'hui, quand il arrive les mains dans les poches et dit bonjour à tout le monde, il ne donne pas l'impression d'avoir de hautes responsabilités[1]. » Entre l'assurance et la politique, il y a des points communs. Sa technique pour négocier ? « Respecter celui qu'on a en face et savoir se mettre à sa place. Lorsque j'étais dans les assurances, je négociais souvent des contrats et je disais : "Tant que ce n'est pas signé et payé, rien n'est fait"[2] », explique-t-il.

1. Entretien avec l'auteur, octobre 2008.
2. *France-Soir.*

« Négocier, vendre, acheter en retroussant ses manches et en ôtant sa cravate et son veston, il adore ça[1] », remarque Christine Clerc. Plus méchamment, d'autres journalistes politiques, interrogés par le cabinet Vae Solis Corporate, décrivent Xavier Bertrand comme « l'assureur type : le politique qui s'adresse aux électeurs comme à des acheteurs pour leur fourguer sa camelote[2] ». Xavier Bertrand l'assure : « J'ai dû être meilleur vendeur d'assurances auto que d'assurances vieillesse. » En province, l'assurance permet aussi de devenir rapidement un notable et d'être coopté au Lions Club de Saint-Quentin. Sa profession lui vaut encore quelques plaisanteries dans le milieu politique. Ses adversaires le surnomment encore, au choix, « l'assureur militant », « l'assureur de province », ou encore « l'assureur tous risques ». L'intéressé s'en fait plutôt un titre de gloire : « Je n'oublie pas d'où je viens. Agent d'assurances à Flavy-le-Martel, ce n'est pas la même chose que banquier d'affaires à Paris ou héritière », lâche-t-il en annonçant, dès mars 2021, sa candidature à l'élection présidentielle[3].

Xavier Bertrand prétend fréquemment que la classe politique se serait gaussée de lui en raison de sa profession. N'est-ce pas plutôt une façon de se victimiser ? Le Picard Gilles de Robien, ancien maire d'Amiens, ancien député et ancien ministre de l'Éducation nationale de 2005 à 2007, a lui aussi été agent général d'assurances dans sa ville sans faire l'objet de quolibets.

Entre deux contrats d'assurance, le Flavien d'adoption n'oublie pas la politique. D'autant que la droite a de

1. *Figaro Magazine.*
2. Vae Solis Corporate, *op. cit.*, p. 18.
3. Sébastien Le Fol, Nathalie Schuck, « Xavier Bertrand : "Je serai candidat" », *Le Point*, 25 mars 2021.

nouveau le vent en poupe, en France en général et dans la sous-préfecture de l'Aisne en particulier. Pour les législatives de 1993, en l'absence d'un leader incontesté dans la deuxième circonscription de l'Aisne, le RPR national envisage de présenter Paul Violet à Saint-Quentin. Ce gaulliste de gauche est un proche collaborateur de Jacques Chirac à la mairie de Paris. L'ancien ministre Robert Pandraud est chargé de faire avaler la couleuvre aux militants locaux. Xavier Bertrand s'oppose à ce parachutage, arguant qu'il existe assez de bons candidats localement. Applaudissements dans la salle. Qui alors ? Xavier Bertrand ? En aparté, Robert Pandraud met au défi l'ancien assistant parlementaire de se lancer dans la bataille. Xavier Bertrand ne saisit pas la balle au bond : siéger à Paris n'est pas encore dans ses projets. En revanche, certains imaginent un tandem Hénoque-Bertrand, ce dernier comme suppléant. Maxime Hénoque le confirme : « J'ai presque été assiégé dans le bureau de Paul Giraud, alors président du conseil général de l'Aisne, pour que je donne mon accord. J'ai refusé à cause de mon âge, j'avais soixante-treize ans à l'époque. Mais si j'avais dit oui, je pense que j'aurai été élu[1]. »

Finalement, le choix se porte sur Charles Baur, président UDF du conseil régional de Picardie. Avec 55,4 % des voix, il élimine facilement le député sortant, le communiste Daniel Le Meur, maire de Saint-Quentin. La gauche est laminée en Picardie, région qui fut longtemps une terre socialiste et communiste. Pour la droite, l'heure de la reconquête approche.

---

1. Entretien avec l'auteur, Saint-Quentin, mai 2008.

Le retour triomphal de la droite

À la veille des élections présidentielles de 1995, la situation est confuse entre les deux frères ennemis du RPR, Jacques Chirac et Édouard Balladur. Ce dernier a reçu dans l'Aisne le soutien de la majorité de droite. Xavier Bertrand, lui, penche pour Chirac. Au premier tour de l'élection présidentielle, à Saint-Quentin, Lionel Jospin arrive assez largement en tête avec 24,2 % des voix, devant Jacques Chirac (18,6 %), Jean-Marie Le Pen (17,6 %) et Édouard Balladur (15,5 %). Dans cette ville dirigée par les communistes, Robert Hue plafonne à 12,7 %. Au second tour, la Picardie – en particulier l'Aisne – reste ancrée à gauche. Le 7 mai 1995, le candidat socialiste obtient 55,1 % des voix dans la capitale de la Haute-Picardie. En théorie, la situation ne se présente pas sous les meilleurs auspices pour la droite, qui veut ravir la mairie aux communistes le mois suivant.

Pour conduire la liste d'union de la droite, le choix s'est porté sur Pierre André, quarante-huit ans, directeur général de la chambre de commerce et vice-président du conseil régional de Picardie[1]. Son père, résistant, a été déporté, ce qui lui vaut de discrètes marques de sympathie à gauche, notamment chez les communistes. « Cela me rendait malade de voir cette ville qui se mourait par manque de volontarisme politique, se souvient Pierre André. La population semblait se résigner à ce lent déclin. Depuis la Seconde Guerre mondiale, jamais un maire de

1. Pierre André fut l'un des responsables de l'Union des jeunes pour le progrès (UJP), à la même époque que Gérard Larcher, l'actuel président du Sénat, et Michel Barnier, ancien ministre et négociateur de l'Union européenne pour le Brexit.

Saint-Quentin n'avait réussi à faire deux mandats successifs[1]. »

Pourquoi Xavier Bertrand ne conteste-il pas plus vigoureusement le leadership de Pierre André ? À tout juste trente ans, il était trop jeune, expliquent certains. Le principal intéressé ne souhaite pas s'étendre sur le sujet : « J'ai fait la paix avec Pierre André. » On n'en saura pas davantage.

La liste menée par Pierre André, où figurent en bonne position le député Charles Baur, Xavier Bertrand et Hervé Savelli, recueille 42,7 % des voix au premier tour, loin devant celle du maire sortant, Daniel Le Meur (30,3 %). Les socialistes n'obtiennent que 13,3 %. Le Front national est à moins de 10 %. *Le Monde* annonce un second tour « des plus serrés », qui ne sera pourtant qu'une formalité ou presque pour la droite : elle l'emporte avec 57,3 % des suffrages. Jamais depuis 1945 une liste ne s'était imposée avec une telle d'avance.

Comment interpréter ce succès ? On peut évoquer une victoire du libéralisme sur le socialisme. Plus sûrement, c'est la victoire d'une équipe porteuse d'une vraie ambition pour la cité picarde. « J'ai simplement convaincu la population que leur ville pouvait tirer son épingle du jeu, qu'elle avait un potentiel et qu'il fallait arrêter de passer son temps à pleurer », témoigne Pierre André. Saint-Quentin, ville ouvrière, pauvre, démoralisée, laminée par le chômage, s'est apparemment laissée séduire par un message d'espoir, fut-il de droite. « En fait, la gauche gérait la ville à la godille, c'était une catastrophe. Dans la rue d'Isle, deux magasins sur trois avaient baissé leurs grilles et le centre-ville était un bourbier[2] », se sou-

1. Entretien avec l'auteur, Paris, mars 2009.
2. Entretien avec l'auteur, Saint-Quentin, mars 2009.

vient Charles Simon, alors directeur départemental de la SNCF.

L'ancien socialiste Bernard Lebrun tenait en 2009 un discours similaire. Cet inspecteur de l'Éducation nationale à la retraite, ancien président de l'office du tourisme de Saint-Quentin, est passé à côté d'une carrière politique. En 1981, sous l'étiquette socialiste, il lui a manqué trois cents voix pour ravir le siège de député au communiste Daniel Le Meur. Bernard Lebrun a appartenu à l'équipe municipale de gauche. Après avoir quitté le PS, il a rejoint Pierre André en 2008. Un changement de camp qu'il assume : « Pierre André est le seul qui ait une vision d'avenir pour la ville. Avant lui, Saint-Quentin était gérée comme une épicerie. Une épicerie de droite ou une épicerie de gauche, qui ne faisait qu'une seule réalisation par mandat, une piscine ou un parking[1]. » Depuis, presque à chaque élection, la municipalité de droite réussit à rallier des militants de gauche. En 2020, le Vert Michel Magniez a rejoint l'équipe municipale, devenant adjoint chargé de l'Environnement et du Développement durable.

Xavier Bertrand attribue le déclin de la ville « aux querelles qui divisaient les équipes municipales, les empêchant de s'investir à 100 % dans des projets. La population était si insatisfaite que les maires se faisaient siffler quand ils assistaient à des matchs de basket ou de boxe ». Les communistes et les socialistes s'étripaient, le RPR devait compter avec les appétits de l'UDF. Et surtout, il n'y avait aucune animation, pas de loisirs. Les jeunes s'ennuyaient ferme. Les gens préféraient aller se distraire à Cambrai ». De mauvais esprits prétendent qu'autrefois, avant de recruter un cadre, les entreprises locales

1. Entretien avec l'auteur, mai 2009.

cherchaient à tester sa faculté d'adaptation en l'invitant à passer un week-end entier avec sa famille dans le Saint-Quentinois. La plupart des postulants, dit-on, pliaient bagages avant le dimanche midi. Cette sous-préfecture, avec ses friches industrielles, ses cités insalubres, ses rues désertes le dimanche, aurait rendu mélancolique le clown Achille Zavatta.

L'assureur de Flavy-le-Martel ne ménage pas sa peine. Jean-Paul Mulot, ancien directeur délégué du *Figaro*, originaire de cette région, connaît Xavier Bertrand depuis quatre décennies. « C'est lui qui a fait basculer les quartiers communistes de Saint-Quentin, à force de détermination. Il les a arpentés, est parti à la conquête des électeurs, les convainquant un à un », raconte-t-il, avant d'ajouter : « C'est une bête politique dans l'âme. Il a la politique dans les tripes. Comme Sarkozy. pour moi, c'est le meilleur de sa génération[1]. »

Quelle place lui attribuer dans la nouvelle équipe municipale ? Interrogé par Christophe Jakubyszyn et Muriel Pleynel, Pierre André répond : « Il est possible qu'il ait pu penser un instant qu'il serait premier adjoint, mais on avait des accords très clairs avec l'UDF. Le premier adjoint devait venir de chez eux et être une femme[2]. » La droite a promis le renouveau. Xavier Bertrand, trente ans, devient troisième adjoint, chargé de la redynamisation de la ville. Vincent Savelli, sixième adjoint, est en charge de l'éducation.

Charles Baur, déjà député et président de la région picarde, renonce à un poste d'adjoint. Cette mise en retrait évitera à l'équipe municipale de subir de plein

1. Sabine Syfuss-Arnaud, « Xavier Bertrand, ministre du Travail », www.challenges.fr, 6 décembre 2007.
2. Christophe Jakubyszyn, Muriel Pleynet, *op. cit.*, p. 27.

fouet l'opprobre qui va le frapper un peu plus tard, en 1998, lorsqu'il doit sa réélection aux voix apportées par le Front national. Un accord bien moins médiatisé que celui passé en région Rhône-Alpes par Charles Million, ancien lieutenant de Raymond Barre, avec Bruno Gollnisch, numéro deux du FN.

4

Le marchand de sable

Adjoint à la redynamisation, n'est-ce pas un titre fumeux ? On raconte que Xavier Bertrand, interrogé sur cette nouvelle fonction, aurait répondu : « Je ne sais pas ce que c'est, mais ça me plaît. Je vais me débrouiller ! » Toujours est-il qu'il ne perd pas de temps. Un mois à peine après les élections, il met sur pied une grande manifestation dans le centre-ville : « Dès le 14 juillet, j'organise toute une après-midi de jeux sur la place de l'Hôtel-de-Ville. C'est une petite révolution car à Saint-Quentin, il ne s'était jamais rien passé pour la fête nationale, et soudain la place est noire de monde, des familles entières ! C'est ce jour-là que j'ai cette idée un peu folle : amener une plage artificielle au cœur de la ville pour tous ceux qui ne peuvent pas partir en vacances à la mer[1]. » Un an plus tard, en 1996, Xavier Bertrand invente Saint-Quentin Plage, six ans avant Paris Plages.

1. Damien Mascret, *op. cit.*, p. 17.

Garçon de plage

Des enfants qui se baignent dans des bassins au pied de l'hôtel de ville, tandis que leurs parents se font bronzer sur le sable : l'image paraît presque banale aujourd'hui. En 1996, elle ne l'était pas. « Il est venu des télévisions du monde entier à Saint-Quentin, même du Japon. Pour la population, c'était la preuve qu'il se passait enfin quelque chose dans leur ville. Et que celle-ci pouvait être admirée, et même copiée », relate Xavier Bertrand.

Depuis, le concept de plage urbaine gratuite a été adopté par plus d'une trentaine de villes, comme Berlin, Bruxelles, Budapest, Paris, Metz, Bordeaux ou Lille. « J'avais protégé le nom "Plage de l'Hôtel-de-Ville", mais pas l'idée, cela aurait été stupide. Il aurait été dommage que seuls les Saint-Quentinois puissent en profiter », confie Xavier Bertrand, qui ajoute : « Paris est venu me voir quelques années plus tard. Je leur ai donné tous mes dossiers. Aujourd'hui, M. Delanoë a du mal à reconnaître qu'il n'est pas le premier[1]. »

« Plus personne ne s'étonne que l'on puisse installer des tonnes de sable, des piscines, des trampolines au milieu d'une agglomération. Mais je peux vous assurer que lorsque Xavier Bertrand a lancé le projet, beaucoup l'ont pris pour un fou[2] », me déclarait en 2008 Luc Dufour, responsable du service animation de la ville de Saint-Quentin. Au départ, les commerçants de la place ne sont pas forcément ravis que des gamins en maillot de bain sautent comme des grenouilles devant leurs vitrines. « Mais très vite, il s'est passé un phénomène incroyable.

---

1. Marie Conquy, « Saint-Quentin, ville pionnière », *France-Soir*, 18 juillet 2009.
2. Entretien avec l'auteur, Saint-Quentin, juillet 2008.

Les habitants des quartiers populaires se sont réapproprié le centre-ville historique de Saint-Quentin ! Aujourd'hui, il n'est plus question de toucher à cette plage, qui crée une ambiance fantastique[1] », nous assurait Bernard Lebrun, l'ancien président de l'Office du tourisme. La gauche a bien ironisé, un temps, sur l'adjoint « de la glissade et du bac à sable ». Elle admet depuis que Xavier Bertrand a marqué un grand coup. « Cette plage n'a cessé d'être évolutive, de subir des aménagements, de s'adapter aux goûts du public[2] », a fini par reconnaître sur son blog l'ancien adversaire socialiste, Emmanuel Mousset.

Il ne faut surtout pas y voir une attraction au rabais. Saint-Quentin n'est pas Paris. Ce ne sont pas les « bobos » ou les touristes qui s'allongent sur les transats, lunettes noires sur le nez, pour préparer leur peau au soleil des vacances ou peaufiner leur bronzage, mais les habitants des cités, chômeurs, ouvriers, vendeuses, qui ne vont jamais à la mer. Des centaines d'enfants nagent, s'éclaboussent, dégringolent des dunes. Plus loin, les tout-petits jouent aux billes, vont à la pêche aux canards, font des concours de châteaux de sable. Toute la famille se retrouve autour d'un casse-croûte à midi. Pour donner l'illusion du grand large, des haut-parleurs diffusent des bruits de vagues et des cris des mouettes. En 2013, année record, la place de l'Hôtel-de-Ville, avec ses palmiers, son phare et ses mille deux cents tonnes de sable a accueilli trois cent mille visiteurs ! « Autrefois, les Saint-Quentinois surnommaient la place de l'Hôtel-de-Ville "la place de Moscou". Elle était vide, lugubre. La plage a changé l'image de Saint-Quentin. C'est aujourd'hui

1. Entretien avec l'auteur, mai 2009.
2. Emmanuel Mousset, « Panem et circenses », //laisneavecdsk.blogspot.com, 6 août 2008.

la ville qui sourit, et ce n'est pas qu'un slogan[1] », assure Pascale Gruny, ancienne suppléante du député Xavier Bertrand et aujourd'hui vice-présidente (LR) du Sénat.

Pendant des années, pas un reportage sans que Xavier Bertrand n'apparaisse balle au pied, en short et en maillot un peu trop long. Quand « Envoyé spécial » lui consacre un portrait sur France 2, en avril 2009, le site Politique.net note que l'adjoint au maire « participe à un petit foot entre copains, en toute simplicité. C'est le genre d'image qu'il aime à montrer, celle d'un Français moyen, d'un homme ordinaire près de ses concitoyens[2]. » Xavier Bertrand a aussi imaginé un village de Noël avec patinoire, toboggan pour luges et piste de ski de fond. « Envoyé spécial » s'attarde sur Xavier Bertrand coiffé d'un bonnet rouge de Père Noël. « Je vais vous montrer le lit du Père Noël », lâche-t-il, goguenard. « Sur ce point, il n'a pas changé. Il vient toujours vendre ses vieilles chemises et ses chaussures à la grande braderie. Une manière à lui de dire aux gens : "Je suis comme vous." Mais cette bonhomie cache en fait une vraie agressivité vis-à-vis des personnes qui ne lui font pas allégeance. Quant à ceux qui s'opposent à lui, il n'hésite pas à mordre », assure la socialiste Anne Ferrera, qui a mis Xavier Bertrand en ballotage aux élections législatives de 2012[3].

Même pour ceux qui ne viennent pas faire trempette sous les balcons de l'hôtel de ville, la capitale de la Haute-Picardie n'est plus confondue de manière systématique avec Saint-Quentin-en-Yvelines. « *A priori*, ça peut paraître secondaire que les gens puissent vous situer sur une

1. Entretien avec l'auteur, Saint-Quentin, juillet 2008.
2. « Portrait de Xavier Bertrand : le reportage complaisant d'"Envoyé spécial" », www.politique.net, 13 avril 2009.
3. Entretien avec l'auteur, février 2021.

carte. Mais dans les faits, c'est très important pour attirer des entreprises chez vous[1] », me faisait remarquer Serge Pierre, de la direction du développement économique de la communauté d'agglomération de Saint-Quentin, il y a une décennie. Depuis 1997, la ville passe à la télévision grâce au jeu « Intervilles », dont elle a même gagné la finale en 2005. Le capitaine de l'équipe saint-quentinoise ? Xavier Bertrand, bien évidemment. « Je suis fan d'"Intervilles" depuis que je suis gamin [...]. Emmanuelle, ma femme, a même participé aux épreuves, et je suis fier du trophée qu'on nous a remis pour la victoire[2] », confie-t-il à *Télé Loisirs*. « Quand je participe à "Intervilles", je ne suis pas l'adjoint au maire, je suis un vrai capitaine d'équipe. C'est un engagement personnel, cela n'a rien à voir avec la politique », insiste Xavier Bertrand.

L'ancien sénateur-maire Pierre André en convenait : « Tout ce qui a fait connaître Saint-Quentin dans le reste de la France, nous le devons essentiellement à Xavier Bertrand. J'admire sa capacité de travail, son intelligence, et surtout la passion qu'il met dans son action[3] », nous avait-il confié. La gauche est un peu moins enthousiaste : « Il ne faut pas exagérer le bilan de Xavier Bertrand. Avec lui, c'est du pain et surtout des jeux. Tout est dans l'apparence. Il est très fort en matière de communication. Beaucoup moins lorsqu'il s'agit d'attirer des emplois, de solidifier le tissu industriel de Saint-Quentin[4] », objectait Jean-Pierre Lançon, qui conduisait la liste « Unité de toute

1. Entretien avec l'auteur, Saint-Quentin, mai 2009.
2. « Je ne regarde la télévision qu'après minuit », *Télé Loisirs*, 2 juin 2008.
3. Entretien avec l'auteur, Paris, mars 2009.
4. Entretien avec l'auteur, Saint-Quentin, septembre 2008.

la gauche » aux élections municipales de mars 2008. Il est difficile de donner tort à l'ancien candidat de la gauche. Même lorsque Xavier Bertrand occupait les fonctions de ministre du Travail, de mai 2007 à janvier 2009, puis de novembre 2010 à mai 2012, malgré la proximité avec Paris, les entreprises ne se sont pas bousculées dans le bassin saint-quentinois.

L'ami de Geneviève de Fontenay

Qu'il s'agisse des fêtes du Bouffon en mai, avec village médiéval, fanfares, et enfants des écoles grimés, ou de la grande braderie en septembre, où Xavier Bertrand vend ses vieilles chaussures et ses vêtements usagés (« ses saloperies », ricanait Pierre André), pas une manifestation ne se déroule sans la présence de l'adjoint à la redynamisation. Ministre de la Santé ou du Travail, patron de l'UMP, il s'arrange toujours pour être là. Il déambule, décontracté, dans les rues du centre-ville. Son garde du corps le suit à quelques pas. Les esprits taquins disent que c'est son footing à lui. Les Saint-Quentinois l'abordent fréquemment. Chaque fois, il prend son temps pour discuter. Il ne montre jamais la moindre lassitude.

C'est devenu un rituel. Le samedi matin, le futur candidat à l'élection présidentielle fait son tour au marché. Il s'arrête toujours devant l'étal de Laetitia, la vendeuse de bananes, installée derrière la mairie. Cheveux courts, teints en roux, la dame répète sans se lasser : « Une banane par jour, du punch pour toujours ! » Laetitia ne manque pas d'humour. « J'ai connu Xavier Bertrand tout petit. C'est vrai, il n'a pas beaucoup grandi depuis [1,69 mètre], plaisante-t-elle, mais quand il a mal tourné, je ne l'ai pas laissé tomber », lâchait Laetitia, la vendeuse de bananes. Le plan idéal pour les télévisions qui suivent le patron de l'UMP sur ses terres picardes. « Seulement voilà, il n'y a pas grand-chose de spontané. C'est toujours la même scène que Xavier Bertrand tient à montrer à tous les journalistes qui l'accompagnent à Saint-Quentin. Il ne dit jamais rien, il ne fait jamais rien qui pourrait lui nuire[1] », lâchait il y a déjà plus d'une décennie Sophie Landrin du *Monde*. En revanche, pour Bernard Delaire, ami de longue date de Xavier Bertrand, « c'est un homme sincère, altruiste et pragmatique, le contraire d'un démagogue. Il aime aller vers les gens simples, qui ont été oubliés, pour mieux comprendre leur misère, matérielle et aussi psychologique[2] », assure le conseiller municipal, chargé du patrimoine culturel et historique de Saint-Quentin.

L'attachement de Xavier Bertrand pour Saint-Quentin n'en est pas moins sincère. Il a choisi cette cité, plutôt que Châlons-en-Champagne, où sont les racines de sa famille, ou Reims, où il a suivi ses études. « On m'a proposé d'y être candidat, quand la droite était divisée. Je reste à Saint-Quentin, cette ville m'a fait confiance », répond-il invariablement. Malgré les effets bénéfiques des plages et d'« Intervilles », Saint-Quentin ne se classe toujours pas dans le hit-parade des cités préférées des Français. Certains risquent encore de décrire une bourgade lugubre, aux briques rouges tirant sur le noir, sous un ciel bas. Un peu comme le nord de la France, avant que le succès du film de Dany Boon, *Bienvenue chez les Ch'tis*, ne modifie quelque peu ces idées préconçues. Il faut se rendre à l'évidence, le Saint-Quentinois

1. Entretien avec l'auteur, Paris, février 2009.
2. Entretien avec l'auteur, Saint-Quentin, novembre 2020.

d'adoption offre, quand il est dans sa ville, une image plus humaine, plus riche, et nettement plus sympathique que celle que laissait à Paris par cet ambitieux politicien de la génération « post-Sarko ».

La disparition brutale de Patrick Dupont en mars 2021, ancien danseur étoile puis directeur de la danse à l'Opéra de Paris, a été l'occasion pour la presse locale de rappeler que celui-ci « avait monté une résidence à Saint-Quentin et pris la direction d'une école de danse à Soissons[1] ». Entre 2008 et 2009, Patrick Dupont, en fin de carrière après un grave accident de voiture, a donné des cours de danse dans les maisons de retraite et les centres sociaux, montant en particulier un spectacle sur la scène du théâtre Jean-Vilar, auquel participaient les enfants des quartiers. La venue de l'ancienne étoile dans la sous-préfecture est-elle à mettre au crédit du maire, Pierre André, comme l'écrit *L'Aisne nouvelle*, ou de l'adjoint à la redynamisation ? En revanche, c'est bien Xavier Bertrand qui a réussi à nouer des relations privilégiées avec Geneviève Fontenay, l'ancien présidente du comité Miss France. *La Vie secrète de Geneviève* rappelle que Saint-Quentin, « la ville de Bertrand, a vu deux de ses miss Picardie devenir Miss France : Élodie Gossuin et Rachel Legrain-Trapani[2] ».

1. Olivier de Saint Riquier, « Fidèle de Saint-Quentin et de Soissons, le danseur Patrick Dupond est décédé », *L'Aisne nouvelle*, 5 mars 2021.
2. « Xavier Bertrand soutient Geneviève », *Le Parisien*, 18 novembre 2011.

Xavier Bertrand en Maya l'abeille

Thierry Comble, géomètre-expert, a l'idée en février 1996, lors des Journées du patrimoine, de créer avec deux autres « farfelus », Bernard Delaire, spécialiste des médecines naturelles, et Jacques Landouzy, marbrier, l'association Quintinus[1]. Ses objectifs ? L'exploitation et la mise en valeur des souterrains, mais aussi la découverte du patrimoine et du passé de la ville, en montant des spectacles, des reconstitutions historiques, susceptibles d'attirer un très large public. « Xavier Bertrand ne s'est pas contenté de nous encourager, commente Thierry Comble. Il est devenu l'un des acteurs fétiches de Quintinus. Que l'on ne me dise surtout pas qu'il se serait engagé dans notre troupe avec des arrière-pensées électoralistes ! Il adore jouer la comédie. Malgré ses multiples engagements professionnels et politiques, il était assidu aux répétitions. » Opinion confirmée par plusieurs membres de la joyeuse bande de Quintinus, forte de soixante-dix comédiens bénévoles. Le futur ministre devient vite l'une des principales attractions de ces spectacles.

Lors d'une petite fête privée, l'élu se déguise en Maya l'Abeille… Le jeune homme a du talent, de la répartie, de la bonne humeur. « Chez les acteurs, même bénévoles, il y a souvent d'énormes problèmes d'ego. Xavier Bertrand était déjà un très habile négociateur. Il savait trouver les mots qu'il faut pour apaiser les conflits entre nous[2] », souligne l'une des animatrices de Quintinus, devenue depuis assez critique vis-à-vis de l'homme politique. Bernard Delaire révèle une facette fort peu connue de Xavier Bertrand,

1. Du nom romain de Quentin, le saint patron de la ville.
2. Entretien avec l'auteur, Saint-Quentin, mai 2009.

celle du joyeux drille : « C'est un déconneur incroyable. Il ne cesse de faire le pitre. Aux assemblées générales, j'évitais de regarder dans sa direction pour ne pas éclater de rire. » Malgré un emploi du temps démentiel, l'ancien secrétaire général de l'UMP insiste toujours pour jouer dans la troupe, même des rôles modestes. Que faire alors de son garde du corps qui ne le lâche pas d'une semelle ? Il suggère tout simplement de lui dénicher un costume d'époque… et de l'intégrer dans la pièce comme figurant. Thierry Comble confirme en souriant le côté taquin de Xavier Bertrand : « Quand un acteur s'apprêtait à entrer en scène, il lui murmurait à l'oreille, pour le déstabiliser : "Fais attention ! Ta braguette est ouverte." Même si la blague est éculée, on se croit toujours obligé de vérifier. » Et le cofondateur de Quintinus d'avertir : « L'un de ses gags favoris consiste à vous piquer votre téléphone portable et à répondre à votre place. » Pascale Gruny, son ancienne suppléante, décrit aussi un « farceur qui adore envoyer de faux SMS ou piquer les affaires des gens[1] ». Une autre de ses connaissances, devenue depuis l'une de ses adversaires politiques, rappelle toutefois que ses blagues étaient parfois douteuses, comme celle consistant à dégrafer les soutien-gorge dans les soirées[2].

En 2002, le jeune député se fait aussi remarquer à l'Assemblée nationale par ses facéties et ses blagues de potache. Ainsi, quand le député Charles-Amédée de Courson demande une taxe de 60 % sur les films pornographiques, Xavier Bertrand surenchérit et propose de les taxer à… 69 %. Charles-Amédée de Courson, assure-t-il, « n'a jamais compris la blague[3] ». Le sénateur-maire

1. Jacques Trentesaux, *L'Express*, 25 septembre 2008.
2. Entretien avec l'auteur, Saint-Quentin, novembre 2020.
3. Christophe Jakubyszyn, Muriel Pleynel, *op. cit.*, p.57.

Pierre André goûte un peu différemment les talents de comédien de son adjoint : « Je sais qu'il fait du théâtre, mais je peux vous assurer qu'il fait aussi beaucoup de cinéma », soufflait-il à ses interlocuteurs.

Où est le vrai Xavier Bertrand dans tout cela ? « Son ascension a été tellement fulgurante ! constatait Bernard Delaire il y a une douzaine d'années. Il s'est forcément fait beaucoup d'ennemis dans la jungle parisienne. Pour se défendre, il se mure derrière une carapace. Il pense qu'en politique on ne peut faire confiance à personne. Ceux qui connaissent bien Xavier savent que le couple Bertrand-Sarkozy a quelque chose de très improbable. » D'autres proches de Xavier Bertrand allaient encore plus loin, jurant que, dans son for intérieur, il ne pouvait être qu'un sarkozyste « contraint et forcé ». Ces propos, tenus en 2009, sont à mettre en parallèle avec les médisances que Xavier Bertrand lâchait à quelques journalistes le 6 mai 2012, au soir même de la défaite de Nicolas Sarkozy : « Lui et moi, c'est fini. Maintenant, je roule pour ma pomme. Ras-le-bol de payer pour les erreurs des autres[1]. » Sans oublier les attaques brutales du député de l'Aisne en 2014 contre l'ancien locataire de l'Élysée : la politique menée par Nicolas Sarkozy « n'a pas été à la hauteur de l'exigence de vérité et de résultat ». Et d'ajouter à son encontre : « Lui ne changera donc jamais ! La rupture, c'était déjà la promesse de 2007. Et c'est parce que cette promesse n'a pas été tenue que nous avons perdu en 2012[2]. »

---

1. Quentin Laurent, Alexandre Sulzer, « Bertrand-Sarkozy : des relations tumultueuses », *Aujourd'hui en France*, 28 février 2021 ; cité par Olivier Beaumont, *Les Péchés capitaux de la politique*, Flammarion, mars 2019.
2. Marc de Boni, « L'offensive de Xavier Bertrand contre Nicolas Sarkozy », www.lefigaro.fr, 22 mai 2014.

Quand on lui parle de Quintinus, Xavier Bertrand évoque sobrement un « engagement à titre personnel ». Toujours la même pudeur. « Avant 1994, l'histoire de la ville était méconnue. Quintinus a été un moyen de ressusciter la fierté des Saint-Quentinois, de leur rappeler qu'à une époque leur cité était reconnue dans toute l'Europe, et même au-delà », note-t-il. Puis, se lâchant un peu, il ajoute : « Je prends beaucoup de plaisir à participer à ces spectacles sans me prendre au sérieux. J'ai pourtant l'habitude de m'exprimer en public. Mais chaque fois que je monte sur scène pour un spectacle de Quintinus, j'ai le trac. »

Quintinus a joué un rôle majeur dans la vie privée de Xavier Bertrand. C'est lors des répétitions d'un spectacle que sa liaison avec Emmanuelle, que tout le monde appelle Manu, s'officialise, du moins à l'intérieur de la troupe. Emmanuelle Gonthier, conseillère en ressources humaines, est née en 1969 à Montfermeil. « Tout le monde garde encore en mémoire la scène où Manu et Xavier jouent le fameux "duo du pavillon" de *La Veuve joyeuse* : "Viens dans ce joli pavillon, il paraît très indulgent..." », se remémore l'un des membres de Quintinus. L'élu est déjà marié. Cette rencontre suscite évidemment de nombreux cancans dans cette petite ville, d'autant que le compagnon d'Emmanuelle Gonthier est conseiller municipal RPR de Saint-Quentin. « J'ai été très clair, j'ai divorcé », coupe Xavier Bertrand.

Cette affaire strictement privée donnera matière à un tract lors des élections cantonales de 1998. Un journal n'hésite pas à titrer qu'Alexis Grandin, alors chef de file local du Mouvement pour la France (MPF) de Philippe de Villiers, est l'« amant de la femme de

Xavier Bertrand[1] ». À la lecture de l'article, on comprend qu'il ne s'agit que « des rôles que tiendront le villiériste, le redynamisateur et la jeune femme dans le prochain spectacle de l'association Quintinus ». Cette forme particulière d'humour est restée en travers de la gorge de l'ancien secrétaire général de l'UMP. D'autant qu'Alexis Grandin s'est porté candidat à deux reprises contre lui à l'occasion d'élections cantonales et législatives. Conclusion douteuse de l'article : « Quant à Xavier Bertrand, il paraît qu'il préfère voir Alexis Grandin prendre sa femme que sa place. » Depuis, les deux hommes se sont réconciliés. Alexis Grandin est adjoint au maire, président de l'Office du tourisme et des congrès et conseiller communautaire délégué, chargé du tourisme et des relations internationales.

Depuis de nombreuses années Thierry Comble s'est brouillé avec Xavier Bertrand. Il remet en cause ses compétences à la tête de la mairie de Saint-Quentin comme de la région des Hauts-de-France, parlant de « poudre aux yeux ». Il faut toutefois préciser que Thierry Comble a été salarié du Rassemblement national au conseil régional à Lille. « Néanmoins, j'ai connu autrefois quelqu'un de très sympa, du temps de Quintinus. Je parle d'une vraie amitié. Il ne faisait pas semblant. Je me souviens encore quand tous les garçons, en slip, nous avons dansé le French Cancan[2] », raconte-il.

Le journaliste Philippe Tesson, critique littéraire et dramatique, est un enfant du pays. Il est né en 1928 à Wassigny, à une trentaine de kilomètres de Saint-Quentin, où il compte des cousins et des amis. Le fondateur du *Quotidien de Paris* ne cache pas son admiration pour

1. Archives de l'auteur.
2. Entretien avec l'auteur, février 2021.

Xavier Bertrand : « Je lui trouve beaucoup de qualités et un sens civique approfondi. Il est sérieux, raisonnable, doté d'une bonne volonté, il connaît bien les dossiers. Je trouve qu'il manque parfois d'un peu d'audace. Mais je suis difficile[1]... »

1. Bertrand Duchet, « Philippe Tesson. Rencontre avec un enfant du pays », https://sqmag.fr, 25 juin 2020.

5

Coups tordus et tract ordurier

La dissolution de l'Assemblée nationale de 1997 ne prend pas totalement de court les socialistes. Dans toute la France, les prétendants avaient été désignés dès le mois de janvier. « Dans la circonscription de Saint-Quentin, le candidat devait être une femme, au nom de la parité homme-femme, explique Maurice Vatin, alors secrétaire fédéral du PS dans l'Aisne. Or aucune militante locale ne semblait s'imposer. Plusieurs socialistes venus de l'extérieur ont débarqué ici. Marisol Touraine, notamment, a vite renoncé. Odette Grzegrzulka, qui avait mon soutien, a décidé de se présenter[1]. » Tous les socialistes figurant sur la liste du communiste Daniel Le Meur aux municipales de 1995 ayant été exclus, la section locale du PS affiche, pour une fois, son unité. « Depuis janvier 1997, ajoute Maurice Vatin, Odette avait passé plusieurs week-ends à Saint-Quentin pour rencontrer les militants. Elle était à Saint-Quentin le lendemain de la dissolution. »

1. Entretien avec l'auteur, Saint-Quentin, septembre 2008 et juillet 2009.

Odette Grzegrzulka, bête noire de la droite

À tout juste cinquante ans, Odette Grzegrzulka a derrière elle un parcours pour le moins atypique. « Maospontex » en mai 1968[1], diplômée de philosophie et de polonais, elle a vécu deux ans en Pologne, avant de revenir en France et d'adhérer au PS. Conseillère technique auprès de Jack Lang au ministère de la Culture (1981-1986 et 1988-1992) et au ministère de l'Éducation nationale (1992-1993), elle le suit à Blois, devenant adjointe au maire, chargée des affaires sociales et de la solidarité. Puis, c'est la brouille avec le flamboyant Jack Lang. Odette Grzegrzulka part travailler au côté de Daniel Vaillant, à la mairie du XVIIIe arrondissement de Paris, et devient jospiniste.

Son parachutage dans la deuxième circonscription de l'Aisne ne se passe pas trop mal, puisque au premier tour, elle devance d'une courte tête[2] Charles Baur, le député sortant, président du conseil régional de Picardie et conseiller municipal de Saint-Quentin. Charles Baur est handicapé par une candidature du Front national qui rafle 17 % des voix. De son côté, la socialiste affronte un communiste qui emporte 14 % des suffrages. La deuxième circonscription de l'Aisne a longtemps été solidement tenue par Daniel Le Meur. Au second tour, l'ancienne protégée de Jack Lang s'impose facilement, rassemblant sous son nom 57,2 % des suffrages, « grâce à sa présence sur le terrain », croit savoir *Le Monde*. « En fait, c'est surtout Charles Baur qui ne « travaillait » pas la circonscription. Il venait à Saint-Quentin une fois

---

1. Selon le portrait que lui consacre *Libération* le 15 septembre 1997. « Spontex » est le diminutif de « spontanéiste ».
2. 28,6 % contre 27,8 %.

par semaine et restait dans sa permanence », se souvient Xavier Bertrand.

Pour la droite locale, cette étrangère, plutôt brillante et sans complexes, qui se fait appeler « Odette » tant son nom est difficile à prononcer, devient la femme à abattre. D'autant que la toute nouvelle députée socialiste ne cache guère ses ambitions. Pour consolider son implantation locale, elle décide de se porter candidate aux élections cantonales de 1998 à Saint-Quentin-Nord. Le conseiller général sortant, Jacques Braconnier, soixante-quatorze ans, ne se représente pas. Si Odette Grzegrzulka l'emporte, on ne voit guère qui pourra l'empêcher d'arracher à la droite la mairie de Saint-Quentin en 2001. Charles Simon, alors chef d'établissement à la SNCF dans l'Aisne, évoque la *task force* qui se met en place à l'hôtel de ville pour contrer « Odette » : « À cette époque, j'étais très proche de Pierre André et de Xavier Bertrand. La députée socialiste me jugeait même trop proche. Elle n'a cessé de me mettre des bâtons dans les roues, obtenant finalement ma mutation à Paris[1] », raconte l'impétueux militant RPR, qui ne ménage pas sa peine pour faire trébucher Odette Grzegrzulka. « J'ai entendu à plusieurs reprises le maire de Saint-Quentin déclarer qu'il fallait la "flinguer" », ajoute-t-il.

Jacques Braconnier pousse son ancien attaché parlementaire à lui succéder. « Xavier Bertrand reçoit son héritage », titre la presse locale. Dans le canton voisin de Saint-Quentin-Centre, traditionnellement acquis à la droite, Maxime Hénoque, bon pied bon œil à soixante-dix-sept ans, se représente. Les deux hommes ne sont pas au bout de leurs peines. La campagne donne lieu à une multitude de coups tordus. Xavier Bertrand fait

1. Entretien avec l'auteur, Saint-Quentin, mars 2009.

face à deux adversaires de son propre camp, et Maxime Hénoque se voit opposer une conseillère municipale de l'équipe de Pierre André.

Que s'est-il exactement passé ? Plus de dix ans après le scrutin, Odette Grzegrzulka conserve un souvenir des plus cuisants de cette campagne : « Durant la campagne, j'ai subi de très dures rumeurs et affronté la calomnie… » Parlant de Xavier Bertrand, son adversaire, elle ajoute : « C'est un éléphant qui trompe énormément. À la fois Dr Jekyll et Mr Hyde. Il veut passer pour un gentil, mais il ne supporte ni l'opposition ni la contradiction […]. Je ne lui prédis pas une longue carrière. Il a atteint son niveau d'incompétence[1]. »

Quelles sont les rumeurs dont parle la députée socialiste ? Contactée à plusieurs reprises, Odette Grzegrzulka n'a pas souhaité répondre. « Certains prétendaient que la candidate était alcoolique, ce qui est faux, témoigne le socialiste Maurice Vatin, même s'il lui arrivait de boire un verre avec les camarades. Plus sournois encore, on laissait entendre qu'elle serait lesbienne. C'était un mensonge. » Selon Charles Simon, « bien évidemment, Xavier Bertrand était au courant de ces calomnies. Je n'irai pas jusqu'à dire qu'il en était à l'origine, mais il ne faisait rien pour les étouffer, bien au contraire ».

« Halte à la jeunesse immorale »

Lorsque Bernard Kouchner s'est rallié à Nicolas Sarkozy en 2007, Xavier Bertrand s'est sans doute souvenu que l'ancien secrétaire d'État à la Santé de Lionel

1. Jacques Trentesaux, « Le fabuleux destin de Xavier Bertrand », *L'Express*, 25 septembre 2008.

Jospin était venu le 7 mars 1998 soutenir la gauche à Saint-Quentin, en compagnie de Jean-Claude Gayssot, ministre communiste des Transports, et de Roland Carraz, vice-président du Mouvement des citoyens de Jean-Pierre Chevènement.

Le « Monsieur Plage » de Saint-Quentin est alors confronté à sept candidats, dont deux de droite et un d'extrême droite. Dans la nuit du 12 au 13 mars 1998, quelques jours avant le premier tour des élections cantonales, un tract ordurier s'en prenant à Xavier Bertrand est diffusé. Intitulé « Halte à la jeunesse immorale », il accuse le candidat RPR, baptisé « Monsieur X », d'avoir déjà à trente-deux ans « un passé et un passif peu glorieux ». Tout y passe : sa vie privée, sa gestion prétendument catastrophique d'un centre social et, accessoirement, l'utilisation de la voiture du maire pour ses déplacements personnels[1]. Selon certaines sources, ce tract en noir et blanc, agrémenté d'une photo de Xavier Bertrand et signé d'un mystérieux « Comité 2000 pour les vraies valeurs dans le Saint-Quentinois », n'aurait été distribué que dans une cinquantaine de boîtes aux lettres. Ses destinataires auraient été des personnes connues pour leurs idées progressistes, donc peu enclines à porter leurs suffrages sur Xavier Bertrand. Dans ces conditions, quel était l'intérêt de ce curieux tractage ?

Le lendemain après-midi, le candidat porte plainte au commissariat pour diffamation. « Que l'on s'attaque à ma vie privée est proprement scandaleux. Le tract qui circule est un tissu d'infamies et de mensonges[2] », s'insurge Xavier Bertrand. Bien évidemment, ce « Comité 2000 » n'existe pas et l'enquête ne retrouvera pas le ou les coupables.

1. Archives de l'auteur.
2. « Un élu diffamé attaque », *L'Aisne nouvelle*, 14 mars 1998.

Qui, dans la classe politique saint-quentinoise, pouvait être capable de distribuer un tract anonyme aux relents nauséabonds ? « Cela ne vient pas de nous. Les socialistes locaux n'ont jamais utilisé ce genre de méthodes », jure Maurice Vatin. Le nom de Patrick Basuyaux, alors âgé de cinquante-six ans, est parfois évoqué. Classé à droite, ancien conseiller municipal, il se présente contre Xavier Bertrand dans le canton Saint-Quentin-Nord et n'épargne pas son adversaire : « Xavier Bertrand habite boulevard Richelieu en centre-ville et ne connaît rien aux problèmes de notre canton Nord si complexe. Seule sa permanence toute récente est dans le quartier Saint-Jean depuis quinze jours », dénonce-t-il dans son programme électoral. L'homme, aujourd'hui décédé, ne peut plus se défendre. Mais Patrick Basuyaux n'est pas le seul adversaire de droite à s'opposer à Xavier Bertrand. Alexis Grandin, représentant local du MPF, est lui aussi candidat.

Radio-trottoir, qui grésille souvent à Saint-Quentin, laisse également entendre que Xavier Bertrand pourrait être le véritable commanditaire de ce tract ordurier, finalement lu par très peu d'électeurs. *L'Aisne nouvelle* annonce en une qu'un élu a été diffamé, mais ne livre pas, en page intérieure, le contenu du document. « Xavier Bertrand s'est fait passer pour Cosette, lâche Charles Simon. Après le dépôt de sa plainte, il s'est promené dans toutes les rues de la ville en tenant sa petite fille par la main. Les gens l'ont soutenu comme on soutient une victime. » En clair, le candidat se serait sali lui-même pour mieux discréditer ses adversaires. L'accusation est grave.

L'ancien militant RPR se souvient fort bien des méthodes utilisées par son parti : « Il y avait deux équipes de colleurs d'affiches : les officiels, et un petit groupe d'officieux, dont je faisais partie. La veille des élections, alors que l'affichage était interdit, nous avons collé de petites affiches noires et blanches à la fois sur celles d'Odette Grzegrzulka, mais aussi sur celles de Xavier Bertrand. » Le candidat RPR y est traité de « moniteur de plage ». Ce n'est pas bien méchant. Coïncidence ? Le tract dénigre également « une plage "bidon" en bois et une patinoire en plastique, place de l'Hôtel-de-Ville ». Charles Simon se déclare toutefois étranger à la distribution du tract. Un autre témoin, qui souhaite conserver l'anonymat afin « d'éviter des représailles », porte une autre accusation précise : « Le tract sort d'une imprimerie qui appartenait à un proche de Xavier Bertrand. » Selon le socialiste Jean-Pierre Lançon, le candidat à l'élection présidentielle a toujours été un spécialiste des coups bas : « Dans la campagne qui l'opposait à Odette Grzegrzulka, Xavier Bertrand a déposé plainte contre moi, m'accusant d'avoir dégradé ses affiches électorales. J'ai même été convoqué au commissariat. Mais l'affaire en est resté là. Ce qui n'a pas empêché Xavier Bertrand de récidiver aux élections suivantes[1]. »

Comment réagit le secrétaire général de l'UMP quand on évoque cet épisode ? « Dans le passé, il est arrivé que Jacques Braconnier soit traité de menteur. Mais c'est contre moi qu'on a sorti les attaques les plus basses. Les auteurs ne l'emporteront pas au paradis », lance-t-il, toujours aussi indigné, une décennie plus tard. « Quant à m'accuser d'être l'auteur de ce tract aussi ordurier, c'est faux, c'est ridicule. Ce n'est tout simplement pas le genre de la maison. » La préfecture de Laon et la sous-préfecture de Saint-Quentin, jointes par téléphone, affirment ne pas avoir conservé le document litigieux.

1. Entretien avec l'auteur, mars 2021.

Quelle que soit l'origine du tract diffamatoire, il n'a pas tant desservi, si tel était son but, le candidat RPR. Au premier tour, Xavier Bertrand recueille en effet 37,5 % des suffrages, devançant très nettement Odette Grzegrzulka (28,8 %). Pour sa première élection sous son nom, le candidat du RPR fait mieux que son « grand-père » Jacques Braconnier en 1992.

« C'était une élection de proximité et je pense que les gens ont voté pour un candidat de terrain. Les électeurs sont lassés des promesses », assène Xavier Bertrand. François Piquet, le candidat du Front national, obtient 14,2 %, Patrick Basuyaux 4,1 % et Alexis Grandin 1,9 %. Plus d'une décennie plus tard, Xavier Bertrand, patron du premier parti de France, n'a toujours pas pardonné ce qu'il appelle des trahisons : « J'étais l'homme à abattre. Rien ne m'a été épargné », lance-t-il.

Concernant les rapports entre Charles Simon et Xavier Bertrand, il faut savoir que les deux hommes n'ont jamais cessé de s'affronter par médias interposés. Le premier, qualifiant son ancien ami d'« Iznogoud », déclarait en 2016 : « Les Saint-Quentinois voient bien que notre ville, il s'en fout. Seule compte son ambition démesurée et ne pas faire de vagues. Il veut être calife à la place du calife et c'est tout. » Le nouveau président des Hauts-de-France lui répondait : « Je sais pertinemment que depuis plusieurs années vous n'avez eu de cesse de me dénigrer personnellement, ainsi que l'action de la ville de Saint-Quentin[1]. » Il acceptait néanmoins de le recevoir.

1. Les internautes du *Courrier picard* ont élu Charles Simon personnalité de l'année 2015 à Saint-Quentin. En 2015 et 2016, le quotidien s'est fait régulièrement l'écho de ses relations tumultueuses avec Xavier Bertrand, sous des titres tels que : « L'homme payé à un rien faire sort la sulfateuse. »

Dans le canton voisin de Saint-Quentin-Centre, la candidature de Maxime Hénoque est torpillée par celle de Colette Blériot, conseillère municipale, élue sur la liste de Pierre André. Hénoque vire en tête au premier tour, mais avec très peu d'avance sur son adversaire socialiste, Anne Ferreira. « Ce n'est pas la gauche mais bien la droite qui collait sur mes affiches des placards avec l'inscription suivante : "Trop vieux, place aux jeunes"[1] », se souvient encore l'ancien élu.

Au second tour, Odette Grzegrzulka ne peut guère compter sur le report des suffrages des électeurs communistes. Le PC, en pleine déroute, n'a obtenu que 6 %. Elle est battue par Xavier Bertrand, qui recueille 54,4 % des voix. Une belle victoire, saluée par la presse locale, qui assure que « les supputations déjà font de Xavier Bertrand le prochain maire de Saint-Quentin ». Aujourd'hui encore, l'intéressé assure que cette élection constitue son « souvenir politique personnel le plus heureux ». « Que des gens que vous ne connaissez pas personnellement viennent deux dimanches de suite mettre votre nom dans l'urne, ce sont des faits qui ne s'oublient pas », répète-t-il.

Bertrand omet de dénoncer le Front national

« Vous aider, c'est dans ma nature », assure Xavier Bertrand dans un communiqué, en guise de remerciement à ses électeurs. Il ajoute : « Les habitants du Saint-Quentinois ne se sont pas trompés sur la démagogie et les vaines promesses des candidats de passage. Même les tracts diffamatoires n'y ont rien fait. » Odette

1. Entretien avec l'auteur, Saint-Quentin, mai 2009.

Grzegrzulka rétorque que Xavier Bertrand « a été élu en recueillant la quasi-totalité des voix du FN. Le FN est entré à Amiens vendredi. Il est maintenant à la mairie et au district de Saint-Quentin. » Pour la droite, la fête est quelque peu gâchée par la victoire inattendue de la socialiste Anne Ferreira, qui bat, pour sa première élection, Maxime Hénoque de cent cinquante voix. Au plan départemental, l'Aisne bascule à gauche. « Il ne fait pas de doute qu'il faille lire les résultats de ce département à partir des débats qui ont secoué la droite lors de l'élection du président du conseil régional de Picardie, Charles Baur. Élection obtenue grâce aux voix du Front national et qui valent à M. Baur d'être suspendu de l'UDF. Apparemment, l'électorat de gauche y a trouvé motif à mobilisation alors qu'une partie de celui de droite a boudé les urnes[1] », analyse *Le Monde*.

Le 15 mars 1998, lors des élections régionales qui se sont déroulées le jour du premier tour des cantonales, socialistes et communistes ont obtenu davantage de sièges que les listes RPR-UDF dans les trois départements picards : l'Aisne, l'Oise et la Somme. Charles Baur, président du conseil régional depuis 1985, est mathématiquement battu par la gauche. Grâce aux onze voix du Front national, il parvient toutefois à conserver sa place. Le même scénario se joue simultanément en Rhône-Alpes, en Bourgogne et en Languedoc-Roussillon.

Cette alliance avec les amis de Jean-Marie Le Pen provoque aussitôt de multiples manifestations d'hostilité dans toute la région. Le 26 mars 1998, à Saint-Quentin, deux cents protestataires occupent la salle du conseil municipal et réclament la démission de Charles Baur, qui en

1. Les résultats du second tour des élections cantonales, *Le Monde*, 24 mars 1998.

est membre. Réplique immédiate de Pierre André : « J'ai voté avec fierté pour Charles Baur et si c'était à refaire, je le referais. » Toutefois, le maire de Saint-Quentin est contraint d'annuler la séance du conseil municipal. Aucun élu de droite, si l'on en croit la presse locale, ne dénonce l'alliance de Charles Baur avec le FN. Pourtant, au niveau national, le RPR comme l'UDF condamnent les ententes avec l'extrême droite.

Comment faut-il interpréter le silence de Xavier Bertrand, pourtant fier de son image de gaulliste social ? L'adjoint à la redynamisation n'est pas directement concerné par les manœuvres de Charles Baur, n'étant pas lui-même conseiller régional, contrairement, par exemple, à Éric Woerth, l'ancien ministre du Budget de Nicolas Sarkozy[1]. « J'ai toujours été très clair tout au long de la campagne électorale, annonçant publiquement qu'il n'y aurait pas d'alliance avec le Front national. C'est pour cette raison que je n'ai gagné qu'avec 54 % des voix. En revanche, Odette Grzegrzulka était toute disposée à accepter les voix du FN au deuxième tour pour me faire battre », répond-il quand on l'interroge sur son silence assourdissant.

Le socialiste Maurice Vatin ne conserve pas les mêmes souvenirs. « Pierre André a fermement soutenu Charles Baur. Aucun membre de son conseil municipal ne l'a contredit. Et sûrement pas Xavier Bertrand. Il ne s'est jamais démarqué de Pierre André, sur aucun point, depuis 1995[11]. » Jean-Pierre Lançon, tête de liste de l'opposition aux dernières élections municipales, se montre encore plus catégorique : « Ni Monique Ryo, la première

1. Le 31 août 1998, dans *Le Figaro*, Éric Woerth justifie son vote en faveur de Charles Bauer, dont le principal objectif est d'« éviter que cette région ne soit donnée au Parti communiste ».

adjointe, ni Xavier Bertrand, troisième adjoint, tous deux libres et de bonnes mœurs, n'ont condamné la position de Charles Bauer[1]. » À l'attention de certains initiés, le socialiste Jean-Pierre Lançon rappelle qu'à cette époque Xavier Bertrand était franc-maçon et qu'il aurait dû manifester son opposition à l'alliance de Charles Bauer avec l'extrême droite.

Cette erreur de jeunesse risque de lui être rappelée durant la campagne pour l'élection présidentielle. L'élu de Saint-Quentin oublie également que, lorsqu'il était secrétaire général de l'UMP, il appointait Patrick Buisson, politologue d'extrême droite, ancien directeur de la rédaction de *Minute*. Un contrat qu'il lui avait signé avec Éric Woerth[2]. D'autant que Xavier Bertrand, depuis qu'il a battu en 2015 Marine Le Pen aux élections régionales des Hauts-de-France, fait du combat contre le Rassemblement national un point cardinal de son action. Ce qui ne l'a pas empêché d'inviter sur sa liste Guy Harlé d'Ophove, représentant des chasseurs, mais aussi ancien conseiller régional et secrétaire fédéral du Front national dans l'Oise. « Il faut voir avec quelle violence Xavier Bertrand nous traite au conseil régional ! "Je vous combattrai toujours", "Jamais mon nom n'apparaîtra à côté du vôtre", nous lance-t-il systématiquement chaque fois que nous émettons la moindre proposition ! Mais c'est une posture, ça sent l'insincérité[3] », dénonce Sébastien Chenu, tête de liste du Rassemblement national aux élections régionales de juin 2021 dans les Hauts-de-France.

1. Entretien avec l'auteur, juillet 2009.
2. Gérard Davet, Fabrice Lhomme, *Histoire secrète de la droite française*, Pluriel, mars 2021, p. 122.
3. Entretien avec l'auteur, Paris, février 2021.

En juin 2019, lorsqu'une élue du Rassemblement national rappelle que Philippe Rapeneau, l'ancien vice-président du conseil régional, en charge de la transition écologique, décédé un an auparavant, était « parfois peu aimable », Xavier Bertrand, furieux, lève la séance, annonçant qu'elle ne reprendra pas[1]. Même si les propos de l'élue RN sont manifestement maladroits, la réaction du président de région est disproportionnée. Xavier Bertrand surjoue son hostilité vis-à-vis de l'extrême droite. Le 14 mars 2021 sur France 3 Hauts-de-France, dans l'émission « Dimanche en politique », Xavier Bertrand tente d'expliquer pourquoi il veut être réélu président de la région, tout en annonçant qu'il aspire à devenir président de la République : « Depuis le début de mon engagement politique, il y a une priorité qui ne me quitte pas : tout faire pour empêcher le Front national de gagner dans ma région et de gagner dans mon pays. Je veux empêcher le Front national de prendre le pouvoir. »

À trente-trois ans, Xavier Bertrand devient en 1998 le benjamin du conseil général de l'Aisne. Il se retrouve sur les bancs de l'opposition, comme en 1989, lors de sa première élection à Saint-Quentin. Le nouveau président du conseil est le socialiste Jean-Pierre Balligand, député-maire de Vervins. Antoine Pagni, l'ami de Charles Pasqua et conseiller général de Wassigny, lorgne sur la présidence du groupe RPR à l'assemblée départementale. Xavier Bertrand, le nouveau venu, lui souffle la politesse. Il est facilement élu par ses collègues gaullistes. « À ce moment-là, le rêve le plus fou de Xavier Bertrand est de devenir un jour président du conseil général de

1. « Hauts-de-France : séance plénière interrompue au conseil régional après des propos du RN sur un élu décédé », https://france3-regions.francetvinfo.fr, 28 juin 2019.

l'Aisne et maire de Saint-Quentin. Il n'imaginait absolument pas faire carrière au niveau national », jure Arnaud Defremont, son vieux copain des jeunes RPR.

Jacques Braconnier a laissé en héritage à Xavier Bertrand son canton de Saint-Quentin-Nord. En septembre 1998, Pierre André hérite du solde. Il succède à Jacques Braconnier comme sénateur RPR de l'Aisne.

6

L'homme qui ne voulait pas être député

Dès son élection en 1998, Xavier Bertrand développe au conseil général, à Laon, la même stratégie qu'à Saint-Quentin, neuf ans plus tôt, quand il siégeait sur les bancs de l'opposition : apparaître comme l'adversaire le plus résolu de la gauche. Fin connaisseur des dossiers, courtois mais ne lâchant jamais les mollets de la majorité départementale. À droite, il doit toutefois composer avec Renaud Dutreil, alors âgé de trente-huit ans. Lauréat du concours général de philosophie, passé par l'École normale supérieure, sorti en deuxième position de l'Ena, il a été élu en 1994 conseiller général du canton de Charly-sur-Marne, dans le sud de l'Aisne. Député suppléant de l'ancien ministre René Rossi (UDF), Renaud Dutreil lui succède à sa mort, survenue en août 1994. Conseiller municipal de Château-Thierry, il a lancé au niveau national l'« Appel de Valence » en 1997, invitant le RPR et l'UDF à s'unir. C'est une grosse pointure, et une figure montante de la droite. « Dès le début avec Dutreil, il y a eu un problème d'hégémonie dans le département, confie le socialiste Jean-Pierre Balligand, alors président du conseil général de l'Aisne. Xavier Bertrand a très vite compris que Dutreil n'était pas présent sur le terrain[1]. » Renaud Dutreil est certes brillant, mais hautain et souvent désagréable. Xavier Bertrand, lui, se montre gentil et accessible. Et surtout, il laboure le terrain comme personne. « Il était très chaleureux avec ses collègues. On voyait l'homme qui avait le sens du contact. Il a un peu changé après[2] », se souvient René Dosière, ancien député socialiste et ancien maire de Laon.

Une simple ambition locale

Thierry Lefèvre a été élu conseiller général (divers gauche) du canton de Vermand, près de Saint-Quentin, en même temps que Xavier Bertrand. Lors de notre entretien en 2009, il ne cachait pas son estime pour son adversaire politique : « Il s'est très vite imposé comme le leader de la droite. Il avait une manière très policée de nous dire qu'il ne voterait pas le budget. Ce n'était pas de l'opposition systématique. Il connaissait les dossiers et multipliait les contre-propositions constructives[3] », racontait à l'époque le vice-président du conseil général de l'Aisne. Thierry Lefèvre est décédé en mai 2014. À Saint-Quentin, l'assureur de Flavy-le-Martel laisse les pleins pouvoirs à Pierre André. « Il ne s'oppose jamais, absolument jamais au maire, même sur le plus petit détail, constate Loïc Chaux, ancien journaliste à *L'Union*. Je pense que ce n'est pas dans sa nature. Xavier Bertrand ne s'occupe que de l'événementiel, de ce qui fait parler

1. Christophe Jakubyszyn, Muriel Pleynet, *op. cit.*, p. 31.
2. France 3 Hauts-de-France, « Xavier Bertrand, un parcours quasi sans faute », 13 février 2016.
3. Entretien avec l'auteur, mars 2009.

de Saint-Quentin, comme "Intervilles". Il laisse les gros dossiers au maire[1] », constatait Loïc Chaux, ancien journaliste local à *L'Union*.

Xavier Bertrand développe toujours son incroyable don d'ubiquité. Il est passé par ici, il repassera par là. Il est partout à la fois. « Même si c'est pour dix minutes, un quart d'heure, il trouve toujours le temps d'honorer de sa présence la moindre manifestation, explique l'un de ses proches. Il serre les mains, plaisante. Et tout le monde conserve le souvenir de son passage. » Xavier Bertrand continue d'être une vraie bénédiction pour la presse locale. Que l'on rende hommage à la mémoire du général de Gaulle, l'adjoint au maire chargé de la redynamisation dépose une gerbe devant le monument aux morts. Quand Saint-Quentin obtient le grand prix de la couleur décerné par l'Académie nationale des arts de la rue, il est toujours là, écoutant gravement le discours de Pierre André. Saint-Quentin, ville fleurie ? Il est une fois encore présent. Changement de registre : Xavier Bertrand participe, avec un short trop grand, à un tournoi de beach-volley, capitaine de l'équipe des élus opposée à celle des journalistes locaux.

Pour l'instant, Xavier Bertrand ne rêve pas de carrière nationale. « La ville de Saint-Quentin et le conseil général : cela suffisait à son bonheur, assure Damien Mascret. Il ne visait pas plus haut. Ou du moins, il n'a jamais dit qu'il visait plus haut[2]. » Directeur de cabinet du maire de Laon, Christophe Coulon était en 2008, lorsque nous nous sommes rencontrés, secrétaire départemental de l'UMP de l'Aisne. Il avait croisé pour la première fois Xavier Bertrand à Soissons en 1999, lors

1. Entretien avec l'auteur, juillet 2008.
2. Entretien avec l'auteur, Paris, octobre 2008.

d'une visite de François Fillon. Le jeune élu de Saint-Quentin-Nord cherche alors un assistant pour l'aider au conseil général : ils vont travailler ensemble jusqu'en 2004, date de l'entrée de Xavier Bertrand au gouvernement. « C'est quelqu'un qui veut absolument tout savoir sur tous les dossiers. Il est très pointilleux, approfondissant chaque détail. Il rencontre absolument tout le monde[1] », racontait-il admiratif.

Est-il facile de travailler avec l'inventeur de la plage de Saint-Quentin ? Christophe Coulon sourit et secoue la tête : « Non ! C'est tout sauf facile. Comme il ne s'épargne rien, Xavier n'épargne rien non plus à ses collaborateurs. Je crois qu'après avoir bossé avec lui, on peut faire face à n'importe quel patron. Les cours Bertrand, c'est quelque chose qu'on n'oublie pas. » Âgé de trente-huit ans, il est depuis les dernières élections régionales deuxième vice-président, en charge de la ruralité et de la sécurité (un thème pourtant hors de la compétence régionale). Il est également conseiller communautaire d'agglomération du pays de Laon. Christophe Coulon appartient à la garde rapprochée de Xavier Bertrand. Contacté à deux reprises pour ce livre, il n'a pas répondu à notre demande.

La gauche s'effondre

En 2001, on annonce une vague rose aux élections municipales. Lionel Jospin est aux commandes depuis quatre ans d'un gouvernement jugé efficace. La conjoncture économique est plutôt favorable. À Saint-Quentin, Odette Grzegrzulka conduit la liste de gauche « vraiment

1. Entretien avec l'auteur, Saint-Quentin, mai 2009.

plurielle ». Dans ses professions de foi, elle assure que c'est « un honneur d'avoir été choisie pour devenir la première femme maire de Saint-Quentin ». La presse parisienne est presque unanime. Sans même poser un pied dans la sous-préfecture de l'Aisne, elle est persuadée qu'« Odette » ne fera qu'une bouchée de Pierre André. D'autant qu'il ne faut pas faire mentir cette tradition, ancrée depuis la Seconde Guerre mondiale, qui veut qu'à chaque élection le maire change de couleur politique.

Grâce à son entregent, Odette Grzegrzulka réussit à attirer une petite dizaine de ministres socialistes dans la cité picarde, « histoire de démontrer qu'elle est entendue dans les hautes sphères parisiennes », commente *L'Aisne nouvelle*. La « Polonaise » est plutôt appréciée et sa liste a de l'allure. Elle est soutenue par Jean-Pierre Balligand, le président du conseil général, Daniel Le Meur, l'ancien maire communiste, et Marie-Claire Mendès France, l'épouse de l'ancien président du Conseil. Même Lionel Jospin se fend d'un petit mot pour louer les « qualités personnelles » de la tête de liste et lui adresse ses « encouragements les plus chaleureux ».

« L'actuelle municipalité n'a jamais su s'adapter. Trop de Saint-Quentinoises et de Saint-Quentinois vivent encore dans la précarité et l'exclusion », dénonce la candidate socialiste, lâchant les chiffres de trois mille RMIstes et cinq mille chômeurs dans la sous-préfecture, alors que la population a baissé en six ans de mille cinq cents habitants[1]. Odette Grzegrzulka attaque le maire sans détour : « Un sénateur fantôme au palais du Luxembourg », et son épouse, Maria : « La seule femme qui compte pour le maire. C'est elle qui choisit les lampadaires, qui gaspille l'argent des contribuables comme si elle en avait la

1. Archives personnelles.

légitimité. » Maria André, femme de caractère, s'est effectivement vantée dans une émission de télévision sur M6 de prendre certaines décisions à la mairie, alors qu'elle ne détient aucun mandat. « Pierre André au dodo. Ave Maria ! » ironise Odette. Jérôme Lavrilleux, directeur de cabinet de Pierre André et porte-parole de la liste de droite, dénonce des « propos ignobles » et évoque des « attaques écœurantes dont Pierre André a été victime au sujet de sa santé ». L'élu de Saint-Quentin souffre de problèmes cardiaques. Une fois encore, on ne se montre pas très regardant sur les méthodes dans la cité picarde.

Dans le camp d'en face, Pierre André mène une campagne plus discrète. Il ne tient aucun meeting. « En revanche, André a fait quarante-cinq réunions d'appartement et chacun de ses colistiers en a fait au moins trois[1] », explique Jérôme Lavrilleux. La liste de droite ratisse très large, s'ouvrant sur sa droite à Alexis Grandin, vingt-huit ans, partisan de Philippe de Villiers et adversaire de Xavier Bertrand lors des cantonales de 1998, et sur sa gauche aux radicaux de gauche, dont deux avaient occupé des postes d'adjoints auprès de l'ancien maire communiste. Selon son propre slogan, l'équipe de Pierre André va de « la droite rigide à la gauche souple ». En revanche, Charles Baur a disparu de la liste. La droite ironise sur les « déçus du "Grzegrzulkalisme", les vrais Saint-Quentinois qui ont été laissés sur le bord du chemin [...]. C'est un coucou de Blois qui vient féconder leurs œufs. » La députée socialiste a écarté sans ménagement plusieurs responsables locaux de son parti, comme l'ancien élu Jean-Pierre Lançon ou Emmanuel Mousset, le secrétaire local du parti.

1. Christian Duplan, « Saint-Quentin : le triomphe antimédia d'un "chiraco-castriste" », Marianne2.fr, 19 mars 2001.

Le 11 mars 2001, le score est sans appel. La liste de droite enlève 70,9 % des suffrages. Un succès presque comparable, au niveau national, à celui de Nicolas Sarkozy à Neuilly-sur-Seine (76,9 %). L'équipe de Pierre André devance de plus de dix mille voix la liste conduite par Odette Grzegrzulka (24,5 %). Une troisième liste, étiquetée Parti des travailleurs, recueille 4,6 % des voix. « Pierre André écrasant », salue *L'Aisne nouvelle*. Les Saint-Quentinois plébiscitent l'équipe municipale sortante. N'a-t-elle pas enrayé la spirale infernale qui attirait la cité picarde vers le fond, depuis des décennies ? « L'élue socialiste de Saint-Quentin a été écrasée comme une vieille crêpe », jette Pierre André, sans délicatesse. « Odette » a pris un tel coup sur la tête qu'elle se mure dans le silence, refusant d'analyser sa défaite.

Monique Ryo conserve son poste de premier adjoint, Xavier Bertrand retrouve celui de troisième adjoint, chargé de l'animation et du développement, et Vincent Savelli est sixième adjoint, attaché à l'enseignement. Rien ne bouge ou presque. Ouverture oblige, l'ancien radical de gauche Alain Peyronie retrouve un poste d'adjoint qu'il avait déjà occupé dans l'ancienne municipalité communiste. Alexis Grandin est également promu : il s'occupera du patrimoine historique. Dans la foulée, Xavier Bertrand est propulsé vice-président de la communauté d'agglomération de Saint-Quentin, chargé des politiques contractuelles.

Emmanuel Mousset, professeur de philosophie au lycée Henri Martin depuis 1994, militant du Parti socialiste, tendance Dominique Strauss-Kahn, analyse froidement la situation : « Les communistes se sont effondrés. La droite s'est installée. Beaucoup de gens de gauche trouvent que Pierre André et Xavier Bertrand font du bon travail. Tant que le PS ne sera pas crédible, nous n'apparaîtrons pas comme une alternative à l'équipe municipale actuelle. Je ne cautionne absolument pas la politique municipale, mais il faut reconnaître qu'elle cherche à moderniser Saint-Quentin et qu'elle ne commet pas d'erreurs monumentales[1]. »

Candidat à reculons

Les législatives de 2002 se profilent déjà à l'horizon. Qui est susceptible de porter les couleurs de la droite depuis la défaite de Charles Baur ? Faut-il présenter un candidat local ou attendre que Paris parachute un proche de Jacques Chirac ? Au premier tour de l'élection présidentielle, l'ancien maire de Paris arrive en tête à Saint-Quentin avec 23,9 % des voix, devant Jean-Marie Le Pen (19,9 %) et Lionel Jospin (17,1 %). Au niveau du département, dirigé par les socialistes, la première place revient au leader du Front national. Rien n'est acquis dans l'Aisne. Au moindre coup de blizzard, tout peut basculer.

Xavier Bertrand n'a pas très envie de se lancer. « Il traînait des pieds, se souvient Pierre André. Je l'ai poussé. Je l'ai presque mis en demeure de se présenter… et j'ai eu raison[2]. » Le sénateur-maire ne voit que des avantages à pouvoir s'appuyer sur un député qui s'investisse dans la circonscription et lui serve de relais dans les ministères parisiens. « Je lui ai dit qu'on ne peut pas déserter le combat politique, qu'il ne pouvait pas rester blotti dans mon sillage pour être sénateur à trente-neuf ans » ajoute

1. Entretien avec l'auteur, Saint-Quentin, octobre 2008.
2. Entretien avec l'auteur, Paris, mars 2009.

Pierre André[1]. Entre la mairie et Odette Grzegrzulka, les relations sont tellement exécrables qu'il n'est pas possible de mettre les étiquettes politiques de côté et de travailler ensemble pour faire avancer des dossiers. « Odette Grzegrzulka s'est toujours montrée stérile, ne se préoccupant guère du développement de Saint-Quentin[2] », déplore Bernard Lebrun, ancien candidat socialiste.

Xavier Bertrand explique ses réticences : « Que ce soit Jacques Braconnier ou Daniel Le Meur, ils ne parvenaient à croiser le Premier ministre que pendant un repas de travail ou une réunion de groupe, en compagnie de quinze ou même cinquante autres parlementaires. Pour être efficace, j'étais persuadé qu'il fallait appartenir à une écurie politique, ce n'était pas mon cas. » Mais qui pourrait y aller à sa place ? Les candidats crédibles ne se bousculent pas dans la deuxième circonscription de l'Aisne. Xavier Bertrand est soumis à un intense lobbying, dont il se souvient encore : « On me fait comprendre que si je me présente à la députation, nous avons une chance de l'emporter. Je connais assez le jeu politique pour comprendre ce qui se passera si je refuse[3]... »

Bernard Accoyer le met au pied du mur. En 2002, l'actuel président de l'Assemblée nationale est député-maire d'Annecy-le-Vieux et secrétaire général adjoint du RPR, chargé des élections et des investitures. Il trouve les mots qu'il faut : « Tu es brillant, tu as du charisme, tu es le bon candidat. » D'autant qu'Odette Grzegrzulka, la députée sortante, a beaucoup perdu de sa

1. Judith Perrignon, « Xavier Bertrand : Cachet d'aspirant », *Libération*, 27 mai 2004.
2. Entretien avec l'auteur, mai 2009.
3. Damien Mascret, *op. cit.*, p. 18. Entretien avec l'auteur, avril 2009.

superbe, depuis son échec tonitruant à la mairie de Saint-Quentin, même si elle conserve encore des partisans. « C'était la Polonaise dansante ! Elle n'hésitait pas à se mettre en scène, à faire la fête et à boire des coups avec les gens. Certains continuaient à l'apprécier[1] », assure Charles Simon. Le parti socialiste local, déchiré par les divisions, n'a de toute façon pas de meilleur choix à proposer aux électeurs.

Pas moins de quatorze candidats s'alignent dans cette deuxième circonscription. Comme aux élections cantonales, Xavier Bertrand doit compter avec un adversaire issu de son camp, Alexis Grandin (MPF). Il prend cependant le large dès le premier tour, avec 43,1 % des voix, laissant très loin derrière lui l'élue socialiste (26,9 %). Le représentant du Front national plafonne à 13,4 %, Alexis Grandin n'atteint pas 3 %. « Ce qui m'a fait le plus plaisir, c'est de voir qu'au premier tour, sur la ville même de Saint-Quentin, j'étais majoritaire[2] », insiste Xavier Bertrand. Il obtient très exactement 49,97 % des voix. « Odette » fait un peu mieux dans la partie rurale de sa circonscription.

Il n'y a guère de suspense. Au second tour, Xavier Bertrand est élu avec près de 57 % des suffrages. « Il est devenu député presque à son corps défendant. Il craignait, en rejoignant la capitale, de ne plus pouvoir décrocher la présidence du conseil général[3] », assure Maxime Hénoque, l'ancien premier adjoint de Jacques Braconnier. Christophe Coulon décrit un homme déchiré de devoir abandonner un canton « hérité » de Jacques

1. Entretien avec l'auteur, avril 2009.
2. Damien Mascret, *op. cit.*, p.18.
3. Jacques Trentesaux, « Le fabuleux destin de Xavier Bertrand », *L'Express*, 25 septembre 2008.

Braconnier, en raison du cumul des mandats. De plus, quoique benjamin de l'assemblée départementale, Xavier Bertrand est le patron des élus de droite. « Il aime avoir les mains dans le cambouis. Pour lui, un élu municipal, un conseiller général, traitent le quotidien des gens. En revanche, un député lui apparaissait plus éloigné de la population », se rappelle son ancien assistant.

Le nouveau député RPR de la deuxième circonscription tient à rassurer ses électeurs : « Je ne changerai pas mes habitudes. Je suis toujours dans le prochain spectacle de Quintinus et je participerai à la rencontre de rugby-beach sur la plage[1]. » Mais n'est-ce pas le discours de tout député fraîchement élu ? Xavier Bertrand se présente alors comme « un fan du Premier ministre Jean-Pierre Raffarin [...] qui tourne le dos au comportement technocratique ». Il sera ensuite fan de Dominique de Villepin, dès son arrivée à Matignon, puis de Nicolas Sarkozy, dès son annonce de candidature à l'élection présidentielle de 2007.

En Seine-et-Marne, Jean-François Copé, maire de Meaux, l'emporte facilement dans la circonscription de Meaux-Nord (59,1 % des suffrages). À trente-huit ans, cet ancien élève de l'Ena est le benjamin du gouvernement de Jean-Pierre Raffarin, où il occupe les fonctions à la fois de secrétaire d'État aux Relations avec le Parlement et de porte-parole du gouvernement. Dans les Yvelines, Valérie Pécresse, trente-cinq ans, se présente pour la première fois à Versailles-Sud, prenant la succession de l'ancien ministre Franck Borotra. Cette diplômée d'HEC et de l'Ena obtient 65,1 % des voix.

La conseillère municipale Pascale Gruny se souvient fort bien de ce que lui a dit Xavier Bertrand en la

1. Nicolas Totet, « Xavier Bertrand la joue moderne », *L'Aisne nouvelle*, 13 juin 2002.

choisissant comme suppléante : « Ne t'inquiète pas, il n'y a guère qu'en cas de décès que tu pourrais être amenée à siéger. Il n'est pas possible que je sois appelé au gouvernement pour un premier mandat[1]. » Son idole, Jean-Pierre Raffarin, fera pourtant appel à lui deux ans plus tard. En mars 2004, à tout juste trente-neuf ans, Xavier Bertrand prend ses premières fonctions ministérielles en tant que secrétaire d'État à l'Assurance maladie.

Le nouveau député de l'Aisne s'est également investi dans une association, non pas secrète mais discrète, le Grand Orient de France. En 2008, il sera le premier membre d'un gouvernement de la Ve République à admettre son appartenance à la franc-maçonnerie.

---

1. Érick Leskiw, « Pascale Gruny dans l'Europe des 27 », *L'Aisne nouvelle*, 27 juillet 2009.

7

Frère Bertrand dévoilé

Le 21 février 2008, *L'Express* fait sa une sur « Les francs-maçons et le pouvoir ». Rien, en apparence, de très original. Chaque année, les hebdomadaires se penchent rituellement sur les successeurs des bâtisseurs de cathédrales. Alain Bauer, ancien grand maître du Grand Orient de France (GODF), parle de « marronniers » journalistiques, ces sujets qui reviennent régulièrement « lorsque l'actualité faiblit un peu ou pour regonfler les ventes lorsqu'elles fléchissent[1] ».

Le ministre reconnaît son appartenance

Mais cette fois, le magazine personnalise le sujet, révélant en une que Xavier Bertrand, ministre du Travail, des Relations sociales et de la Solidarité, est franc-maçon. « L'un des ministres les plus en vue du gouvernement appartient au Grand Orient de France. Une nouvelle illustration des liens entre la politique et la franc-maçonnerie. Au moment

1. Alain Bauer, *Grand O. Les vérités du Grand Maître du Grand Orient de France*, Denoël, 2001, p.10.

où Nicolas Sarkozy, fort de ses réseaux qu'il a pu tisser dans les loges, tente d'amadouer les "frères", irrités par ses déclarations sur la laïcité », analyse le journaliste François Koch.

21 février 2008 : la date de parution de l'article correspond-elle à un agenda caché ? *L'Express* rappelle que le GODF, la principale obédience française, classée plutôt à gauche, s'est ému du discours de Nicolas Sarkozy prononcé le 20 décembre 2007 à Rome, insistant sur les racines essentiellement chrétiennes de la France et sur la nécessité pour la « laïcité positive » de reconnaître l'importance des courants spirituels dans la définition d'une morale pour le pays. Le président de la République affirme que « dans la transmission des valeurs et dans l'apprentissage de la différence entre le bien et le mal, l'instituteur ne pourra jamais remplacer le curé ou le pasteur ». En visite à Riyad, en Arabie Saoudite, le 14 janvier 2008, le chef de l'État enfonce le clou en vantant ce « Dieu transcendant qui est dans la pensée et dans le cœur de chaque homme[1] ».

Le GODF, qui revendique quarante-huit mille membres, est reçu le 8 janvier 2008 à l'Élysée. « Nous voulions dire au président de la République qu'à nos yeux la laïcité est un outil dynamique d'émancipation des consciences et de construction d'une République respectueuse de ceux qui croient, qui ne croient pas ou qui veulent changer de religion, affirme Jean-Michel Quillardet, le grand maître du GODF. Elle est un instrument de cohésion sociale permettant d'éviter toute dérive communautaire[2]. » Il en profite pour inviter

---

1. François Koch, « Les francs-maçons et le pouvoir », www.lexpress.fr, mis à jour le 4 mars 2008.
2. Stéphanie Le Bars, « Inquiets pour la laïcité, les francs-maçons disent avoir obtenu des assurances de l'Élysée », *Le Monde*, 12 janvier 2008.

Nicolas Sarkozy au siège du GODF pour une « tenue blanche ouverte », une tenue maçonnique ouverte aux non-maçons. Une première pour un président de la République en exercice. « L'événement tant convoité n'aura pas lieu : beaucoup de frères font savoir, parfois par écrit, que la présence présidentielle provoquerait des manifestations de mécontentement ostensibles dans les couloirs de l'obédience[1] », croit savoir Sophie Coignard.

Le 14 février, Jean-Michel Quillardet confie au *Nouvel Observateur* : « Il y a un ministre franc-maçon au gouvernement », avant d'ajouter, « mais même sous la torture, je ne dirai pas qui ». *L'Express*, qui connaît l'appartenance de Xavier Bertrand à la franc-maçonnerie depuis novembre 2007, décide de publier immédiatement son scoop, pour ne pas se le faire ravir par la concurrence. Le 18 février, vers 8 h 30, Christophe Barbier, directeur de la rédaction de *L'Express*, informe Xavier Bertrand de la révélation imminente de son appartenance à la franc-maçonnerie dans le magazine, et lui propose de réagir. Le ministre consulte ses plus proches collaborateurs et décide de jouer la franchise : oui, il est franc-maçon, répond-il à Christophe Barbier à 20 heures. « On ne peut mentir quand on est un responsable politique et qu'on représente les Français. De moi-même, je n'aurais pas pris l'initiative de parler, mais certains l'ont fait pour moi », explique Xavier Bertrand. C'est une première dans l'histoire de la Ve République.

L'élu de Saint-Quentin explique dans *L'Express* qu'il a « adhéré » en 1995 au Grand Orient de France, et qu'il s'est mis en retrait en 2004 lors de son entrée au gouvernement. « Depuis, je n'ai plus participé à aucune réunion, n'intervenant que deux fois cette année-là comme

1. Sophie Coignard, *op. cit.*, p. 288.

conférencier. Être ministre prime tout autre engagement, ce n'est pas qu'un problème de manque de temps », dit-il, ajoutant qu'il va « plancher » (faire un exposé) devant la loge parisienne « Intersection » le 9 avril suivant, « comme de nombreux acteurs politiques et sociaux ». Enfin, le ministre du Travail reconnaît ne pas avoir confié cet engagement au président de la République.

La franchise paie. Xavier Bertrand se sort très bien de l'exercice. Il a banalisé son appartenance à un ordre qui regroupe, en comptabilisant toutes les obédiences, quelque cent cinquante mille frères et sœurs en France. Sans oublier un nombre au moins équivalent d'initiés en « sommeil » ou qui ont repris leur liberté. Comment expliquer cette transparence de la part de Xavier Bertrand ? « Ce n'est pas très original ! confie Claude Guéant, le secrétaire général de l'Élysée. Ce qui est plus intéressant, c'est la façon dont il a réagi, en assumant et en banalisant[1]. »

L'élu de Saint-Quentin fait preuve d'un courage certain. À droite, on ne se bouscule guère pour reconnaître son appartenance aux « enfants de la veuve », une formule pour désigner les francs-maçons. « Silence radio[2] », titre l'hebdomadaire *Le Point* en publiant les photos de Brice Hortefeux, Patrick Devedjian, Renaud Dutreil et Alain Lambert, sénateur et ancien ministre du Budget. On dit qu'en apprenant l'appartenance de Xavier Bertrand au GODF François Fillon se serait exclamé : « Je ne suis pas étonné de le découvrir maçon ; mais franc, cela m'en bouche un coin... »

Si l'opinion publique ne réagit guère, la presse, elle, ne manque pas de s'interroger sur cette révélation. Pour

---

1. Christophe Jakubyszyn, Muriel Pleynet, *op. cit.*, p. 243.
2. Sophie Coignard, « Les francs-maçons de Sarkozy », *Le Point*, 12 mars 2009.

les uns, il s'agit d'un « coming out » de Xavier Bertrand. En se dévoilant, il aurait voulu renforcer la position de Nicolas Sarkozy, devenant sa caution laïque. Pour les autres, en revanche, l'élu de Saint-Quentin serait victime d'un « outing ». Cette divulgation viendrait de ses ennemis politiques, qui cherchent à le discréditer, sinon à l'affaiblir. Pour faire taire les rumeurs, François Koch, l'auteur du scoop, lance un « coup de gueule » sur le site Bakchich.info. « Ma source n'a rigoureusement rien à voir avec les collègues ministres de Bertrand. Alors, la prétendue vengeance ou l'opération politicienne n'est que fantasme ou rumeur de caniveau[1]. »

Alors, qui a dévoilé Xavier Bertrand ? S'agit-il d'« un vaniteux qui a voulu se rendre intéressant », comme le suggère l'un de ses proches ? Il est vraisemblable que l'information ait filtré depuis le département de l'Aisne. Il n'existe pas moins de dix loges du GODF dans le département. « L'appartenance de Xavier à la franc-maçonnerie était connue depuis plusieurs années à Saint-Quentin », assure un membre de la Grande Loge de France (GLF). Marianne Braconnier, la veuve de l'ancien sénateur-maire RPR, confirme que son mari était au courant : « Il avait une très grande estime pour Xavier. Le seul petit différend qu'ils ont pu avoir portait justement sur la franc-maçonnerie. Mon mari ne voyait pas d'un bon œil l'engagement de Xavier dans cette association[2] », confie-t-elle.

1. François Koch, « Xavier Bertrand et la maçonnerie, les dessous d'une dérive médiatique », Bakchich.info, 4 mars 2008.
2. Entretien avec l'auteur, Saint-Quentin, mars 2009.

Dans la loge des « Fils d'Isis »

Plus d'un an après la révélation de *L'Express*, Xavier Bertrand se félicite de sa franchise : « L'erreur aurait été de passer pour quelqu'un de sulfureux, qui se cache. On ne perd jamais à dire la vérité. » Puis, il ajoute : « J'ai toujours travaillé avec des personnes que l'on peut qualifier d'antimaçonniques, comme Jacques Braconnier ou Pierre André, et bien d'autres encore. Il n'y a jamais eu de problème. » À l'intérieur de la franc-maçonnerie, cette révélation a-t-elle provoqué des débats ? « Dans ma loge, les membres étaient bien évidemment embêtés que le secret maçonnique ait pu être violé, commente Xavier Bertrand. Plus globalement, la question même du secret maçonnique a été abordée dans de nombreuses loges. »

Dès son initiation, un franc-maçon prête serment de ne rien révéler de ce qui se dit dans l'enceinte du temple. « Si chacun peut déclarer qu'il est maçon, nul n'est autorisé à dévoiler le nom d'un frère ou d'une sœur. [...] Le secret d'appartenance ne doit jamais être levé autrement que par le maçon, s'agissant de lui-même[1]. » Le « signe pénal » ou de reconnaissance des francs-maçons consiste à placer la main droite en équerre sur la gorge. Il signifie pour chaque frère qu'il préférerait « avoir la gorge tranchée plutôt que de révéler les secrets qui [lui] ont été confiés ». Apparemment, l'un d'entre eux n'a pas respecté son serment. Faut-il s'en étonner ? Les parjures sont très rarement sanctionnés. Il suffit, pour s'en convaincre, de feuilleter les ouvrages écrits par des francs-maçons, ou

1. Luc Nefontaine, « Une société discrète », « 20 clés pour comprendre la franc-maçonnerie », *Le Monde des religions*, hors-série n° 6, janvier 2008.

les réseaux sociaux, relatant par le menu toutes les dissensions qui agitent leurs obédiences.

L'Express, décidément très bien informé, précise que Xavier Bertrand n'a pas été initié à Saint-Quentin mais à Tergnier, une petite ville de quinze mille habitants située à vingt-cinq kilomètres au sud de la sous-préfecture. Son initiation dans la loge « Les Fils d'Isis » remonte au 11 mars 1995, dix jours avant son trentième anniversaire – et quelques semaines avant les élections municipales. D'abord apprenti, puis compagnon, Xavier Bertrand passe maître le 24 avril 1997, selon le cheminement habituel pour un frère assidu aux deux tenues mensuelles de son atelier[1]. La loge de Xavier Bertrand répond au nom des « Fils d'Isis ». Isis, la plus illustre des déesses égyptiennes, est également veuve d'Osiris, c'est-à-dire de la lumière. Horus, auquel s'identifie le franc-maçon, est fils de la lumière.

J'ai eu l'occasion de m'entretenir à plusieurs reprises avec des francs-maçons qui ont croisé Xavier Bertrand dans un temple, en particulier à Tergnier et à Saint-Quentin. Si, pour tous, il reste un frère, certains portent sur l'homme un jugement parfois sévère. Quelques maçons ont accepté de se dévoiler, mais la majorité préfère conserver l'anonymat. Alain Bauer, autrefois proche conseiller de Nicolas Sarkozy, rappelle que « la franc-maçonnerie est un espace protégé qui permet d'émettre librement des idées dans des endroits où l'individu n'est pas systématiquement obligé de se justifier de tout ce qu'il fait, ni d'être en représentation au nom de ses origines ou de ses appartenances[2] ».

1. Ces trois degrés (apprenti, compagnon, maître) constituent, toutes obédiences confondues, les grades symboliques de la maçonnerie dite bleue.
2. Alain Bauer, *op. cit.*, p. 11.

La franc-maçonnerie est structurée en loges et obédiences. La loge est la cellule de base, présidée par un vénérable, élu par ses frères et assisté d'officiers. Elle rassemble habituellement d'une trentaine à une cinquantaine de frères15. La loge « est à la franc-maçonnerie ce que la paroisse est aux Églises et la section aux partis politiques[1] ». *A priori*, il peut paraître étonnant que Xavier Bertrand, domicilié à Saint-Quentin, ait choisi une loge à Tergnier, et que, conseiller municipal de droite, il ait opté pour le GODF, l'obédience la plus à gauche. « Il est possible qu'il ait eu peur de se faire blackbouler[2] à Saint-Quentin, suggère un franc-maçon de la loge "Justice et Vérité" du GODF de Saint-Quentin, par ailleurs militant socialiste. Que plusieurs frères mettent des boules noires pour s'opposer à son entrée. La première fois, le candidat est seulement ajourné. Mais la fois suivante, le refus est définitif[3]. » D'autres frères évoquent le manque de discrétion qui règne parfois au GODF de Saint-Quentin. « Un policier avait demandé à adhérer au Grand Orient, explique un frère de "Tradition et Liberté", qui relève de la GLF. Il n'avait pas encore été initié qu'il recevait déjà de la part de francs-maçons de tout le département des appels pour obtenir des passe-droits, ou des demandes pour faire sauter des PV ! Ce policier a finalement préféré entrer à la Grande Loge de France. D'autres, tout en restant au GODF, optent pour Tergnier. » La franc-maçonnerie n'échappe pas aux rivalités et aux règlements de comptes.

---

1. Pierre Mollier, « Les obédiences. Une apparence multiple », *Le Monde des religions*, hors-série n° 6, 2008.
2. Le terme « blackbouler », passé dans le langage profane, est issu de la franc-maçonnerie anglo-saxonne et dérive de l'anglais *black* (noir) et *ball* (boule).
3. Entretien avec l'auteur, Saint-Quentin, septembre 2008.

Un autre franc-maçon, qui souhaite conserver l'anonymat, a été initié dans la loge des « Fils d'Isis », au milieu des années 1990, presque à la même période que Xavier Bertrand. Selon lui, le choix de Tergnier « tient à une rencontre, à un concours de circonstances. C'est l'attrait du mystère qui a poussé Xavier à frapper à la porte du temple. Il a agi en toute innocence, je peux en témoigner. Absolument pas, comme peuvent le croire certains, pour se faire des relations ». En clair, le futur ministre aurait été parrainé par un frère de la loge. Géographiquement, Flavy-le-Martel, où Xavier Bertrand exerce la profession d'assureur, est plus proche de Tergnier (douze kilomètres) que de Saint-Quentin.

L'élu de l'Aisne a donné dans *L'Express* un début d'explication sur ses motivations : « J'ai effectivement adhéré, en 1995, attiré par le travail sur soi et sur les idées des autres que permet la franc-maçonnerie. Cela a développé un sens de l'écoute, j'en avais besoin, et on en a toujours besoin[1] ! » Il déclare que la franc-maçonnerie lui a apporté « un espace de grande liberté de parole, de plus grand respect, où l'on donne davantage de sens aux choses ». Quant à son entrée au GODF, il assure que « ce n'est pas un choix par hasard. Je viens de la droite et ma logique d'ouverture aux autres et à leurs idées m'a porté vers le Grand Orient. J'étais alors au RPR, on ne pourra pas dire que j'ai fait ce choix pour faciliter mon ascension politique, ou alors il aurait fallu que je devienne député socialiste... »

---

1. Christophe Barbier, « Xavier Bertrand. "Oui, je suis franc-maçon" », www.lexpress.fr, 20 février 2008.

8

Un franc-maçon peu pratiquant

Située presque à égale distance de Laon, de Saint-Quentin et de Soissons, Tergnier, « la cité cheminote », a une histoire intimement liée aux chemins de fer. Pôle de la Résistance pendant la Seconde Guerre mondiale, elle abrite le musée de la Résistance et de la Déportation de Picardie. Avec les rattachements de Fargniers, Vouël et Quessy, cette petite ville de quinze mille habitants penche à gauche depuis des décennies. La franc-maçonnerie y est très active, avec deux loges du GODF, « Les Fils d'Isis » et « La Maison d'Horus », et deux loges de petites obédiences, l'une de la Grande Loge Opéra, l'autre, baptisée « Le respect de l'homme », appartenant à l'Ordre initiatique et traditionnel de l'art royal (Oitar[1]). À quelques kilomètres de là, à Saint-Paul-aux-Bois, est installée la société Detrad, spécialisée dans la fabrication de décors et accessoires maçonniques.

1. Obédience née fin 1974 par neuf frères venant du GODF.

Un « frère » peu assidu

« Ce serait simpliste de prétendre qu'il n'y a pas d'arrivistes dans nos loges, concède un frère parisien. Mais franchement, pensez-vous que le plus court chemin pour se constituer des réseaux puissants passe par Tergnier ? Facebook est bien plus efficace », sourit-il. « Après les révélations sur l'appartenance de Xavier Bertrand à la franc-maçonnerie, nous avons eu quelques craintes, d'autant qu'une photo de notre temple a été publiée dans la presse, raconte le vénérable de "La Maison d'Horus", qui partage le même lieu de réunion que "Les Fils d'Isis". Mais tout est rapidement rentré dans l'ordre. À Tergnier, on ne vous montre pas du doigt quand vous êtes franc-maçon[1]. » Le temple devait justement accueillir une tenue maçonnique deux jours après la publication de l'article de *L'Express*. Certains frères redoutèrent de devoir se frayer un passage au milieu d'une horde de photographes et de curieux, mais personne ne vint. Les mystères qui entourent cette société philosophique ne passionnent peut-être pas les Français autant qu'on le croit.

Le nom de Francis Loison, le vénérable des « Fils d'Isis », est apparu dans les colonnes de l'hebdomadaire. « C'était un peu ennuyeux car je n'avais pas grand-chose à dire, commente-t-il. D'une part, je suis vénérable d'une loge tout ce qu'il y a de plus normal, pour ne pas dire banal. Ensuite, je ne suis pas le mieux placé pour parler de Xavier Bertrand. Il a dit lui-même qu'il ne venait plus. Personnellement, je ne pense l'avoir côtoyé qu'à quatre ou cinq reprises en loge ces dix dernières années[2]. » Il

1. Entretien avec l'auteur, Tergnier, mars 2009.
2. Entretien avec l'auteur, Tergnier, mars 2009.

confirmait que le patron de l'UMP est toujours affilié à cette loge, dont il paie chaque année les « capitations » (cotisations).

En franc-maçonnerie, comme dans toutes les associations, les syndicats ou les partis politiques, il y a ceux qui s'engagent et prennent des responsabilités, et les autres, qui ne viennent que de temps à autre, voire jamais. La franc-maçonnerie n'échappe pas à la règle. Les appréciations que j'ai pu récolter sur le frère Xavier Bertrand sont aussi contrastées dans l'univers maçonnique que dans le monde profane. De façon générale, ses frères louent son assiduité durant ses trois premières années de maçonnerie. « Xavier était présent à mon initiation, alors que j'entrais dans une autre loge que la sienne. Il avait trouvé le temps de se libérer malgré ses nombreuses occupations professionnelles[4] », se souvient Francis Normand, de « La Maison d'Horus ». Aujourd'hui disparu, il évoquait aussi la cérémonie de passage de Xavier Bertrand au grade de maître : « Il était très ému. C'était un moment important pour lui. » Il n'a toutefois jamais intégré les hauts grades, comme la grande majorité des francs-maçons.

À Saint-Quentin, plusieurs francs-maçons louent la qualité des « planches » (les exposés) présentées par le frère adjoint au maire. « C'est un excellent orateur et chaque fois qu'il a pris la parole, le temple était bourré à craquer », se souvient un franc-maçon appartenant à la loge « Tradition et liberté », de la GLF, qui partage les mêmes locaux que le GODF, boulevard Léon-Blum, longeant le quai du Port-Gayant. Un autre frère se rappelle un quiproquo : « Les planches sont annoncées à l'avance dans toutes les loges de la région, avec les initiales de l'orateur. Les miennes sont XB, comme celles de Xavier Bertrand. De très nombreux frères visiteurs sont venus ce soir-là, persuadés qu'ils allaient écouter le ministre. Je n'avais jamais eu un tel public, mais je crois qu'ils ont dû être un peu déçus[1] ! », sourit-il.

« L'assiduité de Xavier Bertrand n'a pas duré longtemps », lâchent d'autres frères moins amènes. Selon eux, l'actuel patron de l'UMP ne fréquente plus vraiment sa loge depuis 1998. Il n'y aurait fait que des apparitions de plus en plus rares, avant de ne plus venir du tout. Cette désaffection serait donc très antérieure à son entrée au gouvernement, en mars 2004. Un manque de continuité plutôt fréquent chez les frères qui mènent une carrière politique et se trouvent pris par leurs multiples obligations. Il n'est pas toujours aisé de se libérer deux soirées par mois[2]. « Il faut bien le reconnaître, la transcendance, ce n'est pas son truc, à Xavier. Il est trop terre à terre. En revanche, je regrette qu'il ne vienne plus nous voir, même en dehors des tenues maçonniques, alors qu'il ne manque jamais une foire aux boudins quand il est dans la région[3] », lâche, amer, un ancien vénérable des « Fils d'Isis ».

Un référendum sur la laïcité

Au niveau national, l'appartenance de Xavier Bertrand au GODF n'a apparemment guère perturbé le président de la République. L'élu de Saint-Quentin s'est retrouvé secrétaire général adjoint de l'UMP en mars 2008, quelques semaines à peine après les révélations de *L'Express*, puis secrétaire général en janvier 2009. Pas de vagues non

1. Entretien avec l'auteur, Saint-Quentin, septembre 2008.
2. Les « Frères d'Isis » se réunissent le deuxième samedi et le quatrième vendredi de chaque mois.
3. Entretien avec l'auteur, avril 2009.

plus au niveau local, si l'on en croit Pierre Guynemère, dit P'tit Pierre, un forain qui pose tout sourire au côté de Xavier Bertrand dans les colonnes de *L'Union* : « Je l'aime beaucoup. C'est un type droit sur qui on peut compter. [...] Pour moi, c'est une qualité essentielle, car je suis franc-maçon, et nous sommes très attachés au principe de solidarité[1] », confiait alors l'actuel président national du Syndicat des commerçants forains.

Le dossier de neuf pages de *L'Express*, peu avare de détails, signale que Xavier Bertrand « travaille selon le rite français, le plus laïque de ceux qui sont pratiqués au GO, puisque la référence au Grand Architecte de l'univers n'y est pas obligatoire ». Et d'ajouter que le rite français est à des centaines d'années-lumière « du prêche de Nicolas Sarkozy, à Riyad, le 14 janvier 2008, qui vantait ce "Dieu transcendant qui est dans la pensée et dans le cœur de chaque homme"[2] ». Il existe de nombreux rites en France, tous issus d'un même patrimoine symbolique. Le rite français, créé à Paris peu avant la Révolution française, a supprimé les formules trop ouvertement religieuses un siècle plus tard. Il est pratiqué par environ 80 % des loges du GODF, notamment par « Les Fils d'Isis ».

Toutefois, les frères du GODF de Tergnier n'ont pas la réputation d'être des anticléricaux virulents. Ils ne crient pas, comme dans certains temples à la fin des tenues : « À bas la calotte ! » Xavier Bertrand se déclare « croyant mais pas pratiquant ». « Je ne suis pas du tout un "laïcard". Je n'aime pas les fanatismes et je condamne tous les extrémismes, qu'ils soient religieux ou laïcs », précise-t-il. Le candidat à l'élection présidentielle reste habituellement

1. Karine Perocheau, « Forain : l'esprit de famille », *L'Union*, 16 octobre 2008.
2. François Koch, « Les francs-maçons et le pouvoir », *op. cit.*

très pudique sur ce qui touche à la foi. « Xavier est effectivement fort discret sur le sujet. Sa famille n'était pas spécialement pratiquante. Lui, il reste chrétien, mais pas à la façon d'un François Fillon et du mouvement politique conservateur Sens commun », assure Bernard Delaire, conseiller municipal délégué de Saint-Quentin, chargé du patrimoine culturel et historique[1].

Xavier Bertrand n'a pas attendu ces dernières années pour mouiller sa chemise en faveur de la laïcité. En juin 2009, Nicolas Sarkozy déclare que la burqa n'est « pas la bienvenue » dans l'Hexagone. Aussitôt, la branche maghrébine d'Al-Qaïda menace de s'en prendre à la France : « Nous nous vengerons de la France et de ses intérêts, par tous les moyens à notre disposition, pour l'honneur de nos filles et de nos sœurs », lance Abdel Wahoud, un responsable de l'organisation terroriste au Maghreb. Réponse immédiate de Xavier Bertrand : la France « ne se laissera jamais intimider », car elle a « des valeurs très fortes et, parmi ces valeurs très fortes, il y a la liberté des uns et des autres et la liberté des femmes[2] ». À présent, il va beaucoup plus loin en réclamant un référendum sur la laïcité, la protection des Français et l'immigration, considérant que seul un référendum « donne pleine légitimité pour agir en profondeur ». Pour l'ancien maire de Saint-Quentin, la laïcité embrasse un spectre très large : « C'est la séparation des Églises et de l'État, la neutralité du service public, le respect de la liberté d'opinion et de conscience, mais aussi la place et le respect de la femme dans la société[3]. »

1. Entretien avec l'auteur, Saint-Quentin, novembre 2020.
2. « Burka : Al-Qaïda menace la France de se venger », www.letelegramme.com, 1er juillet 2009.
3. Marion Mourgue, « Il faut un référendum sur la laïcité, la protection des Français et l'immigration », *Le Figaro*, 6 décembre 2020.

Depuis qu'il est monté en grade dans la vie politique française, Xavier Bertrand a-t-il fréquenté d'autres loges à Paris, Lille, ou ailleurs ? Ses frères de Tergnier et de Saint-Quentin l'ignorent. Il est vrai que l'ancien ministre de Nicolas Sarkozy cloisonne consciencieusement sa vie. Il semblerait préférer les vrais lieux de pouvoir, comme Le Siècle, club élitiste qui regroupe des dirigeants politiques, économiques, culturels et médiatiques français. Autour de 40 % de ses membres sont diplômés de l'École nationale d'administration (Ena). L'unique activité du Siècle, dont le siège est situé avenue de l'Opéra à Paris, consiste à organiser chaque mois un dîner. C'est nettement moins prenant que deux tenues par mois à Tergnier, mais bien plus efficace pour côtoyer les "élites". Comme le rappelait un long portrait du *Monde* paru en 2016, Xavier Bertrand, à une certaine époque, « a couru les dîners en ville avec l'énergie d'un lapin Duracell[1] ».

Si l'ancien ministre n'a pas totalement coupé tous liens avec la franc-maçonnerie, il ne souhaite apparemment pas que cela se sache. Lors des élections municipales de 2014, son principal opposant politique, le socialiste Michel Garand, ne cachait pas son appartenance maçonnique, ni qu'il avait eu des responsabilités importantes au sein du GODF[2]. Durant la campagne, il avait laissé entendre que Xavier Bertrand était toujours franc-maçon. Réponse cinglante de l'intéressé : « Il sait très bien les choses. Mais je pense qu'il était très gêné [par le sujet] et je vous ferai des révélations. Vous aurez des surprises dans

1. Louise Couvelaire, « Xavier Bertrand ne perd pas le Nord », *M, le magazine du Monde*, 30 mars 2016.
2. « La passion de Michel Garand : « La franc-maçonnerie », *Le Courrier picard*, 2 mars 2014.

quelque temps[1]. » Le maire de Saint-Quentin rappelait qu'il n'avait plus fréquenté de loges depuis qu'il était devenu ministre. Ce qui ne l'empêche toutefois pas de les rencontrer en dehors des loges et même de les réunir. « Le 18 octobre 2018, l'amphithéâtre du conseil régional pour l'accueil du public était bondé. Dans la foule, j'ai tout de suite reconnu de très nombreux frères du Grand Orient de Saint-Quentin et de Tergnier. J'ignore pourquoi ils s'étaient déplacés spécialement ce jour-là. Y avait-il au programme de la séance plénière un sujet lié à la laïcité ? », se souvient un franc-maçon originaire de Saint-Quentin[2].

Cela ne signifie pas pour autant que les « frères » se mobiliseront comme un seul homme pour Xavier Bertrand lors de l'élection présidentielle. « Il tient un discours de plus en plus à droite, allant jusqu'à déclarer que s'il avait été député en 1981, il aurait voté contre l'abolition de la peine de mort. Pour beaucoup d'entre nous, un tel propos est rédhibitoire », assure un membre de la GODF[3].

1. Archives de l'auteur.
2. Entretien avec l'auteur, mai 2021.
3. Entretien avec l'auteur, Lille, mai 2021.

9

Dans la cour des grands

« Je n'avais pas suivi de grandes écoles ni travaillé dans un cabinet ministériel. Comment allais-je pouvoir me débrouiller à l'Assemblée nationale ? », s'inquiète Xavier Bertrand au lendemain de son élection aux législatives de 2002. Il n'appartient à aucune écurie dans la toute nouvelle Union pour un mouvement populaire (UMP), regroupant les anciens du RPR, les centristes, les libéraux et une poignée de radicaux.

Repéré par Alain Juppé

Comme à son habitude, Xavier Bertrand ne perd pas de temps. Il passe l'été au Parlement à observer la session extraordinaire. À la rentrée, il intègre d'emblée la prestigieuse commission des finances, alors présidée par l'ancien ministre centriste Pierre Méhaignerie. Cette commission a la réputation d'ouvrir davantage de portes que les autres. « La commission des affaires sociales est plutôt une terre d'accueil pour les nouveaux, tandis que celle des finances rassemble souvent les députés les plus expérimentés et ceux qui ont le plus de poids politique[1] », reconnaît Jean-François Copé, président du groupe UMP à l'Assemblée nationale.

Comment le député de l'Aisne a-t-il pu y entrer si vite ? Les places sont d'autant plus chères que la commission des finances compte moins de membres que les autres. « Exceptionnellement, il y avait un trou en 2002, explique Michel Bettan, alors conseiller de Gilles Carrez, le rapporteur général de la commission des finances. De nombreux députés socialistes, membres de cette commission, venaient d'être battus. À droite, plusieurs élus avaient raccroché. On a donc fait entrer des nouveaux. C'est Bernard Accoyer qui a soufflé le nom de Xavier Bertrand à Gilles Carrez, Pierre Méhaignerie et Jacques Barrot qui, eux, ne le connaissaient pas[2]. »

Titulaire d'une maîtrise de droit des affaires et d'un DESS de droit de la construction et de l'urbanisme, Michel Bettan travaille avec Gilles Carrez depuis 1993, d'abord comme assistant parlementaire, puis comme conseiller du député du Val-de-Marne. Il se souvient fort bien de son premier contact avec Xavier Bertrand, dont il est aujourd'hui le principal conseiller pour l'élection présidentielle. « Quand il est entré dans mon bureau, je l'ai pris pour un assistant parlementaire. Étant très occupé, je me suis excusé de ne pouvoir le recevoir. Il m'a laissé sa carte de député. »

L'élu de l'Aisne est plein de bonne volonté. Il veut travailler. « Testez-moi », répète-t-il. Sa profession d'assureur lui vaut d'hériter d'un rapport complexe sur l'École nationale d'assurances. « Quelques jours plus tard, il avait

1. Jean-François Copé, *Un député, ça compte énormément !*, Albin Michel, 2009, p. 125.
2. Entretien avec l'auteur, Paris, mai 2009.

vu tout le monde, les assureurs comme les assurés, il avait tout compris, débusqué les pièges et il arrivait avec des solutions ! J'ai dit à Gilles Carrez : "On vient de toucher un ovni à la commission des finances" », note Michel Bettan, admiratif.

Xavier Bertrand est disponible pour tout, même pour les dossiers les plus fastidieux. Il est le seul ou presque à se battre pour devenir le rapporteur spécial du budget... des anciens combattants. « Xavier Bertrand, c'est un peu "scout toujours !", notent Christophe Jakubyszyn et Muriel Pleynet dans leur livre. Toujours prêt, toujours disponible, si bien qu'il se distingue assez vite[1]. » Muriel Pleynet a longtemps été rédactrice en chef adjointe à LCP-Assemblée nationale : « Il formait avec d'autres jeunes députés, comme Yves Censi et Laurent Hénart, un groupe sympathique, un peu potache, très ouvert avec les journalistes, se souvient-elle. On les surnommait "les Mousquetaires". Dès décembre 2002, j'ai fait un portrait de Xavier Bertrand[2]. » Élus avec la vague bleue de 2002, les Mousquetaires ont pratiquement le même âge : Yves Censi (Aveyron) et Luc Chatel (Haute-Marne) sont nés en 1964, Xavier Bertrand en 1965, Jérôme Chartier (Val-d'Oise) en 1966, Valérie Pécresse (Yvelines) et Laurent Hénart (Meurthe-et-Moselle) en 1968. « À cette époque, Laurent Hénart paraissait le plus prometteur, relate Ludovic Vigogne, aujourd'hui journaliste à *L'Opinion*. Il a d'ailleurs été secrétaire d'État avec Raffarin. Les Mousquetaires s'entraidaient. Mais leurs belles amitiés n'ont pas duré très longtemps[3]. »

1. Christophe Jakubyszyn, Muriel Pleynet, *op. cit.*, p. 48.
2. Entretien avec l'auteur, Paris, février 2009.
3. Entretien avec l'auteur, mai 2009.

Pierre André suit avec attention les premiers pas de son adjoint et ne s'étonne pas de sa réussite. « En fait, il s'est rapidement rendu compte que, pour réussir à Paris, il fallait faire comme en province, c'est-à-dire bosser. Et il a travaillé plus que les autres[1] », sourit le sénateur-maire de Saint-Quentin. Comme la plupart des autres mousquetaires, Xavier Bertrand n'oublie pas de rejoindre le Club de la Boussole, fondé en octobre 2002 par le Picard Éric Woerth, qui rassemble les députés fidèles à Jean-Pierre Raffarin et à Jacques Chirac. Heureux hasard, huit des quarante et un membres du Club, dont Xavier Bertrand et Laurent Hénart, seront nommés dans le troisième gouvernement de Jean-Pierre Raffarin en mars 2004.

« Claude Chirac a joué un rôle non négligeable dans la promotion de jeunes élus de province. Selon elle, il fallait compenser le trop-plein d'énarques[2] », se souvient Jean-François Probst, conseiller d'Alain Juppé à l'époque où ce dernier était Premier ministre. Marquée par la trahison balladurienne, comme le reste du clan familial, Claude Chirac a favorisé la nomination de Jean-Pierre Raffarin à Matignon. « Un provincial si rusé, si madré. Ce sénateur poitevin, blanchi sous le harnais du militantisme politique et fils de ministre mendésiste, a réussi à passer pour neuf, à débarrasser le président de ses éléphants encombrants, et à donner l'illusion de la déchiraquisation en pleine chiraquisation[3] », assène Nicolas Domenach dans *Marianne*.

Xavier Bertrand comprend vite que les députés ne se bousculent pas pour empoigner les dossiers techniques,

1. Entretien avec l'auteur, Paris, mars 2009.
2. Entretien avec l'auteur, Neuilly-sur-Seine, mars 2009.
3. Nicolas Domenach, « Chirac II, enfin roi, chiraquise la France », Marianne2.fr, 24 juin 2002.

jugés fastidieux et peu rémunérateurs en termes de retombées médiatiques. « À son arrivée à l'Assemblée en 2002, son credo était : "Rien ne sert de briller, il faut savoir durer." L'assureur de Flavy-le-Martel fait son miel des rapports ennuyeux et rébarbatifs. Ce n'est pas seulement un bourreau de travail. Xavier Bertrand est aussi un bon orateur. En octobre 2002, il prend pour la première fois la parole dans l'hémicycle, vers 23 h 30. Ce n'est pas la meilleure heure. Habituellement, les députés sont assoupis ou font leur courrier. « Je les ai tous vus lever la tête, même Alain Lambert, ministre délégué au Budget. Il se passait quelque chose. Xavier Bertrand était très clair et très politique », se souvient l'un de ses collègues députés.

Le « M. Retraite » de l'UMP

Fin 2002, Alain Juppé, tout nouveau président de l'UMP, cherche un volontaire pour prendre à bras-le-corps le dossier – important, ô combien ! – des retraites. Une fois encore, Bernard Accoyer, premier vice-président du groupe UMP à l'Assemblée nationale, donne un coup de pouce à l'élu de l'Aisne en le recommandant à l'ancien Premier ministre. « Il y a trois personnes qui m'ont aidé à mon arrivée à l'Assemblée nationale, reconnaît Xavier Bertrand : Bernard Accoyer, en premier, puis Pierre Méhaignerie et Gilles Carrez. » Puis, très réaliste, il ajoute : « Le dossier des retraites avait été proposé à d'autres, notamment à François Baroin, qui n'en voulaient pas. On a pensé à moi en se disant que je n'étais pas connu et qu'à la première connerie, on pourrait facilement me balancer. » C'est aussi un lot de consolation pour celui à qui l'on a refusé le conseil national de l'UMP.

« Je rencontre Alain Juppé et je m'aperçois que j'ai le choix de la méthode : la page est blanche. Je vais l'écrire à ma façon », raconte Xavier Bertrand dans le livre de Damien Mascret, qui commente : « [Il] ne le sait pas encore, et sans doute ne l'imagine-t-il pas une seconde, mais il vient de gagner une place au prochain gouvernement. Il a séduit Alain Juppé, ce qui n'est pas une mince affaire[1]. » L'ancien Premier ministre lui confie une mission de confiance : faire le tour de France des fédérations du parti chiraquien afin d'expliquer aux militants la réforme des retraites. Il y gagne très vite une réputation de pédagogue infatigable.

Le Monde le baptise le « M. Retraite » de l'UMP : « En moins de trois mois, écrit Yves Bordenave, M. Bertrand a organisé une cinquantaine de réunions publiques sur ce thème. Il a profité de ses déplacements pour rencontrer les responsables locaux des partenaires sociaux, s'évertuant à rassurer les syndicalistes tout en s'appliquant à calmer les impatiences des militants de droite. » Le quotidien du soir ajoute : « Soucieux de se montrer à l'écoute, il s'est alors révélé un homme de dialogue. C'est là qu'il a conquis ses galons, et c'est également à cette occasion qu'il a su retenir l'attention de M. Juppé[2]. » Xavier Bertrand se souvient fort bien de ses entretiens avec l'ancien Premier ministre, qui se déroulent dans le bureau qu'il a occupé à son tour quand il était secrétaire général de l'UMP. « Avec Alain Juppé, on a intérêt à bien maîtriser ses dossiers, à donner des réponses à toutes ses questions. Juppé, c'est une école d'exigence », commente-t-il.

1. Damien Mascret, *op. cit.*, p. 19.
2. Yves Bordenave, « Xavier Bertrand, le "M. Retraite" de l'UMP à l'assurance-maladie », *Le Monde*, 2 avril 2004.

L'Assemblée nationale adopte la réforme des retraites dans la nuit du 2 au 3 juillet 2003, après trois semaines de débats. « Là, j'ai eu du pouvoir : j'ai introduit les amendements sur l'emploi des seniors, la pénibilité au travail et le droit d'information sur les retraites[1] », déclare avec satisfaction le jeune député. Xavier Bertrand obtient sa première promotion, il est nommé secrétaire national de l'UMP, en charge de l'organisation des débats. Outre Alain Juppé, tous ceux qui comptent en « Chiraquie » – Bernard Accoyer, Pierre Méhaignerie, président de la commission des finances, Jacques Barrot, président du groupe UMP, Philippe Bas, qui a succédé à Dominique de Villepin comme secrétaire général de l'Élysée – commencent à glisser le nom de Xavier Bertrand dans leurs listes de ministrables.

Débordé à Paris, Xavier Bertrand n'en continue pas moins à assister aux séances du conseil municipal de Saint-Quentin et à labourer sa circonscription comme il l'a promis. Toutefois, un chef d'entreprise actif dans le bâtiment relativise son efficacité : « Gilles de Robien, quand il était maire, a métamorphosé Amiens. Tout comme Jean-Louis Borloo en ce qui concerne Valenciennes. Mais lui, Xavier Bertrand, finalement, qu'a-t-il apporté à Saint-Quentin ? Rien, il a laissé la ville tomber en ruines[2]. »

Deux ans après la réélection de Jacques Chirac, les Français se servent des élections régionales et cantonales de mars 2004 pour exprimer leur mécontentement. C'est une victoire historique pour la gauche, en particulier pour le Parti socialiste. François Fillon évoque « un 21 avril à l'envers », faisant allusion au désastre subi par Lionel Jospin, exclu du second tour de l'élection présidentielle

1. Christophe Jakubyszyn, Muriel Pleynet, *op. cit.*, p. 52.
2. Entretien avec l'auteur, mars 2021.

de 2002. À l'exception de l'Alsace et de la Corse, toutes les régions basculent à gauche. Après sa victoire écrasante en Poitou-Charentes – région longtemps présidée par Jean-Pierre Raffarin – Ségolène Royal devient l'une des personnalités socialistes les plus populaires.

La Picardie et l'Aisne plongent à gauche. À Saint-Quentin, en revanche, la droite fait mieux que se défendre. Dans le canton de Saint-Quentin-Nord, Jérôme Lavrilleux, qui a pris la succession de Xavier Bertrand, conserve de justesse son siège (43,9 % des voix) face à l'ambitieux professeur de philosophie, le socialiste Emmanuel Mousset (40,1 %), et à un candidat du Front national (16 %). Dans le canton de Saint-Quentin-Centre, Colette Blériot, adjointe au maire UMP, bat sur le fil la socialiste Anne Ferreira, conseillère générale sortante et députée européenne.

Jean-Pierre Raffarin sauve sa tête, mais son gouvernement n'échappe pas à un remaniement en profondeur. Nicolas Sarkozy devient ministre de l'Économie, des Finances et de l'Industrie. Dominique de Villepin passe des Affaires étrangères au ministère de l'Intérieur. Déjà secrétaire d'État aux Relations avec le Parlement dans le gouvernement Raffarin II, Jean-François Copé prend du galon. Il est promu ministre délégué à l'Intérieur et porte-parole du gouvernement. Le député-maire de Meaux, alors âgé de quarante ans, a pourtant été défait aux élections régionales en Ile-de-France. Promotion également pour l'élu de l'Aisne Renaud Dutreil, qui devient ministre de la Fonction publique et de la Réforme de l'État. Autre jeune homme ambitieux dont on n'a pas fini de parler, Éric Woerth, député de l'Oise et maire de Chantilly, est promu secrétaire d'État à la réforme de l'État.

À Douste les discours, à Bertrand le boulot

À trente-neuf ans, Xavier Bertrand est nommé secrétaire d'État à l'Assurance maladie. Il est chapeauté par le professeur de médecine Philippe Douste-Blazy, ministre de la Santé et de la Protection sociale. Il n'apprend sa nomination que deux heures avant son annonce officielle par Philippe Bas, le secrétaire général de l'Élysée. Presque aussitôt, il appelle Michel Bettan et lui propose de venir le rejoindre. « Ce n'était pas facile pour moi. Je travaillais avec Gilles Carrez depuis douze ans, il m'a tout appris. Xavier Bertrand a téléphoné directement à Gilles Carrez », raconte le premier membre de la garde rapprochée de l'élu de Saint-Quentin. Aujourd'hui vice-président exécutif d'Havas, Michel Bettan est considéré comme le véritable bras droit de Xavier Bertrand. Il travaillait en même temps que Vincent Chriqui aux côtés du Gilles Carrez. Ce n'est sans doute pas un hasard si celui qui a dirigé la fin de campagne présidentielle de François Fillon, en 2017, a rejoint Xavier Bertrand en mars 2021. Énarque et polytechnicien, maire de Bourgoin-Jallieu (Isère), Vincent Chriqui coordonne les groupes de travail en perspective du scrutin de 2022[1]. Alors que Xavier Bertrand se présente comme un « gaulliste social », Vincent Chriqui appartient au courant libéral des Républicains.

Secrétaire d'État à l'Assurance maladie : ce n'est pas exactement une sinécure. Xavier Bertrand est chargé d'accomplir le travail que son ministre de tutelle compte survoler. C'est un secret de Polichinelle dans la classe politique, Philippe Douste-Blazy, ministre de la Santé

---

1. Marion Mourgue, « Présidentielle 2022 : un proche de François Fillon rejoint Xavier Bertrand », www.lefigaro.fr, 10 mars 2021.

entre 1993 et 1995 et ministre de la Culture de 1995 à 1997, est un politicien intelligent et brillant, mais l'essentiel de son énergie passe dans la communication. À l'élection présidentielle de 2002, Philippe Douste-Blazy, devenu maire de Toulouse, a convaincu une trentaine de députés UDF de soutenir Jacques Chirac dès le premier tour, au détriment de François Bayrou. Xavier Bertrand, en revanche, est un parfait inconnu. Christophe Jakubyszyn et Muriel Pleynet résument sobrement l'objectif de la manœuvre : « On met Xavier Bertrand à côté de Douste et on lui fait faire le boulot. On traite les affaires directement avec le secrétaire d'État et on fait entériner la décision par le ministre. Douste faisait les discours, Bertrand le boulot[1]. »

Avec un tel ministre de tutelle, on peut s'attendre au pire. « Douste-Blazy était omniprésent médiatiquement. Il n'y a pas eu de réel conflit avec Xavier Bertrand. Comment le ministre aurait-il pu se plaindre de son secrétaire d'État ? Celui-ci était au ministère chaque jour de 7 heures du matin à 2 heures du matin, tout en sachant rester à sa place. Xavier Bertrand ne se prenait pas pour un ministre », analyse Michel Bettan. Opinion confirmée par Fabien Namias, d'Europe 1 : « Pendant que Douste-Blazy recevait au rez-de-chaussée les stars de la presse, Bertrand accueillait quantité de jeunes journalistes au dernier étage du ministère de la Santé, rue de Ségur. Comme personne ne comprenait rien à la réforme de l'assurance maladie, c'était une aubaine de pouvoir l'interviewer. Il possédait le sujet sur le bout des doigts[2]. » Prudent, le secrétaire d'État se garde bien de critiquer l'ancien maire de Toulouse,

1. Christophe Jakubyszyn, Muriel Pleynet, *op. cit.*, p. 65.
2. Entretien avec l'auteur, Nantes, mai 2009.

assurant qu'il a « beaucoup appris » à son contact. « Ce n'est pas que de la langue de bois. Grâce à Douste-Blazy, Xavier a compris qu'il fallait sacrifier beaucoup de temps aux médias si on veut que son action soit comprise[1] », insiste Damien Mascret.

Une chemise à petits carreaux bleu ciel et blanc, serrée au col par une cravate rouge. Une poignée de main très ferme, des rondeurs présénatoriales : « Ça sent l'ascension studieuse à l'école du parti », écrit *Libération*, qui lui concède un portrait en der pour son entrée au gouvernement[2]. Avant l'entretien, quand la journaliste avait appelé Matignon pour avoir ses coordonnés, le standard avait confondu Xavier Bertrand avec Léon Bertrand, le ministre du Tourisme…

Pour Xavier Bertrand, qui aime le concret, secrétaire d'État à l'Assurance maladie, c'est le job idéal. Ça touche tous les Français, c'est compliqué, on doit mettre les mains dans le cambouis et, en plus, il faut savoir composer avec les syndicats. Ces derniers reconnaissent qu'il y a bien eu une vraie négociation. L'élu de Saint-Quentin écoute et maîtrise parfaitement ses dossiers. La chance est pour lui, la réforme de l'assurance maladie occupe le devant de la scène pendant plusieurs mois. De quoi s'agit-il ? De freiner le déficit de l'assurance maladie et celui de la Sécurité sociale qui s'accroît alors de 23 000 euros par minute. Xavier Bertrand propose de changer le comportement des Français. À partir du 1er janvier 2005, ils devront choisir leur médecin traitant. Si, en province, « 85 % des Français ont un médecin de famille », c'est le cas de « la moitié seulement des Parisiens et des habitants

1. Entretien avec l'auteur, Paris, octobre 2008.
2. Judith Perrignon, « Cachet d'aspirant », Libération, 27 mai 2004.

des métropoles importantes[1] », assure le secrétaire d'État. Pour lui, la logique du médecin traitant, habituellement le médecin de famille, est « une logique de qualité et de meilleure coordination des soins ».

Autre décision majeure, la promotion des médicaments génériques, qui ne représentent alors que 17 % de part de marché sur l'ensemble des médicaments. « À l'horizon 2007, nous souhaitons qu'un médicament consommé sur quatre soit un générique », ajoute l'élu saint-quentinois. Enfin, la réforme de l'assurance maladie prône le dossier médical personnel, qui doit permettre de lutter contre les accidents médicamenteux et les examens redondants. « Avant de prendre une décision, Xavier va sur le terrain, il se renseigne minutieusement. Il est venu plusieurs fois me voir[2] », raconte son ami Bernard Delaire, cofondateur de Quintinus mais surtout préparateur en pharmacie, spécialiste des médecines naturelles. À l'Élysée comme à Matignon, on applaudit des deux mains le parcours sans faute de Xavier Bertrand. En quatorze petits mois, il est parvenu à exister en tant que secrétaire d'État. Fier de ses réformes, l'élu picard pense pouvoir promettre le retour à l'équilibre des comptes de l'assurance maladie en 2007...Douce illusion. En 2019, avant la Covid, le déficit du régime général de Sécurité sociale (et du fonds de solidarité vieillesse) s'établissait à 1,9 milliard d'euros, au lieu de 1,2 milliard en 2018.

Malgré tout, le secrétaire d'État ne fait pas l'unanimité. « Je conteste l'image qu'il cherche à se donner de professionnel efficace, assène la socialiste Anne Ferreira,

---

1. Valérie Brouchoud, « Xavier Bertrand : "C'est ensemble que nous pourrons sauvegarder l'assurance-maladie" », www.doctissimo.fr, 30 novembre 2004.
2. Entretien avec l'auteur, Saint-Quentin, mai 2009.

ancienne conseillère générale de Saint-Quentin-Centre et ancienne députée européenne. La réforme des retraites ? D'ici quelques années, elle va frapper de plein fouet toutes celles et tous ceux qui la prendront car il y a peu de salariés qui pourront avoir une carrière complète de quarante-deux ans. Les retraités pauvres seront encore plus pauvres et plus nombreux qu'aujourd'hui. Il avait été question de prendre en compte la pénibilité de certains métiers, ce volet de la réforme est resté au stade de la déclaration… Comme ministre de l'Emploi ? Il suffit de constater sur place… La Sécurité sociale, dont il promettait de combler le déficit ? Le trou n'a jamais cessé de se creuser, tout comme les inégalités face à l'accès aux soins[1]. »

Le journaliste lyonnais Gérard Clavairoly, spécialiste des problèmes de santé depuis trois décennies, se montre très sévère, lui aussi : « C'est une fantastique opération d'enfumage. Douste-Blazy et Bertrand avaient promis, la main sur le cœur, une assurance maladie à l'équilibre dès 2007. En réalité, les deux ministres n'ont fait que cantonner la dette dans une caisse spéciale, pour la rééchelonner : environ 50 milliards que paieront nos enfants et petits-enfants… La solution magique, selon eux, c'était que chaque assuré choisisse un médecin traitant, pour une meilleure coordination généraliste/spécialiste dans le "parcours de soins". Le problème, c'est que ce parcours n'a été balisé par aucune contrainte, et qu'aucune autre mesure politique n'a accompagné cette réformette (95 % des assurés étaient déjà fidèles à leur généraliste). En plus, comme souvent en France, les résultats de cette loi – qui avait le double avantage d'apparaître comme une vraie réforme et de ne heurter au fond personne, surtout

1. Entretien avec l'auteur, février 2009.

pas les professions médicales – n'ont jamais été évalués. Ainsi tous les problèmes structurels délicats – évaluation des pratiques et thérapeutiques médicales, poids de l'industrie, démographie médicale – ont été soigneusement planqués sous le tapis[1]. »

Jean-Louis Bianco, ministre des Affaires sociales en 1991 et 1992, assassine l'élu de Saint-Quentin en peu de mots : « Xavier Bertrand a sans conteste du talent et de la compétence. Mais ces qualités ne l'ont pas empêché d'échouer totalement lorsqu'il était membre du gouvernement Villepin : il avait promis le retour à l'équilibre des comptes de la Sécurité sociale, qui sont toujours dans le rouge[2] ! »

1. Entretien avec l'auteur, avril 2009.
2. Michel Revol : « Ce qu'en pensent ses prédécesseurs », *Le Point*, 20 décembre 2007.

10

Un ministre de la Santé à la hauteur

Malgré le désastre des élections régionales et cantonales de 2004, Jean-Pierre Raffarin avait sauvé sa tête. Mais l'échec cuisant du référendum sur la Constitution européenne de mai 2005[1] oblige Jacques Chirac à agir : Dominique de Villepin devient Premier ministre. Philippe Douste-Blazy hérite du ministère des Affaires étrangères et Xavier Bertrand lui succède à celui de la Santé et des Solidarités. Comment expliquer cette promotion ? À tous les échelons, on a poussé à la roue. Douste-Blazy, d'abord, n'a eu qu'à se louer de son secrétaire d'État. Raffarin, ensuite, le recommande à son successeur. Enfin, Marie-Claire Carrère-Gée, la conseillère sociale de Jacques Chirac, devenue secrétaire générale adjointe de l'Élysée, l'appuie chaudement auprès du président de la République. Ce dernier, qui connaissait mal Xavier Bertrand lors de sa nomination comme secrétaire d'État à l'Assurance maladie, le croit médecin. Il l'appelle « docteur » quand il s'adresse à lui en Conseil des ministres. Informé de son erreur, Jacques Chirac continue malgré tout à lui lancer, avec un petit sourire : « Docteur, c'est à vous. »

---

1. Le « non » l'emporte avec près de 55 % des suffrages.

Un ministre délégué baptisé « Junior »

Ministre de la Santé à quarante ans, cette fois sans « Douste-Blabla » pour le chapeauter ! Pour l'ancien assureur de Flavy-le-Martel, le destin, cette fois, prend l'ascenseur. D'autant que son ministre délégué, Philippe Bas, quarante-sept ans, est l'ancien secrétaire général de l'Élysée. En apprenant sa nomination, Xavier Bertrand a un peu de mal à y croire. Il pense tout d'abord que c'est lui qui sera le ministre délégué de Philippe Bas[1]. Habituellement, quand un secrétaire général de l'Élysée entre au gouvernement, c'est pour prendre la tête d'un ministère[2], pas pour se retrouver sous la tutelle d'un semi-inconnu. Les rapports entre l'élu de province et le technocrate, sorti de l'Ena, ne seront ni simples ni cordiaux.

Christophe Jakubyszyn et Muriel Pleynet énumèrent dans leur livre les multiples accrochages entre les deux hommes. Au bout de trois semaines à peine, Xavier Bertrand demande à Philippe Bas de changer de directeur de cabinet, sans lui en donner véritablement le motif. L'ancien secrétaire général de l'Élysée refuse. Autres petites humiliations, l'adjoint de Saint-Quentin le surnomme « Junior ». En présence d'élus, il ne manque jamais l'occasion de rappeler qu'il est passé devant les électeurs, ce qui n'est pas le cas de Philippe Bas[3]. Derrière le physique avenant du « bon gros » commence à se profiler la silhouette du « tueur », d'un homme politique « pas gentil du tout », qui ne connaît que les rapports de force.

1. Christophe Jakubyszyn, Muriel Pleynet, *op. cit.*, p. 69.
2. Ce fut le cas d'Hubert Védrine, de Jean-Louis Bianco et de Dominique de Villepin.
3. Christophe Jakubyszyn, Muriel Pleynet, *op. cit.*, p 71-72.

Il commence à hériter à Paris d'une solide réputation de « faux-cul » derrière ses airs mielleux.

Michel Bettan, le plus proche collaborateur de Xavier Bertrand, ne nie pas les relations compliquées entre les deux hommes, mais il minimise les différends. « Les contacts étaient parfois tendus, mais pas tous les jours. J'ai vu pire entre un ministre et un ministre délégué. Les deux équipes travaillaient ensemble et finalement, cela s'est plutôt bien passé[1] », résume-t-il. « Il n'y avait pas d'admiration réciproque entre les deux hommes, mais c'est fréquent en politique, juge un autre proche du ministre de la Santé. Les deux hommes ne se sont pas mis de bâtons dans les roues, c'est là l'essentiel. » À Xavier Bertrand la santé, les hôpitaux, l'assurance maladie. Philippe Bas se charge de la Sécurité sociale, des personnes âgées, des personnes handicapées et de la famille.

Le ministère de la Santé est très vite rattrapé par l'actualité, à commencer par la vague d'émotion provoquée en août 2005 par la découverte de trois cent cinquante fœtus mort-nés à l'hôpital Saint-Vincent-de-Paul à Paris. Ils auraient dû être incinérés, mais l'établissement les conservait dans des bocaux remplis de formol, parfois depuis deux décennies. L'affaire remonte jusqu'au Premier ministre. « Xavier Bertrand s'est retrouvé confronté à un vrai choix de communication, se souvient Bernard Sananès, directeur général d'Euro RSCG C&O, qui fait alors la connaissance de l'élu de Saint-Quentin. Faut-il en parler ? Ne pas en parler ? C'est à ce moment-là qu'il a décidé, non pas de subir, mais de prendre la main sur les événements[2]. » Xavier Bertrand trouve les mots justes, faisant part de sa « profonde émotion » et de son

1. Entretien avec l'auteur, Paris, mai 2009.
2. Entretien avec l'auteur, Suresnes, juin 2009.

« indignation » face à une telle découverte : « Ce que j'ai vu m'a énormément choqué. J'ai encore en mémoire des images très éprouvantes. Ces poches et bocaux de formol répartis dans ces salles… »

Combien coûtent les services de l'un des meilleurs coachs en communication ? La presse avance la somme de 150 000 euros d'honoraires par an. Le chiffre exact tourne plutôt autour de 9 000 euros par mois. Le contrat signé avec le ministère de la Santé porte sur du conseil et de l'assistance à la communication, en particulier la communication de crise.

Contrairement à Philippe Douste-Blazy, adepte des effets d'annonce, Xavier Bertrand choisit, durant sa première année à la tête du ministère, de se plonger dans les dossiers, de multiplier les déplacements sur le terrain, sans se faire accompagner de journalistes. Il rencontre tous les interlocuteurs du monde de la santé : syndicats de médecins, de chirurgiens, de kinésithérapeutes, des personnels des hôpitaux.

Le 24 janvier 2006, Éric Favereau, spécialiste de la santé au quotidien *Libération*, publie un article intitulé : « Xavier Bertrand, l'homme invisible de la Santé ». Assassin, le journaliste écrit : « Mais au fait, c'est qui le ministre ? Xavier Bertrand, dit-on. Vous en êtes sûr ? Ah bon… D'ordinaire, l'occupant de l'avenue de Ségur, quels que soient ses mérites, est connu, se fait vite un nom, tant les sujets santé poussent le ministre à s'exposer. Et depuis vingt ans, aucun n'a dérogé à la règle, de Kouchner à Mattei, de Douste à Évin. Tous, sauf un, l'actuel ministre de la Santé. » Éric Favereau constate que Xavier Bertrand n'apparaît jamais dans les sondages de popularité. Même pas de manière négative. « Il est toujours aux abonnés absents. » L'élu de l'Aisne n'a guère d'atouts dans son jeu. Il ne pèse pas lourd au gouvernement. Et comme il ne vient pas du corps médical, il ne bénéficie pas d'assises dans la profession. L'article enfonce le clou en insinuant que chaque fois que Xavier Bertrand se retrouve confronté à un dossier un peu délicat, il demande conseil... à un pharmacien de sa circonscription[1]. Bref, c'est le portrait d'un plouc qui flotte dans des habits beaucoup trop amples pour lui. Le journaliste de *Libération* lui trouve tout de même des circonstances atténuantes : « Le passage de Philippe Douste-Blazy à la santé a vu en effet le lancement d'un nombre incalculable de plans, pas toujours financés, sans oublier la grande réforme de l'assurance maladie. »

L'article de *Libération* provoque un électrochoc chez le jeune ministre. L'un de ses collaborateurs assure que l'élu picard naît à ce moment-là : Xavier Bertrand n'a toujours pas digéré cet article qu'il qualifie de « mélange d'assertions non avérées, de méchancetés, et aussi d'observations justes », mais il en tire une leçon : « J'ai compris que je n'avais pas assez communiqué, pas assez mis en perspective l'action que j'avais menée. La morale de l'histoire, c'est qu'on a beau bosser sérieusement, si on ne le fait pas savoir, ça ne sert à rien[2]. »

Dorénavant, pour sa communication, Xavier Bertrand ne se contente plus d'un coup de main d'Euro RSCG C&O, une fois toutes les deux semaines. Il propose à Gwladys Huré, directrice conseil dans la société, possédant une spécialisation « santé », de le rejoindre à plein temps

1. Le « pharmacien » en question, c'est bien évidemment Bernard Delaire, l'ami, le cofondateur de Quintinus et à l'époque préparateur en pharmacie, installé à quelques pas de l'hôtel de ville de Saint-Quentin.
2. Judith Waintraub, « Bertrand, la vocation du journaliste », *Le Figaro*, 7 août 2009.

au ministère, comme conseillère pour la communication et la presse. Tout est à faire. « Il a pris conscience qu'un ministre ne devait pas se contenter d'ingurgiter des dossiers, analyse Gwladys Huré, qui a ensuite suivi Xavier Bertrand au ministère du Travail, puis à l'UMP, enfin au ministère du Travail, de l'Emploi et de la Santé, jusqu'en 2012. Au savoir-faire, il faut ajouter le faire-savoir. Il est très agréable de travailler avec lui, car il intègre tout très vite et il corrige tout de suite ses erreurs. Il m'a immédiatement fait confiance[1]. » Dorénavant, Xavier Bertrand va « faire la météo ». En d'autres termes, « produire le buzz ».

Gwladys Huré est revenue prêter main-forte à Xavier Bertrand au conseil régional des Hauts-de-France comme chargée de communication jusqu'en 2017. En janvier 2021, elle a été missionnée par le gouvernement pour l'assister dans la campagne de vaccination destinée au grand public. Le 15 mars 2021, elle est nommée directrice de l'information et de la communication de la Caisse nationale de l'assurance-maladie. *Le Point*, qui révèle l'information, souligne que « Jean Castex la connaît bien : elle travaillait à la communication de Xavier Bertrand lorsque le futur Premier ministre en était le directeur de cabinet[2] ». Réaction immédiate de la presse des Hauts-de-France. Pour *La Voix du Nord*, après Gérald Darmanin et Jean Castex, « c'est Gwladys Huré, une autre très proche du président des Hauts-de-Seine, qui va aider le gouvernement[3] ». Quant au *Courrier picard*, il constate

1. Entretien avec l'auteur, juillet 2009.
2. Nathalie Schuck, « La campagne de vaccination confiée à... un proche de Xavier Bertrand », www.lepoint.fr, 6 janvier 2021.
3. Sébastien Leroy, « Vaccination anti-Covid-19: une très proche de Xavier Bertrand pour aider le gouvernement », www.lavoixdunord.fr, 6 janvier 2021.

qu'Emmanuel Macron, « aime s'entourer des fidèles de celui qui pourrait devenir son adversaire pour 2022[1] ».

Bertrand-Baroin, frères ennemis

L'arrivée de Gwladys Huré se produit au moment où l'épidémie de chinkungunya frappe l'île de La Réunion. Il s'agit d'une maladie infectieuse tropicale transmise par des moustiques. On l'appelle la « maladie de l'homme courbé », car elle occasionne de très fortes douleurs articulaires. Les premiers symptômes rappellent ceux d'une crise de paludisme ou de dengue. Le premier cas de chikungunya enregistré dans ce département d'outre-mer remonte à février 2005. À la fin de l'année, il n'y a encore « que » douze mille personnes contaminées. Mais début 2006, tout explose. Des dizaines de milliers de Réunionnais sont touchés par le virus, au rythme de plus de vingt-deux mille nouveaux cas chaque semaine. Au total, près d'un tiers de la population va être infectée.

Selon les scientifiques, le chikungunya ne serait pas mortel. Le 4 janvier 2006, François Baroin, ministre des Dom-Tom, compare imprudemment cette maladie à une « mauvaise grippe ». Moins de dix jours plus tard, un enfant de neuf ans décède. Le chikungunya va tuer quatre-vingt-treize personnes. Dans ses formes sévères, il provoque des attaques du muscle cardiaque et des hépatites fulgurantes. « Vous avez joué l'inertie pendant des mois et des mois, avant que l'opinion publique réunionnaise ne fasse pression. Et nous n'en serions sans doute pas là […] s'il s'était agi de l'un de vos départements

1. « Vaccination : une proche de Bertrand pour aider le gouvernement », *Le Courrier picard*, 7 janvier 2021.

de métropole ! », dénonce le député socialiste Jean-Marie Le Guen, spécialiste de la santé, le 21 février 2006 à l'Assemblée nationale. La presse nationale s'en prend sans ménagement à l'inertie du gouvernement. Une nouvelle fois, le ministre de la Santé est dans la ligne de mire de *Libération*[1]. *Le Monde* du 26-27 février 2006 titre : « Chikungunya : dix mois d'hésitations et déjà soixante-dix-sept morts. » Dominique de Villepin doit jouer lui-même les pompiers en s'envolant pour La Réunion, avec quelques millions d'euros d'aides dans son escarcelle.

Qui doit gérer la crise ? François Baroin, en charge de l'outre-mer, ou Xavier Bertrand, ministre de la Santé ? Ce dernier, accusé par la presse de perdre régulièrement les arbitrages ministériels, s'en sort cette fois à son avantage. Le Premier ministre tranche en sa faveur. Non seulement François Baroin a traîné les pieds pour se rendre à La Réunion, mais il n'a pas adressé la moindre note sur cette crise à Dominique de Villepin. C'est d'autant plus fâcheux que son directeur de cabinet était… préfet de La Réunion jusqu'en juin 2005, révèle *Le Canard enchaîné*.

Xavier Bertrand a peut-être gagné son bras de fer, mais il vient de se faire un ennemi. Fils de Michel Baroin, ancien grand maître du Grand Orient de France, François Baroin est un jeune prodige de la politique. Député à vingt-huit ans, porte-parole de la campagne présidentielle de Jacques Chirac en 1995 à trente ans, secrétaire d'État et maire de Troyes la même année. François Baroin, qui a le même âge de Xavier Bertrand (il est né le 21 juin 1965), reste le favori de la grande majorité des dirigeants des Républicains pour l'élection présidentielle de 2022.

À La Réunion, les rapports tournent au vinaigre entre Xavier Bertrand et François Baroin. Ce dernier se lâche

1. Damien Mascret, *op. cit.*, p 40-41.

dans *Le Chouchou* : « Xavier Bertrand perd son sang-froid devant les fonctionnaires qui sont sur place. Il les engueule de manière invraisemblable, ça manquait un peu d'humanité. À cette occasion, j'ai découvert un mec d'un autoritarisme incroyable, j'ai même été obligé de lui dire : "Tu ne parles pas comme ça au préfet !" » D'autant que le ministre des Dom-Tom soupçonne son collègue du gouvernement d'avoir balancé des vacheries sur lui au *Canard enchaîné*. « Voyant que ça tournait mal, il s'est essuyé un peu les pieds sur moi pour dégager sa responsabilité[1]. » Quoi qu'il en soit, Xavier Bertrand s'est vraiment mis en colère à Saint-Denis de La Réunion. Il considère qu'on ne lui a pas dit la vérité et que l'Institut national de veille sanitaire n'a pas fait correctement son travail. Résultat : jusqu'à la fin du quinquennat, Xavier Bertrand et François Baroin ne sont plus adressés la parole.

Même si le maire de Troyes devait finalement apporter son soutien au président de la région des Hauts-de-France, afin de respecter le choix de son parti, il n'est pas certain qu'il le fasse avec beaucoup d'enthousiasme. Dans un dessin humoristique paru dans *Libération*, il remercie Xavier Bertrand « d'aller se faire battre à [sa] place ».

Grippe aviaire : le ministre pense à tout

Entre la gestion efficace de la canicule de 2006 et le lancement du préservatif à 20 centimes d'euro, l'adjoint au maire de Saint-Quentin n'a pas chômé durant les

1. Christophe Jakubyszyn, Muriel Pleynet, *op. cit.*, p. 81.

vingt mois passés avenue de Ségur. Le dossier majeur reste celui de la grippe aviaire. On ne parle plus de quelques dizaines de morts, mais de dizaines de milliers de victimes potentielles. Le 13 février 2006, un canard sauvage est retrouvé mort dans le petit village de Joyeux, dans l'Ain. La région, entre Bourg-en-Bresse et Lyon, compte un millier d'étangs. C'est un passage privilégié des oiseaux migrateurs, qui ont entamé leur voyage de retour en Europe, en provenance d'Afrique, depuis deux semaines. Le vendredi 17 février, il n'y a plus de doute : le canard sauvage est porteur du virus H5N1. Dominique Bussereau, ministre de l'Agriculture, se rend immédiatement sur place. Le département de l'Ain redoute une catastrophe. Les fameux « poulets de Bresse », élevés dans les verts pâturages, vont devoir être confinés en dortoirs, pour éviter toute contamination. Ils risquent alors de ne plus guère intéresser les consommateurs…

Victime indirecte de la grippe aviaire, l'épouse de Xavier Bertrand, « qui était sur le point de passer son premier week-end de détente avec son mari au Touquet. Le premier depuis huit mois ! "J'avais enfilé mon manteau et la voiture était déjà chargée"[1] », raconte Emmanuelle Bertrand. Le ministre de la Santé n'est pas pris au dépourvu. Il se prépare depuis des mois à l'arrivée prévisible de cette grippe dans l'Hexagone. Dès le 1er septembre 2005, le professeur Didier Houssin est nommé délégué interministériel à la lutte contre la grippe aviaire.

À ce moment-là, sur une planète qui n'a pas encore connu la Covid, le virus H5N1 apparaît comme un fléau redoutable. La grippe, autrefois baptisée fièvre

1. Damien Mascret, *op. cit.*, p. 55.

catarrhale, peut provoquer des millions de morts, comme au lendemain de la Première Guerre mondiale. Entre 1918 et 1920, l'épidémie de grippe espagnole tua davantage que le conflit armé : 40 millions de personnes, en majorité des gens jeunes. À cette époque, la majorité de la population vivait à la campagne et les voyages étaient moins fréquents et beaucoup plus lents qu'aujourd'hui. « On est plus informé, mais pas plus à l'abri qu'en 1918 », prévient Catherine Ammon, spécialisée en histoire de la médecine[1]. Plus près de nous, en 1957, la grippe asiatique (H2N2) a fait quatre millions de morts, et la grippe de Hong-Kong (H3N2), deux millions de morts en 1968. De nos jours, les populations sont agglutinées dans les villes. En cas de cataclysme sanitaire mal contrôlé, l'INVS estime que le nombre de victimes pourrait atteindre entre quatre-vingt-dix mille et deux cent dix mille personnes en France. Au regard de la pandémie de Covid-19, ces chiffres apparaissent raisonnables.

Xavier Bertrand se rend personnellement en Suisse pour négocier avec le groupe pharmaceutique Roche, qui produit le Tamiflu, un antiviral susceptible de limiter les effets de la maladie. Avant ses voisins, la France commence à stocker des médicaments. Elle passe des contrats par anticipation avec les producteurs de vaccins. Cela coûte cher, alors que l'ennemi est encore inconnu. Faut-il tenir compte des contraintes budgétaires ? « À ce sujet, il ne peut pas y avoir de problèmes d'argent, répond le ministre de la Santé. Tous les savants, les experts, les chercheurs, en particulier ceux de l'OMS, sont unanimes pour considérer que la pandémie aviaire pourrait être un

1. Stéphanie Germanier, « On est plus informé, mais pas plus à l'abri qu'en 1918 », *Le Matin Dimanche*, 3 mai 2009.

risque majeur[1]. » En mars 2021, après l'annonce de sa candidature à l'élection présidentielle, Xavier Bertrand prend pour exemple son déplacement en Suisse en 2006, afin de s'approvisionner en Tamiflu, pour expliquer que c'était une grave erreur d'avoir laissé l'Europe gérer l'épidémie de Covid. « Il fallait y aller chacun pour soi », affirme-t-il sur CNews le 28 mars 2021.

Alors que l'OMS estime qu'un quart de la population, au maximum, pourrait être touchée par la grippe, Xavier Bertrand opte pour un niveau de couverture de 53 % (soit trente-trois millions de traitements antiviraux pour 62 millions d'habitants). « Nous serons alors capables d'anticiper les risques de résistance chez certains patients et d'administrer dans le doute un traitement à un patient dont les symptômes pourront tout aussi bien être ceux de la grippe classique que ceux de la grippe aviaire », explique-t-il.

L'élu de Saint-Quentin découvre que plus aucune entreprise en France ne fabrique de masques de protection, qui jouent un rôle majeur dans la non-propagation de la contagion. Il faut les commander en Asie ou en Amérique du Sud. En cas de pandémie, en alerte 6, les frontières se ferment. Plus moyen de s'approvisionner. Sachant qu'un médecin ou une infirmière utilise au minimum quatre masques par jour, il faut en stocker 685 millions. Xavier Bertrand réussit à relancer une production nationale de masques. « Actuellement, 49 millions de masques de protection ont été livrés à 272 établissements de santé, déclare-t-il dans *France-Soir* le 12 janvier 2006. Et 148 autres millions d'unités ont été commandées, soit au total presque un tiers de la production mondiale. Nous avons donc décidé de nous doter d'un premier

1. Jean-François Jacquier et Jean Guisnel, « Épidémie. Comment la France se prépare à la grippe aviaire », *Le Point*, 17 janvier 2007.

site de production en France. Trois autres sites sont en devenir et devraient être capables, à terme, de produire de 300 à 400 millions de masques en 2007. »

Michel Bettan, alors chef de cabinet et conseiller auprès du ministre de la Santé, commente : « On retiendra de Xavier Bertrand qu'il a été le premier politique à initier une culture de la gestion des crises sanitaires. Dans son cabinet, il avait mis deux personnes à temps plein pour s'occuper de la grippe aviaire. Il a été visionnaire, la France s'en rendra compte un jour. »

Quinze ans plus tard, le gouvernement français n'a rien retenu de la leçon. Au moment où la Covid-19 frappe la planète entière, le pays ne fabrique toujours pas (ou plus) de masques. « Savez-vous comment nous nous sommes protégés ? En ressortant des cartons les masques qui avaient été commandés à l'époque par Xavier Bertrand et qui n'avaient pas servi. Lui au moins, comme ministre de la Santé, il s'est montré à la hauteur de la crise sanitaire », lâche le docteur Jean-François Rapin, sénateur du Pas-de-Calais et conseiller régional des Hauts-de-France[1].

Un système de santé à quatre vitesses

Xavier Bertrand, ministre de la Santé, est un adepte avant l'heure de la méthode Sarkozy, qui va inspirer Emmanuel Macron au début de son quinquennat. Les chantiers ne s'ouvrent pas les uns après les autres, mais tous en même temps. Sans oublier une règle d'or : ne jamais cesser de communiquer. Comme l'écrivent Christophe

1. Entretien avec l'auteur, Paris, février 2021.

Jakubyszyn et Muriel Pleynet : « La grippe aviaire, le chikungunya, ça va devenir un outil de communication. Et ça marche : à partir de ce moment-là, on n'a jamais autant parlé santé qu'avec Xavier Bertrand ministre[1]. » Certains mauvais esprits ajoutent que ce n'est pas Xavier Bertrand qui s'est mis au service de la santé, mais l'inverse.

Damien Mascret a consacré la quasi-totalité de son livre au séjour de Xavier Bertrand avenue de Ségur. Lors de notre premier entretien à Paris en octobre 2008, il ne cache pas son admiration pour l'élu de Saint-Quentin : « Xavier Bertrand prend du plaisir à être sur le terrain. Ce qu'il aime le plus ? Que son action soit palpable. Il déteste que ses interlocuteurs se contentent d'énumérer ce qui ne va pas, sans lui suggérer des solutions pour améliorer la situation[2]. » Nous nous sommes reparlé en juillet 2009 pour tenter de dresser un bilan des vingt mois passés par Xavier Bertrand au ministère de la Santé. L'ancien rédacteur en chef du *Généraliste* ne discerne-t-il pas malgré tout certaines failles ? « Franchement, y a-t-il d'autres ministres qui ont entrepris autant de réformes que lui ? Je pense en particulier à la création d'une filière universitaire pour la médecine générale. En revanche, je le regrette, il n'a pas pris à bras-le-corps la réforme de l'hôpital. Il en avait pourtant les moyens intellectuels et le courage politique. Il n'a travaillé que sur les services d'urgence. Quant à la Sécurité sociale, c'est évident, on n'a pas touché aux fondements du déficit[3] », résume-t-il.

Gérard Clavairoly, journaliste dans la presse médicale, est nettement plus critique quant au bilan de Xavier Bertrand. En février 2007, au moment où l'élu de Saint-Quentin

1. Christophe Jakubyszyn, Muriel Pleynet, *op. cit.*, p. 75.
2. Entretien avec l'auteur, Paris, octobre 2008.
3. Entretien avec l'auteur, juillet 2009.

rend son tablier de ministre de la Santé, il publie un dossier dans lequel il soutient que la santé est l'oubliée des élections présidentielles : « Une mise à l'écart qui masque des évolutions profondes. Parmi elles, la demande croissante de transparence et d'information sur la qualité des soins[1]. » « Toutes causes confondues, la non-qualité entraîne environ quinze mille décès annuels en France, et cent mille aux États-Unis », lâche le professeur Franck Chauvin, l'un des meilleurs spécialistes de l'évaluation en cancérologie.

Jean de Kervasdoué, professeur d'économie et ancien directeur des hôpitaux au ministère de la Santé, ne mâche pas ses mots : « Ce niveau de non-qualité s'explique simplement : les médecins ont réussi jusqu'ici à ne jamais être contrôlés [...]. La moitié des prescriptions de médicaments est faite par 18 % des généralistes, on les connaît, on sait que leur clientèle n'est pas différente, et il ne se passe... rien. » Jean de Kervasdoué considère que le système de santé français n'est pas à deux mais à quatre vitesses. « Ceux qui savent et qui ont de l'argent, ceux qui savent et qui n'ont pas d'argent, ceux qui ont de l'argent et qui ne savent pas et les derniers qui n'ont ni argent ni information. Un système à deux vitesses serait un grand progrès ! », ironise-t-il. La situation dépeinte dans ce dossier n'est guère réjouissante. « La compétence du médecin en France n'est attestée qu'une seule fois, à l'issue de ses études, déplore Gérard Clavairoly. Ensuite, pendant toute sa carrière, il n'est absolument pas obligé de suivre une formation continue, contrairement à ce qui se passe dans d'autres pays. À ma connaissance, Xavier Bertrand n'a absolument rien fait pour s'attaquer à ce grave problème[2]. »

1. Gérard Clavairoly, « Qualité des soins : première urgence », *Acteurs de l'économie*, février 2007.
2. Entretien avec l'auteur, avril 2009.

Malgré ces critiques, Xavier Bertrand peut se vanter d'un bon bilan. Dans l'opinion publique, comme dans la classe politique, le ministre de la Santé passe pour efficace et courageux. L'une de ses réformes a tout particulièrement marqué les esprits, celle de l'interdiction de fumer dans les lieux publics, à quelques mois à peine de l'élection présidentielle de 2007, qui signifie la retraite de Jacques Chirac, après quarante ans de vie politique, et l'arrivée au tout premier plan de Nicolas Sarkozy.

Quant à Philippe Bas, le ministre délégué à la Santé, il devient ministre de plein exercice lorsque Xavier Bertrand quitte le gouvernement pour participer à la campagne de Nicolas Sarkozy. Mais seulement pendant un mois et dix-neuf jours. Depuis, il s'est lui aussi frotté au suffrage universel : il a été élu président du conseil départemental de la Manche et sénateur. L'ancien ministre délégué est questeur du Sénat depuis octobre 2020. Auteur de l'ouvrage *Avec Chirac*[1], membre du parti Les Républicains, il n'a pas encore exprimé sa préférence quant au champion que soutiendra son parti en 2022.

Pour sa part, l'énarque Jean Castex, directeur de cabinet de Xavier Bertrand au ministère de la Santé en 2006 et 2007, suit le Saint-Quentinois au ministère du Travail en 2007 et 2008. Cette année-là, il est élu maire de Prades dans les Pyrénées-Orientales. En 2011 et 2012, il est secrétaire général adjoint de la présidence de la République. En avril 2020, il se voit chargé par le Premier ministre Édouard Philippe de coordonner le travail de réflexion du gouvernement sur les stratégies de sortie progressive du confinement. Surnommé « Monsieur Déconfinement », il a succédé à Édouard Philippe à Matignon le 3 juillet 2020.

1. Éditions de l'Archipel, novembre 2012.

11

Lâcher Villepin pour Sarkozy

Xavier Bertrand pourrait mettre en avant ses actions en faveur de la prévention des crises sanitaires. Nul ne les conteste. Elles auraient pu sauver, dans les années à venir, plusieurs milliers, sinon plusieurs dizaines de milliers de vies en France. Son image d'homme d'État en sortirait profondément renforcée. Malheureusement, ses successeurs n'ont pas montré autant de prévoyance et d'efficacité. L'élu de Saint-Quentin préfère insister sur l'interdiction de fumer dans les lieux publics. C'est sa grande fierté, son label, la marque de fabrique du produit Bertrand. Certes, cette réforme épargne aussi des milliers de vies. Le tabagisme passif est responsable de trois mille morts par an en France.

Le ministre impose l'interdiction de fumer

Xavier Bertrand perd rarement une occasion de rappeler ce qu'il considère comme son plus beau fait d'armes. Il est vrai qu'il s'est battu seul pour l'imposer. Le 13 février 2009, le tout nouveau secrétaire général de l'UMP est à Reims, où il rencontre d'abord des vignerons, puis des militants gaullistes. « Il y a ceux qui disent et ceux qui font », répète-t-il à ses interlocuteurs, avant d'ajouter : « Quand on me dit "mission impossible", ça me stimule. C'est ce que je n'ai pas cessé d'entendre concernant l'interdiction du tabac. »

Il n'a pas tort. Aucun gouvernement ne souhaite se mettre à dos des milliers de buralistes et patrons de cafés et restaurants, qui redoutent qu'une interdiction d'allumer une cigarette fasse fuir une partie de leur clientèle. Dans les villages, quels lieux de convivialité reste-t-il si le bistro ferme ? Habituellement, l'approche des élections pousse les politiciens à reporter ce genre de sujet sensible aux calendes grecques. En 2006, Dominique de Villepin a d'autres chats à fouetter. Il est empêtré dans son projet de contrat de première embauche (CPE), violemment contesté par les lycéens, les étudiants, les syndicats et les partis de gauche, et qui lui plombe sa carrière politique. Quant à Nicolas Sarkozy, les yeux rivés sur l'élection présidentielle de 2007, il se dit préoccupé par la question du tabagisme, mais opposé à toute décision brutale. « Nicolas Sarkozy me disait : "Je ne vois pas comment on pourrait interdire aux gens de fumer dans un lieu où ils peuvent acheter du tabac" », se souvient Xavier Bertrand.

Le ministre de la Santé maintient le cap. Les Irlandais, pour qui le pub est une véritable institution, et un deuxième domicile, ne respectent-ils pas rigoureusement l'interdiction de fumer ? L'élu picard sait qu'en France la population est favorable à une loi antitabac. Il passe en force. Le décret fixant les conditions d'application de l'interdiction de fumer dans les lieux affectés à un usage collectif tombe le 15 novembre 2006 et prend effet le 1er février suivant. La cigarette est proscrite dans tous les lieux fermés et couverts qui accueillent du public : lieux de travail, transports collectifs, écoles, etc. Pas question de dérogations, si chères à la culture française, la règle « s'applique partout et pour tous ».

Aujourd'hui, plus personne ne remet en cause cette interdiction. « J'ai passé trente-sept ans dans la fumée. Mes employés et moi, nous n'allons pas nous plaindre de vivre plus sainement. Quant à la clientèle, elle n'a pas déserté mon établissement[1] », constatait Patrick Blanchard, le patron du Carillon, l'un des plus fameux cafés de Saint-Quentin, où l'adjoint au maire a l'habitude, tôt le matin le week-end, de prendre son café en lisant les journaux.

« Xavier Bertrand m'a toujours dit qu'il faisait de la politique pour faire bouger les choses. Il m'a confié que si son décret sur le tabac ne passait pas, il démissionnerait[2] », nous avait assuré Gwladys Huré, à l'époque sa conseillère pour la communication et la presse au ministère de la Santé. Pour Bernard Sananès, directeur général d'Euro RSCG C&O, « l'interdiction du tabac dans les lieux publics montre bien que Xavier Bertrand sait s'affirmer quand il le faut. Sur ce dossier, il s'est opposé à Nicolas Sarkozy. Alors qu'à cette époque, il savait déjà qu'il allait le soutenir pour la présidentielle[3] ». Fin 2006, la guerre fait rage entre le maire de Neuilly, qui tient l'UMP, et le clan chiraco-villepiniste. Xavier Bertrand est alors réputé proche de l'Élysée et de Matignon.

Dorénavant, le ministre de la Santé possède une petite notoriété. C'est un bûcheur, efficace et courageux. En deux mots, il existe. Malgré tout, le Saint-Quentinois reste un second couteau, deux pas derrière les ténors. Comment va-t-il se comporter à l'approche

1. Entretien avec l'auteur, Saint-Quentin, février 2009.
2. Entretien avec l'auteur, juillet 2009.
3. Entretien avec l'auteur, Suresnes, mai 2009.

de l'échéance électorale ? Il est évident qu'après deux mandats peu enthousiasmants, Jacques Chirac, qui fêtera ses soixante-quinze ans en 2007, ne se représentera pas. À droite, Nicolas Sarkozy, patron de l'UMP, est déjà dans les starting-blocks. Du côté chiraco-villepiniste, c'est plus flou. Dominique de Villepin, ministre des Affaires étrangères en 2002, de l'Intérieur en 2004, et Premier ministre depuis 2005, a longtemps cru à ses chances de succéder à Jacques Chirac. « Son conseiller spécial, Bruno Le Maire, fait travailler une petite équipe sur un programme d'action, notamment en faveur de l'emploi, raconte William Emmanuel, alors journaliste à l'agence Reuters. Le calcul de Dominique de Villepin est simple : il parie qu'une baisse massive du chômage lui permettra de se positionner pour l'élection présidentielle de 2007[1]. »

La crise sociale liée au rejet du CPE et l'affaire politico-financière Clearstream finissent par convaincre Dominique de Villepin de déclarer forfait. Michèle Alliot-Marie effectue un petit tour de piste, histoire de faire croire à l'opinion publique que Nicolas Sarkozy n'a pas la voie totalement libre. Mais personne n'est vraiment dupe. Contrairement aux élections présidentielles précédentes, où de gros calibres s'affrontaient à droite[2], Nicolas Sarkozy semble être le seul candidat crédible. Il a retenu la leçon de 1995 : pour l'emporter, mieux vaut tenir l'appareil du parti. Il a pris le contrôle de l'UMP à l'automne 2004, en dépit de l'hostilité de l'Élysée.

---

1. William Emmanuel, *Nicolas Sarkozy. La fringale du pouvoir*, Flammarion, janvier 2007, p. 287.
2. Valéry Giscard d'Estaing contre Jacques Chirac en 1981, Jacques Chirac contre Raymond Barre en 1988, Jacques Chirac contre Édouard Balladur en 1995.

Une image de félon

« Malgré tout cela, les chiraquiens ont cru jusqu'au bout qu'ils pourraient trouver un moyen de bloquer Sarkozy », assure Xavier Bertrand. La plupart des élus de droite ont du mal à choisir leur camp : d'un côté, ils font toujours allégeance à l'Élysée et à Matignon ; de l'autre, en catimini, ils multiplient les courbettes au maire de Neuilly. Lors des universités d'été de l'UMP, fin août-début septembre 2006, plusieurs ministres retrouvent discrètement Nicolas Sarkozy dans un restaurant. Seul absent de marque : Xavier Bertrand. Le ministre de la Santé est toujours étiqueté comme un fidèle de Dominique de Villepin.

Coup de tonnerre, le 2 décembre 2006, l'adjoint au maire de Saint-Quentin déclare sa flamme au président de l'UMP dans les colonnes du *Figaro* : « J'ai décidé de m'engager à ses côtés. Il a une vraie volonté de faire bouger les choses, et l'énergie pour le faire. Cette élection ne sera pas facile. Voilà pourquoi il faut s'engager tôt, fort et de façon très claire. » Sans crier gare, le ministre de la Santé a rallié l'autre rive.

Jacques Chirac et Dominique de Villepin prennent un sérieux coup de bambou sur la tête. Non seulement ils étaient persuadés que le « petit » Xavier Bertrand leur devait une reconnaissance éternelle, mais ce lâchage a pour eux une odeur de sapin. Il est le premier membre du gouvernement à franchir le Rubicon. Même Brice Hortefeux, le fidèle lieutenant de Nicolas Sarkozy, ministre délégué aux Collectivités territoriales, ne s'est pas encore prononcé. Dorénavant, les autres membres du gouvernement ne vont plus se gêner pour passer à l'ennemi.

Comme à son habitude, en fin tacticien, Xavier Bertrand a su choisir la bonne heure pour rejoindre le maire de Neuilly, ni trop tôt ni trop tard. L'histoire de ce ralliement est racontée en détail dans *Le Chouchou*. Les auteurs assurent que l'accord a été scellé quelques semaines plus tôt, le 14 octobre 2006, dans le bureau de Nicolas Sarkozy, le ministre de la Santé ayant déclaré : « J'assume ce choix, je sais que c'est toi qui gagneras, je te soutiens, je m'engage[1]. »

En apprenant la nouvelle, Dominique de Villepin aurait lancé à l'encontre de Xavier Bertrand : « C'est un traître sans couilles ! » Interrogé deux ans plus tard, l'ancien Premier ministre n'en démord pas : « Je ne sais plus si j'ai dit ça, mais en tout cas, je l'ai pensé ! Le problème, ce n'est pas tellement le choix qu'il a fait, c'est qu'il ne soit jamais venu me voir, il ne m'a jamais rien dit[2] ! » Ce que dément Xavier Bertrand. Il assure qu'avant la publication de l'article dans *Le Figaro* il a joint par téléphone des proches de Jacques Chirac et de Dominique de Villepin.

Après le ministre de la Santé, la quasi-totalité du gouvernement passe dans le camp de Nicolas Sarkozy, Jean-François Copé en tête. Valérie Pécresse, pourtant liée à la famille Chirac au point d'être surnommée « la Corrézienne », deviendra en mai 2007 ministre de l'Enseignement supérieur et de la Recherche. Depuis, Jacques Chirac « ne souhaite plus entendre parler de celle-là[3] ». Plus récemment, Bruno Le Maire, le plus proche collaborateur de Dominique de Villepin, a été nommé secrétaire

1. Christophe Jakubyszyn, Muriel Pleynet, *op. cit.*, p. 92.
2. *Ibid.*, p. 90.
3. Ludovic Vigogne, « Chirac, alors cette retraire ? », *L'Express*, 13 août 2009.

d'État aux Affaires européennes, puis en juin 2009, ministre de l'Alimentation, de l'Agriculture et de la Pêche. Mais c'est Xavier Bertrand qui hérite d'une étiquette de félon, dont il n'est jamais facile de se défaire. Une accusation qu'il réfute : « J'ai pu passer pour un protégé d'Alain Juppé. Je n'étais pas pour autant l'un de ses proches. Il ne m'a jamais invité pour parler de stratégie. C'est pareil concernant Dominique de Villepin. M'a-t-il seulement convié à déjeuner ? Contrairement à Jean-François Copé, je n'ai jamais parlé avec lui de tactique ou de manœuvres. C'est bien simple, pour ces gens, je n'étais personne. En tant que ministre de la Santé, je ne me suis jamais permis d'appeler directement Jacques Chirac ou Dominique de Villepin. » Bernard Sananès confirme : « J'ai conseillé par le passé Dominique de Villepin, et je peux vous assurer que Xavier Bertrand n'a jamais appartenu à son premier cercle. Il n'y a que le microcosme qui parle de traîtrise. Bertrand a été loyal vis-à-vis de Villepin, mais il est indépendant, il pense par lui-même[1]. »

Le noyau dur rassemblé autour de l'ancien Premier ministre de Jacques Chirac n'a bien évidemment pas la même vision de la situation. S'il ne reste un jour qu'un seul villepiniste, Georges Tron sera peut-être celui-là. « Nous étions un petit bloc de députés chiraco-villepinistes en 2006. Et quand nous parlions entre nous de Xavier Bertrand, c'était pour dire : "Lui, au moins, c'est un solide." Quelle n'a pas été notre surprise en apprenant qu'il avait rallié Nicolas Sarkozy sans crier gare ! Xavier Bertrand est un homme qui sait saisir les opportunités[2] », me déclarait Georges Tron en 2009. Mais un an plus tard, le député UMP de l'Essonne,

1. Entretien avec l'auteur, Suresnes, juin 2009.
2. Entretien avec l'auteur, Paris, avril 2009.

devenu à son tour sarkozyste, héritait d'un secrétariat d'État chargé de la Fonction publique. En février 2021, Georges Tron, déclaré coupable par les assises de viol et agressions sexuelles, a été condamné à cinq ans de prison, dont trois ferme.

Pour les besoins de son livre paru en avril 2007, Damien Mascret a côtoyé fréquemment le ministre de la Santé : « C'est finalement un homme très secret, note-t-il. Son soutien à Nicolas Sarkozy m'a particulièrement surpris. Car à aucun moment, il n'avait marqué devant moi la moindre inclinaison vers le ministre de l'Intérieur[1]. » Michel Bettan, le plus proche collaborateur de Xavier Bertrand, était en revanche dans la confidence. Pour ce sarkozyste de la première heure, « il n'a pas attendu octobre 2006 pour fixer son choix. Ce n'est pas un calcul politique. Cela relève du simple bon sens. Pour Xavier Bertrand, seul Nicolas Sarkozy était à droite en mesure de l'emporter[2]. »

Pourquoi choisir le 2 décembre 2006 pour annoncer son ralliement à Nicolas Sarkozy ? Xavier Bertrand envisageait en fait de s'exprimer vers le milieu du mois, environ deux semaines avant que Jacques Chirac ne présente ses vœux aux Français. « Et puis j'ai vu Roland Sicard au journal de "Télématin", sur France 2, torturer Jean-François Copé pour lui faire avouer qu'il rejoignait Nicolas Sarkozy. Copé n'a pas répondu. Je me suis dit qu'interviewé dans les mêmes conditions, je serais incapable de ne pas dire la vérité. Pour ne pas me retrouver dans une telle situation, j'ai décidé d'avancer ma déclaration », raconte Xavier Bertrand.

1. Entretien avec l'auteur, Paris, octobre 2008.
2. Entretien avec l'auteur, Paris, mai 2009.

Porte-parole de Nicolas Sarkozy

Très vite, Nicolas Sarkozy et surtout son épouse, Cécilia, qui donne son avis sur tout, pensent à Xavier Bertrand pour occuper le poste de porte-parole pendant la campagne pour l'élection présidentielle. N'est-il pas solide, habile, excellent négociateur ? Sûr de lui, il ne commet jamais d'impair. Et puis, avec son physique de Français moyen, petit et rond, il rassure la ménagère – pardon, l'électrice – de moins de cinquante ans. Mais aussi celle de plus de cinquante ans. « Il est très clair, il inspire confiance, il n'est pas snob, il incarne la province et il t'apportera la rondeur que tu n'as pas[1] », suggère Cécilia à son candidat de mari. L'autre porte-parole est une femme, issue de la France plurielle et encore totalement inconnue du public : Rachida Dati. Cette « Beurette », née à Chalon-sur-Saône, magistrate de profession, a travaillé comme conseillère auprès de Nicolas Sarkozy, dans les ministères et au conseil général des Hauts-de-Seine. Née en 1965, elle a le même âge que Xavier Bertrand, mais c'est bien là leur seul point commun. « Nicolas Sarkozy voulait quelqu'un qui ressemble à la société française. Et Cécilia Sarkozy lui a suggéré que je pouvais correspondre à la France d'aujourd'hui[2] », raconte Rachida Dati.

« Devenir porte-parole de Nicolas Sarkozy, c'est un très beau coup de maître pour Xavier Bertrand, constate Ludovic Vigogne, alors journaliste à *L'Express* et originaire de Saint-Quentin. Mais cela a totalement bouleversé son image, et le nombre de ses ennemis a été démultiplié. Il

1. Christophe Jakubyszyn, Muriel Pleynet, *op. cit.*, p. 94-95.
2. Rachida Dati, *Je vous fais juges*, entretien avec Claude Askolovitch, Grasset, octobre 2007, p. 220.

se met alors à dos les chiraquiens et les villepinistes. Les sarkozystes, qui ne l'avaient pas vu venir, ne l'ont pas aimé pour autant, au contraire[1]. » Brice Hortefeux, en particulier, l'ami de trente ans de Nicolas Sarkozy, prend très mal la nomination de l'adjoint au maire de Saint-Quentin comme porte-parole. Il le considère comme « un opportuniste, un ouvrier de la vingt-cinquième heure et il n'apprécie guère son style de "premier de la classe"[2] ». Aujourd'hui encore, il ne porte guère dans son cœur le président des Hauts-de-France et ne croit pas davantage dans ses chances pour l'élection présidentielle de 2022. « [Xavier Bertrand] a fait le choix d'abandonner notre famille politique quand elle était dans la difficulté. Pour moi, cela fait pas de lui le mieux placé pour nous en sortir[3] », déclare l'eurodéputé LR.

Pendant quelques semaines, de décembre 2006 à fin mars 2007, Xavier Bertrand est contraint de cumuler les deux casquettes. Ministre de Dominique de Villepin la journée, porte-parole de Nicolas Sarkozy le reste du temps. Mais les horaires démentiels ne lui font pas peur. L'élu de l'Aisne est un mutant. Comme avant lui Napoléon Ier, Victor Hugo ou Winston Churchill, Xavier Bertrand se contente de quatre à six heures de repos par jour.

Le 26 mars 2007, date du lancement de la campagne, Xavier Bertrand quitte le gouvernement et rejoint le QG de campagne du maire de Neuilly, rue d'Enghien, dans le Xe arrondissement parisien. Il est aussitôt remplacé au

1. Entretien avec l''auteur, Paris, mai 2009.
2. Michaël Darmon, Yves Derai, *Belle-Amie*, Éditions du Moment, février 2009, p. 69.
3. « Brice Horefeux n'est pas convaincu par une candidature de Xavier Bertrand en 2022 », www.parismatch.com, 11 octobre 2020.

gouvernement par Philippe Bas, son ministre délégué. Au QG, les relations entre Xavier Bertrand et Rachida Dati se détériorent très vite. Tout les oppose. L'élu de l'Aisne est très politique, très travailleur, très efficace, très rationnel. Son homologue, pas vraiment. « Bertrand était déjà ministre. Il avait une expérience politique non négligeable. Il y avait une certaine dissymétrie lorsqu'ils faisaient un point de presse commun. Il a fallu lui dire de laisser un peu de place à Dati[1] », raconte Claude Guéant, le directeur de campagne de Nicolas Sarkozy au ministère de l'Intérieur. L'hebdomadaire *Marianne* relate la conférence de presse tenue par les deux porte-parole le 17 janvier 2007 : « Le duo est univoque. Le ministre de la Santé, Xavier Bertrand, monopolise le crachoir. Rachida s'exprime à peine, paraphrasant les réponses de son voisin d'un ton emprunté. Puis elle rit, un peu nerveusement[2]. »

C'est une manière *soft* de décrire la sourde hostilité qui oppose le matou Bertrand à la guêpe Dati. Des témoins évoquent « l'émeute permanente » qui règne au QG. « Entre les discussions vives avec des membres de sa famille au téléphone, ses histoires privées et la préparation de ses interviews et débats, le climat est en permanence orageux et les éclats de voix nombreux [...]. Rachida insulte son entourage pour la moindre broutille[3] », racontent Michaël Darmon et Yves Derai dans leur biographie au vitriol de Rachida Dati. La porte-parole ne supporte pas que Nicolas Sarkozy puisse louer les prestations de l'élu picard. « Je vais l'exploser ! hurle-t-elle.

1. Christophe Jakubyszyn, Muriel Pleynet, *op. cit.*, p. 101.
2. Jacqueline Remy, *Du rimmel et des larmes*, Seuil, avril 2009, p. 139.
3. Michaël Darmon, Yves Derai, *op. cit.*, p. 72-73.

C'est Naf-Naf au pays des communicants. C'est qui ce mec ? » Il en faut davantage pour déstabiliser l'ancien ministre de la Santé. Xavier Bertrand tient fermement la boutique, ce qui ne l'empêche pas de « glisser de jolies peaux de banane sous les souliers de l'autre porte-parole[1] », insinue *Le Nouvel Observateur*.

Par miracle, cette ambiance délétère ne filtre guère à l'extérieur. Je peux en témoigner pour m'être rendu rue d'Enghien pendant la campagne. Les deux porte-parole parviennent à faire bonne figure devant la presse. Il est vrai que les médias français, dans leur grande majorité, se montrent fort indulgents avec Nicolas Sarkozy. Pour preuve, ils font semblant de ne pas remarquer l'absence très prolongée de Cécilia Sarkozy au QG pendant toute la campagne[2]. Elle y dispose d'un bureau, mais n'y met pas les pieds. Le 25 avril 2007, le quotidien britannique *The Independant* écrit que, dans les autres pays démocratiques, « une tension dans le couple que forment le favori à l'élection présidentielle et sa femme serait un sujet explosif, et ferait la une des journaux. Mais pas en France ».

Rachida Dati ne s'éternise pas sur ses rapports avec Xavier Bertrand. « Nous n'avons pas eu de problème. Mais nous n'avions pas la même manière de travailler, ni d'aborder la campagne[3] », lâche-t-elle sobrement. De son côté, Xavier Bertrand est assez malin pour ne pas affronter directement Rachida Dati, la « sœur » de Cécilia Sarkozy. Il sait que lui, l'ex-chiraco-villepiniste, fraîchement rallié à Nicolas Sarkozy, n'appartient pas au

---

1. Martine Gilson, Nathalie Bensahel, « La gueule de l'emploi », *Le Nouvel Observateur*, 8 novembre 2007.
2. Ian Hamel, « Cécilia : la femme invisible de la campagne présidentielle », *Le Matin Dimanche*, 29 avril 2007.
3. Rachida Dati, *op. cit.*, p. 225.

premier cercle, et que son homologue, par sa médisance, peut se révéler redoutable. En fin de compte, ne faut-il pas saluer l'exploit ? Nicolas Sarkozy a gagné l'élection présidentielle contre Ségolène Royal, malgré l'absence de Cécilia, qu'il présentait comme sa pièce maîtresse, et la guerre ouverte entre ses deux porte-parole.

Durant cette campagne, Xavier Bertrand s'est montré très « pro », très efficace, très bien organisé. Il sait qu'il a gravi un échelon en termes de notoriété et que, vraisemblablement, il héritera d'un portefeuille important dans le futur gouvernement. Mais avec son physique de Monsieur Tout-le-monde, l'adjoint au maire de Saint-Quentin n'a pas crevé l'écran. Rachida Dati, en revanche, malgré ses insuffisances et sa légèreté, est une révélation pour le grand public, séduit par son sourire charmeur et ses grands yeux sombres. Celle que certains surnomment « la sarkozyste hystérique » est devenue la coqueluche des médias parisiens. Ceux-là mêmes, qui, deux ans plus tard, se feront la courte échelle pour l'assassiner.

Bertrand et Dati se réconcilient

Rachida Dati profite au maximum de l'invasion des lois du show-business dans l'espace public. « La télévision privilégie l'image sur le message et le profil sur le projet. Ce qui est également frappant, c'est que beaucoup de politiques médiatisent désormais leur vie privée. [...] Il y a une société des célébrités où l'on voit fusionner la politique et le show-business[1] », observe Roger-Gérard

1. Paul-François Paoli, « Christian Salmon-Roger-Gérard Schwartzenberg : la politique spectacle est-elle inévitable ?, *Le Figaro*, 11 mai 2009.

Schwartzenberg, auteur de *L'État spectacle 2, politique, casting et médias*. Rachida Dati ne fascine pas le public par sa densité intellectuelle mais par son talent à capter l'attention des gens en leur racontant des histoires. Mieux, en racontant des histoires. Ce que l'on appelle le *storytelling*, ou « fabrique d'histoires ».

Un exemple ? Pour faire pleurer dans les chaumières, Rachida Dati prétend, dans son livre *Je vous fais juges*, qu'elle a toujours travaillé à plein temps pour payer ses études. L'enquête menée par Jacqueline Remy fait apparaître une autre réalité : « À Chalon, elle n'est pas caissière de supermarché, ou alors seulement le dimanche matin. Au Prisunic, devenu le Monoprix, où elle dit avoir tant travaillé aux rayons charcuterie et glaces, les anciennes ne l'ont jamais vue que pendant l'été, où elle est venue un mois deux années de suite[1] », comme beaucoup d'autres étudiants. Présentée comme une extraordinaire travailleuse, la future ministre de la Justice de Nicolas Sarkozy a mis… sept ans pour décrocher sa première licence universitaire.

Rien de tout cela chez Xavier Bertrand. Il met toujours beaucoup de réticence à évoquer sa jeunesse. Quant à sa vie privée, il n'est pas question d'en parler. Pourtant, lui a travaillé pour payer ses études universitaires, obtenant sa maîtrise de droit en quatre ans. « Je crois que je n'ai même jamais prononcé le mot de *storytelling* avec Xavier Bertrand, commentait Bernard Sananès. Il est effectivement très pudique sur sa vie personnelle. Il n'est pas facile de rentrer dans son cercle. Va-t-il changer ? Je ne le pense pas. »

Depuis, les deux porte-parole de Nicolas Sarkozy en 2007 se sont réconciliés, du moins officiellement. Venu

1. Jacqueline Remy, *op. cit.*, p. 41.

apporter son soutien à la candidate de la droite dans la capitale en février 2020, Xavier Bertrand assure que « si les gens veulent que les choses changent à Paris, ils ont compris que c'est Dati qu'il faut ». Louant son « courage » et son « énergie », le président des Hauts-de-France estime que, comme lui, Rachida Dari « ne sortait pas du moule préfabriqué de la politique[1]. » Renvoi d'ascenseur de la candidate de droite : « Il a compris ce que voulait la France. La clef, ce sont les classes populaires. Et si on continue à les écœurer, là, c'est sûr, on aura une toute petite caste qui votera et on sera dans une reproduction sociale. Alors, la France sera totalement à terre. » Et surtout, pour la maire du VIIe arrondissement de Paris, Bertrand « a faim, je vous le dis… c'est celui qui a le plus faim[2] ».

Après la victoire de Nicolas Sarkozy, Rachida Dati et Xavier Bertrand se doutent qu'ils seront tous deux récompensés par un poste ministériel. Mais lesquels ? Pendant la campagne, Rachida Dati émet le désir de se retrouver à la Justice. Elle peut compter sur le soutien de Cécilia. « Le vrai geste fort serait, selon elle, de lui proposer un job en rapport avec son cursus, pas ses origines », suggère-t-elle à son mari. Nicolas Sarkozy hésite. Il veut faire plaisir à son épouse, mais la candidate est-elle à la hauteur ? Il n'en est pas convaincu. Son conseiller Alain Minc enlève le morceau, en lui soufflant que les socialistes « ne pourront pas l'attaquer sans être soupçonnés de racisme[3] ».

---

1. Rémi Clément, « Municipales : la visite très politique de Xavier Bertrand à Rachida Dati », www.challenges.fr, 28 février 2020.
2. Sophie de Ravinel, « Présidentielles : pour Dati, Bertrand "est celui qui a le plus faim" », www.lefigaro.fr, 11 septembre 2020.
3. Michaël Darmon, Yves Derai, *op. cit.*, p. 81-82.

Xavier Bertrand est considéré comme polyvalent. Pourquoi pas ministre de l'Intérieur ? C'est un très gros morceau. Nicolas Sarkozy, qui ne dispose pas parmi ses fidèles de beaucoup de spécialistes du social, en dehors de François Fillon, le nouveau Premier ministre, nomme finalement l'adjoint de Saint-Quentin ministre du Travail, des Relations sociales et de la Solidarité. « Régimes spéciaux de retraite, service minimum dans les transports, représentativité syndicale, réforme des contrats de travail… Le voilà désigné négociateur en chef des principales réformes promises par le candidat[1] », analysent les auteurs du *Chouchou*.

1. Christophe Jakubyszyn, Muriel Pleynet, *op. cit.*, p. 107.

12

Comment tuer ses amis politiques

Au premier tour de l'élection présidentielle, Nicolas Sarkozy obtient sur l'ensemble de la France 31,1 % des voix, et Ségolène Royal, 25,8 %. Dans l'Aisne et à Saint-Quentin, les deux candidats font des scores comparables. En revanche, Jean-Marie Le Pen est presque cinq points au-dessus de la moyenne nationale. Au second tour, Nicolas Sarkozy s'impose avec 53,3 % dans l'Aisne, département qui vote traditionnellement à gauche. Il passe aussi d'une bonne tête dans la cité des pastels (52,6 %). Pour les élections législatives, qui se déroulent dans la foulée, Xavier Bertrand ne se fait guère de soucis pour retrouver son siège de député laissé à sa suppléante, Pascale Gruny, depuis son entrée au gouvernement en 2004. Comme il l'avait promis à ses électeurs, le porte-parole du candidat Sarkozy n'a jamais cessé de labourer méthodiquement sa circonscription.

La droite l'emporte par KO

« Ma femme était hospitalisée à l'hôpital Paul-Brousse à Villejuif pour un cancer. Xavier Bertrand ne s'est pas contenté de demander à un membre de son cabinet d'appeler l'hôpital. Il a téléphoné lui-même au chef de service qui s'occupait de mon épouse[1] », témoigne Michel Trauman. Ce commerçant à la retraite se montre d'autant plus sensible à l'intervention du ministre de la Santé qu'il n'est pas lui-même un chaud partisan de la politique menée par l'équipe municipale de Saint-Quentin. Le témoignage de René Jorel, ancien adjoint au maire, va dans le même sens : « Je n'avais même pas appelé Xavier Bertrand. C'est lui qui a appris indirectement que ma petite fille avait des problèmes de santé, qui pouvaient se révéler graves. Il est intervenu personnellement pour qu'elle puisse être, le cas échéant, admise au Val-de-Grâce. Ce geste m'a particulièrement touché[2]. » Le samedi matin, Xavier Bertrand se promène dans Saint-Quentin avec un calepin en poche. « Je note tout ce que je vois, notamment des problèmes de voirie : je n'attends pas qu'un Saint-Quentinois me demande d'y remédier, c'est fait dès le lundi », assure-t-il. Militant socialiste, Michel Garand était candidat en 2008 dans le canton Saint-Quentin-Sud. « Cela n'a pas empêché Xavier Bertrand d'intervenir pour que je devienne officier de l'ordre national du Mérite. Et chaque fois que je lui ai demandé un coup de main, il a répondu présent[3] », insiste le directeur de plusieurs instituts médico-éducatifs (IME) de la région. En revanche, les relations entre les deux hommes se sont nettement détériorées plus tard. Tête de liste socialiste aux élections municipales à Saint-Quentin en 2014, Michel Garand n'est arrivé qu'en troisième position, avec 17,10 % des voix. Après sa défaite, il s'est retiré de la vie politique.

---

1. Entretien avec l'auteur, mars 2009.
2. Entretien avec l'auteur, février 2009.
3. Entretien avec l'auteur, juillet 2009.

Pour les élections législatives, la gauche ne se fait guère d'illusions sur sa capacité à inquiéter sérieusement Xavier Bertrand. Au lieu de présenter Anne Ferreira, originaire de la sous-préfecture, ancienne institutrice et députée européenne, le Parti socialiste renvoie au combat Odette Grzegrzulka, soixante ans, malgré ses trois défaites consécutives de 1998, 2001 et 2002. Les attaques de la gauche portent cette fois sur le maillon faible de la candidature Bertrand : sa suppléante. Un tract proclame : « Si vous votez pour Xavier Bertrand, vous toucherez du Gruny ! » En trois photos, dont un photomontage, on voit le porte-parole de Nicolas Sarkozy se métamorphoser en une grande blonde souriante, Pascale Gruny. L'attaque est classique : on rappelle que Xavier Bertrand démissionnera aussitôt élu de son mandat de député pour prendre ses fonctions ministérielles. « Ne dites pas à votre voisine que je suis ministre, elle croit que je veux être député[1] », conclut le tract.

Ce n'est pas très méchant. En revanche, dans son numéro spécial consacré à Saint-Quentin, *L'Express* dresse de Pascale Gruny un portrait sans complaisance : « Une femme souriante, issue de la société civile et députée... à deux cinquièmes de temps, car elle a tenu à garder son emploi de cadre dans une entreprise locale de transport. Autant dire l'exemple même du profil tout dévoué qui ne lui [Xavier Bertrand] fera jamais d'ombre[2]. » Mais quelle importance ? Ministre ou député, Xavier Bertrand est présent presque toutes les fins de semaine, toujours accessible, toujours disponible. « J'ai besoin de Saint-Quentin. C'est une vraie respiration. C'est là que je me retrouve avec mes amis. La vie parisienne, ce n'est pas

---

1. Archives de l'auteur.
2. Jacques Trentesaux, « Le fabuleux destin de Xavier Bertrand », *L'Express*, 25 septembre 2008.

mon truc. Je suis à Paris parce que je suis ministre », confie-t-il à la presse locale.

Ce n'est pas tout à fait vrai. Xavier Bertrand a été épinglé par *Le Canard enchaîné* en septembre 2008. Au point de se faire remonter les bretelles par Nicolas Sarkozy pour avoir paradé en smoking, avec son épouse en robe du soir, au dîner de gala de la 24e Biennale des antiquaires, au Grand Palais. Autres participants, Rachida Dati en robe Prada, Brice Hortefeux et Éric Woerth. « Vous n'avez rien à faire dans ce genre de manifestations. [...] En ce moment, c'est difficile pour les gens, alors faites attention à ne pas vous faire remarquer ! Le choc des images, crise économique, gens qui souffrent et ministres qui vont se pavaner en nœud pap et smoking est du plus mauvais effet », aurait hurlé le chef de l'État. Raison de ce courroux ? La manifestation a été couverte par *Paris Match*, *Gala*, *Point de vue* et *VSD*[1]. Xavier Bertrand compartimente à la perfection sa vie. Dans la capitale, il court les manifestations en vue. À Saint-Quentin, le week-end, il redevient le "plouc".

Confronté à une floraison de candidats (pas moins de quinze), le champion de l'UMP s'impose facilement dès le premier tour (53,3 %). Odette Grzegrzulka, de moins en moins présente sur le terrain, s'effondre (22,8 %). On ne la reverra plus dans la région. Le Front national n'est qu'à 5,3 %, talonné par les communistes. Freddy Grzeziczak, animateur du Mouvement républicain et citoyen (MRC), présidé par Jean-Pierre Chevènement, totalise 2,65 % des voix.

Après la facile victoire de Xavier Bertrand, on ne voit guère qui pourrait titiller l'équipe municipale. Le scrutin de mars 2008 manque de suspense, dans la capitale de

1. « Le poids des photos, le choc pour Sarko », *Le Canard enchaîné*, 24 septembre 2008.

Haute-Picardie. En 2001, Pierre André avait réussi à rallier des radicaux de gauche. Cette fois, ce sont des socialistes et des chevènementistes qui rejoignent l'équipe municipale, notamment Freddy Grzeziczak, du MRC. Dans son dossier intitulé « Saint-Quentin, le système Bertrand », *L'Express* révèle que Freddy Grzeziczak est franc-maçon[1]. Membre du Grand Orient de France, il fréquente une loge de Saint-Quentin. Ce ralliement s'est-il négocié dans le temple ? « Je connais Xavier Bertrand depuis vingt ans et, malgré des opinions politiques différentes, nous avons toujours eu de bonnes relations. La politique, ce n'est pas la guerre civile[2] », explique l'intéressé. Freddy Grzeziczak est aujourd'hui premier adjoint.

En 2005, le président local du MRC avait convaincu Jean-Pierre Chevènement de venir animer un débat contradictoire avec Xavier Bertrand à Saint-Quentin, à l'occasion du référendum sur la Constitution européenne. « Quand Xavier Bertrand et Pierre André sont venus me proposer de venir travailler avec eux, j'ai accepté. Je ne le regrette pas », déclare celui qui est devenu maire adjoint chargé des affaires sociales. Depuis, Freddy Grzeziczak a suivi un parcours pour le moins atypique : en 2009, à l'occasion des élections européennes, l'ancien chevènementiste a rejoint le mouvement Debout la République de Nicolas Dupont-Aignan. La pêche aux élus de gauche ne se pratique pas qu'à l'Élysée. Pendant l'été 2008, Antoine Ribeiro, un autre chevènementiste, mais élu sur la liste de gauche, lâche son camp pour raccrocher le wagon de Pierre André et Xavier Bertrand.

Le socialiste Emmanuel Mousset est également approché par Pierre André. Il refuse la main tendue. « Je suis un homme de gauche. Il n'est pas question de

1. Jacques Trentesaux, *op. cit.*
2. Entretien avec l'auteur, Saint-Quentin, octobre 2008.

rejoindre une équipe qui mène une politique de droite. Xavier Bertrand restera dans l'histoire comme l'homme qui a tout fait pour enterrer les trente-cinq heures », juge le professeur de philosophie. S'il entretient des rapports courtois avec le maire, Emmanuel Mousset n'est jamais tombé sous le charme de Xavier Bertrand. « C'est un faux gentil. J'ai été personnellement victime d'un de ses petits coups bas. Lors d'une assemblée générale d'anciens combattants, il s'est permis de me dénigrer en révélant, sans me nommer directement, que je n'avais pas effectué mon service militaire. C'est exact, étant asthmatique. J'ai trouvé cela très mesquin[1] », déplore-t-il.

« Il y a des choses qui ne se pardonnent pas »

Le Parti socialiste n'est toujours pas remis de ses dissensions internes. Entre le strauss-kahnien Emmanuel Mousset et l'aile gauche du mouvement, conduite par Jean-Pierre Lançon, c'est toujours la lutte des classes. Décrit, sans méchanceté, comme « le hâbleur, le revenant, le provocateur[2] », par *Le Courrier picard*, Jean-Pierre Lançon, ancien directeur d'école, cultive des airs de Georges Brassens, avec sa pipe et ses cheveux en bataille. « Il ne faut pas exagérer la réussite de Xavier Bertrand. Il a peut-être inventé la plage, mais avant lui, la municipalité de gauche envoyait les gamins des familles défavorisées en colonies de vacances. Quant à attirer de nouvelles entreprises, il se débrouille nettement moins bien que Jean-Louis Borloo, qui a fait

1. Entretien avec l'auteur, Saint-Quentin, octobre 2008.
2. Nicolas Totet, « PS : petite guerre entre amis », *Le Courrier picard*, 23 novembre 2005.

venir Toyota à Valenciennes[1] », assène-t-il. Fidèle à sa réputation, Lançon crée l'événement – et le scandale – en présentant une liste regroupant le PS et trois formations d'extrême gauche, la Ligue communiste révolutionnaire, Lutte ouvrière et le Parti des travailleurs.

« Dans cette campagne, la droite n'était absolument pas sereine, commente Jean-Pierre Lançon. Bien au contraire, elle a sorti l'artillerie lourde, avec des attaques sous la ceinture. Alors que j'évoquais lors d'un meeting le dossier de l'eau, le maire s'est permis de répondre que je ne buvais pas que de l'eau. C'est nul, même si je reconnais être un bon vivant, rabelaisien de tempérament. » Le responsable socialiste m'a donné rendez-vous, comme il est (presque) de coutume à Saint-Quentin, devant une bière pression au Carillon. « Les élus de droite tentent de passer pour des gentils, des démocrates, dénonce-t-il. Mais c'est tout le contraire. Ce sont de vrais méchants, et Xavier Bertrand peut-être plus que les autres. En fait, c'est une dictature, qui ne tient jamais compte des propositions de l'opposition. » Une décennie plus tard, l'ambiance n'a semble-t-il pas changé. « Impossible d'aller pisser sans que Xavier Bertrand ! », plaisante-t-on à moitié dans la sous-préfecture, en laissant entendre que tous vos faits, gestes et paroles sont épiés en permanence et immédiatement rapportés au président des Hauts-de-France.

Le 9 mars 2008, la liste conduite par Pierre André l'emporte facilement dès le premier tour avec 60,80 % des voix, signant sa troisième victoire consécutive. C'est toutefois dix points de moins qu'aux précédentes élections. Xavier Bertrand retrouve son poste d'adjoint chargé de l'animation et du développement. En revanche, Vincent Savelli, soixante-deux ans, jusqu'alors adjoint chargé des affaires

1. Entretien avec l'auteur, Saint-Quentin, septembre 2008.

scolaires, n'est plus que simple conseiller municipal. Il accuse aussitôt le « chouchou » d'avoir poussé le maire à le rétrograder pour permettre l'arrivée de personnes d'« ouverture ».

Pour la petite histoire, lors de la mise en place du conseil municipal, les neuf élus de l'opposition proposent de voter pour tous les adjoints désignés par Pierre André, à condition que le nom de Freddy Grzeziczak soit supprimé au profit de celui de… Vincent Savelli. Jean-Pierre Lançon met en exergue le courage du plus ancien militant gaulliste à Saint-Quentin : « Il n'est pas de notre tradition de nous immiscer dans les affaires de l'UMP, mais cet élu dit tout haut ce que pense une grande partie des militants gaullistes de Saint-Quentin sur le soldat fidèle du président de la République. […] L'UMP n'est plus un parti politique, mais la chose du Président. J'ai du respect pour les personnes qui sont fidèles à leurs convictions et qui ne trahissent pas leurs idées pour le pouvoir, comme le fait Xavier Bertrand. Je sais que Vincent Savelli est un homme de convictions et je ne pense pas qu'il sera le Éric Besson local en venant rejoindre notre parti politique[1]. »

Ces élections municipales ont aussi provoqué une rupture brutale entre Xavier Bertrand et Jérôme Lavrilleux. Ce dernier a succédé au premier comme attaché parlementaire auprès du sénateur Braconnier, puis comme conseiller général en 2002. En 2008, Jérôme Lavrilleux est directeur de cabinet de Pierre André, le maire de Saint-Quentin. Il aspire à devenir adjoint. Xavier Bertrand, qui voit en lui un rival, s'oppose à ce qu'il entre sur la liste, mettant brutalement fin à quinze années d'amitié. « Il y a des choses qui ne se pardonnent pas. La fin ne justifie pas les moyens », lâchera Jérôme Lavrilleux[2]. Et c'est

1. Christophe Jakubyszyn, Muriel Pleynet, *op. cit.*, p. 153.
2. *Ibid.*

ainsi qu'il s'est mis du jour au lendemain au service de Jean-François Copé, le grand rival de Xavier Bertrand à l'UMP, se retrouvant ainsi en première ligne en 2012 dans la campagne de l'élection présidentielle… et impliqué dans l'affaire Bygmalion.

L'affaire Vincent Savelli

Vincent Savelli reprend à son compte une partie des reproches faits par la gauche – et certains journalistes locaux – à la mairie de Saint-Quentin. À savoir que la gestion municipale est fort peu démocratique : « La machine UMP de l'Aisne est remarquable, mais pas une tête ne doit dépasser. Il y règne une ambiance de semi-dictature », affirme le militant gaulliste dans l'édition locale de *L'Express* du 25 septembre 2008, consacrée au « système Bertrand ». Le plus ancien élu, entré au conseil municipal en 1971, égratigne tout particulièrement Xavier Bertrand, qualifié de « brillant mais sans idéal », doté des « convictions d'une girouette[1] ». Dans l'édition nationale de *L'Express*, Vincent Savelli enfonce le clou : « À Saint-Quentin, tout se passe entre les deux dieux, Xavier Bertrand et le sénateur-maire (UMP) Pierre André. » C'est la première fois qu'un élu de droite ose cracher dans la soupe.

Vincent Savelli n'ignore rien des méthodes musclées locales. En 2004, il pose sa candidature aux élections cantonales de Saint-Quentin-Centre. Mais Pierre André et Xavier Bertrand penchent pour une autre candidate, Colette Blériot. « Il y a eu toutes sortes de menaces, de pressions, pour que les militants UMP ne votent pas pour moi. Je n'ai

1. Jacques Trentesaux, *op. cit.*

eu que quatre minutes pour défendre ma candidature[1] », s'indigne Vincent Savelli. Toutefois, le gaulliste historique ne bascule pas dans l'opposition. « Je soutiens à 100 % l'action de la municipalité. La ville est très bien gérée », précise-t-il. « Lors du premier mandat de Pierre André, les élus pouvaient défendre leurs dossiers au conseil municipal. Mais à partir de 2001, cela n'a plus été possible. Depuis, il n'y a que Pierre André qui s'exprime », déplore-t-il.

La réaction aux propos de Vincent Savelli ne se fait pas attendre. Le samedi 27 septembre 2008, lors d'une réunion des jeunes UMP au palais de Fervaques de Saint-Quentin, l'expulsion du « traître » de la communauté d'agglomération est évoquée, sans que soit prononcé le nom de Vincent Savelli. Une sanction immédiate ne risque-t-elle pas de valider les propos de l'élu gaulliste, qui a fustigé l'autoritarisme de Pierre André et de Xavier Bertrand ? L'information est aussitôt reprise dans la presse locale. *L'Union* s'interroge : « Vincent Savelli en sursis[2] ? » Quelques jours plus tard, *L'Express* annonce dans sa page « Indiscrets » que « Vincent Savelli est sur le point de perdre son poste… et ses indemnités[3] ». L'article est illustré par un gros plan de Xavier Bertrand et de Pierre André en train de chuchoter. « J'ai aussitôt reçu un appel téléphonique de Michel Bettan, le chef de cabinet de Xavier Bertrand, fort mécontent, m'assurant que le ministre n'était absolument pour rien dans cette affaire[4] », raconte Jacques Trentesaux, rédacteur en chef adjoint de *L'Express*, en charge du numéro spécial sur Saint-Quentin.

1. Entretien avec l'auteur, Saint-Quentin, octobre 2008.
2. Graziella Basile, « Vincent Savelli en sursis ? », *L'Union*, 29 septembre 2008.
3. « Les foudres des "dieux" », *L'Express*, 16 octobre 2008.
4. Entretien avec l'auteur, Paris, avril 2009.

Vincent Savelli n'a finalement pas été sanctionné. Non seulement il n'a pas fait amende honorable, mais le trublion, par provocation, s'est présenté contre Xavier Bertrand pour le poste de président du comité départemental de l'UMP en décembre 2008. Le 24 janvier 2009, le jour même où Xavier Bertrand se voit confirmé dans ses fonctions de secrétaire général au niveau national, Vincent Savelli claque bruyamment la porte de l'UMP : « Je soutiens pleinement l'action du président de la République et la gestion de la ville de Saint-Quentin, mais je ne me reconnais plus dans les valeurs que véhicule l'UMP », explique le dissident dans la presse locale.

Vincent Savelli épargne le maire et cible le ministre, à qui il reproche son appartenance à la franc-maçonnerie, malgré l'annonce de sa mise en retrait depuis 2004. « Je ne pense pas que l'on cesse d'être franc-maçon. Pour moi, il y a conflit d'intérêts », tonne-t-il, avant d'ajouter : « Attention au mélange des genres ! Les francs-maçons se disent laïques, mais suivent une foule de rituels[1]. »

« Deux jours après mon intervention dans les médias, je retrouve Pierre André dans une réunion municipale, relate Vincent Savelli. Le maire peut parfois se montrer très dur, très cassant. Or je n'ai pas eu droit à la moindre leçon de morale. Pierre André s'est, au contraire, montré très attentionné à mon égard[2]. » Une preuve, selon lui, que le mauvais tour joué à Xavier Bertrand mettait plutôt le maire de Saint-Quentin de bonne humeur. Sur le moment, le ministre oppose un silence méprisant aux attaques de son collègue du conseil municipal de Saint-Quentin. Interrogé quelques mois plus tard sur ce sujet, dans le cadre de ce livre,

1. Karine Perocheau, « Savelli claque la porte », *L'Aisne nouvelle*, 27 janvier 2009.
2. Entretien avec l'auteur, Saint-Quentin, février 2009.

Xavier Bertrand se met en colère et me reproche d'interroger prioritairement ses adversaires. On pourrait croire qu'un homme politique proche des sommets de l'État soit blindé contre les attaques. Ce n'est pas le cas de Xavier Bertrand, qui prend très mal les critiques venues de la cité picarde. « Si une chose le rend hystérique, c'est bien les informations fausses colportées sur son compte[1] », m'avait prévenu Gwladys Huré, l'une de ses plus proches collaboratrices.

En mai 2009, Vincent Savelli marque encore un peu plus sa différence en créant le Rassemblement européen des valeurs (Rev), dont le logo est une colombe entourée d'étoiles. La journaliste de *L'Union* remarque que, si les amis politiques de Vincent Savelli « l'encouragent à créer son mouvement, peu ont accepté d'apposer leur signature au bas de l'acte fondateur du Rev, tout au moins dans le cercle restreint des élus du Saint-Quentinois[2] ». Les raisons de cet isolement ? La plupart des personnes élues sur la liste de Pierre André perçoivent des indemnités : treize en tant qu'adjoints au maire, et quatorze comme conseillers municipaux avec délégation. Quant aux autres, comme Vincent Savelli, ils sont vice-présidents de l'agglomération de Saint-Quentin, une activité également rémunérée. « Certains élus n'ont que ces indemnités pour vivre, dénonce Vincent Savelli. Ce système, propre à notre cité, permet de tenir beaucoup de monde. »

Saint-Quentin, malade de la rumeur

Il n'empêche, l'affaire Savelli est aussi révélatrice de certaines pratiques locales parfaitement condamnables.

1. Entretien avec l'auteur, juillet 2009.
2. Graziella Basile, « Le Rev de Vincent Savelli », *L'Union*, 11 mai 2009.

Présent à Saint-Quentin lors de la sortie du numéro spécial de *L'Express*, j'ai été le témoin d'une campagne de dénigrement de l'élu dissident. Les attaques ne portaient pas sur l'action politique de Vincent Savelli mais sur ses mœurs supposées dissolues. Les faits évoqués étaient particulièrement graves et relevaient des tribunaux. Ces accusations ont été proférées devant moi, dans un lieu public, par un élu municipal, un maire adjoint. Puis, dans des cercles différents, souvent liés à la municipalité, des récriminations similaires sont parvenues à mes oreilles. De telles imputations ne sont pas anodines, d'autant que Vincent Savelli occupait les fonctions de conseiller principal d'éducation depuis 1976 dans le principal lycée de la ville. « Imaginez qu'il y ait eu un seul instant une équivoque ! Et s'il y a bien un thème sensible dans l'Éducation nationale, c'est celui-ci ! », m'a confié Vincent Savelli dans un courrier privé, rappelant qu'il a été reçu en 2003 dans l'ordre de la Légion d'honneur. Il conclut sa lettre par une interrogation : « Aurais-je été élu secrétaire de circonscription pendant dix-huit ans avec une telle rumeur[1] ? »

C'est là que le bât blesse. Si ces rumeurs sont fondées, on peut s'étonner de la longévité de Vincent Savelli au conseil municipal et dans les instances locales du mouvement gaulliste. Dans les archives, toutes les personnalités de Saint-Quentin s'affichent à ses côtés, de Jacques Braconnier à Pierre André et Xavier Bertrand. « Cette rumeur me concernant avait déjà été lancée en 1988 par les amis d'Antoine Pagni, l'ami de Charles Pasqua. C'était leur façon de me punir pour m'être opposé à sa candidature sulfureuse aux élections législatives[2] », rappelle le fondateur du Rev.

1. Courier à l'auteur, 16 février 2009.
2. Entretien avec l'auteur, juillet 2009.

L'affaire Savelli s'ajoute à d'autres comportements douteux évoqués dans les chapitres précédents. La démocratie n'en sort pas grandie. « La droite est devenue tellement puissante qu'elle se croit autorisée à franchir la ligne jaune », déplorait le socialiste Michel Garand. Une décennie plus tard, le climat n'a guère changé. Avant de s'entretenir avec moi, plusieurs de mes interlocuteurs se sont inquiétés de savoir « si j'avais reçu l'autorisation de Xavier Bertrand »... Charles Simon, ancien cadre de la SNCF aujourd'hui à la retraite, ne retient pas ses coups : « Un membre du Club 33 enregistrait nos conversations et les transmettait à Xavier Bertrand. Le Club est devenu ses yeux et ses oreilles et j'en ai été bien évidemment exclu », s'emporte-t-il[1].

Il serait exagéré de décrire la capitale de la Haute-Picardie comme un coupe-gorge où se trament les plus noirs complots. « À Saint-Quentin, la rumeur amplifie tout. Mais en examinant posément les choses, on ne relève pas davantage de turpitudes que dans d'autres villes de province de la même importance[2] », analyse un ancien commissaire de police, longtemps en poste dans la sous-préfecture et membre du Club 33. Quant à Vincent Savelli, il est toujours conseiller municipal de Saint-Quentin ! « Je bénéficie toujours dans cette ville d'une certaine notoriété. Frédérique Macarez, qui a succédé à Xavier Bertrand à la tête de la mairie, a souhaité m'avoir sur sa liste. Ce qui montre que Xavier Bertrand n'a pas les mains totalement libres et qu'il n'a pas pu imposer que ses hommes à lui sur la liste », s'amuse le plus ancien conseiller municipal de la ville[3].

1. Entretien avec l'auteur, Saint-Quentin, novembre 2020.
2. Entretien avec l'auteur, août 2009.
3. Entretien avec l'auteur, Saint-Quentin, novembre 2020.

13

Avec la presse, le grand amour ?

Dorénavant, à Saint-Quentin, le linge sale ne se lave plus en famille. En raison de la notoriété de Xavier Bertrand, le moindre petit incident local est monté en épingle et s'étale dans la presse nationale. À peine Vincent Savelli avait-il annoncé sa démission de l'UMP, pour protester contre la nomination à sa tête de Xavier Bertrand, « que quatre partis politiques m'ont fait aussitôt des avances : le Nouveau Centre, le MoDem, le Parti radical et Debout la République de Nicolas Dupont-Aignan[1] », racontait le conseiller municipal dissident.

Quand L'Aisne nouvelle était la voix de son maître

En février 2009, le clapotis entourant la nomination du journaliste Érick Leskiw, fidèle d'entre les fidèles de Xavier Bertrand, au poste de rédacteur en chef adjoint de *L'Aisne nouvelle*, parvient jusqu'aux oreilles des rédactions parisiennes.

1. Entretien avec l'auteur, Saint-Quentin, février 2009.

De quoi s'agit-il ? Erick Leskiw, reporter à *L'Aisne nouvelle*, couvre l'actualité départementale. Très proche de Xavier Bertrand, il lui consacre des articles plutôt élogieux. Dès le lendemain de sa promotion, certains journalistes et personnels techniques adressent à la direction une longue lettre corrosive : « Erick Leskiw travaille pour Xavier Bertrand, actuel secrétaire général de l'UMP. Erick Leskiw reconnaît qu'il œuvre en tant que photographe pour l'ex-ministre. Erick Leskiw est-il payé par l'UMP ? Ce qui, à nos yeux, est inadmissible : travailler pour un homme ou un parti politique nous semble incompatible avec l'exercice de la profession de journaliste. Il y a manifestement conflit d'intérêts[1]. »

La missive fait état de « pressions » et de « censure » : peu d'articles sur l'opposition et « interdiction de publier une interview de Vincent Savelli ». Ce dernier confirme l'information à un journaliste de Rue89, à qui il explique avoir été interrogé pendant une heure trente par un rédacteur de *L'Aisne nouvelle* : « Deux jours après, il m'a appelé pour me dire que l'interview ne paraîtrait pas, car la direction du journal s'y était opposée[2]. » De son côté, Claudine Desplanques, directrice déléguée de *L'Aisne nouvelle*, jure qu'elle n'a « jamais entendu parler » d'une telle censure, ce que me soutiendra également Erick Leskiw.

Les membres du personnel de *L'Aisne nouvelle* tirent au lance-flammes sur leur nouveau rédacteur en chef adjoint : « Grâce à M. Leskiw, depuis des mois, tout ce que nous avons "appris" est que Xavier Bertrand est formidable. Rappelons que M. Leskiw travaille pour Xavier

1. Archives de l'auteur.
2. Augustin Scalbert, « A Saint-Quentin, la presse est trop bonne pour Xavier Bertrand », Rue89, 10 février 2009.

Bertrand... », écrivent-ils. *Le Courrier picard*, à l'époque concurrent local de *L'Aisne nouvelle*, ne se fait pas prier pour faire état, dans son édition du 7 février 2009, de ce fort vent de contestation. Le journal note que beaucoup de journalistes « y voient la montée dans la hiérarchie d'une ombre de Xavier Bertrand. Erick Leskiw, c'est celui qui, sur toutes les manifestations locales, tire le portrait de XB, comme le surnomment les Saint-Quentinois[1] ». De son côté, Erick Leskiw nie toute implication politique et parle de diffamation : « Je ne travaille pas pour lui. [...] Xavier, c'est un ami, je le connais depuis des années. » Le nouveau rédacteur en chef adjoint de *L'Aisne nouvelle* se défend aussi sur le site Rue89 : « Je n'ai jamais été payé par l'UMP ni par la mairie de Saint-Quentin, et je n'ai jamais fait de photos sur commande de Xavier. Il m'en a déjà racheté, c'est tout. Combien ? Je ne sais plus, il faudrait que je regarde. Mais maintenant que je suis rédacteur en chef adjoint, je vais devoir arrêter, faute de temps. Et aussi par déontologie. »

La réaction de Jérémy Thien, l'attaché parlementaire de Xavier Bertrand, est quelque peu maladroite : « Quand Erick Leskiw fait des photos de Xavier Bertrand, c'est une activité annexe à son métier de journaliste. C'est un peu comme faire des ménages. Et beaucoup de journalistes font des ménages », déclare-t-il dans *Le Courrier picard*. Faut-il voir dans cette nomination, comme l'écrit Rue89, un « asservissement progressif du titre à la personne et aux intérêts de la gloire politique locale » ? « Nicolas Sarkozy peut compter sur *Paris Match* pour chanter sa gloire, Xavier Bertrand doit se contenter de *L'Aisne nouvelle* », ironise la socialiste Anne Ferreira. « Il

1. N. G., « Saint-Quentin : l'ombre de Xavier Bertrand plane sur *L'Aisne nouvelle* », *Le Courrier picard*, 7 février 2009.

tente de faire croire qu'il est au-dessus de la mêlée et des querelles politiciennes. Mais dans les faits, c'est un homme de droite qui mène une politique de droite. On peut aussi noter une reprise en main de certaines associations à la tête desquelles sont arrivées des personnes très proches de l'équipe municipale[1] », ajoute l'ancienne députée européenne.

En janvier 2009, *L'Aisne nouvelle*, fondé en 1944, célèbre son dix millième numéro. « Xavier Bertrand a été invité au repas du personnel, raconte un employé qui souhaite conserver l'anonymat. Il paraissait presque gêné que les articles que lui consacre le journal soient aussi laudatifs. “Vous avez le droit de me critiquer”, a-t-il suggéré à la rédaction. » Erick Leskiw s'agace : « Arrêtons avec tous ces fantasmes. Il n'y a rien d'extraordinaire à ce que Xavier Bertrand soit invité par le principal journal de Saint-Quentin. Il est resté quinze à vingt minutes. » Grand, mince, la moustache grise imposante, le rédacteur en chef adjoint ne fait pas mystère de sa profonde admiration pour l'inventeur des plages urbaines. « Il y a plus de vingt ans que je le connais. À l'époque, je tenais un café. Depuis, Xavier Bertrand n'a pas changé. Il est toujours aussi disponible, toujours à l'écoute. Je ne vois absolument pas ce qu'on peut lui reprocher, assure-t-il. La contestation autour de ma nomination s'est très vite dégonflée. C'est vrai, je ne sors pas d'une école de journalisme. Moi, mon école, c'est le terrain, la locale. Quoi de plus naturel que de suivre Xavier Bertrand dans l'Aisne, d'autant qu'il est là chaque semaine[2] ? »

Le journaliste de *L'Aisne nouvelle* n'est pas le seul à tenir ce discours. Le secrétaire général de l'UMP peut

1. Entretien avec l'auteur, février 2009.
2. Entretien avec l'auteur, Saint-Quentin, février 2009.

s'appuyer sur un solide fan-club dans sa ville, à commencer par Pascale Gruny, sa suppléante, qui certifie dans *L'Express*, déjà à cette époque, qu'il « a toutes les compétences pour devenir président de la République ».

Le Courrier picard dans la ligne de mire

La mairie et Xavier Bertrand tiennent-ils la presse locale ? Il faut relativiser. La presse régionale française en général n'a pas la réputation de montrer les dents. En Picardie, comme en Savoie ou dans le Poitou, elle cherche rarement des poux dans la tête de l'enfant du pays « monté » à Paris et qui a réussi. Bertrand Duchet, le rédacteur en chef de *L'Aisne nouvelle*, ne nie pas le mode de fonctionnement quelque peu autoritaire de la mairie : « C'est vrai, l'information ne passe que par le cabinet du maire. Mais c'est fait plutôt intelligemment et ça fonctionne. Il n'y a pas de véritable censure. J'en veux pour preuve que notre journal, partenaire de la plage, n'a pas hésité à mettre le doigt sur les bas salaires proposés aux animateurs[1]. » En 2008, ces derniers n'étaient payés que 4,50 euros brut de l'heure. Un sujet qui faisait désordre pour Xavier Bertrand, maire adjoint en charge de l'animation et surtout ministre du Travail.

Interrogé le 7 août 2008 dans *L'Aisne nouvelle*, l'élu commence par mettre en avant un complot. Parler de ces bas salaires relèverait d'« une volonté de nuire très claire » et d'« une véritable attaque en règle ». Puis le ministre se retranche derrière des arguments plutôt spécieux : « Si la mairie décide de payer plus les jeunes animateurs,

1. Entretien avec l'auteur, Saint-Quentin, octobre 2008.

cela signifie également que les associations qui emploient des jeunes pour les centres d'été sous le même régime devront également payer plus leurs jeunes. Et la plupart ne le pourront pas. Et donc, elles n'emploieront tout simplement plus de jeunes pour l'été. Est-ce cela qu'on veut ? »... *L'Aisne nouvelle* aborde une nouvelle fois le problème en août 2009, pour signaler que les cent quatorze saisonniers, recrutés sur l'ensemble de la période estivale, « sont désormais payés au Smic horaire (le Smic horaire brut est de 8,82 euros)[1] ».

Le quadri-hebdomadaire appartenait à l'époque au groupe Hersant Média. C'était le chouchou de Xavier Bertrand, qui perdait rarement une occasion de rappeler, notamment à la télévision, qu'il lisait toute la presse, en commençant par *L'Aisne nouvelle*. En revanche, il portait moins dans son cœur son principal concurrent, *Le Courrier picard*. « Sans acharnement mais sans concession, notre journal réalise des papiers plus critiques et moins dithyrambiques que nos concurrents envers Xavier Bertrand et la mairie de Saint-Quentin, commente Nicolas Totet, responsable de l'édition de l'Aisne du *Courrier picard*, après quinze ans passés à *L'Aisne nouvelle*. Du coup, nos relations sont plus tendues. Sur certains sujets, même les plus basiques, nous éprouvons les pires difficultés à les faire réagir[2]. »

La presse locale sait aussi se montrer sarcastique. Dans un petit encadré intitulé « Top secret », publié par *L'Union*, le troisième journal de Saint-Quentin et propriété du groupe Hersant Média, un rédacteur raconte qu'« aller faire une photo et demander quelques

---

1. Nasséra Lounassi, « Les animateurs de la plage mieux payés », *L'Aisne nouvelle*, 7 août 2009.
2. Entretien avec l'auteur, Saint-Quentin, novembre 2008.

informations au centre social municipal Europe s'apparente à un chemin de croix. Il faut d'abord demander la permission à la mairie, qui appelle le centre. Celui-ci nous donne alors la permission de venir le voir ». À se demander, ironise l'article, si « les jeunes bricolent une arme nucléaire[1] » à l'intérieur du bâtiment. « Tout est verrouillé. Il ne faut jamais poser les questions qui fâchent, reconnaît Loïc Chaux, ancien journaliste de *L'Union*.

Sur ce point, rien n'a changé à Saint-Quentin, même si Xavier Bertrand, en raison du cumul des mandats, n'est plus qu'un simple conseiller municipal. « Concernant la communication de la mairie, c'est toujours l'Union soviétique, constate Éric Jonneau, rédacteur en chef de *L'Aisne nouvelle*. Tout est verrouillé. Même si votre question porte sur la naissance d'un petit chamelon au Parc d'Isle, les employés communaux doivent demander l'autorisation du cabinet du maire pour pouvoir vous répondre[2]. »

Xavier Bertrand sait à l'occasion se montrer particulièrement odieux vis-à-vis d'un journaliste local peu habitué des plateaux de télévision. Confronté en 2010 au secrétaire général de l'UMP sur la chaîne Public Sénat, Nicolas Totet s'est fait véritablement « écrabouiller » par son interlocuteur, pour reprendre le titre de Rue89. Que s'est-il passé ? Peu avant l'émission, Pierre André, le maire de Saint-Quentin, annonçait qu'il était maladie et qu'il se retirait, au moins partiellement, de la vie politique locale. Le journaliste du *Courrier picard* demande à Xavier Bertrand, présenté depuis des années comme le dauphin de Pierre André, s'il compte prendre la succession. La question a sans doute été formulée de manière

1. « Parole de bouffon. Top secret », *L'Union*, 30 juillet 2008.
2. Entretien avec l'auteur, Saint-Quentin, novembre 2020.

maladroite, mais « elle devait être posée », soutient Didier Louis, rédacteur en chef du *Courrier picard.* « Le patron de l'UMP, un roué des interviews télévisées, répond avec une hargne inouïe. La crucifixion dure moins de trois minutes trente et se termine par un large sourire de l'élu », relève Rue89[1].

« Vous ne trouvez pas que votre question est totalement déplacée, qu'elle est scandaleuse ? », feint de s'indigner Xavier Bertrand. Le secrétaire général de l'UMP accuse ensuite *Le Courrier picard* de « colporter des rumeurs » et lâche : « Je pensais que vous aviez une autre conception de la décence. C'est dans la droite ligne de ce que vous écrivez dans votre journal. » Coup de pied de l'âne : il accuse le journaliste « de ne pas lui dire bonjour »… Rue89 assure que journal de Nicolas Totet était « blacklisté » depuis un an et que Xavier Bertrand « avait envie de se payer *Le Courrier picard* ».

Le secrétaire général de l'UMP passait alors dans le public pour le bon garçon, l'élève à qui le maître confie la classe lorsqu'il doit s'absenter. Ce clash révèle une facette du personnage encore inconnue du grand public : celle d'un homme politique non seulement violent, mais qui peut se montrer à l'occasion méchant, en tentant d'humilier un journaliste local sur une chaîne nationale. Celui que l'on surnomme à Paris « le petit assureur de Saint-Quentin » est bien un tueur.

Le 4 octobre 2010, Xavier Bertrand succède à Pierre André à la tête de la municipalité saint-quentinoise.

1. Augustin Scalbert, « Pourquoi Xavier Bertrand écrabouille-t-il ce journaliste ? », rue89.nouvelobs.com, 3 février 2010.

Quand Bygmalion investissait à Saint-Quentin

Cette guéguerre entre *Le Courrier picard* et *L'Aisne nouvelle* s'interrompt en 2013, quand le second, repris par le groupe Rossel, devient une filiale du premier. « La rupture a été nette avec la municipalité. Il a fallu lui expliquer en douceur que nous n'étions plus son service de communication. Celle-ci a presque aussitôt recherché de nouveaux relais pour sa communication », souligne Samir Heddar, rédacteur en chef de *L'Aisne nouvelle* nouvelle formule[1]. D'abord, le 17 mars 2013, un an avant les élections municipales, la webtélé Saint-Quentin TV laisse la place à Matélé, sur le canal 34 de la TNT. Elle est richement dotée par la mairie de Saint-Quentin à hauteur de 690 000 euros et par la communauté d'agglomération (100 000 euros) par an. Matélé emploie treize salariés. Ses actionnaires ? Demain TV (56,4 %), le groupe multimédia *La Voix du Nord* (22,4 %), la société E-Facto (10 %) et enfin, à hauteur de 11,2 %, la société de communication Bygmalion, l'un des prestataires de la campagne de Nicolas Sarkozy en 2012, à l'origine d'une affaire qui déchire la droite française depuis une décennie.

La presse locale présente alors Bygmalion comme « la société de communication du Saint-Quentinois Bastien Millot[2] ». Né en 1972, il a fait la connaissance de Xavier Bertrand à la fin des années 1980. Ce dernier, attaché parlementaire de Jacques Braconnier, est en charge du conseil municipal des jeunes de Saint-Quentin, où siège Bastien Millot. Lequel devient ensuite premier adjoint à la mairie de Beauvais, attaché parlementaire, puis directeur

1. Entretien avec l'auteur, Saint-Quentin, novembre 2020.
2. Pascal Mureau, « La télé locale arrive à grands pas », *Le Courrier picard*, 22 avril 2013.

de cabinet de Jean-François Copé, avant d'occuper plusieurs postes de direction dans l'audiovisuel, notamment à France Télévisions. Fondateur en 2008 de Bygmalion, le Saint-Quentinois quitte sa société de communication en août 2013.

Le 27 mai 2013, Xavier Bertrand inaugure Matélé : « J'ai voulu en confier les rênes à Jean-Luc Nelle car c'est un grand professionnel des télévisions locales. [...] Je tiens, à cet égard, à remercier *La Voix du Nord* [...], ainsi que Bygmalion, Demain ! Et E-facto, les actionnaires de Matélé, qui nous ont suivis avec enthousiasme dans ce projet », déclare-t-il. Mais treize mois plus tard, à la question : « Vous n'avez jamais travaillé avec Bygmalion ? » posée par BFMTV et RMC, le maire de Saint-Quentin, frappé d'amnésie, répond : « J'étais un peu en conflit et en guerre avec Jean-François Copé, je ne risquais pas d'avoir travaillé avec eux[1]. » Entre-temps, Bygmalion s'est retrouvée dans l'œil du cyclone, soupçonnée de prestations fictives et de surfacturations dans le cadre des dépenses de campagne de Nicolas Sarkozy lors de l'élection présidentielle. Discrètement, en mai 2014, la société s'est retirée de la chaîne Matélé.

L'ancien secrétaire général de l'UMP fait le tour des médias pour répéter inlassablement qu'il n'a rien à voir avec cette sulfureuse société : « Pourquoi aurait-il travaillé avec Bygmalion et son équipe de copéistes, alors qu'il est brouillé à mort avec Jérôme Lavrilleux, l'homme lige de Jean-François Copé, depuis plus de dix ans[2] ?» Malgré ses dénégations, *Marianne* consacre pas moins de sept

1. « L'amnésie de Xavier Bertrand sur Bygmalion », *Le Monde*, 18 juin 2014.
2. Aurélien Wälti, « Bygmalion, actionnaire de Matélé, se retirerait de la chaîne », *L'Aisne nouvelle*, 29 mai 2014.

pages à la « Saint-Quentin connection », un dossier illustré par un photomontage de Xavier Bertrand, flanqué des Saint-Quentinois Jérôme Lavrilleux et Bastien Millot, sur fond d'hôtel de ville de la cité des Pastels[1].

« *La Voix* et Matélé ne sont pas responsables de Bygmalion, l'actionnariat n'a rien à voir avec le fonctionnement de l'entreprise. [...] C'est un autre univers. Nous n'avons rien à voir avec ça. C'est un non-sujet », assure Jean-Luc Nelle, l'actionnaire majoritaire de Matélé[2]. Pour *Le Monde*, si Xavier Bertrand, responsable politique national, n'a pas eu recours aux conseils de Bygmalion, « le maire de Saint-Quentin ne peut pas en dire autant[3] ».

Ce dernier ne néglige pas pour autant la presse écrite. Il ne reste pas indifférent au lancement d'un gratuit, *St-Quentin Mag*, tiré à vingt mille exemplaires, en mars 2014, par deux anciens rsponsables de *L'Aisne nouvelle*, Bertrand Duchet, rédacteur en chef, et Éric Leskiw, rédacteur en chef adjoint. D'entrée de jeu, ils annoncent que leur publication n'a « pas vocation à être polémique ». Le site spécialisé PresseNews.fr avance que Xavier Bertrand aurait la volonté de « drainer vers ce magazine gratuit le marché publicitaire local », soulignant que « *St-Quentin Mag* est distribué sur une cinquantaine de points (dont la mairie et les services municipaux) ». PresseNews.fr insiste sur « les relations notoirement houleuses » de Xavier Bertrand avec la presse locale[4].

1. Arnaud Bouillin, « Exclusif : quand l'adjointe de Xavier Bertrand bossait pour Bygmalion », www.marianne, 10 juillet 2014.
2. Mathias Destal, Laureline Dupont, « La Saint-Quentin connection », *Marianne*, 11 juillet 2014.
3. « L'amnésie de Xavier Bertrand sur Bygmalion », *op. cit.*
4. « La saga *St-Quentin Mag* », *Le Courrier picard*, 30 juillet 2014.

Coup de torchon, au même moment, de l'Observatoire du journalisme qui constate que Xavier Bertrand, à partir de 2013, aurait réduit de façon drastique « le budget communication de sa ville et des organismes paramunicipaux dans le quadrihebdomadaire *L'Aisne nouvelle*. Depuis le printemps, la com municipale est hébergée majoritairement dans les pages du nouvel hebdomadaire gratuit *St-Quentin Mag* ». Le même Observatoire constate que le député-maire de Saint-Quentin « a le plus grand mal à admettre la critique dans les médias en général et dans "son" journal, *L'Aisne nouvelle*[1] ».

L'une des distractions favorites, dans la sous-préfecture de l'Aisne, consiste à comptabiliser le nombre des photos de Xavier Bertrand et de son successeur, Frédérique Macarez, dans chaque nouveau numéro de *St-Quentin Mag*. Il en faut davantage pour déstabiliser Bertrand Duchet, président et directeur de la publication : « Nous ne sommes pas le journal de Xavier Bertrand et de l'actuel maire. À titre personnel, je ne suis pas un de ses intimes et je ne le rencontre pas souvent. Je n'appartiens pas à la Manufacture, le micro-parti qu'il a créé. » Bertrand Duchet ne cache pas pour autant son admiration pour le candidat à l'élection présidentielle : « Il est bien au-dessus du lot. C'est un très gros bosseur qui connaît parfaitement ses sujets. Malgré son emploi du temps, il assiste aux conseils municipaux et aux conseils de l'agglomération. Frédérique Macarez est également une très grosse bosseuse. Elle maîtrise parfaitement ses dossiers. La ville continue de se battre pour exister[2]. »

1. « Xavier Bertrand sponsorise-t-il *St-Quentin Mag* ? », www.ojim.fr, 25 juillet 2014.
2. Entretien avec l'auteur, Espace Créatis, Saint-Quentin, novembre 2020.

L'ancien responsable socialiste Emmanuel Mousset, chroniqueur de *St-Quentin Mag* dès sa création en 2014 (sa rubrique s'appelle « L'œil de Mousset »), défend lui aussi l'indépendance du gratuit : « *St-Quentin Mag* n'est pas l'organe de la mairie. [...] J'ai toujours eu la liberté d'écrire ce que je voulais. » Après avoir échoué à prendre la tête de la liste de la gauche aux élections municipales de 2014, il a quitté le Parti socialiste. En 2017, il créé le comité local En Marche ! Depuis, s'il est resté adhérent de LREM, il ne milite plus. « J'ai pris mes distances avec la politique, ce qui traduit l'esprit "décalé" de ma chronique[1] », explique-t-il.

1. Entretien avec l'auteur, décembre 2020.

14

Vrai ou faux gaulliste social ?

Au sein du gouvernement, l'ascension de Xavier Bertrand est continue. Numéro 40 quand il entre en avril 2004 dans l'équipe conduite par Jean-Pierre Raffarin, il prend la trente-septième place dès novembre, puis la dixième en devenant ministre de la Santé de Dominique de Villepin. En théorie, il ne gagne qu'une place comme ministre du Travail, des Relations sociales et de la Solidarité de François Fillon en mai 2007. Mais dans la réalité, il compte bien davantage. C'est lui qui est chargé de mettre en musique quatre des principales réformes promises par Nicolas Sarkozy : le service minimum, les régimes spéciaux, le contrat unique et le régime général des retraites. Les éditorialistes parisiens l'imaginent très vite comme le probable futur Premier ministre. D'autant que les relations, au début du quinquennat, sont difficiles entre l'Élysée et Matignon. Il suffit pour s'en convaincre de lire *La Haine*, premier volet de l'*Histoire secrète de la droite française*, de Gérard Davet et Fabrice Lhomme[1].

1. Fayard, avril 2019.

L'informateur du Canard enchaîné

« Xavier Bertrand, en route pour Matignon », titre Nicolas Domenach, directeur adjoint de la rédaction de *Marianne*. « Xavier Bertrand vise le job d'Iznogoud », assure Dominique Dhombres dans *Le Monde* : « Xavier Bertrand ne veut pas être calife à la place du calife. Lui, c'est le poste de François Fillon qu'il désire passionnément. Il veut seulement remplacer Iznogoud[1]. » L'ancien assureur de Flavy-le-Martel a finalement donné sa réponse le 25 mai 2021 en annonçant dans *Le Point* sa candidature à l'élection présidentielle.

Plus Xavier Bertrand monte en grade, plus il se fait d'ennemis. « Ses collègues du gouvernement le couvrent plus facilement de critiques que d'éloges. “Le pire des assassins en politique que l'on puisse imaginer”, dit un ministre. [...] “Il est unanimement détesté parmi nous. Son jeu est trop voyant et il n'est pas toujours correct”, complète un autre[2]. » Sous le titre : « Xavier Bertrand, le ministre que ses collègues aiment haïr », le site Bakchich.info assure qu'il « est devenu le plus détesté des ministres. [...] Tous détestent l'art qu'à Bertrand de dénigrer ses collègues avec l'air de ne pas y toucher et son allure débonnaire de gros chat qui griffe ». Lorsque la fausse rumeur d'une démission de Christine Lagarde a couru les rédactions, « Xavier Bertrand, qui aimerait prendre sa place à Bercy, a été montré du doigt[3] ». Même son de

1. Dominique Dhombres, « Xavier Bertrand vise le job d'Iznogoud », *Le Monde*, 9 septembre 2008.
2. Éric Mandonnet, Corinne Lhaïk, Ludovic Vigogne, « Xavier Bertrand, l'homme qui monte », *L'Express*, 20 février 2008.
3. Francesca Gasse, « Xavier Bertrand, le ministre que ses collègues aiment haïr », www.bakchich.info, 29 février 2008.

cloche d'un proche collaborateur de l'ancienne ministre de l'Économie : « Christine Lagarde répétait qu'elle n'avait aucune confiance en lui. Xavier Bertrand avait la réputation de balancer régulièrement des vacheries sur ses collègues au *Canard enchaîné*[1]. »

« Un homme dont on dit tant de mal a forcément des qualités. Un homme qui veut monter si haut se voit forcément reprocher quelques coups bas[2] », lit-on dans *L'Express*. « C'était un type mordant à qui tout semblait réussir, il fallait donc lui trouver des sobriquets. C'était "l'assureur de province", ou "floc-floc", pour se moquer du bruit de ses semelles en crêpe dans les couloirs », raconte Christophe Coulon, son plus ancien compagnon de route, actuel vice-président du conseil régional des Hauts-de-France[3]. « C'est vrai qu'il en a bavé. On est allé jusqu'à le traiter de bouseux. À droite, on ne le prenait pas au sérieux, d'où le titre du reportage que nous avons réalisé sur lui en mars dernier : "Xavier Bertrand, la revanche de floc-floc" », raconte Jean-Louis Manant, journaliste à France 3 Hauts-de-France[4]. L'intéressé lui-même reconnaît qu'il n'était pas irréprochable : « Les choses étaient peut-être allées trop vite pour moi. J'ai été nommé ministre moins de deux ans après avoir été député. J'ai pensé que je n'étais pas à ma place et j'ai tenté de me faire accepter en adoptant des codes et des attitudes qui n'étaient pas les miens. J'avais tort. Au final, j'ai pris conscience d'une chose : il faut rester soi-même[5]. » Xavier

1. Entretien avec l'auteur, Paris, novembre 2020.
2. Éric Mandonnet, Corinne Lhaïk, Ludovic Vigogne, *op. cit.*
3. Dominique Albertini, *op. cit.*
4. Entretien avec l'auteur, mai 2021. « Régionales 2021, Hauts-de-France : Xavier Bertrand, la revanche de "Floc floc" », publié le 25 mars 2021.
5. Sébastien Le Fol, Nathalie Schuck, *op. cit.*

Bertrand portait des talonnettes. Cette petite coquetterie n'aurait sans doute jamais été ébruitée s'il n'avait pas lâché du jour au lendemain son chausseur de Saint-Quentin pour un bottier parisien réputé.

La lettre de mission adressée le 1er août 2007 par Nicolas Sarkozy à son ministre du Travail est bien remplie[1]. Cela va de la « réhabilitation de la valeur travail », avec le fameux « travailler plus pour gagner plus », à la « réforme du marché du travail » et la recherche de « voies et moyens d'assurer à moyen et long terme le financement des retraites », en passant par le développement de « l'emploi des personnes handicapées » et la mise en place d'un plan ambitieux « de prévention et de lutte contre la maladie d'Alzheimer ». Excusez du peu. Les mauvais esprits retiendront que le président de la République déclare dans cette feuille de route qu'il faut que cesse « la spirale de l'endettement », et que « répartir la pénurie est aussi lâche et inefficace que laisser courir la dette publique »…

Dans la nuit du 31 octobre au 1er novembre 2008, à l'orée du week-end de la Toussaint, les députés adoptent un amendement à la loi de financement de la Sécurité sociale permettant aux salariés qui le souhaiteraient de travailler « dans la limite de cinq ans » au-delà de l'âge légal de soixante-cinq ans. En clair, pour les salariés volontaires, c'est la retraite à soixante-dix ans. Aussitôt, la gauche fulmine et les syndicats renâclent. « Le gouvernement parle de liberté de travailler plus longtemps, mais les salariés modestes n'auront pas le choix, dénonce

1. « Lettre de mission de M. Nicolas Sarkozy, président de la République, adressée à M. Xavier Bertrand, ministre du Travail, des Relations sociales et de la Solidarité », www.elysee.fr, 1er août 2007.

Jean-Louis Malys, secrétaire national de la CFDT. Vu le faible niveau des retraites, ils seront obligés de travailler au-delà de soixante ans pour survivre. » Même réaction chez Jean-Christophe Le Duigou, de la CGT : « C'est d'autant plus scandaleux que la plupart n'auront pas la chance de trouver un emploi[1]. » Le slogan du candidat Sarkozy, « travailler plus pour gagner plus », ne s'est-il pas transformé en « travailler plus pour… travailler plus » ?

En 2009, j'ai eu l'occasion de suivre l'élu de Saint-Quentin dans d'autres déplacements. Chaque fois, il montre une vraie intelligence des situations. Sa rondeur est-elle la clé de son succès ? À moins qu'il ne s'agisse de sa voix flûtée ? Xavier Bertrand est toujours impassible, il ne dit jamais une phrase ni même un mot de trop. « Il fait montre d'une onctuosité proprement ecclésiastique[2] », assure le politologue Jean-Marc Lech, l'un des fondateurs de l'institut de sondages Ipsos.

Il possède d'autres atouts. C'est d'abord un bourreau de travail et un perfectionniste. Les syndicalistes sont les premiers à le reconnaître, il maîtrise souvent mieux les dossiers que ses conseillers. En prime, l'élu picard bénéficie d'une résistance physique hors du commun. Dans les négociations-marathon, c'est un avantage très appréciable d'être encore en pleine forme à une heure avancée de la nuit. À chacun de ses interlocuteurs, Xavier Bertrand précise qu'il ne dort que quatre ou cinq heures et qu'il se lève tous les matins à 6 h 01 ! Il sait ensuite récupérer, en s'assoupissant quelques minutes dans la journée, notamment pendant les transports.

---

1. Yann Philippin, « Deuxième round pour la retraite à 70 ans », *Le Journal du dimanche*, 11 novembre 2008.
2. Anna Bitton, « Xavier Bertrand, le rusé de la sarkozie », *Le Point*, 20-27 décembre 2007.

L'ancien assureur sait se montrer d'un commerce agréable. Il n'hésite jamais à donner son numéro de portable et à répondre à ses interlocuteurs. « On se parle directement, même si on n'est pas d'accord. Son portable est toujours ouvert[1] », confirme Jean-Claude Mailly, le patron de Force ouvrière. Ce dernier, qui a quitté le secrétariat général du syndicat en 2018, est toujours fréquemment consulté par le candidat à l'élection présidentielle. « Jean-Louis Malys, ancien secrétaire national de la CFDT, a côtoyé Xavier Bertrand dans des négociations nationales. Il m'a dit qu'il n'avait connu que deux ministres qui acceptaient de modifier leur point de vue – si on arrivait à les convaincre : Xavier Bertrand et Michel Sapin. Les autres venaient avec leurs notes préparées par leurs collaborateurs, écoutaient religieusement et repartaient comme si la rencontre n'avaient pas existée », raconte un responsable CFDT des Hauts-de-France[2]. Toutefois, depuis que Xavier Bertrand occupe la présidence du conseil régional, ses relations avec la plupart des syndicats de l'assemblée délibérante sont moins sereines.

Le dossier des retraites est complexe. La CFDT, en particulier, répète que ce n'est pas une question d'âge, mais de durée de cotisation : « Reculer l'âge de la retraite pénalise ceux qui ont commencé à travailler jeunes, souvent des ouvriers[3] », explique son secrétaire général François Chérèque dans un entretien accordé au *Monde*. Xavier Bertrand répond que l'espérance de vie

1. Sabine Syfuss-Arnaud, « Xavier Bertrand l'enjôleur », *Challenges*, 6 décembre 2007.
2. Entretien avec l'auteur, Lille, mai 2021.
3. Rémi Barroux, « François Chérèque : "La CFDT dit non à l'allongement de l'âge de départ à la retraite" », *Le Monde*, 30 juin 2009.

est aujourd'hui de quatre-vingt-un ans en moyenne, alors qu'elle ne dépassait pas soixante-quinze ans en 1982, avec une retraite à soixante-cinq ans : « On vit de plus en plus longtemps, les Français le savent bien. Donc, il faut travailler un peu plus longtemps. » À titre de comparaison, en Suisse, l'âge de la retraite, qui était de soixante-trois ans pour les femmes, est passé à soixante-quatre ans, puis, tout récemment, à soixante-cinq ans. Quant aux hommes, ils n'arrêtent de travailler qu'à soixante-cinq ans et devraient, dans un proche avenir, être contraints de rempiler pour deux années supplémentaires.

Des réformes en trompe-l'œil

De ses vingt mois passés au ministère du Travail, Xavier Bertrand dresse un bilan plus que positif. Il cite quatorze projets ou propositions de lois définitivement adoptés par le Parlement et deux cent vingt-deux décrets publiés. L'élu picard a réalisé cent quatre déplacements dont vingt-cinq à l'étranger, répondu à plus de trois cents interviews, et traité 3 676 questions écrites ! Ce qui lui fait dire : « Moi, je bosse. Je me suis engagé en politique pour faire bouger les choses. » Rue de Grenelle, comme précédemment rue de Ségur, le Saint-Quentinois n'a en effet pas chômé. Qu'il s'agisse de la mise en place du service minimum dans les transports terrestres, du passage de quarante à quarante et un ans d'ici 2012 de la durée de cotisation pour une retraite à taux plein, ou encore de la possibilité pour un employeur et un salarié de mettre fin d'un commun accord à la relation de travail par la signature d'une rupture conventionnelle, Xavier Bertrand est monté sur tous les fronts.

Il est le ministre vedette de la première année du quinquennat. Mais laisse-t-il pour autant un bilan aussi positif qu'au ministère de la Santé ? Ce n'est pas certain. L'adjoint au maire de Saint-Quentin écorne son image de gaulliste social, en attaquant de front les trente-cinq heures. « Xavier Bertrand est l'habillage social de la droite, mais il n'a pas de convictions sociales », assène Jean-Pierre Brard, député apparenté communiste.

Pour beaucoup, le vrai réformateur ne serait pas Xavier Bertrand, mais le très discret Raymond Soubie. *Le Monde*, qui le surnomme « l'entremetteur », en fait le vrai père de la réforme des régimes spéciaux[1]. François Chérèque affirme que sous Sarkozy, comme sous Chirac, il voit Raymond Soubie ou lui parle « quasiment toutes les semaines[2] ».

Depuis 2007, Xavier Bertrand est devenu visible dans les sondages. Il navigue dorénavant autour de la quinzième position dans le baromètre Ipsos-*Le Point* des personnalités politiques, avec en général un peu plus d'opinions défavorables que favorables. Il devance habituellement Jean-François Copé. Mais dans la presse parisienne, l'élu de Saint-Quentin passe souvent pour un homme politique aux convictions changeantes – n'a-t-il pas lâché du jour au lendemain Dominique de Villepin pour Nicolas Sarkozy ? –, un « lèche-cul », comme le surnomme *Charlie Hebdo*. Le 23 avril 2008, l'hebdomadaire satirique publie en une la caricature du ministre, sous ce titre : « Bienvenue chez lèch' cul. » Sous-titre : « Avec Xavier Bertrand, le bon élève de Sarkozy. »

---

1. Arnaud Leparmentier, « L'entremetteur », *Le Monde*, 9 mars 2009.
2. François Chérèque avec Carole Barjon, *Si on me cherche*, Albin Michel, septembre 2008, p. 24.

Il serait fastidieux de passer en revue toutes les réformes entreprises par Nicolas Sarkozy-Raymond Soubie-Xavier Bertrand. Arrêtons-nous à celle des régimes spéciaux, considérée comme la mère des batailles pour le président de la République. Aucun gouvernement précédent n'a osé s'y attaquer très longtemps, de crainte de voir le pays totalement paralysé par les grèves. De quoi s'agit-il ? En raison de la dangerosité ou de la pénibilité de certains métiers, les gaziers, les électriciens, les cheminots, les employés de la RATP, ont obtenu, il y a parfois plus d'un demi-siècle, des régimes spéciaux leur permettant de partir à la retraite plus tôt que les autres salariés.

Or la situation a changé. L'espérance de vie, à l'époque où ont été négociés ces régimes, était bien inférieure à celle que ces agents peuvent revendiquer aujourd'hui. Comment faire accepter à un salarié de la SNCF ou d'EDF qu'il doit dorénavant s'adosser au régime général, et attendre soixante ans pour aspirer à la retraite ? En Suisse, par exemple, les employés des Chemins de fer fédéraux (CFF) prennent leur retraite à soixante-cinq ans. La réforme passe sans beaucoup de casse, après seulement neuf jours de grève, du 13 au 22 novembre 2007. Xavier Bertrand triomphe. Il assure que les économies nettes cumulées seront « de 500 millions d'euros d'ici à 2012, et ensuite, de 567 millions d'euros par an à partir de 2015 », et que « 40 % des cheminots qui pouvaient partir en retraite ont décidé de prolonger leur activité ». L'opinion publique a dorénavant l'impression de vivre dans un système moins inégalitaire. Ce que le ministre du Travail oublie de reconnaître, c'est que si les salariés ont perdu les avantages des régimes spéciaux, ils intègrent dorénavant les primes dans les rémunérations qui servent de base au calcul des retraites. « C'est un puissant levier pour accroître significativement les pensions, calculées en fonction des six derniers mois de salaire et non des vingt-cinq meilleures années de salaire comme pour les salariés du privé[1]. »

Christophe Jakubyszyn et Muriel Pleynet remarquent que, par mesure de prudence, Xavier Bertrand n'a pas souhaité inscrire sa réforme dans une logique strictement financière : « Lors de la présentation des grandes orientations du projet, en octobre 2007, le ministre du Travail et des Relations sociales avait reconnu quc la réforme n'était pas "normée financièrement"[2]. » D'ailleurs, les sénateurs se montrent plus que sceptiques sur les gains engendrés par cette réforme. En fait, celle-ci « coûterait aussi cher, voire plus, que ce qu'elle rapporterait[3] », lit-on dans *Les Réformes ratées du président Sarkozy*. Les auteurs du livre ont tenté d'obtenir l'impact de la réforme sur les finances publiques, sans résultat. « Nous avons eu l'impression de nous heurter à un véritable secret d'État », concluent-ils.

Dans sa lettre de mission du 1er août 2007, Nicolas Sarkozy demande à Xavier Bertrand de conduire à son terme « le projet de loi sur le service minimum dans les transports terrestres de voyageurs, dont l'objectif prioritaire est centré sur les déplacements quotidiens de la population ». La loi du 21 août 2007 impose aux salariés de se déclarer grévistes quarante-huit heures à l'avance, ce qui permet de réorganiser le service et d'éviter que les voyageurs soient trop pénalisés.

Mission réussie ? « Désormais, quand il y a une grève, personne ne s'en aperçoit », plastronne le président de la

1. Pierre Cahuc, André Zylberberg, *Les Réformes ratées du président Sarkozy*, Flammarion, mars 2009, p. 16.
2. Christophe Jakubyszyn, Muriel Pleynet, *op. cit.*, p. 220.
3. Pierre Cahuc, André Zylberberg, *op. cit.*, p. 18.

République devant les cadres de l'UMP, en juillet 2008. Dans son bilan, Xavier Bertrand affirme que le nombre de préavis de grève déposés à la RATP « est quatre fois moins élevé que celui des préavis déposés au cours des cinq dernières années sur la même période ». À la SNCF, toujours selon le ministre du Travail, le nombre de préavis et le nombre de grèves au premier semestre 2008 sont les plus faibles depuis 1995. Une décennie plus tard, les chiffres donnés par le ministre du Travail ne convainquent toujours pas les usagers de la SNCF et de la RATP quant à la diminution du nombre de grèves.

Charles Simon, cadre supérieur à la SNCF, installé à Saint-Quentin depuis 1995, conteste l'efficacité de la loi sur le service minimum mise en musique par Xavier Bertrand. « L'idée était peut-être bonne, mais inopérante. Dans les chemins de fer, personne n'est obligé de se déclarer gréviste, dans la mesure où s'il ne le fait pas, l'employé ne sera pas sanctionné ! Xavier Bertrand ne m'a pas demandé mon avis alors que je suis expert en transports ferroviaires[1]. »

Christophe Jakubyszyn et Muriel Pleynet font remarquer que, pendant sa campagne électorale, Nicolas Sarkozy s'était engagé à légiférer sur « un service minimum garanti en cas de grève ». Or, rapidement, il n'a plus été question de service minimum, pourtant plébiscité par une majorité écrasante de Français. « D'emblée, Xavier Bertrand renonce à s'aventurer sur la piste de la contrainte », notent les journalistes, qui qualifient le service minimum de « réforme Canada Dry[2] ».

1. Entretien avec l'auteur, Saint-Quentin, mai 2009.
2. Christophe Jakubyszyn, Muriel Pleynet, *op. cit.*, p. 211.

Les syndicats se sentent trahis

Il est difficile de ne pas évoquer les trente-cinq heures. Nicolas Sarkozy a moins cherché à les supprimer – la durée légale hebdomadaire du travail reste inchangée – qu'à tuer un symbole, en permettant de négocier le temps de travail dans les entreprises, en dérogeant aux obligations fixées par les branches. Comme le résume *Le Chouchou*, la réforme des trente-cinq heures proposée par Xavier Bertrand « se jouera dans l'entreprise. Ce sont les entreprises qui, au final, choisiront la remise en cause ou le statu quo s'agissant des trente-cinq heures[1]. » Les syndicats se sentent trahis. Même le Medef proteste, affirmant que sa signature n'a pas été respectée. Lors des négociations entre les syndicats et le patronat, il était prévu que seules quelques entreprises, par dérogation, aient la possibilité d'expérimenter un assouplissement des trente-cinq heures. « Ce que les partenaires sociaux avaient négocié, c'était une expérimentation limitée, un quasi-statu quo ! Or on a besoin d'avancer dans ce pays[2] », se justifie le ministre du Travail. Ce qui fait dire à Élisabeth Guigou, ministre socialiste de l'Emploi et de la Solidarité de 2000 à 2002, que Xavier Bertrand mène plutôt bien sa barque : « Mais c'est aussi un bonimenteur, un prestidigitateur capable de tous les tours de passe-passe[3]. »

Dans l'opération, Xavier Bertrand écorne son image de négociateur coriace mais néanmoins régulier vis-à-vis de

1. *Ibid.*, p. 230.
2. Béatrice Taupin, « Xavier Bertrand : "Nous avons fait ce que nous avions dit" », *Le Figaro*, 18 décembre 2008.
3. Michel Revol, « Ce qu'en pensent ses prédécesseurs », *Le Point*, 20 décembre 2007.

ses partenaires sociaux. Il est passé en force. « Je lui ai dit qu'il était la Martine Aubry du gouvernement Sarko. Elle avait fait les trente-cinq heures comme ça, brutalement, il les défaisait comme ça, tout aussi brutalement[1] », déclare François Chérèque.

Dans son livre d'entretiens[2], ce dernier s'en prend davantage au président de la République et au Premier ministre qu'au ministre du Travail. On peut même s'étonner qu'en trois cent neuf pages le patron de la CFDT cite aussi peu Xavier Bertrand. Quant à Bernard Thibault, le secrétaire général de la CGT, il met dans le même sac François Fillon et Xavier Bertrand, les traitant tous les deux de menteurs dans les colonnes du *Journal du dimanche.*

Xavier Bertrand joue plus finement que Patrick Devedjian, alors secrétaire général de l'UMP, qui réclame le 19 mai 2008 le « démantèlement » de la loi Aubry sur la réduction du temps de travail. Et que Jean-François Copé, le patron des députés UMP, qualifiant aussitôt la déclaration de Devedjian de « proposition intéressante, constructive ». L'adjoint au maire de Saint-Quentin sait qu'une grande partie des salariés, en particulier ceux qui votent à droite, n'ont pas une approche idéologique du problème. Ils n'entendent pas perdre l'« acquis » des trente-cinq heures.

« Il ne fallait surtout pas apparaître comme celui qui détricote les acquis sociaux. C'était se mettre à dos les cadres et les femmes qui bénéficient des RTT[3] », analyse Chantal Brunel, députée de Seine-et-Marne et ancienne porte-parole de l'UMP. Malgré des ratés (blocage du dossier « pénibilité », absence de réforme de la médecine du

1. Christophe Jakubyszyn, Muriel Pleynet, *op. cit.*, p. 201.
2. *Si on me cherche, op. cit.*
3. Entretien avec l'auteur, Paris, mars 2009.

travail), l'inventeur de la plage de Saint-Quentin préserve son image de gaulliste social. Même si ses adversaires constatent que la tendance « sociale » de la droite, que Xavier Bertrand est censé représenter, s'acclimate sans trop de difficultés des pressions de la tendance « libérale ». Le ministre du Travail trouve les formules chocs qui frappent l'imagination. « Plus question qu'un dirigeant échoue et parte avec un bonus », lâche-t-il au *Parisien Dimanche*. Lorsqu'il apprend que Patricia Russo, à la tête d'Alcatel-Lucent, part avec un « parachute doré de six millions d'euros alors que l'action de l'entreprise avait chuté en douze mois de 57 % », il jure que s'il était salarié chez Alcatel, il signerait « bien volontiers » une pétition pour que Mme Russo rembourse cet argent. Il monte encore au créneau pour dénoncer l'attribution à vie d'un appartement de deux cents mètres carrés au président sortant du Sénat, Christian Poncelet. « Les efforts doivent être pour tout le monde, la classe politique également[1] », lance-t-il.

Quant au travail du dimanche, le ministre n'a jamais manqué une occasion de rappeler qu'il doit se faire sur « la base du volontariat », et être « payé au moins le double [...] pour que le jeu en vaille vraiment la chandelle ». « Je préfère que les familles viennent faire leurs courses à Plan-de-Campagne le dimanche, plutôt que de s'asseoir devant leur ordinateur et de les faire par Internet[2] », explique-t-il lors d'un déplacement à Marseille et dans la zone commerçante voisine de Plan-de-Campagne.

Xavier Bertrand est-il un vrai « social », susceptible de ramener vers l'UMP l'électorat du centre qui lui fait

---

1. « Le Grand Rendez-vous », Europe 1-*Le Parisien-Aujourd'hui en France*, septembre 2008.
2. Hervé Vaudoit, « Xavier Bertrand, ambassadeur du travail dominical », www.laprovence.com, 14 octobre 2008.

défaut ? Après l'échec de la droite aux élections municipales de mars 2008, le président de la République le propulse au poste de secrétaire général adjoint de l'UMP. Rue La Boétie, au siège du parti, les sarkozystes « historiques » grincent des dents en apprenant sa nomination. Toutefois, personne ne lui conteste véritablement la place, considérée comme peu valorisante. D'autant que, depuis l'élection présidentielle, Patrick Devedjian se morfond comme secrétaire général. Rares sont les dignitaires du régime qui ont pris conscience que le vrai pouvoir – en dehors de l'Élysée – est dorénavant davantage à la tête du parti que dans un ministère, fût-il d'État.

Plus d'une décennie plus tard, le candidat à l'élection présidentielle entonne toujours le même refrain : « Je suis gaulliste social », « je suis le représentant d'une droite sociale et populaire ». Or, comme le souligne l'éditorialiste du *Journal du dimanche* : « Il se réclame du gaullisme social, mais il cogne comme un sourd sur la sécurité. Ça ressemble plutôt à du chiraquisme brutal[1]… » À l'annonce de sa candidature, l'historien Gilles Richard, auteur d'une *Histoire des droites en France*, rectifie : « Il est tout sauf un "gaulliste social", comme il aime à se définir sans que personne ne relève l'imposture. » […] Je ne trouve pas que Xavier Bertrand soit un homme politique de premier plan, avec une vision de l'avenir forte et une capacité à proposer à la société un projet novateur et mobilisateur[2].

1. Hervé Gattegno, « Xavier Bertrand ne veut pas de primaire, mais il ressemble à un candidat à une primaire », www.lejdd.fr, 28 mars 2021.

2. Florence Chédotal, « L'objectif de Xavier Bertrand est de mettre le couteau sous la gorge à LR », www.lamontagne.fr, 29 mars 2021.

15

L'incontournable clan des Hauts-de-Seine

Il y a les sarkozystes historiques, à commencer par Brice Hortefeux, ami de plus de trente ans du président de la République et alors ministre de l'Intérieur, ou Nadine Morano, secrétaire d'État à la Famille, qui a soutenu le maire de Neuilly durant sa traversée du désert. Et il y a tous ceux qui le sont devenus en 2006, quand Nicolas Sarkozy est apparu comme le seul, à droite, capable de s'imposer à l'Élysée. Xavier Bertrand, Jean-François Copé et Valérie Pécresse appartiennent à cette catégorie. Les uns et les autres portaient les couleurs d'autres écuries, estampillés chiraquiens, balladuriens, séguinistes, juppéistes ou encore villepinistes.

Jean Sarkozy se sent pousser des ailes

Parmi les historiques, il y a le clan du « 9-2 », comprenez celui des Hauts-de-Seine, un département riche où la droite règne sans partage depuis sa création en 1967. Le tracé du département, en forme de haricot, a été étudié pour que le vote des banlieues huppées contrebalance celui des cités ouvrières. Il s'agit d'un univers très particulier et totalement étranger à l'environnement de Xavier Bertrand. Hervé Gattegno, dans *Le Point*, résume la situation : « Lancés par Pasqua à l'assaut des municipalités communistes dans les années 1980, les barons d'aujourd'hui ont érigé leur fortune politique sur cet eldorado foncier : Balkany (Levallois-Perret), Santini (Issy-les-Moulineaux) et Devedjian (Antony) y ont joué un Monopoly avec succès, érigeant autant de citadelles électorales[1]. » En tentant en 2009 d'imposer son fils Jean, vingt-trois ans, conseiller général des Hauts-de-Seine, à la tête de l'Établissement public d'aménagement de la Défense (71 tours, 3,2 millions de mètres carrés de bureaux), Nicolas Sarkozy a maladroitement donné à voir les ressorts du pouvoir et trahi l'importance que le mouvement gaulliste accorde à l'immobilier dans la région parisienne.

Le mentor du « 9-2 » a longtemps été Charles Pasqua, ancien ministre de l'Intérieur, et président du conseil général de 1973 à 1976, puis de 1988 à 2004. En 1983, Nicolas Sarkozy lui a ravi au nez et à la barbe la mairie de Neuilly. En 2004, le futur président de la République l'a poussé vers la sortie pour s'emparer du conseil général, dont le juteux budget atteint 1,6 milliard d'euros. Cerné par les « affaires », Charles Pasqua a toujours réussi à contourner la case prison. Il s'est éteint en juin 2015.

Les barons du « 9-2 » ne jouissent pas forcément d'une réputation au-dessus de tout soupçon. Qu'il s'agisse de Patrick Balkany et de son épouse Isabelle, vice-présidente du conseil général, de Patrick Devedjian (décédé en mars 2020), d'André Santini, maire d'Issy-les-Moulineaux, mis en examen pour « détournement de fonds publics,

1. Hervé Gattegno, « Les tontons flingueurs des Hauts-de-Seine ». *Le Point*, 25 septembre 2008.

faux et prise illégale d'intérêt », de Manuel Aeschlimann, maire d'Asnières-sur-Seine. Mais peu importe, les hommes forts des Hauts-de-Seine appartiennent au premier cercle sarkozyste. Claude Guéant, le plus proche collaborateur du président de la République, aujourd'hui rattrapé par la justice, vient aussi de ce département, où il a longtemps travaillé aux côtés de Charles Pasqua. Sans oublier Rachida Dati, qui œuvrait aux affaires juridiques du conseil général. Évoquant en septembre 2008 la brutale disgrâce de la garde des Sceaux, *Le Point* conclut, dans un article au vitriol, par une petite phrase pleine de sous-entendus : « Rachida Dati, qui connaît les histoires de famille et du département des Hauts-de-Seine pour s'être occupée pendant quelque temps, en 2005, du secteur sensible des marchés publics, saura, le cas échéant, se rappeler aux bons soins de son protecteur[1]. » Rachida Dati se montre plutôt indulgente vis-à-vis de Patrick Balkany : « Lui, il partage ! C'est le voyou généreux, au moins il y a ça, il sort la liasse, à l'ancienne. Il est hallucinant[2]. » L'ancien maire de Levallois-Perret, condamné à trois ans de prison pour « fraude fiscale » en mars 2020, purge sa peine chez lui, un bracelet électronique à la cheville, au côté de son épouse Isabelle, également condamnée. Le couple est en outre poursuivi pour « blanchiment de fraude fiscale ». La Cour de cassation est saisie d'un pourvoi[3]. Quant à Rachida Dati, elle a été mise en examen en juillet 2021 dans l'affaire Carlos Ghosn, pour « corruption passive » et « recel d'abus de pouvoir[4] ».

1. Denis Demonpion, « L'extravagante Mme Dati », *Le Point*, 11 septembre 2008.
2. Gérard Davet, Fabrice Lhomme, *op. cit.*, p. 32-33.
3. Valérie Mahaut, « Levallois-Perret : Patrick Balkany n'en a pas fini avec la justice », www.leparisien.fr, 17 mars 2021.
4. « Affaire Carlos Ghosn : Rachida Dati mise en examen », *Le Point*, 27 juillet 2021.

En 2008, à un peu moins de vingt-deux ans, Jean Sarkozy, le fils cadet du président, effectue une entrée tonitruante dans la vie politique en devenant conseiller général de Neuilly-sur-Seine-Sud. Il est aussitôt propulsé président du groupe de la majorité départementale (trente élus sur quarante-cinq), dont la plupart des membres ont l'âge de son père, sinon de son grand-père. Il devient également président de la Commission des transports, de la circulation, de l'environnement, et hérite d'une marionnette aux « Guignols » de Canal Plus. Dès le mois de mai 2008, *Le Point* le baptise en une « Monsieur le dauphin » et évoque son « irrésistible ascension ». Nicolas Sarkozy confie à l'hebdomadaire : « Je suis fier de lui, ce qu'il fait à son âge est admirable. S'il devient député, il sera inarrêtable, i-nar-rêt-table. Seulement, il doit faire les choses tranquillement, calmement, sans aller trop vite. Mais attention, je ne dis pas ça parce que c'est mon fils ! »

Un an plus tard, les conseils de prudence ont été oubliés. Jean Sarkozy se déclare candidat à la présidence de l'Établissement public d'aménagement de la Défense (EPAD), quartier d'affaires qui représente 150 000 emplois, 2 500 entreprises et 854 millions d'euros d'investissements privés en 2008. Peu importe que Jean Sarkozy, âgé de vingt-trois ans, ne soit qu'en deuxième année de droit. Derrière le président de la République, les dirigeants de l'UMP sont priés de voler au secours du dauphin. « Ce n'est pas parce qu'il s'appelle Sarkozy qu'il faut lui interdire d'exercer des responsabilités[1] », feint de s'offusquer Xavier Bertrand.

Il aura fallu que cette candidature devienne la risée du monde entier et que la presse internationale parle

1. Pierre Tillinac, « Xavier Bertrand : "L'ouverture, c'est un état d'esprit" », *Sud-Ouest*, 18 octobre 2009.

de République bananière pour que le président de la République fasse marche arrière et que son fils cadet renonce à être candidat à la présidence de l'EPAD. Nicolas Sarkozy, qui affirmait en 2007 son désir de rompre avec le style monarchique de ses prédécesseurs, « est peu à peu victime du même syndrome de l'Élysée : un phénomène de cour et de relatif isolement se met en place[1] », constate *Le Monde*. Personne n'ose plus parler franchement au chef de l'État, et surtout pas Xavier Bertrand. « Plaire au président importe plus que lui signaler les colères de l'opinion[2] », s'inquiète *L'Express*.

En devenant président de la République, Nicolas Sarkozy confie à la fois les clés du département des Hauts-de-Seine et celles de l'UMP à Patrick Devedjian, un fidèle d'entre les fidèles. Quelle drôle d'idée de mettre à la tête du grand parti de droite cet avocat brillant mais irascible, capable de « donner au moindre incident une portée dramatique » ! L'homme n'a jamais fait l'unanimité dans son propre camp. Dans le passé, il n'a hérité que de deux semi-strapontins, ministre délégué aux Libertés locales puis ministre délégué à l'Industrie. Patrick Devedjian a longtemps cru que son ami Nicolas Sarkozy le récompenserait en le nommant garde des Sceaux. Manque de chance, le député-maire d'Antony, comme tant d'autres, n'est pas très bien vu par Cécilia Sarkozy. C'est Rachida Dati qui devient ministre de la Justice. Patrick Devedjian prend le poste de secrétaire général de l'UMP pour un vulgaire lot de consolation.

1. Arnaud Leparmentier, « Enquête sur les difficiles relations entre Nicolas Sarkozy et les siens », *Le Monde*, 18 octobre 2009.
2. Éric Mandonnet et Ludovic Vigogne, « Les secrets de la cour », *L'Express*, 29 octobre 2009.

Patrick Devedjian peut aussi se montrer incontrôlable. En juillet 2008, oubliant les règles de prudence les plus élémentaires, il annonce dans *Le Monde* qu'il s'emploie dans les Hauts-de-Seine à « nettoyer les écuries d'Augias ». Feint-il d'oublier qu'en politique, on lave son linge sale en famille ? Autre faute encore plus impardonnable, en dénonçant des « irrégularités », Patrick Devedjian montre du doigt la gestion de Charles Pasqua, mais aussi celle de son successeur, Nicolas Sarkozy. Ce qui fait dire à ce dernier : « Je lui ai donné des jouets. Il a tout cassé. » Sachant son poste très menacé, Patrick Devedjian annonce en juillet 2009 dans *Le Monde* qu'il sera candidat en 2011 à un deuxième mandat à la présidence du conseil général des Hauts-de-Seine.

L'ancien avocat ne s'y prend pas mieux comme secrétaire général de l'UMP. Il est vrai que, là non plus, la tâche n'est pas des plus aisées. Avec Nicolas Sarkozy à sa tête, le parti gaulliste était une machine de guerre, uniquement tournée vers la victoire dans la course à l'Élysée. À partir de 2007, il faut transformer l'UMP en une organisation soutenant aveuglément l'action du gouvernement. Seulement voilà, les meilleurs éléments ont déserté l'immeuble de la rue La Boétie pour devenir conseillers du Prince, ministres, directeurs de cabinet. Et puis, c'est un job ingrat. Nicolas Sarkozy a veillé à modifier les statuts du parti pour verrouiller la machine et stopper toute ambition personnelle. Le secrétaire général n'est qu'un exécutant. « L'UMP n'est plus dirigée par un président mais par une direction collégiale, composite et concurrentielle, où chaque membre est censé neutraliser l'autre[1]. »

---

1. Sophie Landrin, « Sous la tutelle de l'Elysée, l'UMP peine à exister », *Le Monde*, 29 octobre 2008.

Un secrétaire général de l'UMP bien encadré

Le parti gaulliste patine, perd des militants, passant de trois cent soixante-dix mille à deux cent mille adhérents. Patrick Devedjian se met beaucoup de monde à dos. Les élections municipales de mars 2008, perdues par la droite, sont une bonne occasion de recadrer Patrick Devedjian. L'Élysée lui impose deux secrétaires généraux adjoints, Nathalie Kosciusko-Morizet, secrétaire d'État chargée de l'Écologie, et Xavier Bertrand. Est-ce une vraie promotion pour l'élu picard ?

Sur le moment, les avis sont très partagés. Le ministre du Travail, qui n'entretient pas d'excellents rapports avec Christine Lagarde, ministre de l'Économie, des Finances et de l'Emploi, a tenté de la déposséder du dossier de l'emploi, très intéressant sur le plan médiatique. Sans succès. Lors du remaniement qui suit les élections municipales, Laurent Wauquiez, nommé secrétaire d'État à l'Emploi, est mis sous la tutelle de Christine Lagarde. Petite consolation, Xavier Bertrand récupère l'ancienne porte-parole de l'UMP, Nadine Morano, devenue secrétaire d'État à la Famille. Signe particulier de cette fonceuse, qui appelle toujours le président de la République « Nicolas » : elle est l'une des rares sarkozystes historiques à « adorer » Xavier Bertrand. « Bertrand a toutes les qualités, assure-t-elle. C'est une vraie bête de sang-froid politique. Il a la chaleur, la distance, le calcul, la présence. Tout[1] ! »

Xavier Bertrand entre par ailleurs dans le fameux G7, une *task force* regroupant autour de Nicolas Sarkozy sept ministres et secrétaires d'État que le président de

1. Anna Bitton, « Nadine Morano, une risque-tout rentre-dedans », *Le Point*, 27 mars 2008.

la République juge comme étant les plus « politiques » de son gouvernement, les « plus habiles pour s'exprimer dans les médias ». Et qui seront appelés à accéder aux « plus hautes fonctions ». Outre Xavier Bertrand, il s'agit de Brice Hortefeux, Xavier Darcos, Éric Woerth, Luc Chatel, Laurent Wauquiez et Nadine Morano. C'est un gros caillou dans la chaussure du Premier ministre, et le premier signe de défiance vis-à-vis de Rachida Dati.

La presse, unanime, répète que l'élu de Saint-Quentin n'est guère apprécié par ses collègues du gouvernement. « Xavier Bertrand a plein d'ennemis, parce qu'il fait des conneries stupides, vraiment bêtes. Il a plus d'ennemis qu'il le mérite, d'ailleurs[1] », confie Jean-Louis Borloo à Christophe Jakubyszyn et à Muriel Pleynet. Quel genre de « conneries » ? L'entourage de Xavier Bertrand aurait lancé la rumeur en février 2008 que Christine Lagarde avait remis sa démission au président de la République, alors que celle-ci rencontrait les ministres de l'Économie des plus grands pays de la planète ! « L'auteur de cette affaire n'a pas été très malin. Il a commis une faute au regard de l'image de la France dans le monde[2] », dénonce Christine Lagarde. Autre vacherie racontée par un proche de Xavier Bertrand : « Il a besoin de très peu de sommeil, ce qui n'est pas le cas de François Fillon. Quand il était en négociations avec les syndicats, Xavier prenait un malin plaisir à appeler le Premier ministre à des heures très tardives. Il le réveillait systématiquement, soi-disant pour le tenir au courant de la situation », sourit un proche de Xavier Bertrand à Saint-Quentin, avant d'ajouter : « C'est Xavier lui-même qui racontait cette anecdote pour nous faire rire[3]. »

1. Christophe Jakubyszyn, Muriel Pleynet, *op. cit.*, p. 142.
2. *Ibid.*, p. 141.
3. Entretien avec l'auteur, Saint-Quentin, mai 2009.

Résultat, le « Bertrand *bashing* » devient l'une des activités favorites de certains ministres. « Faut-il que l'agent d'assurances de Saint-Quentin dérange les ambitions des uns et des autres pour déclencher une telle montée de haine ! écrit *Le Figaro* [...]. Les moins méchants l'accusent d'être le "fayot" du président ou lui reprochent d'"écraser" ses secrétaires d'État. Les plus virulents le traitent carrément d'"imposteur", de "menteur" ou encore de "p'tit gros avec une tête de vendeur d'assurances"[1]. »

On se moque de son besoin irrépressible de rencontrer des stars. Sébastien Chenu, tête de liste du Rassemblement national aux élections régionales dans les Hauts-de-France, militait à cette époque à l'UMP. Adjoint au maire de Beauvais (Oise), il était proche de Xavier Bertrand : « Il avait appris que je connaissais bien Mylène Farmer. Il n'a cessé d'insister pour se faire inviter à dîner chez elle. Alors que Xavier Bertrand tente de passer pour quelqu'un de simple, proche du peuple, j'ai découvert au contraire un type fasciné par tout ce qui brille. La soirée avec Mylène Farmer a été un flop. Elle se désintéressait totalement de tout ce que pouvait lui raconter Xavier Bertrand[2]. » Les deux hommes, difficile d'en douter, ne sont plus vraiment intimes. Selon plusieurs témoins, Xavier Bertrand, qui dans l'Aisne se contente d'un sandwich, fréquente dans la capitale les restaurants les plus chics, notamment un asiatique.

Du côté de l'élu saint-quentinois, on relativise ce festival de médisance. Michel Bettan, le directeur de cabinet, balaie de la main tous les reproches faits à son patron. « Qu'est-ce que je n'ai pas entendu sur lui depuis cinq

1. Bruno Jeudy, « La résistible ascension de Xavier Bertrand », *Le Figaro*, 15 avril 2008.

2. Entretien avec l'auteur, Paris, février 2021.

ans ! Mais Xavier Bertrand est toujours là et surtout il devient incontournable. C'est ce qui est essentiel. À une époque, 80 % des députés RPR affirmaient détester Sarkozy. Et après ? Il a bien fini par s'imposer[1]. » Le message est clair : qu'on aime ou qu'on déteste l'ancien assureur, il faudra de plus en plus compter avec lui. Plus d'une décennie plus tard, l'entourage de Xavier Bertrand n'a pas changé de leitmotiv : la droite et notamment Les Républicains, malgré les fâcheries, devra se rallier à son panache blanc. « Il est bien installé dans le paysage et il court dans le bon couloir. C'est un humaniste, il représente une droite sociale, qui met aussi en avant l'autorité de l'État et la sécurité des Français. Le connaissant depuis longtemps, je sais qu'il travaille en équipe et tient compte des critiques. Je lui ai dit de mettre davantage l'accent sur l'écologie », assure Damien Abad, député de l'Ain et président du groupe Les Républicains de l'Assemblée nationale[2].

En attendant, Xavier Bertrand se lance dans son nouveau job de secrétaire adjoint de l'UMP avec boulimie, comme à son habitude. Il sacrifie ses soirées et ses week-ends pour sillonner toutes les régions de France, visitant trois fédérations par semaine. Il laboure le terrain, rencontrant les élus comme les militants. « J'adore ça et je n'ai pas l'intention de me mettre aux trente-cinq heures », dit-il, l'œil gourmand. Si les ministres se méfient de lui, la base de l'UMP le plébiscite. Il est simple, « gentil », très abordable. L'adjoint au maire de Saint-Quentin a l'art de mettre en confiance le timide qui se tient en retrait dans le groupe et n'ose pas prendre la parole. Il ne manque jamais une occasion de tacler l'opposition. « Au

1. Entretien avec l'auteur, Paris, juin 2009.
2. Entretien avec l'auteur, avril 2021.

PS, ils font campagne les uns contre les autres. Nous, les uns avec les autres », lance-t-il à Nantes. Un militant, parlant d'informatique, se plaint-il de son modem ? « On est rarement satisfait du MoDem », répond aussitôt en riant le secrétaire général adjoint de l'UMP.

Au sommet du parti majoritaire, Xavier Bertrand a du pain sur la planche. L'ambiance y est franchement morose. « Sous tutelle de l'Élysée, l'UMP peine à exister », titre *Le Monde*, laissant la parole à Claude Goasguen, député de Paris. « C'est un parti de godillots. [...] Le parti n'attire pas les députés, parce qu'il n'y a pas de courant, pas de débat[1]. » Dans une lettre ouverte, Daniel Garrigue, député de Dordogne, va encore plus loin. Il assure que l'UMP « n'est plus qu'un ectoplasme de mouvement politique d'où le débat a été totalement évacué ». L'élu gaulliste ajoute que le seul espace de débat qui demeure est le groupe UMP de l'Assemblée nationale, « pour beaucoup grâce à la détermination et au courage de son président Jean-François Copé[2] ». Jean-François Copé, la bête noire de Nicolas Sarkozy comme de Xavier Bertrand.

Pour couronner le tout, Patrick Devedjian, totalement désabusé, reconnaît en novembre 2008 qu'il n'est qu'un « auxiliaire de Nicolas Sarkozy », et invite le chef de l'État à redevenir « le chef officiel de l'UMP » ! Il n'y a plus une seconde à perdre, il faut remplacer Devedjian. Et commencer par lui trouver un point de chute, en l'exfiltrant par le haut. Le 5 décembre 2008, le tonton flingueur des Hauts-de-Seine est nommé ministre chargé du Plan

1. Sophie Landrin, « Sous tutelle de l'Elysée, l'UMP peine à exister », *Le Monde*, 29 octobre 2008.
2. Daniel Garrigue, « L'UMP n'est plus qu'un "ectoplasme" sans débat », *Le Monde*, 9 décembre 2008.

de relance. Par qui le remplacer ? Nicolas Sarkozy pense d'abord à son ami de trente-trois ans, Brice Hortefeux, à la fois fidèle compagnon et ministre à tout faire. En 2007, il a accepté l'ingrat et impopulaire ministère de l'Immigration « par devoir ». Brice Hortefeux veut bien se charger de l'UMP, mais tout en conservant une place au chaud au gouvernement. Une fonction qu'il considère comme beaucoup plus valorisante que celle de secrétaire général de l'UMP.

Xavier Bertrand est bien évidemment, lui aussi, sur les rangs. « Il estime que le ministère du Travail n'est pas trop accaparant, et qu'il peut cumuler les deux fonctions. Il l'a dit à plusieurs reprises à des députés[1] », se souvient Ludovic Vigogne, alors journaliste politique à *L'Express*. Seulement voilà, Nicolas Sarkozy cherche un homme à tout faire à plein temps pour redynamiser le parti et le mettre en ordre de marche pour la présidentielle de 2012. Lors d'un déjeuner, le 6 décembre 2008, Claude Guéant, le secrétaire général de l'Élysée, offre le poste à Xavier Bertrand, à condition qu'il quitte le ministère du Travail. Lui a-t-il laissé entendre que, pour le chef de l'État, « l'UMP est plus importante que le gouvernement », comme le suggère un conseiller de l'Élysée ? L'élu de Saint-Quentin accepte et modifie aussitôt son discours. À tous, il répète qu'« on peut servir son pays en dehors du gouvernement », et qu'il a quitté son ministère de son plein gré. D'ailleurs, avant lui, Nicolas Sarkozy, mis au pied du mur par Jacques Chirac en 2004, n'a-t-il pas abandonné le gouvernement pour l'UMP ?

« Honnêtement, je n'étais pas très chaud pour aller au parti, reconnaît Michel Bettan. Xavier, si. Il a toujours été passionné par la vie du mouvement, comme

1. Entretien avec l'auteur, Paris, mai 2009.

avant lui Jacques Chirac et Nicolas Sarkozy. Si on n'aime pas rencontrer les militants sept jours sur sept, il vaut mieux changer de métier[1]. » Le 8 décembre 2008, Xavier Bertrand est nommé secrétaire général « par intérim ». Il est confirmé à ce poste le 24 janvier 2009, à l'occasion du conseil national de l'UMP consacré au renouvellement des instances. Le ministre du Travail a dû attendre l'adoption définitive, mi-janvier, de la loi permettant à un membre du gouvernement de retrouver automatiquement son siège de député, sans provoquer une élection partielle comme autrefois.

« Un nid de frelons »

Nicolas Sarkozy ne fait pas pour autant un cadeau à l'élu saint-quentinois. Il nomme dans la foulée Brice Hortefeux vice-président du conseil national de l'UMP. Ce n'est pas un mystère, Brice Hortefeux n'entretient pas les rapports les plus harmonieux avec Xavier Bertrand. On le présente souvent comme l'animateur du club anti-Bertrand. Les auteurs du *Chouchou* racontent qu'ils ont évoqué avec Brice Hortefeux leur projet de livre sur Xavier Bertrand. Réponse sèche du ministre : « On se voit pour parler de ce que vous voulez, quand vous voulez, mais pas de Xavier Bertrand. Franchement, c'est pas très intéressant[2] ! » En ce qui me concerne, Brice Hortefeux n'a pas répondu à ma demande d'entretien. Dans le nouvel organigramme de l'UMP, le fidèle du président de la République se retrouve chargé des investitures électorales au sein du parti. Un poste hautement stratégique. Il est

1. Entretien avec l'auteur, Paris, juin 2009.
2. Christophe Jakubyszyn, Muriel Pleynet, *op. cit.*, p. 122.

l'homme qui choisit les candidats, qui peut promouvoir les uns, abaisser les autres, faire éclore de nouveaux talents. Cette fonction essentielle, indispensable pour mettre sur pied une future écurie présidentielle, échappe à Xavier Bertrand. Faut-il s'en étonner ? L'UMP est une machine exclusivement au service de Nicolas Sarkozy. Selon le site web des *Échos*, la nomination de Jean Sarkozy au poste de secrétaire général adjoint de l'UMP a été évoquée, avant d'être mollement démentie.

On raconte la mise en garde de Jean-François Copé, président du groupe UMP à l'Assemblée nationale, au chef de l'État : « Tu as prévu de filer les clés de l'UMP à Xavier Bertrand ? À ta place, j'en garderais un double ! » Depuis, Jean-François Copé n'oublie pas de souligner que Xavier Bertrand a été « nommé » à ce poste, alors que lui a été « élu » par ses collègues députés pour cinq ans. L'inventeur de la plage urbaine est bien encadré. Outre Brice Hortefeux, il doit compter avec Éric Cesari, l'ancien directeur de cabinet de Nicolas Sarkozy au conseil général des Hauts-de-Seine. Éric Cesari, directeur de cabinet de l'UMP, est en contact permanent avec Claude Guéant, le secrétaire général de l'Élysée. Le site bakchich.info rappelle qu'il est l'un des « héritiers du clan corse des Hauts-de-Seine, biberonné par Charles Pasqua. Cesari a toujours été un homme de l'ombre, qui sait tout et veille sur tout[1]. » Ce qui n'empêchait pas Nicolas Sarkozy de lâcher en aparté : « Cesari ? Il est très con, mais fidèle[2]. » « Un nid de frelons », ricane Jean-François Copé pour décrire l'ambiance au sein de l'UMP.

1. Hélène Constanty, « Le clan verrouille La Défense », Bakchich. info, mars 2008.
2. Gérard Davet, Fabrice Lhomme, *op. cit.*, p. 204.

Toutes les tendances qui coexistent au sein du parti sont représentées, depuis les libéraux jusqu'aux socio-démocrates. Comme premier vice-président du conseil national, on retrouve l'ancien Premier ministre Jean-Pierre Raffarin. Les trois autres vice-présidents sont Brice Hortefeux, Jean-Louis Borloo et Michèle Alliot-Marie. Autres poids lourds, Jean-Claude Gaudin, le maire de Marseille, président du comité de la majorité, Pierre Méhaignerie, délégué général en charge du projet, et Éric Woerth, trésorier.

L'élu picard est bien évidemment attendu au tournant. La première épreuve arrive très vite : il s'agit des élections européennes de juin 2009. Ce scrutin a toujours été utilisé par les Français pour sanctionner l'action gouvernementale. Depuis un quart de siècle, le parti du président est systématiquement battu. En 1994, sous François Mitterrand, la liste socialiste conduite par Michel Rocard réalise son plus mauvais score, avec 14,5 % des voix. En 1999, Jacques Chirac est à l'Élysée. C'est la catastrophe pour le RPR, associé à Démocratie libérale. La liste animée par Nicolas Sarkozy n'atteint pas 13 %. Elle est même devancée par celle des souverainistes Charles Pasqua et Philippe de Villiers. En 2004, pendant le second mandat de Jacques Chirac, nouvelle bérézina pour la droite : l'UMP ne réalise que 16,6 % contre 28,9 % pour le PS. Ce n'est donc pas gagné pour Xavier Bertrand. D'autant que la situation économique est mauvaise, que le chômage grimpe en flèche et que la cote de popularité de Nicolas Sarkozy pique du nez.

16

Bingo aux élections européennes

Xavier Bertrand prend officiellement ses fonctions à la tête de l'UMP le 24 janvier 2009. Pour la majorité des observateurs politiques, il n'est que le « sous-chef derrière Sarkozy ». On sait que le président de la République, à l'image de Napoléon, cumule tous les jobs. Déclencher les grandes manœuvres, comme la guerre contre la Russie, ne l'empêche pas de se préoccuper aussi de la couleur des boutons de guêtre de ses grognards. Dans ces conditions, la marge de manœuvre du nouveau secrétaire général de l'UMP apparaît quasi nulle. « Sur le fond, il sera surtout là pour défendre la politique du Président, moins pour organiser le débat interne », lâche le député gaulliste François Goulard[1]. L'élu picard est décrit comme un homme isolé, entouré d'ennemis qui n'attendent que son premier faux pas pour le poignarder dans le dos. Bref, la place ne serait guère enviable.

1. Nicolas Moscovici, « Bertrand, l'ambitieux en mission », www.lejdd.fr, 9 janvier 2009.

Il faut dire « Mouvement populaire »

« À l'UMP, comme dans les autres partis politiques, la plupart des permanents n'ont pas été recrutés pour leurs compétences mais sur une base militante. En débarquant, nous avons halluciné en nous livrant à un constat des lieux ! Nous croisions des gens aigris, dégoûtés de ne pas avoir été embauchés dans un ministère ou à l'Élysée, en conflit les uns avec les autres[1] », reconnaît un membre de la garde rapprochée de Xavier Bertrand. À l'Assemblée nationale, l'élu picard n'est pas non plus accueilli à bras ouverts par Jean-François Copé, le patron des députés UMP. Ce dernier ouvre les hostilités « dès l'apparition du nouveau secrétaire général à la réunion du groupe, mardi matin, en attendant une demi-heure pour le faire monter à la tribune de la salle Colbert. Son mot d'accueil a été des plus brefs : “Je félicite Xavier Bertrand pour ses nouvelles fonctions.” Il ne lui a pas donné la parole[2] », souligne *Le Figaro*.

Plutôt que le retour de l'élu saint-quentinois parmi les députés, Jean-François Copé préfère fêter… le départ de Pascale Gruny, la suppléante de Xavier Bertrand, dans la deuxième circonscription de l'Aisne, contrainte de céder la place. Cerise sur le gâteau, Xavier Bertrand découvre que le bureau réservé au secrétaire général de l'UMP – celui qu'occupait Patrick Devedjian – a été réaffecté à… Olivier Dassault[3]. Jérôme Lavrilleux, ancien bras droit de Jean-François Copé, est intarissable sur l'hostilité

1. Entretien avec l'auteur, Paris, juillet 2009.
2. « Premières escarmouches entre Bertrand et Copé à l'UMP », www.lefigaro.fr, 11 décembre 2008.
3. Martine Chevalet, « Xavier Bertrand ose le meeting new-look », *Le Parisien*, 14 février 2009.

qui opposait les deux hommes : « En fait, quand Copé a été écarté du gouvernement par Nicolas Sarkozy en 2007 et jusqu'à ce qu'il prenne la tête de l'UMP fin 2010, il a fait de Xavier Bertrand son punching-ball. Quand il est devenu secrétaire général du parti, il a décidé de le marquer à la culotte car, dans son esprit – et à l'époque dans celui de Bertrand –, celui qui tient le parti est en course soit pour la présidence, soit pour être Premier ministre[1]. » Mais il en faut bien davantage pour le déstabiliser. « J'ai adoré être député de 2002 à 2004 et je crois que je vais adorer l'être à nouveau », dit-il, imperturbable.

La feuille de route de Xavier Bertrand tient en une phrase : pour accompagner le changement, il faut que l'UMP change, change rapidement et change vraiment. D'entrée de jeu, il annonce des modifications, « cosmétiques », diront les uns, « symboliques », préféreront les autres. Dorénavant, il ne faut plus dire UMP, mais « Mouvement populaire ». C'est de la pure technique marketing, baptisée *top mark* : « Écrire systématiquement, sous le logo, le nom de la marque. Dans le cas de l'UMP, en le rectifiant[2]. » L'idée vient des communicants qui entourent Nicolas Sarkozy, le fondateur de l'agence RSCG, Jean-Michel Goudard, le publicitaire Christophe Lambert, l'ancien directeur d'Ipsos, Pierre Giacometti, et le patron de la chaîne Histoire, Patrick Buisson. Alors que le parti a été porté sur les fonts baptismaux en 2002, les électeurs ne sauraient toujours pas ce que signifient les trois lettres « UMP ».

Autre innovation, le nouveau secrétaire général annonce un chiffre qui frappe : atteindre cinq cent mille

1. Gérard Davet, Fabrice Lhomme, *op. cit.*, p. 221-222.
2. Éric Mandonnet, Ludovic Vigogne, « L'UMP fait sa toilette », *L'Express*, 26 janvier 2009.

militants en 2012, l'année de l'élection présidentielle. Alors que la formation politique n'en compte qu'un peu plus de la moitié début 2009. Face aux sceptiques, Xavier Bertrand dégaine sa réplique favorite : « Quand on me dit “mission impossible”, ça me stimule. J'ai entendu la même chose pour l'interdiction de la cigarette dans les lieux publics. » Le pari est loin d'être gagné. Fin octobre 2009, selon *Le Figaro*, l'UMP ne compterait que 228 740 adhérents, contre 270 000 revendiqués en janvier 2009. Le quotidien ajoute : « Encore s'agit-il des chiffres officiels : certains, rue La Boétie, assurent que le nombre de militants est en deçà des 200 000[1]. » Enfin, il annonce que le parti va bientôt changer de siège. Être installé au 55, rue La Boétie, dans le VIIIe arrondissement, dans les anciens locaux d'un établissement financier, ça ne fait pas très populaire. Même si ça a l'avantage de n'être qu'à cinq minutes à pied de l'Élysée, le donneur d'ordre. « Une ancienne banque d'affaires, ce n'est pas ce qu'il y a de plus convivial et ouvert », susurre Xavier Bertrand aux militants.

Enfin, l'UMP fait dans le « peopolitique » en nommant comme secrétaires nationaux l'ex-judoka David Douillet, champion olympique devenu député à la faveur d'une élection législative partielle dans les Yvelines en octobre 2009, et le chanteur non-voyant Gilbert Montagné, respectivement en charge de la « vie sportive » et du « handicap ». L'adjoint au maire de Saint-Quentin a emmené avec lui, outre Michel Bettan, son directeur de cabinet, Gwladys Huré, qui travaille avec lui depuis le ministère de la Santé, et Florence Depret, arrivée en 2007 au ministère du Travail. Toutes deux

1. « Confidentiel UMP : moins d'adhérents », *Le Figaro*, 29 octobre 2009.

sont passées par l'agence Euro RSCG C&O. Ces professionnelles prennent en main la direction générale de la communication de l'UMP.

Dès sa prise de fonction, Xavier Bertrand doit relever un défi de taille : éviter que les élections européennes de juin 2009 ne s'apparentent à une nouvelle bérézina. Le pays est en crise, le chômage explose, la cote de popularité du chef de l'État chute. Les Français n'ont guère de raisons de se réjouir. Début 2009, toute l'opposition, du Front national à l'extrême gauche, en passant par les socialistes et le MoDem, appelle à un vote sanction. Tous affichent la même stratégie : tirer à boulets rouges sur le locataire de l'Élysée.

En face, sans états d'âme, l'UMP choisit d'ordonner sa campagne sous le signe de la défense du bilan de Nicolas Sarkozy. Un pari osé. « Certains sont gênés pour parler de l'Europe, et veulent placer la campagne sur le terrain national, comme les socialistes, qui n'ont pas d'idées. Je dis : chiche ! Ça nous arrange. Nous allons expliquer qu'en deux ans les promesses ont été tenues[1] », lance Xavier Bertrand. Le Mouvement populaire met l'accent sur les réformes entreprises depuis deux ans en France, insiste sur les six mois de présidence tricolore – de juillet à décembre 2008 – à la tête de l'Union européenne, et vante les décisions prises par Nicolas Sarkozy pour surmonter la crise.

Comment se comporte Xavier Bertrand dans son nouvel emploi ? Comme dans les précédents, il bosse. C'est un bourreau de travail, par goût comme par devoir. Pas question pour lui de s'enfermer dans son bureau. Un local plutôt modeste, mais qui bénéficie d'une véranda,

1. Sophie Landrin, « Européennes : l'UMP va défendre “sans états d'âme” le bilan de M. Sarkozy », *Le Monde*, 30 avril 2009.

au septième étage du siège du parti. Sur le terrain, le nouveau secrétaire général répète à chacun de ses interlocuteurs qu'il est « ici pour écouter. On y apprend plus que derrière un bureau. » Je l'ai suivi à plusieurs reprises dans ses déplacements. L'inventeur de la plage de Saint-Quentin n'a pas changé de recette : il mouille sa chemise.

« Appelez-moi Xavier »

Vendredi 13 février 2009. Ce jour-là, le temps est à la pluie. Les vignes sont boueuses. Xavier Bertrand rencontre des producteurs de champagne à Romery, une petite commune de la Marne, près de Reims. Il n'a pas choisi la cité des sacres par hasard. Dans cette ville, les socialistes ont donné l'affligeant spectacle de leurs divisions, lors de leur congrès en novembre 2008. Un mois plus tard, à la surprise générale, le candidat UMP, Arnaud Robinet, trente-quatre ans, a réussi à sauver le fauteuil de député abandonné par Renaud Dutreil, à l'occasion d'une élection partielle. L'ancien élu de l'Aisne, battu aux élections municipales à Reims en 2008, s'est retiré de la vie politique.

Avant toute réunion avec les militants UMP, Xavier Bertrand organise systématiquement un rendez-vous avec des professionnels. Tant pis pour ses mocassins peu adaptés aux terrains détrempés, l'élu picard tente de tailler un pied de vigne à l'aide d'un sécateur. « Faut pas l'embaucher, celui-là, il ne va pas assez vite », plaisante le maire de Romery. Le secrétaire général se passionne ensuite pour l'embouteillage du champagne. Il déambule au milieu des cuves, interroge les ouvriers agricoles. Mains dans les poches ou les bras croisés, Xavier Bertrand ne se lasse pas de poser, de sa voix douce, des questions souvent techniques aux viticulteurs. Il y a du Jacques Chirac chez l'élu saint-quentinois, si ce n'est qu'il n'a jamais l'air pressé ni stressé. Il reprend un biscuit apéritif. « J'assume tout », sourit-il, faisant allusion à son léger embonpoint. On lui propose un verre. Il ne le refuse pas, mais ne laisse verser qu'une goutte. « Je dois parler ce soir et ne pas dire n'importe quoi. » C'est bon enfant et les viticulteurs en redemandent.

Retour à Reims. Xavier Bertrand serre la main de tous les militants. « Appelez-moi Xavier », répond-il à ceux qui lui donnent du « Monsieur le secrétaire général ». « On cherche à retrouver l'enthousiasme qui nous a fait gagner en 2007, explique-t-il. Nous devons relayer l'action du président et faire en sorte que nos idées soient prises en compte. On va se réunir davantage. » Il demande aux étudiants si les Jeunes Populaires – comprenez les jeunes de l'UMP – osent se manifester dans les facultés de Reims. Et en profite pour rappeler qu'il a fait ses études dans cette ville.

Au pays du champagne, le nouveau secrétaire général n'a pas lésiné sur les moyens. Outre Éric Besson, transfuge du Parti socialiste, qui l'accompagne dans les vignes, Xavier Bertrand draine pour le meeting Brice Hortefeux, qui lui a succédé au ministère du Travail, Nathalie Kosciusko-Morizet et Marc-Philippe Daubresse, deux des secrétaires généraux adjoints, et les deux porte-parole de l'UMP, Frédéric Lefebvre et Dominique Paillé. Sans oublier le régional de l'étape, Arnaud Robinet, le nouveau député UMP de Reims qui « montre que quand on est uni, on gagne ». Une union qui a manqué à la droite aux municipales en 2008, permettant à la gauche de prendre la ville.

Dans le Palais des congrès de Reims, devant six cents à sept cents militants, l'UMP ose le meeting « new look », sans discours ni estrade. Les militants, en toute indépendance, prétend-on, posent les questions aux invités de marque. En fait, tout est orchestré à l'avance. Chaque responsable politique a droit à « sa » question, minutieusement choisie. Il y répond succinctement. Pour bien montrer que l'équipe joue collectif, Xavier Bertrand et Brice Hortefeux se sont assis l'un à côté de l'autre. Ils ne vont guère se congratuler. Mais qu'importe, c'est bien huilé et ça a de la gueule. Le lendemain, la presse titre sur Xavier Bertrand et illustre l'article par sa photo, micro en main.

Le coordinateur de la campagne pour les élections européennes n'est pas Xavier Bertrand mais Michel Barnier, ministre de l'Agriculture et de la Pêche, et tête de liste en Ile-de-France. Le QG de campagne, installé au siège de l'UMP, fort d'une dizaine de permanents, est dirigé par le jeune et ambitieux Franck Riester, trente-cinq ans, député-maire de Coulommiers (il a depuis rejoint Emmanuel Macron et occupe les fonctions de ministre délégué auprès du ministre de l'Europe et des Affaires étrangères). Au départ, Xavier Bertrand n'est là que pour pousser. « Je ne vais pas être derrière les candidats, je vais être devant les candidats », annonce-t-il. L'élu saint-quentinois va pourtant de plus en plus mettre son grain de sel dans cette campagne, au point de tout orchestrer les derniers jours.

Européen convaincu, le très sérieux Michel Barnier, longtemps président du conseil général de Savoie, forme un tandem incertain avec Rachida Dati, garde des Sceaux et candidate contre son gré aux élections européennes. Elle vient d'être étrillée dans le livre *Belle-Amie*, qui la dépeint comme intrigante, incompétente, agressive et machiavélique. Plus experte en passe-droits qu'en droit. La campagne est lancée le samedi 7 mars sur l'île de Charentonneau, à Maisons-Alfort.

Très souriante, toute de noir vêtue, Rachida Dati, assise à côté de Michel Barnier lors de la conférence de presse, peine à aligner deux phrases cohérentes sur l'Union européenne, un sujet qui, visiblement, ne l'enthousiasme guère. « Eh bien, l'Europe, c'est un défi. Car l'Europe compte de plus en plus. L'Europe, c'est une opportunité[1] », lâche-t-elle en agitant ses boucles d'oreilles. Elle ajoute ensuite, avec toujours aussi peu de conviction, que « l'Europe protège, l'Europe améliore la vie des citoyens. On va s'appuyer sur le bilan de la présidence française ». Michel Barnier, futur négociateur en chef chargé de la conduite des négociations de l'Union européenne avec le Royaume-Uni (et possible candidat à l'élection présidentielle de 2022), lève les yeux au ciel. Non seulement il n'a pas choisi cette partenaire quelque peu décalée, mais à l'origine, il aurait préféré se présenter dans sa région, le Sud-Est, plutôt qu'en Ile-de-France.

Xavier Bertrand n'arrive qu'à la fin de la conférence de presse. Pour justifier son retard, il argue de son profond respect du code de la route, qui le contraint à honorer les limitations de vitesse. L'a-t-il fait exprès ? Chacun sait que le Picard ne porte guère Rachida Dati dans son cœur. Mais quelques minutes plus tard, devant quelque huit cents militants, Rachida, Xavier et Michel seront les meilleurs amis du monde. Xavier Bertrand rappelle qu'il vient lui-même de quitter le gouvernement, et il loue le tandem « heureux » Barnier-Dati, qui a « accepté » de quitter des postes ministériels pour siéger au Parlement

1. Ian Hamel, « Rachida Dati, l'incongrue de la République », *Le Matin Dimanche*, 26 avril 2009.

européen. « Oui, la vie politique n'est pas que gouvernementale. Et le choix qu'ils font tous les deux est un choix courageux », lance le secrétaire général de l'UMP sous un tonnerre d'applaudissements. Depuis, le président des Hauts-de-France et l'élue du VIIe arrondissement de Paris se sont officiellement réconciliés.

Prise de contrôle

Que dire de la campagne conduite par l'UMP ? Le parti du président prend une longueur d'avance en désignant dès le 24 janvier 2009 ses chefs de file. Mais ensuite, empêtré dans des cuisines internes, il se montre dans l'incapacité, pendant de longues semaines, de publier ses listes d'union avec le Nouveau Centre, présidé par Hervé Morin, et la Gauche moderne de Jean-Marie Bockel. L'accouchement se fait au forceps en mai, sous l'étroit contrôle de l'Élysée. La machine électorale peine à mobiliser son électorat, peu sensibilisé par les enjeux européens. À plusieurs reprises, notamment à Lille et à Lyon, l'UMP ne parvient pas à remplir les salles. Heureusement pour le Mouvement populaire, en face, le Parti socialiste s'en tire encore moins bien.

Pour redynamiser cette campagne poussive et falote, Nicolas Sarkozy donne un coup de barre à tribord. Il réinvestit deux thématiques payantes, la sécurité et l'immigration. « M. Sarkozy a l'habitude d'user de ces thématiques à chaque veille d'élection, rappelle *Le Monde*. Lors de la présidentielle de 2007, conseillé par l'ancien journaliste de *Valeurs actuelles*, Patrick Buisson, devenu son conseiller, le candidat de l'UMP avait dans les derniers jours de la campagne choisi de droitiser sa campagne, en proposant la création du ministère de l'Immigration et de l'Identité nationale[1]. »

Toutefois, si la campagne patine, le coupable est aussi à rechercher du côté de l'Élysée. Michel Barnier, l'animateur national, a en effet insisté pour être déchargé de ses obligations ministérielles, afin de pouvoir se lancer à temps plein dans la bagarre. Refus de Nicolas Sarkozy, qui a besoin des compétences de son ministre de l'Agriculture pour endiguer la colère des producteurs de lait. Résultat, Xavier Bertrand et son « commando de choc » reprennent d'abord en main la communication, l'élaboration des tracts, puis, progressivement, toute la coordination de la campagne. « Le patron de l'UMP confie avoir "poussé un coup de gueule" il y a trois semaines contre le staff de Michel Barnier, en présence de l'intéressé, qui est resté silencieux. Du choix des salles à celui des thèmes de meeting, en passant par la liste des orateurs et la communication autour des événements censés rythmer la campagne, rien ne trouvait grâce aux yeux de Xavier Bertrand. Son principal reproche : "Ils ne sont pas politiques."[2] » Une fois encore, l'homme qu'on n'a pas vu venir se repositionne au centre du jeu. « C'est son style. Xavier arrive à pas de loup. Et quand il est dans la place, il est déjà trop tard[3] », sourit Damien Mascret, médecin et journaliste saint-quentinois.

Mais il n'est pas sûr que le secrétaire général de l'UMP se soit fait un ami du futur commissaire européen. Michel

---

1. Sophie Landrin, Arnaud Leparmentier, « Immigration et sécurité, thèmes gagnants pour l'UMP à deux semaines du scrutin », *Le Monde*, 24-25 mai 2009.

2. Judith Waintraub, « Bertrand reprend en main la campagne UMP », *Le Figaro*, 30 mai 2009.

3. Entretien avec l'auteur, Paris, octobre 2008.

Barnier, libéré de ses obligations européennes, a annoncé le 18 février 2021, devant les députés LR, la création d'un nouveau groupe de travail baptisé « Patriotes et Européens » : « Un pas de plus vers 2022[1]. » Le négociateur du Brexit ne cesse de répéter qu'il compte « consacrer toute son énergie à [son] pays », ajoutant que l'heure est au « jeu collectif et non pas personnel ». Il était prévu que Michel Barnier et Xavier Bertrand se retrouvent le 16 avril 2021 au Touquet, à l'occasion du colloque « Brexit, divorce ou nouveau départ ? ». La veille, Daniel Fasquelle, maire du Touquet, déclarait sur Tweeter sa flamme à Michel Barnier. Le président du conseil régional n'a pas jugé utile de se déplacer, préférant s'exprimer par vidéo depuis Lille[2].

Mardi 19 mai. Dans le TGV qui le conduit à Nantes pour un meeting en compagnie notamment de François Fillon et de Jean-Pierre Raffarin, Xavier Bertrand développe ce qu'il appelle la théorie de l'essuie-glace. « Avec mon Blackberry, je suis en veille toute la journée. Dès que l'opposition fait une déclaration, je réagis aussitôt. Je nettoie, comme le fait un essuie-glace, et je passe à autre chose. N'a-t-on pas prétendu que je n'aurais aucune marge de manœuvre à l'UMP ? Chaque jour qui passe apporte un démenti supplémentaire », sourit-il.

Malgré de bons sondages qui placent les listes UMP largement en tête devant un PS en plein décrochage, l'élu de Saint-Quentin exige de passer à la vitesse supérieure. « Moi, je sais comment s'écrivent les fins de campagne. Les grandes listes, quand elles sont en tête, considèrent

---

1. Dominique Albetini, « Michel Barnier, l'intention monte », *Libération*, 17 février 2021.
2. Ian Hamel, « Au Touquet, Barnier et Bertrand, présidentiables, se sont loupés », www.marianne.net, 16 avril 2021.

que leur situation est acquise et se contentent de garder le rythme, voire lèvent le pied, alors qu'il faut accélérer », explique-t-il. Avec Xavier Bertrand aux manettes, « tout a été réglé, jusqu'à la tenue des chaussettes », plaisante Éric Besson, secrétaire général adjoint. « Même le placement des représentants de la majorité – Éric Besson, Hervé Morin, Jean-Marie Bockel, Xavier Bertrand – disposés aux quatre coins de la scène, comme celui des membres du gouvernement ou des parlementaires appelés en nombre et disséminés parmi les spectateurs, avait été minutieusement réglé[1] », raconte *Le Monde*, à propos du dernier meeting de la porte de Versailles à Paris, le 4 juin. Les têtes de liste ont été priées d'apprendre leur texte par cœur afin d'éviter que les gaffes commises par Rachida Dati ne se renouvellent…

Xavier Bertrand sait qu'il sera jugé sur le résultat du 7 juin 2009. Ses adversaires ne lui feront pas de cadeau. Jean-François Copé n'a-t-il pas lâché que si son parti n'atteignait pas au minimum 25 %, « ce sera[it] inquiétant » ? En revanche, à Nice, le vendredi 29 mai, Christian Estrosi, maire de la ville et sarkozyste historique, lui rend un hommage appuyé : « Le succès de cette campagne, nous le devrons à Xavier Bertrand, mais aussi pour l'essentiel à Nicolas Sarkozy, qui s'est impliqué personnellement. »

Le lendemain, aux aurores, Xavier Bertrand prend l'avion pour rejoindre Saint-Quentin en fin de matinée. À son programme, un tour du marché, accompagné par son garde du corps et sa fille aînée. Un arrêt traditionnel chez la vendeuse de bananes, quelques échanges avec des passants. Puis le secrétaire général de l'UMP prend la

---

1. Sophie Landrin, « À l'UMP, le show final sur l'air de l'unité », *Le Monde*, 6 juin 2009.

parole à la mairie à l'occasion d'une remise de Légion d'honneur. Le visage est lisse, pas l'once d'une ride de fatigue. Le patron du principal parti de France ne manquerait pour rien au monde les fêtes du Bouffon, trois jours de manifestations, avec fanfares, enfants des écoles grimés et costumés, village médiéval. Sans oublier les deux géants, Herbert et Éléonore, le comte et la comtesse de Vermandois[1].

À la rescousse du maire d'Aix-en-Provence

Contre toute attente, la crise profite à la droite dans l'Union européenne en général, et en France en particulier. Le 7 juin, l'UMP vire très largement en tête avec 27,9 % des voix. Le Mouvement populaire distance largement le PS (16,5 %), talonné par la liste Europe Écologie (16,3 %). Le MoDem s'est effondré à moins de 9 %, le Front national doit se contenter de 6,3 %. Pari gagné pour Xavier Bertrand, qui se garde bien de tout triomphalisme. D'une part, il n'a pas gagné son autre pari, celui de pousser les Français à glisser un bulletin dans l'urne. Sur 44,3 millions d'inscrits, seulement 18 millions sont allés voter. Le taux de participation ne cesse de chuter. Il était de 52,7 % en 1994, seulement de 40,5 % en 2009.

Dès le lendemain des élections, le secrétaire général de l'UMP réunit les nouveaux députés européens. « Il leur a rappelé qu'ils devaient ouvrir des permanences électorales à leurs frais et qu'ils rendraient des comptes. Dans cinq ans, ceux qui n'auront pas travaillé ne risquent

1. Florence Deltour, « Une histoire d'amour avec la ville », *L'Aisne nouvelle*, 28 mai 2009.

pas de bénéficier d'une nouvelle investiture », annonce Michel Bettan. Bien évidemment, l'UMP profite de sa victoire pour lancer dans la foulée une nouvelle campagne d'adhésions. Quant aux militants en retard de cotisations, ils reçoivent chacun trois « bulletins de parrainage » à distribuer à leurs collègues de travail, amis ou relations.

Ce stakhanoviste de la politique peut-il s'arrêter un moment ? Même en été, Xavier Bertrand laboure consciencieusement le terrain. Un jour, il lance depuis Saint-Quentin la « caravane d'été » UMP qui va sillonner la France de juillet à septembre pour « dialoguer » avec les Français et recruter de nouveaux adhérents[1]. Un autre, il est à Talloires, en Haute-Savoie, en compagnie du Savoyard Bernard Accoyer, président de l'Assemblée nationale, juste avant le passage de la Grande Boucle. « Mon tour de France des fédérations départementales et des militants, c'est un peu mon critérium à moi », plaisante celui qui préfère le vélo d'appartement.

On le retrouve ensuite à Aix-en-Provence, une ville de cent quarante mille habitants, où l'élection municipale a été invalidée. Maryse Joissains, la maire UMP sortante, est arrivée en tête au premier tour, le 12 juillet, avec 43,3 % des voix. Mais tous ses adversaires se sont ligués contre elle. Au second tour, elle doit affronter une coalition PS-MoDem-Verts, conduite par le socialiste Alexandre Medvedowsky. Le scrutin est d'importance nationale. En s'alliant, les trois principaux partis d'opposition peuvent, du moins sur le papier, battre en brèche la suprématie du parti présidentiel. Pourtant, aucun des

1. Les Jeunes populaires distribuent des préservatifs, des bouteilles d'eau minérale biodégradables, des tongs et des T-shirts aux couleurs de l'UMP.

ténors socialistes, écologistes ou centristes ne fait le déplacement à Aix-en-Provence.

En revanche, le secrétaire général de l'UMP est sur la tribune du Centre des congrès le 16 juillet. « La voix est douce, mais les mots frappent de manière chirurgicale [...]. Un Xavier Bertrand volontiers aboyeur à l'heure des consignes[1] », note le quotidien *La Provence*. « Nos adversaires affichent une union de façade... dont le ciment n'est fait que de haine ! Tout cela sonne faux. Cela ressemble furieusement au titre d'un film : *Petits Arrangements entre ennemis* ! », assène l'élu saint-quentinois. L'UMP est venue en force dans la cité du peintre Paul Cézanne. Outre Xavier Bertrand, Jean-Louis Borloo, Jean-François Copé, Fadela Amara, Gérard Longuet et, en voisins, Jean-Claude Gaudin, maire de Marseille, et Hubert Falco, secrétaire d'État et maire de Toulon, arpentent le cours Mirabeau.

Le 19 juillet, Maryse Joissains, soixante-six ans, sauve sa mairie à l'arraché. Elle ne l'emporte qu'avec 50,22 % des suffrages, soit à peine 187 voix d'avance sur son rival, sur près de 44 000 votants.

L'UMP a profité de l'été pour attirer dans son giron le Mouvement pour la France (MPF) de Philippe de Villiers et Chasse, pêche, nature et traditions (CPNT), qui ont totalisé 4,8 % aux élections européennes – et 14 % en Pays de Loire. C'est bien évidemment Nicolas Sarkozy en personne qui a lancé les grandes manœuvres. Mais c'est ensuite à Xavier Bertrand de resserrer les boulons. Le Picard a fait ami-ami avec le chti Frédéric Nihous, candidat CPNT à l'élection présidentielle de 2007. Avec d'autant plus d'empressement que les voix des chasseurs

1. Damien Frossard, « Des larmes et des hommes », *La Provence*, 17 juillet 2009.

comptent en Picardie. Le gibier d'eau risque de faire les frais de cet accord.

Les bonnes relations entre l'élu de Saint-Quentin et Chasse, Pêche, Nature et Traditions se sont poursuivies. En 2015, tête de liste de la droite aux élections régionales des Hauts-de-France, Xavier Bertrand passe dès le premier tour des accords avec les fédérations de chasse des cinq départements, offrant en cas de victoire la présidence de la commission environnement de la région à un chasseur. Frédéric Nihous, originaire de Valenciennes, leader de CPNT, élu conseiller régional, devient membre de la commission pour l'aménagement du territoire et de la transition énergétique.

17

Copé fauche le fauteuil de Bertrand

En 2006, Renaud Dutreil, alors ministre des PME, du Commerce, de l'Artisanat et des Professions libérales, décide d'abandonner son siège de conseiller général de Charly-sur-Marne. Il met en selle Cyril Capliez, son chef de cabinet. L'élection partielle se déroule en octobre 2006. Jean-Pierre Balligand, député socialiste de la 3e circonscription de l'Aisne, fait la révélation suivante aux auteurs du *Chouchou* : Xavier Bertrand « en a parlé à mon ancien directeur de cabinet, il lui a dit : "Vous devriez surveiller les cantonales à Charly-sur-Marne, la droite pourrait être battue." Il a tout fait pour que le gars qui devait prendre la succession normale de Dutreil aux législatives se fasse battre aux cantonales quelques mois avant. [...] C'est pas toujours un gentil, même dans son propre camp. Sous son côté frère Xavier du Sacré-Cœur... Bertrand, c'est pas ça[1]. » L'accusation est particulièrement grave. L'actuel secrétaire général de l'UMP a-t-il alerté l'« ennemi » afin que celui-ci prenne ses dispositions afin de battre un candidat de son propre camp ?

1. Christophe Jakubyszyn, Muriel Pleynet, *op. cit.*, p. 41.

« Coups tordus et accusations mensongères »

Lorsque je rapporte les propos de Jean-Pierre Balligand à Xavier Bertrand, en juin 2009, ce dernier se fâche : « C'est faux, je n'ai jamais fait une chose pareille. Ce n'est pas le genre de la maison. » Il reconnaît que l'UMP n'avait pas choisi le meilleur candidat possible à Charly-sur-Marne, mais insiste sur le fait qu'il n'a « jamais tenté de le faire battre ». Christophe Coulon, le secrétaire départemental de l'UMP, appuie dans le même sens : « Charly-sur-Marne était un canton traditionnellement à droite. Cyril Capliez, soutenu par Renaud Dutreil, était si sûr de gagner qu'il a mené campagne tout seul, sans demander le soutien du parti. Ce n'était pas très malin de sa part. Xavier Bertrand n'est absolument pour rien dans cet échec[1]. »

Devant les dénégations du secrétaire général du Mouvement populaire, appuyées par celles du responsable de l'UMP dans l'Aisne, je contacte le bureau de Jean-Pierre Balligand à l'Assemblée nationale. Celui-ci, par l'intermédiaire de son attaché parlementaire, me confirme « l'épisode des cantonales de Charly-sur-Marne tel qu'il est rapporté dans *Le Chouchou* ». « Dans cette histoire, Jean-Pierre Balligand n'a pas tort. Xavier Bertrand a changé, malheureusement pas dans le bon sens. Il était rond, il est devenu pointu. Je le découvre de plus en plus épidermique[2] », me confiait à l'époque Michel Garand, militant socialiste et membre du Grand Orient de France. Quelques années plus tard, en 2014, Michel Garand va conduire une liste aux élections municipales contre Xavier Bertrand, devenu maire. Leurs relations

1. Entretien avec l'auteur, juillet 2009.
2. Entretien avec l'auteur, juillet 2009.

se sont encore dégradées. En fait, tous ceux qui se sont opposés à un moment ou à un autre à l'ancien ministre du Travail dénoncent ses « coups tordus », ses « plaintes systématiques », ses « accusations mensongères ».

Jean-Pierre Lançon, ancienne tête de liste aux élections municipales, me confirme l'attitude de plus en plus méprisante de Xavier Bertrand vis-à-vis de ses adversaires politiques : « Déjà, au conseil municipal, il ne prenait même pas la peine de répondre aux questions de l'opposition. Aujourd'hui, quand je le croise dans un magasin à Saint-Quentin, Xavier Bertrand m'ignore et ne me dit même pas bonjour. En revanche, avec Pierre André, l'ancien maire, nous bavardons quand nous nous rencontrons en ville[1]. »

Élections régionales catastrophiques

Au plein succès des élections européennes en 2009 succède quelques mois plus tard la débandade des élections régionales de mars 2010. Au premier tour, la droite parlementaire enregistre son plus mauvais résultat sous la Ve République, tous scrutins confondus, avec 27 % des suffrages exprimés. Au second tour, la gauche confirme son succès du premier tour en atteignant un score national de 54,1 % des voix, tandis que la droite chute à 35,4 %. Quant au Front national, il obtient 9,2 %. Seule l'Alsace reste à droite.

Dans la région Nord-Pas-de-Calais, la gauche non communiste arrive largement en tête au premier tour avec 29,16 %, tandis que la droite (19 %) ne devance

1. Entretien avec l'auteur, mars 2021.

que d'une courte tête le FN (18,31 %). Les socialistes bénéficient d'une importante réserve de voix, le Front de gauche totalisant 10,78 % et les écologistes 10,34 %. Au second tour, la liste conduite par Daniel Percheron, le président socialiste sortant, obtient 51,89 %, la droite, 28,05 % et le Front national, 22,20 %.

En Picardie, le socialiste Claude Gewerc, président sortant, avec 26,6 % des suffrages, ne devance la droite que d'une courte tête (25,94 %). Le FN est à 15,80 %, les écologistes à 9,98 %. *Le Monde* constate que Caroline Cayeux, la maire UMP de Beauvais, « n'a guère bénéficié du soutien actif des "poids lourds" de la région, tant Éric Woerth, ministre du Budget et maire de Chantilly, que Xavier Bertrand, secrétaire général de l'UMP, député et adjoint au maire de Saint-Quentin, ville où la gauche est arrivée en tête ». Elle obtient 28,23 %, contre 27,50 % pour la droite alliée aux chasseurs. Au second tour, Claude Gewerc l'emporte assez largement avec 48,28 % des voix, malgré l'absence d'accord avec le Front de gauche et avec une liste communiste dissidente menée par Maxime Gremetz. La droite obtient 32,43 % et le Front national 19,30 %. À Saint-Quentin, la gauche frôle la majorité (49,36 %), la droite chutant à 33,77 %. C'est un très sérieux avertissement pour le secrétaire général de l'UMP. Deux ans plus tard, il ne sauvera qu'à l'arraché son siège de député.

Xavier Bertrand a fait de l'emploi la priorité de la campagne de l'UMP. Plutôt maladroit, quand les chiffres du chômage augmentent. Toutefois, le secrétaire général du parti n'est pas le principal responsable de ce désastre. Chacun sait que tout ce qui touche à l'UMP se décide en réalité à l'Élysée, y compris les têtes de listes aux régionales. Or, le président de la République est en chute libre dans les sondages, comme l'illustre une couverture de *L'Express* intitulée : « Pourquoi la France devient anti-Sarko. » « Des fonctionnaires qui désobéissent, des ouvriers qui grondent, des électeurs de droite qui doutent… Pendant que la crise mondiale s'aggrave, la personnalité politique du chef de l'État suscite de plus en plus de tensions[1] », commente l'hebdomadaire.

Pour le psychanalyste Serge Hefez, auteur de *La Sarkose obsessionnelle*[2], Nicolas Sarkozy véhicule l'image « du type qui aime l'argent et les signes extérieurs de richesse, du copain des grandes fortunes et des hommes les plus puissants de France. Il est toujours perçu comme celui qui s'est imposé en écrasant les autres ». À commencer le secrétaire général de l'UMP. Contrairement à son grand rival Jean-François Copé, Xavier Bertrand affiche un alignement inconditionnel sur le chef de l'État. Au bal des courtisans, l'ancien assureur dirige l'orchestre. Ce qui lui vaut chez ses nombreux adversaires le sobriquet de « benêt rondouillard[3] ». L'intéressé s'en defend : non, il n'est plus « le chouchou du président ».

Les questions et les sous-entendus des journalistes politiques laissent entendre que l'élu de Saint-Quentin n'a pas très bonne réputation dans la classe politique. « Ne vous dépeint-on pas comme "le plus rusé de la Sarkozie" ? », ou encore : « L'autosatisfaction, n'est-ce pas votre point commun avec le président ? », interroge *VSD*[4]. Dans *Le Point*, Xavier Bertrand jure qu'il a enterré la hache de guerre avec ses rivaux. « On le croira ou non,

1. Éric Mandonnet, Ludovic Vigogne, « Pourquoi la France devient anti-Sarko », *L'Express*, 19 mars 2009.
2. Hachette Littératures, 2008.
3. Sylvie Pierre-Brossolette, « UMP Bertrand marque Copé à la culotte », *Le Point*, 24 septembre 2009.
4. Florence Belkacem, « Je ne suis plus le chouchou du président », *VSD*, 20 janvier 2010.

mais il affirme : "Je veux jouer collectif. Je suis Bélier, pas Scorpion." Question d'horoscope », conclut la publication[1]. Le même hebdomadaire a souligné qu'invité à « Vivement dimanche », l'émission de Michel Drucker, Xavier Bertrand « n'a pas réellement créé de curiosité particulière ». Il fait moins d'l'audience que Jean-Claude Gaudin, Ségolène Royal et Olivier Besancenot avant lui.

Avec les années, la réputation du Picard ne s'est guère améliorée auprès de ses « amis ». La presse continue de le rappeler régulièrement, en formules courtes mais assassines. Reconnaissant que Xavier Bertrand est devenu « une figure de plus en plus incontournable », *Aujourd'hui en France* n'en conclut pas moins : « Bertrand, candidat naturel de la droite ? [...] Chez LR, son image de mauvais camarade lui colle à la peau[2]. »

À la tête de sa formation politique, l'ancien ministre du Travail ne fait pas preuve d'une grande ouverture d'esprit, passant surtout pour l'aboyeur de service. Il accuse ainsi l'ancien Premier ministre Dominique de Villepin d'être animé par la « jalousie » à l'endroit de Nicolas Sarkozy. Quant à François Bayrou, il serait parmi ceux « qui, matin, midi et soir, sont dans l'anathème vis-à-vis du président et de notre majorité. [...] C'est quelqu'un qui est à la remorque des autres et qui n'a pas d'idées nouvelles. [...] Il n'est plus centriste, il n'est pas populaire, c'est un populiste ». Le Parti socialiste, pour sa part, aurait « tendance à courir après l'extrême gauche » ; et Xavier Bertrand d'exprimer sa « conviction qu'Olivier Besancenot est devenu quasiment le chef d'orchestre de l'opposition à Nicolas Sarkozy ». Comme on dit

1. Sylvie Pierre-Brossolette, *op. cit.*
2. Quentin Laurent, Alexandre Sulzer, « Le moment Bertrand ? », *Aujourd'hui en France*, 20 septembre 2020.

vulgairement : « Ça ne vole pas haut. » Ainsi lorsqu'il accuse le site Mediapart d'utiliser des « méthodes fascistes ». Le site d'information venait de révéler que la milliardaire Liliane Bettencourt aurait pu verser de l'argent pour la campagne présidentielle de Nicolas Sarkozy[1].

Passations

Le 27 septembre 2010, Pierre André, sénateur-maire de Saint-Quentin, annonce en conseil municipal qu'il abandonne son siège pour raison de santé. Il avait confié précédemment souffrir d'un cancer de la gorge. « Au-delà de l'amitié que je lui porte et du passé qui nous unit, je souhaiterais que Xavier Bertrand soit candidat au poste de maire et qu'il bénéficie de votre soutien, déclare-t-il. Nous avons besoin d'un homme de stature nationale, qui pourra faire en sorte que la solidarité de la nation profite à notre ville[2]. »

La succession de Pierre André n'est qu'une formalité pour Xavier Bertrand. Au terme d'un conseil municipal extraordinaire, il est élu au premier tour de scrutin le 4 octobre, recueillant trente-sept voix, contre huit à Jean-Pierre Lançon, candidat des partis de gauche. « Je prends la totale mesure de la mission que vous venez de me confier, déclare-t-il. [...] Je sais que beaucoup s'interrogent sur mon avenir, qu'ils se posent beaucoup de questions. Eh bien, je peux vous dire qu'ils s'en posent beaucoup plus que moi. »

---

1. Poursuivi pour diffamation par Mediapart, Xavier Bertrand a été relaxé par le tribunal correctionnel de Paris en mars 2013.
2. « Saint-Quentin : Bertrand bientôt maire », www.lefigaro.fr, 27 septembre 2010.

Donnant la parole à Pierre André, *L'Aisne nouvelle* tient à lui rappeler que tout journaliste qui posait une question sur la gestion municipale était systématiquement renvoyé vers le cabinet du maire. Ni les adjoints ni les employés municipaux n'avaient le droit à la parole. « De toute façon, celui qui changera ma méthode sera voué à l'échec. Si ça n'a pas plu, ça a été efficace », rétorquait Pierre André[1]. Le « système » s'est en effet perpétué. Avec Xavier Bertrand jusqu'en 2016, puis avec Frédérique Macarez. Mais en ce début d'octobre 2010, aucun élu saint-quentinois ne se doute que, dans quelques jours, Xavier Bertrand sera contraint d'abandonner son poste de secrétaire général de l'UMP au profit de Jean-François Copé, et qu'il réintègrera le gouvernement Fillon comme ministre du Travail, de l'Emploi et de la Santé. Entre-temps, il aura commis une grosse boulette, qu'I risqué de s'entendre rappelée durant la campagne présidentielle en 2022.

Le 22 octobre 2010, à l'occasion d'une visite en Chine, Xavier Bertrand signe un mémorandum d'entente entre l'UMP et le Parti communiste chinois. Cet accord est censé renforcer les relations entre les deux partis. Très critiqué à son retour à Paris, le secrétaire général de l'UMP se justifie en expliquant que les partis politiques « doivent jouer un rôle dans les relations internationales » et que l'UMP a également passé un accord avec le parti conservateur britannique. Réaction d'Yves Nicolin, alors député de la Loire : les relations doivent se traiter d'État à État, « sinon pourquoi ne pas aller à Cuba ? ». Quant à Lionnel Luca, alors président du groupe d'études sur le Tibet à l'Assemblée nationale, il dénonce un « numéro de

1. Nassera Lounassi, Jérôme Poinsu, « Pierre André : "Je ne me vois pas faire la potiche" », *L'Aisne nouvelle*, 1er octobre 2010.

contorsion assez compliqué » et ajoute que « ce mémorandum a une portée symbolique désastreuse[1] ».

Ce n'est toutefois pas ce déplacement en Chine qui a provoqué le départ de Xavier Bertrand de la tête de l'UMP et son retour au gouvernement. Le nouveau maire de Saint-Quentin n'a d'ailleurs jamais clairement expliqué ce brutal changement. « Mon retour au gouvernement, c'est plutôt après 2012. Avant la présidentielle, c'est dans le parti que les choses vont se passer », confie-t-il en mai 2010[2]. En septembre, lors des journées parlementaires à Biarritz, il déclare encore : « Je n'ai pas la bougeotte », et assure : « Quand on est à la tête d'un parti politique [...], on me l'avait dit et je peux vous le confirmer, ce n'est pas le job [...], pas la mission la plus facile, mais c'est certainement la plus passionnante[3]. » Xavier Bertrand va jusqu'à fixer une feuille de route pour l'UMP jusqu'à l'élection présidentielle de 2012.

Mais deux mois plus tard, à l'occasion du premier des « Dix rendez-vous pour la France » censés inspirer le programme de 2012, la presse constate que la convention de l'UMP est « parasitée par le probable départ de Xavier Bertrand ». Un article que le site du *Point* illustre par une photo de... Jean-François Copé. Le député de l'Aisne est alors contraint de juger « possible » que ce dernier prenne sa place au secrétariat général[4]. En fait, les carottes sont déjà cuites. Un indice aurait dû attirer l'attention

1. Sophie Huet, « L'accord avec le PC chinois passe mal à l'UMP », *Le Figaro*, 29 octobre 2009.
2. Anna Cabana, « Bertrand fait campagne pour Copé ! », *Le Point*, 13 mai 2010.
3. Source AFP, « Secrétariat général de l'UMP. Bertrand ne veut pas céder son poste », www.lepoint.fr, 8 septembre 2010.
4. « Une convention de l'UMP parasité par le probable départ de Xavier Bertrand », www.lepoint.fr, 3 novembre 2010.

des observateurs : Michel Bettan, le directeur de cabinet de Xavier Bertrand à l'UMP, avait annoncé quelques semaines auparavant qu'il rejoignait Euro RSCG, filiale d'Havas.

Le Monde livre une version différente du départ de Xavier Bertrand, Nicolas Sarkozy lui ayant fait part de sa volonté de faire entrer des « poids lourds » au gouvernement : « M. Bertrand fait moins de manières. Il espère obtenir, en récompense de sa bonne conduite, un poste important : l'Écologie, la Défense ou un ministère de la Santé aux contours élargis[1]. » Éric Diard, député-maire de Sausset-les-Pins, dans les Bouches-du-Rhône, est de longue date un proche de Xavier Bertrand. Ils ont le même âge et ont été élus députés en même temps, en 2002. Il assure ne l'avoir « jamais entendu regretter ce départ un peu précipité ». Brice Hortefeux donne sa version : Nicolas Sarkozy considérait Xavier Bertrand comme un bon ministre, « mais tout le monde a vite compris que c'était un mauvais camarade[2] ».

Pourquoi le chef de l'État place-t-il à la tête du parti un homme qu'il n'aime pas et qu'il a volontairement privé de poste ministériel depuis son élection en 2012 ? « Le président de la République était pourtant parfaitement au courant des "vannes" que ne cessait de lancer contre lui Copé. Il les faisait devant tout le monde, y compris devant moi, alors qu'il savait pertinemment que j'étais sarkozyste », se souvient encore Éric Diard[3]. Le maire de Meaux, président du puissant groupe UMP à l'Assemblée

1. Pierre Jaxel-Truer, Patrick Roger, « La voie vers la direction de l'UMP se dégage pour M. Copé », *Le Monde*, 3 novembre 2010.
2. Quentin Laurent et Alexandre Sulzer, « Bertrand Sarkozy : des relations tumultueuses », *Aujourd'hui en France*, 28 février 2021.
3. Entretien avec l'auteur, avril 2021.

nationale, ne cesse d'asticoter le gouvernement en se mêlant de tout. Il ne se gêne pas pour adresser des message sans équivoque à l'Élysée, du style : « Vous faites des commissions sans députés, on commence à y être habitués. Mais sachez que, cette fois, on ne se contentera pas du produit fini[1]. » Nicolas Sarkozy a-t-il imaginé qu'en propulsant Jean-François Copé à la tête du parti il le contrôlerait mieux ? Ce dernier n'aura d'autre choix que d'être loyal pendant la campagne présidentielle.

Jérôme Lavrilleux, le bras droit de Jean-François Copé, raconte que le 31 août 2010, alors que se déroulait l'université d'été des Jeunes populaires à Port-Marly (Yvelines), Copé a pris un petit-déjeuner avec Nicolas Sarkozy à l'Élysée, en tête à tête. « Copé a fait clairement part au président de sa volonté de prendre le parti à Bertrand. Le président, à notre grande surprise, ne s'y est pas opposé. Nous avons dans la foulée fait fuiter auprès de quelques journalistes l'existence de ce petit-déj et nous avons débarqué à Port-Marly. Comme prévu, nous avons été accueillis par une meute de journalistes[2]. »

Quel bilan peut-on tirer du passage de Xavier Bertrand à la tête de l'UMP pendant un an et onze mois ? Certes, il était loin de faire l'unanimité. Mais son prédécesseur, Patrick Devedjian, comme son successeur, Jean-François Copé, n'ont pas laissé de souvenirs impérissables, bien au contraire. N'oublions pas non plus que, dès son arrivée à l'Élysée, Nicolas Sarkozy a modifié les statuts de l'UMP, « afin d'éviter l'élection d'un président du parti quand le président de la République est issu des rangs de l'UMP »,

1. Patrick Roger, « Jean François Copé, l'“omniprésident” du groupe UMP, est sur tous les fronts », *Le Monde*, 9 septembre 2009.
2. Gérard Davet, Fabrice Lhomme, *op. cit.*, p. 222.

rappelle Jérôme Lavrilleux[1]. Histoire de barrer la route à tous les ambitieux. Nicolas Sarkozy demeurant le vrai chef de l'UMP, la marche de manœuvre du secrétaire général était forcément très réduite.

Xavier Bertrand, à l'époque, affirme qu'il a écrit plusieurs chapitres d'un livre à paraître en 2010, précisant qu'il avait choisi de l'écrire à la main. Ce sera un mélange de politique et de confidences personnelles. Il y évoquera son engagement maçonnique, son parcours personnel et les enjeux de la France. Plus d'une décennie plus tard, le candidat à l'élection présidentielle n'a toujours terminé son travail d'écriture.

1. *Ibid.*, p. 74.

18

De la lumière à l'ombre

Xavier Bertrand n'abandonne pas le secrétariat général de l'UMP les mains vides. Le 14 novembre 2010, il entre au gouvernement Fillon III à la tête d'un vaste ministère englobant le Travail, l'Emploi et la Santé. Malgré tout, l'élu de l'Aisne est déçu. Car, selon une rumeur insistante, Nicolas Sarkozy ne pensait pas qu'à Jean-Louis Borloo pour remplacer François Fillon à Matignon pour la fin de son quinquennat. « Xavier Bertrand fait peuple, contrairement à Bruno Le Maire et François Baroin. [...] Il a de l'expérience – il a été ministre presque sans interruption pendant cinq ans – et une vraie assisse parlementaire. [...] Enfin, il a prouvé sa loyauté et sa fidélité jusqu'au sacrifice, ce dont aucun autre ne peut se prévaloir, y compris Jean-Louis Borloo[1] », soufflait encore un conseiller élyséen à des journalistes début novembre 2010. Finalement, Sarkozy décide de garder Fillon à Matignon.

Fin 2010, toute la classe politique a déjà les yeux rivés sur l'élection présidentielle de 2012, et le maire

1. Anna Cabana, « Xavier Bertrand est sur la liste », *Le Point*, 4 novembre 2010.

de Saint-Quentin vient brutalement d'être marginalisé. Sa page Wikipédia, par exemple, ne consacre que deux petites lignes à son action dans ce ministère élargi : « Il doit notamment gérer la polémique sur le Mediator. Il affirme avoir pris connaissance de sa dangerosité en novembre 2010. »

Le scandale du Mediator

Sur ce dossier, qui aurait pu briser sa carrière, Xavier Bertrand s'en est fort bien sorti. Le Mediator, médicament des laboratoires Servier, mis sur le marché en 1976, d'abord destiné aux diabétiques, est rapidement prescrit comme coupe-faim à des patients souhaitant maigrir. Il est retiré du marché en novembre 2009, du fait d'un risque multiplié par trois de maladies des valves cardiaques. « Pourquoi ce produit est-il resté sur le marché trente-trois ans, alors que tous les médicaments de la même famille ont fait l'objet d'un retrait au plus tard en 2000 ? » demande *Le Figaro* à Xavier Bertrand en décembre 2010, un mois après sa prise de fonction. Dès le lendemain de son arrivée au ministère, explique le ministre, il apprend que le Mediator « aurait provoqué le décès d'au moins cinq cents personnes ». L'Agence française de sécurité sanitaire des produits de santé (Afssaps) lui donne peu après une fourchette plus large de mille à deux mille victimes, « si l'on tient compte des décès possibles à long terme ».

L'ancien secrétaire général de l'UMP se montre très clair : sa priorité « est de connaître tous les tenants et les aboutissants de cette affaire sanitaire grave et de faire en sorte qu'il ne reste aucune zone d'ombre. C'est pourquoi j'ai dans le même temps confié une enquête à l'Inspection générale des affaires sociales (IGAS). » Xavier Bertrand ajoute qu'il est favorable « aux enquêtes parlementaires qui ont un champ d'investigation plus large encore que les seules enquêtes administratives ». Et précise qu'il a rencontré le docteur Irène Frachon, pneumologue au centre hospitalier universitaire de Brest, qui, la première, a alerté sur les dangers du Mediator[1].

Xavier Bertrand n'a pourtant pas échappé à certaines critiques dans la presse. Légères dans *L'Express*, qui s'en prend globalement aux ministres des deux bords qui se sont succédé à la Santé et « affirment ne pas avoir été avertis de la dangerosité du produit ». Le magazine ajoute : « Ignorer, pour un politique, c'est une faute. Un ministre doit être responsable de son administration[2]. » L'attaque du *Canard enchaîné* est nettement plus méchante. « Servier pourrit la vie de Xavier Bertrand », assure l'hebdomadaire satirique, selon lequel Xavier Bertrand n'aurait appris qu'en séance de nuit à l'Assemblée nationale, de la bouche de deux députés de gauche, « la nomination d'une ancienne collaboratrice de Servier à un poste de direction au sein de l'Agence française de sécurité sanitaire des produits de santé (Afssaps)[3] ». Or, ce n'est pas vraiment l'impression que laissera le procès du Mediator en 2019-2020. Devant la 32e chambre du tribunal correctionnel de Paris, le maire de Saint-Quentin est le seul des ministres de la Santé à se déplacer, alors que plus d'une vingtaine de ministres

1. Voir Martine Perez, Anne Juan, « Mediator : Bertrand dénonce de "graves défaillances" », *Le Figaro*, 19 décembre 2010.

2. « Scandale du Mediator : ces ministres qui ne savaient pas », www.lexpress.fr, 20 décembre 2010.

3. Alain Guédé, « Servier pourrit la vie de Xavier Bertrand », *Le Canard enchaîné*, 7 décembre 2011.

se sont succédé entre la mise sur le marché du Mediator en 1976 et son retrait en 2009.

Xavier Bertrand tient des mots très durs à l'encontre des responsables du Mediator : « La compassion était un mot qui leur était totalement étranger. Ça montrait que nous ne pourrions jamais compter sur leur coopération, y compris pour l'indemnisation. » Et d'ajouter, concernant l'indemnisation : « Dès le début, j'avais le sentiment qu'on allait se faire balader par Servier, qui proposait un fonds à 20 millions d'euros. Si on avait laissé les victimes dans les mains de Servier, il est évident qu'elles n'auraient pas pu prétendre à une juste indemnisation[1]. » Après la publication du rapport (accablant) sur le Mediator, rendu par l'Inspection générale des affaires sociales en janvier 2011, Xavier Bertrand avait admis avoir « une part de responsabilité dans cette affaire ». Il annonçait alors plusieurs pistes d'amélioration du système de sécurité sanitaire, comme le renforcement des conditions de commercialisation des médicaments et une meilleure remontée des signalements des effets indésirables. En juillet 2021, après une visite dans un Ehpad, Xavier Bertrand écrit sur son compte twitter : « Plus de soignants, plus de recrutements pour prendre soin des aînés : c'est le message des aides soignantes rencontrées ce matin à Sorgues, dans le Vaucluse. » France Inter répercute alors les réactions de certains internautes. Les journalistes rappellent que Xavier Bertrand a été à plusieurs reprises ministre de la Santé, et que 46 500 lits d'hôpital ont été supprimés « lors du mandat de Nicolas Sarkozy entre 2007 et 2012[2] ».

1. Henri Seckel, « Au procès du Mediator, Xavier Bertrand charge Servier », *Le Monde*, 8 février 2020.

2. « Quel bilan a réellement laissé Xavier Bertrand au ministère de la Santé ? », www.franceinter.fr, 26 juillet 2021.

La mise à l'écart

Gérard Davet et Fabrice Lhomme ont consacré un chapitre de leur livre à la mise au placard du ministre du Travail. Ils racontent comment l'ancien « chouchou » du chef de l'État a été « marginalisé, boudé, méprisé ». Jean-François Copé, secondé par Jérôme Lavrilleux, a tout fait pour écarter le maire de Saint-Quentin de la campagne pour l'élection présidentielle. Le 1er mai 2012 au Trocadéro, à quelques jours du second tour, le président-candidat doit prononcer un discours sur le travail. « Et le ministre du Travail que je suis ne prend pas la parole, parce que c'est Copé ! raconte la "victime". Il ne voulait pas, et Sarko ne voulait pas d'emmerdes. Je le connais par cœur[1]. » L'explication est un peu juste. Il est certain que Copé, écarté du gouvernement depuis 2007, a fait de Bertrand son punching-ball. En revanche, comment expliquer que Sarkozy ait laissé faire ? D'autant qu'en 2012, porte-parole du candidat Sarkozy, Xavier Bertrand s'en est bien tiré.

Mais cette mise à l'écart d'une élection plombée par ses comptes de campagne, ajoutée à l'affaire Bygmalion (jugée en première instance en mai-juin 2021), a finalement sauvé sa carrière politique. Tandis qu'elle a signé la fin des ambitions présidentielles de Jean-François Copé, son pire ennemi. Dans *La Haine. Les années Sarko*, paru en 2019, Xavier Bertrand assure que la campagne 2012 « n'était pas gagnable. Il fallait que Hollande fasse une vraie connerie. [...] Mais il n'y a pas eu d'erreur. Je pense que les gens ne voulaient plus de Nicolas[2] ». L'élu de l'Aisne n'a d'ailleurs pas mis longtemps pour lâcher son

1. Gérard Davet, Fabrice Lhomme, *op. cit.*, p. 220.
2. *Ibid.*, p. 223.

mentor. Le 6 mai 2012, alors que Nicolas Sarkozy vient de reconnaître sa défaite et que les lumières s'éteignent à la Mutualité, Xavier Bertrand, « parmi les rares personnalités à traîner encore dans la salle, glisse à une poignée de journalistes au sujet du candidat battu : "Lui et moi, c'est fini. Maintenant je roule pour ma pomme. Ras-le-bol de payer pour les erreurs des autres[1]." »

Dans un portrait que lui consacre *Le Point* en 2014, on apprend même qu'il « n'a jamais été vraiment sarkozyste [...] Il n'a pas aimé les "buissonneries" [allusion à Patrick Buisson, le conseiller politique d'extrême droite du chef de l'État], même s'il partage avec l'ancien gourou de Sarkozy l'idée qu'il vaut toujours mieux parler des Français que de la France[2] ». Il se montre encore plus mordant dans *Le Journal du dimanche*, déclarant qu'il n'y a pas d'« homme providentiel à droite » et que « force est de reconnaître que la politique qui a été conduite n'a pas été à la hauteur de l'exigence de vérité et de résultat ». Avant de lâcher, concernant Nicolas Sarkozy : « Lui ne changera donc jamais ! Tout changer, la rupture, c'était déjà la promesse de 2007. Et c'est parce que cette promesse n'a pas été tenue que nous avons perdu en 2012[3]. » À la suite de tels propos, il n'est pas certain que l'ancien président de la République, qui n'a pas la mémoire courte, apportera un soutien efficace à celui qui aimerait devenir président en 2022. Pour l'ancien ministre Brice Hortefeux, c'est toujours « tout sauf Bertrand ». « Il a fait le choix

1. Quentin Laurent, Alexandre Sulzer, « Bertrand-Sarkozy : des relations tumultueuses », *Aujourd'hui en France*, 28 février 2021.
2. Saïd Mahrane, « Xavier Bertrand, le "plouc" vous salue bien », *Le Point*, 12 juin 2014.
3. Soazig Quéméner, « Xavier Bertrand : "Sarkozy ne changera donc jamais !" », www.lejdd.fr, 22 juin 2014 ; Marc de Boni, « L'offensive de Xavier Bertrand contre Nicolas Sarkozy », www.lefigaro.fr, 22 juin 2014.

d'abandonner notre famille politique quand elle était en difficulté, rappelle-t-il. Pour moi, il y avait un candidat naturel, Nicolas Sarkozy, et un candidat légitime, François Baroin. Je ne sais pas qui sera notre candidat, mais je sais une chose : la parole de Nicolas Sarkozy pèsera et elle entraînera[1] », ajoute le premier des sarkozystes.

Le vent du boulet

Quelques semaines après l'élection présidentielle perdue par la droite, le maire de Saint-Quentin est sur la défensive. Les médias le présentent comme le ministre de Nicolas Sarkozy le plus fragilisé. François Hollande a recueilli un peu plus de 54 % dans sa circonscription. Sa principale adversaire, la socialiste Anne Ferreira, vice-présidente du conseil régional de Picardie, rappelle que le taux de chômage atteint 15 % à Saint-Quentin, alors que Xavier Bertrand détenait le portefeuille du Travail. À l'extrême droite, Yannick Lejeune tape sur le même clou : « Son bilan est très mauvais. On peut même parler de dépôt de bilan » : 25 à 30 % de chômeurs de plus que la moyenne nationale et 20 % supplémentaires d'allocataires du RSA. Sur La Chaîne parlementaire (LCP), Xavier Bertrand se défend en assurant qu'il est « le plus capable de faire bouger les choses, le plus impliqué dans le développement ». Dans *Le Monde*, qui lui consacre un article d'une demi-page, il déclare : « J'ai aidé l'hôpital de Saint-Quentin et 95 % des communes du territoire ont obtenu quelque chose dans la plus grande transparence. »

1. Christine Ollivier, « "Sans Sarkozy, il n'y a plus de sarkozystes" : les soutiens de l'ancien chef d'État se sentent orphelins », www.lejdd.fr, 28 avril 2021.

Un ancien ministre connu, ça compte, ajoute-t-il : « Je sais où se montent les dossiers, je sais où il y a de l'argent, je sais à quelles portes il faut taper[1]. » En revanche, l'ancien secrétaire général de l'UMP ne met guère en avant son appartenance partisane, « comme l'atteste la taille minuscule du logo UMP sur son affiche de campagne[2] », relève *20 minutes*.

Pour l'ancien ministre, ce n'est pas tout à fait une descente aux enfers. Élu dès le premier tour en 2007, il arrive cette fois en tête avec 38,89 % des voix. Mais il est talonné par Anne Ferreira (35,47 %). Le candidat du Front national obtient 16,29 % des suffrages : moins bien que Marine Le Pen au premier tour de l'élection présidentielle (22,36 %). Xavier Bertrand et son entourage accusent alors les responsables de Bygmalion, proches de Jean-François Copé, d'être à l'origine d'un site Internet qui aurait colporté « rumeurs et ragots sur le candidat Bertrand ». « C'était un vrai beau travail de professionnel, juge l'élu. Ils ont tout fait pour m'abattre[3]. » L'ancien secrétaire général de l'UMP vise directement Bastien Millot, ancien directeur de cabinet de Copé et fondateur de Bygmalion, et Jérôme Lavrilleux, également ancien directeur de cabinet de Copé et directeur adjoint de la campagne présidentielle de Sarkozy. Lavrilleux se défend d'ailleurs mollement des accusations portées contre lui : « Je n'ai rien à voir avec ça, mais dire que ce site m'a rendu fou de tristesse, ce serait mentir[4]. »

---

1. Vanessa Schneider, « Xavier Bertrand sous la menace du FN dans sa circonscription de l'Aisne », *Le Monde*, 2 juin 2012.
2. Alexandre Sulzer, « Les mains dans le cambouis », *20 minutes*, 25 mai 2012.
3. Mathias Destal, Laureline Dupont, « La Saint-Quentin connection », *Marianne*, 11 juillet 2014.
4. *Ibid.*

Au second tour, l'ancien secrétaire général de l'UMP l'emporte à l'arraché : 50,25 % des voix, soit deux cent vingt-deux de plus qu'Anne Ferreira, ancienne députée européenne. *Le Journal du dimanche* souligne que, dans sa ville de Saint-Quentin, l'ancien ministre de Nicolas Sarkozy a fait à peine mieux que dans le reste de la circonscription[1] (50,49 %). Une précision : le candidat FN avait appelé à le faire battre. « Mais, de mon côté, je n'ai pas été véritablement soutenu par le Front de gauche, par les communistes, constate la candidate socialiste. C'est malheureux, mais nous ne pouvons plus faire d'accord avec eux. » Marquée par l'influence de Maxime Gremetz, ancien dirigeant de la fédération communiste de la Somme, l'extrême gauche locale a (presque) toujours préféré l'élection d'un candidat de droite plutôt que celle d'un socialiste.

Anne Ferreira a-t-elle conscience qu'elle aurait pu durablement entraver la carrière du futur candidat à l'élection présidentielle ? « C'est vrai, il a eu chaud. Et surtout, il aurait essuyé son premier échec. Il n'avait jamais été battu à une élection. » La Saint-Quentinoise reste encore marquée par l'agressivité de son adversaire : « il n'arrête pas de chercher des histoires ». Même si je n'en ai pas la preuve, je le crois capable de basses manœuvres. Lors de cette élection, il a déposé plainte, prétextant que l'on avait usurpé son identité afin de porter contre lui des accusations sordides. J'ai même été convoquée par la police. Mais ce n'est pas allé plus loin[2] », se souvient l'ancienne vice-présidente du conseil général de l'Aisne.

---

1. Voir G. D., « Bertrand réélu de peu dans l'Aisne », www.lejdd.fr, 17 juin 2012.
2. Entretien avec l'auteur, février 2 021.

Déjà candidat à l'élection présidentielle

Xavier Bertrand a pris un sérieux coup sur la tête. Il ne s'attendait pas à frôler le gadin. « Moi, dans le fond, je n'avais pas changé ; mais visiblement les gens me percevaient différemment de ce que je suis vraiment. Ils m'avaient collé une étiquette sarkozyste[1] », explique-t-il. Dans *La Haine*, Xavier Bertrand assure que c'est à partir de ce moment-là qu'il s'est dit : « Si t'as fait des conneries, tu les assumes. Mais je n'ai plus envie de payer les factures des autres. [...] Je ne me reconnais plus à 100 % dans quelqu'un, donc je n'ai plus envie[2]. » Dans le même temps, il renonce à se porter candidat à la présidence de l'UMP et apporte son soutien à François Fillon. Après le fiasco de cette élection, le 18 novembre 2012, il déclarera : « J'ai senti que le combat Copé-Fillon allait être nucléaire, mortel et radioactif, et j'ai voulu me tenir à l'écart. » Son retrait a d'autres motifs : Xavier Bertrand a bien tenté, pendant tout l'été 2012, d'obtenir des soutiens, mais sans grande réussite. Les sondages ne lui prêtaient guère plus de 2 % d'intention de vote chez les militants UMP.

« Je tiens à disposer d'une liberté totale pour pouvoir m'adresser directement aux Français. Je reste, par ailleurs, très attaché à ma famille politique et mon choix est aussi un choix qui favorise l'unité. La droite ne doit pas se déchirer, surtout en ces moments de grave crise », déclare-t-il en septembre 2012. Mais il ajoute aussitôt : « En me portant candidat à l'élection présidentielle de 2017, je joue cartes sur table et prends date avec

---

1. Louise Couvelaire, « Xavier Bertrand ne perd pas le Nord », *Le Monde*, 30 mars 2016.
2. Gérard Davet, Fabrice Lhomme, *op. cit.*, p. 234-235.

les Français[1]. » Quelques jours plus tard, il assure que rien ne pourra l'empêcher de se présenter à la primaire de 2016 : « Aucune raison d'ordre politique, aucune autre candidature. Ma détermination est totale[2]. » Son annonce provoque surtout des ricanements. « Et Xavier Bertrand ? À chaque fois qu'un cacique de la droite égrène la liste des présidentiables, il est l'incontournable oublié », rappelle méchamment *L'Express*, ajoutant que « la classe politique et médiatique l'a mis dans la catégorie des ploucs[3] ». Malgré cela, « plus on le moque, plus il en veut ».

Dans une interview accordée au *Point*, l'ancien ministre du Travail se montre le moins nostalgique des sarkozystes. Citant la phrase de l'ex-président annonçant au soir de sa défaite qu'il n'aurait plus à l'avenir « le même engagement », Xavier Bertrand le prend au mot : « Comment préparer l'alternance si l'on attend tous les jours un signe de Sarkozy ? Ce n'est pas une prise de distance, c'est juste respecter sa parole. » À noter qu'il se soumettra « bien évidemment au processus des primaires ouvertes pour la droite et le centre en 2016[4] ». Un processus qu'il rejette aujourd'hui. Il est vrai qu'entre-temps le président de la région des Hauts-de-France a quitté Les Républicains, nouveau nom de l'UMP.

---

1. Saïd Mahrane, « Xavier Bertrand : "Comment préparer l'alternance si l'on attend tous les jours un signe de Sarkozy ?" », *Le Point*, 20 septembre 2012.
2. Benjamin Sportouch, « Xavier Bertrand. Faim de pouvoir, soif de revanche », *L'Express*, 21 mai 2014.
3. Éric Mandonnet, Benjamin Sportouch, « Xavier Bertrand : "Je ne veux pas d'une droite dure avec les faibles" », *L'Express*, 21 novembre 2012.
4. Saïd Mahrane, art. cit.

Lors de ces élections législatives de 2012, dans la circonscription de Tourcoing-Nord, Gérald Darmanin, vingt-huit ans, ancien conseiller juridique auprès de Xavier Bertrand quand celui-ci était secrétaire général de l'UMP, arrive en deuxième position derrière le candidat socialiste. Au deuxième tour, il l'emporte facilement avec 54,88 % des suffrages. En 2015, c'est lui qui ira chercher Bertrand pour qu'il prenne la tête de la droite aux élections régionales.

Même s'il reste une personnalité qui compte à droite, le député-maire de Saint-Quentin ne fait que rarement la une de l'actualité. C'est lui, assure-t-il, qui refuse un grand nombre de sollicitations médiatiques « car je ne veux pas être dans le commentaire de l'actualité, mais rester un vrai acteur politique ». Il a déclaré très tôt qu'il serait candidat à la prochaine élection présidentielle, mais les personnalités qui pourraient rallier son panache blanc ne se bousculent pas. Ses propos manquent d'originalité. Il ne cesse de répéter qu'il n'a fait ni Sciences Po ni l'ENA : « Je ne suis pas parisien, je ne fais pas partie d'un clan. Je suis assureur de profession et, jeune, mon seul rêve était d'être maire de Saint-Quentin. Je ne suis jamais passé devant l'Élysée en disant… "maison !"[1]. » Dans toutes ses interviews, il évoque le « Petit Chose » dont l'élite se moque, à commencer par son physique et ses tics de langage. Le plus fameux ? « Il ne faut pas se raconter d'histoires. » Il est parti de « nulle part », lui, « l'assureur militant », pour qui « ce sera toujours plus difficile que pour les autres ». Bref, on ne lui a jamais fait de cadeau et il veut sa revanche… C'est oublier qu'il a plutôt été verni :

1. Charlotte Chaffanjon, « Xavier Bertrand : "L'Élysée, j'y pense dix fois par jour" », *Le Point*, 24 janvier 2013.

député, maire, secrétaire d'État, ministre, secrétaire général du principal parti de droite.

Le maire de Saint-Quentin ne se fait guère d'illusions sur la classe politique tricolore : « Je dis souvent que la politique est une machine qui rend fou et que l'important est de l'être moins que les autres et moins vite que les autres. » Il revient sur la guéguerre qui l'opposait à Jean-François Copé : « Le temps qu'on passe à ces conneries ! Des trucs de gamins. Mais, à la limite, si vous ne le faites pas, si vous ne respectez pas les codes, vous êtes un con. Donc vous êtes obligé de le faire. Ça prend du temps et ça prend la tête. Est-ce que c'est de la haine[1] ? »

À l'époque, la presse le compare parfois à François Hollande, en raison d'abord d'un physique plutôt enrobé. Xavier Bertrand laisse dire. D'autant qu'avant 2012, bien peu d'observateurs voyaient le candidat socialiste accéder à la présidence de la République. « Les deux hommes ont en commun d'avoir des antennes dans toutes les rédactions et de se délecter des potins. Mais en dehors de ça, ils ne se ressemblent guère. Avec Hollande, vous vous tordez de rire. Tandis que Bertrand se montre incapable de rire de lui-même[2] », note une journaliste politique parisienne. Enfin, François Hollande a fait HEC et l'ENA, dont il est sorti huitième.

Le 11 décembre 2012, l'association La Manufacture est déclarée à la sous-préfecture de l'Aisne. Son objectif : définir et promouvoir une nouvelle offre politique. Elle regroupe « toutes celles et tous ceux, citoyens, élus locaux, parlementaires [...] qui souhaitent apporter leur contribution pour développer une ambition innovante et collective pour la France ». Le même jour, une autre

1. Gérard Davet, Fabrice Lhomme, *op. cit.*, p. 221.
2. Entretien avec l'auteur, juin 2021.

structure voit le jour : l'association de financement de l'association La Manufacture, afin, comme son nom l'indique, de « recueillir des fonds destinés au seul financement des activités économiques de La Manufacture[1] ». C'est à la fois une « boîte à idées » et un réceptacle pour recevoir des dons afin de favoriser la carrière politique de Xavier Bertrand. Les deux associations sont domiciliées chez lui, boulevard Richelieu. Son secrétaire général est Damien Meslot, à l'époque député UMP du Territoire de Belfort. « Au sein du premier carré des "bertrandistes" figurent les députés Gérald Darmanin, David Douillet, Arnaud Robinet, Alain Joyandet et le centriste Dominique Paillé[2]. » On y retrouve également Michel Bettan, Bernard Sananès et Gwladys Huré, « tous passés, ou en poste, chez Euro RSCG, devenu Havas Worlwide ». En mars 2021, Gwladys Huré a été nommé directrice de l'information et de la communication de la Caisse nationale de l'Assurance maladie. Dès 2013, La Manufacture a été reconnue comme parti politique par la Commission nationale des comptes de campagne et des financements politiques.

1. Archives de l'auteur.
2. Charlotte Chaffanjon, *op. cit.*

19

Le fantôme de Bygmalion

Si Xavier Bertrand assume ses ambitions présidentielles, il ne l'a encore jamais dit de vive voix à Nicolas Sarkozy. En janvier 2014, les deux hommes, qui ne se sont pas revus depuis plus d'une année, se retrouvent dans un restaurant italien du XVIIe arrondissement de Paris. La scène, telle qu'elle a été reconstituée, se déroule ainsi : l'ancien « chouchou » se met à débiter à l'ancien président tout ce qu'il a sur le cœur et qu'il n'a pas osé lui exprimer lorsqu'il était au gouvernement. « Je lui ai dit que je ne voulais pas être son ministre ni son Premier ministre. Je lui ai dit que je voulais être président. » Puis Xavier Bertrand se lève, plante son interlocuteur et paie l'addition. « J'ai déjeuné avec la grenouille et moi, j'étais le bœuf », raconte de son côté Nicolas Sarkozy. Dans leur livre, Nathalie Schuck et Frédéric Gerschel évoquent une autre réflexion de l'ancien chef d'État : « Vous croyez qu'il va se lever, régler la note, partir et me laisser seul à table ? Vous croyez que c'est comme ça que ça se passe[1] ? »

---

1. Nathalie Schuck, Frédéric Gerschel, *« Ça reste entre nous, hein ? » Deux ans de confidences de Nicolas Sarkozy*, Flammarion, novembre 2014, p. 76-77.

s'indigne-t-il, ordonnant aux siens de passer dorénavant Xavier Bertrand au Kärcher.

Le spectre de la Cité du risque

Depuis, on attribue à l'ancien locataire de l'Élysée plusieurs noms d'oiseaux pour désigner son ancien « chouchou » : « bon à rien », « petit assureur », « médiocre ». Ou encore : « Il y a des petits moteurs et de gros moteurs. [...] Qui l'a fait ministre ? C'est moi. » Et s'il revenait au pouvoir, Xavier Bertrand « sera pieds nus avec des plaies ouvertes dans les mines de sel[1] » ! On dit que Sarkozy persiflerait : « N'oubliez jamais que Xavier Bertrand est un petit assureur. Tout le monde sait que les assureurs ne sont jamais là quand on a besoin d'eux... »

En revanche, dans son fief de l'Aisne, Xavier Bertrand met sous le boisseau ses ambitions présidentielles. Il proclame haut et fort que la fonction de maire de Saint-Quentin suffit amplement à son bonheur. Anticipant la loi sur le cumul des mandats, il déclare dans un message publié sur Internet que « son choix est clair » : plutôt que de conserver son poste de député, il restera l'édile de la sous-préfecture. « Tant de rencontres et de visages, tant de défis à relever me font choisir sans aucune hésitation Saint-Quentin et les Saint-Quentinois[2]. » Dans une interview de deux pages accordée à *L'Aisne nouvelle*, intitulée « Pourquoi Xavier Bertrand préfère Saint-Quentin à l'Assemblée », l'ancien secrétaire général de l'UMP répond : « Je crois profondément à l'enracinement local. Il n'y a pas d'autre fonction

1. *Ibid.*, p. 75-77.
2. Source AFP, « Municipales 2014 : Xavier Bertrand officialise sa candidature à Saint-Quentin », *Le Point*, 20 février 2014.

que celle de maire qui permet un tel contact humain. [...] Le mandat de maire est le plus concret, le plus complet. Mon attachement à cette ville est un attachement charnel[1]. » Ce qui ne l'empêchera pas, deux ans plus tard, en janvier 2016, d'abandonner son poste de maire dès son élection à la présidence du conseil régional des Hauts-de-France. Toutefois, il conservera la présidence de la communauté d'agglomération du Saint-Quentinois jusqu'en juillet 2020.

La campagne pour les élections municipales est marquée, une fois encore, par une violente polémique. Michel Garand, tête de liste de la gauche, déclare dans une interview, au sujet de son rival : « Son absence est dommageable à la ville. Il prépare plus les présidentielles qu'autre chose. Il délaisse Saint-Quentin. [...] Quand on aime sa ville, on scolarise ses enfants à Saint-Quentin. » La dernière phrase n'est pas forcément très heureuse. Xavier Bertrand saute sur l'occasion pour la transformer en scandale d'État. « C'est une attaque odieuse. Tous ceux qui se sont attaqués à ma famille, ça ne leur a pas porté chance. J'ai été sincèrement choqué et blessé », déclare-t-il dans la presse locale. Dans une lettre adressée à Michel Garand, il réplique : « Vous avez multiplié les erreurs, les approximations ou les contrevérités, témoignant ainsi de votre méconnaissance des lois en vigueur ou de la réalité de la vie saint-quentinoise. » Et il ajoute : « Je vous connais bien depuis de nombreuses années, mais je ne vous savais pas capable d'être aussi odieux[2]. » Les deux hommes se connaissent d'autant mieux que Michel Garand est membre du Grand Orient de France. Concernant la scolarisation de ses enfants, à la question : « Est-ce vrai

1. Aurélien Wätli, Samir Heddar, « Pourquoi Xavier Bertrand préfère Saint-Quentin à l'Assemblée », *L'Aisne nouvelle*, 22 février 2014.
2. Archives de l'auteur. Lettre datée du 27 juin 2013.

toutefois ? », Xavier Bertrand répond à *L'Aisne nouvelle* : « Bien sûr. [...] Je suis souvent à Paris. Est-ce que je peux profiter un peu de mes enfants ? »

Finalement, aux élections municipales de 2014, il l'emporte dès le premier tour avec 52,61 % des voix. Il affrontait quatre listes, dont une du Front national, qui obtient 20,11 %. Le PS arrive ensuite (17,10 %), suivi du PCF (7,72 %). Le FN s'est implanté durablement dans cette ville lourdement frappée par le chômage. Malgré ce succès, la municipalité n'a pas grand-chose à mettre à son actif. Elle a annoncé la création de la Cité du risque, un projet à 50 millions d'euros. Il s'agit d'un centre européen de sensibilisation et d'éducation aux risques, susceptible de faire venir à Saint-Quentin des dizaines de milliers de visiteurs. L'idée est originale : appeler l'existence des dangers aussi bien dans la vie quotidienne (onze millions d'accidents chaque année en France, provoquant 4,5 millions de blessés) que des risques majeurs (tempêtes, inondations, alertes industrielles, risques nucléaires). La Cité du risque se veut à la fois laboratoire de recherche et d'enseignement, centre de formation, espace de congrès et parc d'attractions. La direction du projet est confiée à Matthieu Gressier, ancien chef de cabinet de Xavier Bertrand au ministère du Travail et de la Santé et membre actif de La Manufacture[1].

L'ouverture au public est prévue en 2016. Mais à cette date, alors que Xavier Bertrand a quitté Saint-Quentin pour prendre la tête des Hauts-de-France, on apprend que le permis de construire de la Cité du risque n'est toujours pas déposé en mairie, alors qu'entre « 150 000 et 300 000 visiteurs sont susceptibles de venir jusqu'à la capitale de Haute-Picardie ». Ironiquement, la presse locale

1. Voir Alice Meunier, « Matthieu Gressier, un proche de Xavier Bertrand », *Le Courrier picard*, 18 juillet 2013.

laisse entendre que, sur le terrain de trois hectares qui doit accueillir cet ambitieux projet, « les mauvaises herbes ont encore le temps de pousser tranquillement[1]. » À ce jour, le parc d'attractions, le laboratoire de recherche, l'amphithéâtre de trois cents places et le restaurant pour accueillir les milliers de visiteurs sont toujours en souffrance. Quant à Matthieu Gressier, directeur général des services de l'agglomération du Saint-Quentinois, il est parti en octobre 2020 occuper les mêmes fonctions à la mairie du Touquet-Paris-Plage, dont le maire, Daniel Fasquelle, n'est pas le plus chaud partisan de Xavier Bertrand pour l'élection présidentielle. Matthieu Gressier aurait annoncé lors d'une réunion publique que la Cité du risque serait en partie financée par le Qatar et ne coûterait rien aux habitants. « Il a même affirmé que chaque match du PSG serait l'occasion de promouvoir, par de la publicité, la Cité du risque ! », assure Thierry Comble, présent à cette réunion en qualité de géomètre[2]. Le 30 janvier 2016, lors d'un conseil de la communauté d'agglomération du Saint-Quentinois, Sylvie Saillard, élue du Front national, interpelle Xavier Bertrand sur les partenaires privés du projet de la Cité de la prévention. « Vous avez évoqué le Qatar », lui lance-telle. Réponse embarrassée de l'ancien ministre : « Je ne suis plus membre depuis longtemps du groupe d'amitié France-Qatar [...]. Le PSG ne viendra pas jouer à Debrésie [le stade de Saint-Quentin] et l'OSQ [l'Olympique saint-quentinois] ne sera pas racheté par un président qatari[3]. » L'ancien ministre se garde de démentir d'éventuels liens avec l'émirat gazier.

---

1. « Saint-Quentin. Le budget coince sur la Cité de la prévention des risques », *Le Courrier picard*, 25 juin 2016.
2. Entretien avec l'auteur, juillet 2021.
3. « Le Qatar s'invite à l'agglo », *Le Courrier picard*, 30 janvier 2016.

Une adjointe salariée de Bygmalion

Aux flops s'ajoutent les couacs. Bygmalion, la société de communication soupçonnée d'avoir multiplié les fausses facturations dans les comptes de la campagne 2012 de Nicolas Sarkozy, est actionnaire à hauteur de 11,2 % dans Matélé, la télévision locale de Saint-Quentin, lancée en mars 2013. Mais un an plus tard, plus personne, à la sous-préfecture de l'Aisne, ne se rappelle l'existence de Bygmalion, à commencer par la municipalité. Xavier Bertrand assure être tombé des nues quand il a appris dans l'hebdomadaire *Marianne* que son adjointe Monique Bry, en charge de la rénovation urbaine, retraitée d'EDF-GDF et âgée de soixante-huit ans, avait émargé pendant trois ans pour Bygmalion, « la boîte de com de Bastien Millot », entre 2009 et 2011. « Elle a empoché, pour ses fonctions de "rédactrice" les sommes de 17 453 euros, 16 369 euros et 15 332 euros[1]. »

Le député-maire de Saint-Quentin assure qu'il ignorait tout de l'activité de Monique Bry et qu'il l'a immédiatement convoquée dans son bureau « pour lui demander les conditions exactes de cette collaboration » : « Je lui ai demandé de me notifier cela par écrit, avec les documents afférents. J'attends son dossier. » Connaissant la haine – réciproque – que Xavier Bertrand nourrit à l'endroit de Jérôme Lavrilleux, les jours de l'adjointe sont comptés. « On imagine ici la fureur avec laquelle le maire s'est entretenu avec Monique Bry. Bygmalion, aux yeux de Xavier Bertrand, représente, en grande partie, la frange des proches de Jean-François Copé, son ennemi juré[2] », écrit *Le Courrier*

1. Arnaud Bouillin, « L'adjointe de Xavier Bertrand bossait pour Bygmalion », *Marianne*, 11 juillet 2014.
2. « L'adjointe de Xavier Bertrand mange du Bygmalion », *Le Courrier picard*, 10 juillet 2014.

picard. Le maire de Saint-Quentin ignorait-il également que Jérôme Lavrilleux possédait une boîte aux lettres dans une maison cossue de la rue Camille-Desmoulins appartenant à Monique Bry ? Apparemment, la colère de Xavier Bertrand s'est vite estompée, puisqu'à ce jour Monique Bry est toujours maire-adjointe de Saint-Quentin, chargée de la rénovation urbaine et du cadre de vie.

Xavier Bertrand ne va cesser de répéter sur les ondes et plateaux de télévision nationaux qu'il ne connaît pas les activités de Bygmalion dans sa propre ville, bien que plusieurs Saint-Quentinois, encartés chez les jeunes UMP de l'Aisne, aient « passé quelques mois en stage dans cette société de communication au cours de l'année 2013 [1] ». Baptiste Piekazc, 23 ans, chargé de communication des Jeunes populaires de l'Aisne, membre de La Manufacture, le cercle de pensée de Xavier Bertrand, reconnaît avoir été stagiaire chez Bygmalion de janvier à août 2013. Sa proximité avec le maire de Saint-Quentin n'a pas empêché Baptiste Piekazc de soutenir également Jérôme Lavrilleux, candidat aux élections européennes en 2014, « n'hésitant pas à publier des clichés de lui en plein collage d'affiches lors de la campagne [2] ». Concernant la presse locale, l'ancien secrétaire général de l'UMP s'enferme dans son mutisme habituel lorsqu'il s'agit de répondre à des questions embarrassantes. « Le cabinet du maire, forteresse obligatoire des journalistes localiers, pour toutes demandes concernant la vie municipale, n'a jamais retourné nos appels, qui ont été nombreux, tout au long de cette semaine », souligne *L'Aisne nouvelle*, rappelant que Xavier Bertrand « préfère répondre aux

1. *Ibid.*
2. « Jeunes UMP de Saint-Quentin stagiaire à Bygmalion », *Le Courrier picard*, 24 juin 2014.

journalistes nationaux plutôt qu'aux localiers[1] ». « Il faudrait savoir. Soit Xavier Bertrand contrôle ce qui se passe dans sa ville, soit il ne le contrôle pas. Dans ce cas, c'est un mauvais gestionnaire[2] », ironise Olivier Tournay, conseiller municipal communiste.

À Saint-Quentin, les activités de la sulfureuse société de communication ne s'arrêtent pas à la télévision : Bygmalion a aussi travaillé pour la refonte du site Internet de la Maison de l'emploi et de la formation (MEF), à hauteur de 28 000 euros. Par ailleurs, elle a recruté l'ancienne directrice de *L'Aisne nouvelle* (après la reprise du journal par *Le Courrier picard*) comme « directrice administrative et financière jusqu'à la fin de l'année 2013[3] ». Michel Abhervé, ancien élu pendant deux décennies en Île-de-France, anime un blog sur le site d'*Alternatives économiques*. Il se plonge dans les ennuis de la Maison de l'emploi de Saint-Quentin. « Alors que Xavier Bertrand a été ministre du Travail, c'est celle qui fonctionne le plus mal ! Certains politiciens ne font pas : ils font croire qu'ils font[4] », déplore-t-il. Le 20 juillet 2017, il écrit : « Nous apprenons que les instances de la structure ne se sont pas réunies entre décembre 2013 et le 17 juillet 2014, que le commissaire aux comptes a refusé de valider les comptes de l'exercice 2013, qui n'ont donc pas été approuvés et que Xavier Bertrand vient de commander un audit. »

Plus d'un an plus tard, le 17 octobre 2015, le même Michel Abhervé se demande si l'audit de la Maison de

1. Guillaume Carré, « Décryptage. Sur Bygmalion, le silence est d'or », *L'Aisne nouvelle*, 12 juillet 2014.
2. Entretien avec l'auteur, novembre 2020.
3. Guillaume Carré, « La Maison de l'emploi a fricoté avec la sulfureuse Bygmalion », *L'Aisne nouvelle*, 8 juillet 2014.
4. Entretien avec l'auteur, juin 2021.

l'emploi de Saint-Quentin « va devoir attendre les élections régionales pour être communiqué aux salariés ». En effet, cet audit n'a toujours pas été communiqué, pour des motifs variables. « À suivre, puisque le rendu est maintenant promis pour la semaine prochaine, ironise le blog. À moins que, durant les vacances de la Toussaint, il y ait trop d'absents ! Et après, l'auditeur peut se casser une jambe ! » Le 1er septembre 2017, on apprend qu'il « y a pour le moins un problème de communication, puisque la direction refuse de répondre à la presse depuis des mois et le nouveau président repousse sans cesse un éventuel entretien ». Le 24 janvier 2018, Michel Abhervé reprend une interpellation d'Olivier Tournay, conseiller communautaire communiste, soulignant « qu'il est difficile de comprendre ce qui s'est passé d'un point de vue financier dans cette structure. Vous aviez annoncé un audit financier qui ne verra jamais le jour. Nous ne savons pas pourquoi la MEF avait un loyer équivalent à un cinquième de son budget ». Réponse de Xavier Bertrand : « Tout va bien, tout s'arrange. » Conclusion de l'article : « Stabilisation durable du fonctionnement ou méthode Coué ? L'avenir nous le dira, dans un contexte d'un chômage qui continue à croître dans un bassin d'emploi, approchant les 15 %[1]. »

Le tableau ne serait pas complet sans la nomination de Bastien Millot au conseil d'administration du lycée Henri-Martin de Saint-Quentin en septembre 2013. Explication de Xavier Bertrand, revenu de son amnésie : Bastien Millot et Jérôme Lavrilleux voulaient l'abattre, raison pour laquelle « Bygmalion a essayé de créer une nébuleuse au niveau local en rendant service

1. blogs.alternatives-economiques.fr, 20 juillet 2014, 17 octobre 2015, 1er septembre 2017 et 24 janvier 2018.

à un certain nombre de personnes dans le but de me déstabiliser[1] ».

Xavier Bertrand n'était plus dans les instances dirigeantes de l'UMP en 2012. Il n'a jamais été mis en cause dans le financement illégal de la campagne électorale de Nicolas Sarkozy. Malgré tout, cette tentative de camouflage au niveau local, alors que Bygmalion n'a vraisemblablement pas mené d'actions illégales à Saint-Quentin, fait désordre. Surtout, elle contredit son habituel discours sur la transparence.

Malgré un maigre bilan au niveau local, le candidat à l'élection présidentielle reste très populaire dans la capitale du Nord de l'Aisne, comme j'ai pu le constater lors de mes déplacements en novembre 2020 et en mai 2021. Les résultats des différentes élections l'attestent. En 2015, alors que le parti d'extrême droite arrive largement en tête avec 38,7 % des voix aux élections départementales dans l'Aisne, à Saint-Quentin, en revanche, la droite conserve facilement ses trois sièges de conseillers généraux au second tour, chaque fois dans un duel l'opposant au Front national. « Je militais chez Chevènement en 2008, raconte Freddy Grzeziczak, aujourd'hui premier adjoint au maire de Saint-Quentin, chargé de la sécurité et des solidarités. Xavier est venu me demander de venir travailler avec lui. J'ai accepté et je ne le regrette pas. En 2015, je ne pensais pas me présenter dans le canton de Saint-Quentin-3. Non seulement Xavier m'a encouragé à m'engager, mais il est venu faire du porte-à-porte avec moi. » L'ancien chevènementiste, qui s'est toujours considéré comme un gaulliste social, milite à

1. Aurélien Wälti, « Bygmalion : règlements de comptes et révélations à “Saint-Quentin connection” », www.aisnenouvelle.fr, 12 juillet 2014.

La Manufacture. Il fera campagne pour Xavier Bertrand à l'élection présidentielle. « C'est quelqu'un de brillant, proche des gens et qui est resté simple. Je l'ai encore vu au marché samedi dernier[1]. »

Politiquement, Alexis Grandin a suivi un mouvement inverse. Représentant le Mouvement pour la France (MPF), fondé par Philippe de Villiers, il a même été l'adversaire de Xavier Bertrand aux élections cantonales de 1998. Aujourd'hui maire-adjoint de Saint-Quentin, chargé des relations internationales, il vante la profonde amitié qui le lie à l'ancien ministre de Nicolas Sarkozy, « comme la profonde estime que je lui porte. C'est un gaulliste social, un pragmatique qui sait répondre aux attentes de chacun ». Également chargé du tourisme, Alexis Grandin a accompagné Xavier Bertrand en Chine. Ce dernier l'a encouragé à apprendre la langue de Confucius. « Nous avons une valeur forte, notre patrimoine Art déco, et autour de Saint-Quentin, pour nous ouvrir à l'international, nous devons mettre l'accent sur le tourisme vert, le tourisme fluvial[2] », insiste l'adjoint au maire.

Aux élections de décembre 2015, dans la nouvelle « grande région » Nord-Pas-de-Calais-Picardie, Xavier Bertrand obtient au premier tour 24,96 % des suffrages, très loin de Marine Le Pen (40,64 %). En revanche, à Saint-Quentin, l'ancien ministre résiste bien, avec 43,05 %, contre 34,22 % pour le FN. Au second tour, le candidat de la droite bénéficie largement des voix de toute la gauche. Il l'emporte avec 57,77 % des suffrages. Dans sa ville, il obtient 65,20 %. Comme il l'avait annoncé, Xavier Bertrand démissionne de l'Assemblée nationale le 13 janvier 2016, expliquant sur le plateau

1. Entretien avec l'auteur, Saint-Quentin, novembre 2020.
2. *Ibid.*

de BFM : « Quand je suis en séance, je ne suis pas dans ma région. »

Pour lui succéder au Palais-Bourbon, Xavier Bertrand organise une primaire inédite au palais de Fervaques, à Saint-Quentin, réunissant les adhérents LR. *Le Courrier picard* souligne que le nouveau président de la région est venu en jean-baskets pour présider cette primaire. Le quotidien le décrit « en grand chef adulé par les trois candidats », lesquels « n'ont d'ailleurs cessé de rendre hommage à l'ex-député-maire de Saint-Quentin[1] ». Julien Dive, trente ans, originaire de Saint-Quentin, maire d'Itancourt, ancien responsable des Jeunes Populaires de l'Aisne, l'emporte facilement. En mars 2016, il obtient au premier tour 36,28 % des suffrages (devant Sylvie Saillard-Meunier, la candidate du Front national). Au second tour, il est élu député avec 61,14 % des voix. Deux ans plus tard, en 2017, après la victoire d'Emmanuel Macron, Julien Dive conserve son siège, améliorant légèrement son score (64,97 %), face à la même adversaire du Front national. Toutefois, La République en marche (LREM) n'a pas présenté de candidat dans la deuxième circonscription de l'Aisne, Xavier Bertrand étant alors considéré par l'Élysée – à tort ou à raison – comme « Macron-compatible ». « Je suis resté LR, explique Julien Dive. À la suite de l'élection de Christian Jacob à la présidence en 2019, j'ai été nommé secrétaire général adjoint du parti. À La Manufacture, nous accueillons de plus en plus de militants LR, mais aussi des personnes qui ne sont pas dans ce parti, notamment certains qui avaient voté Macron en 2017. Si nous voulons gagner aux présidentielles, il nous faudra rassembler à droite,

1. « Julien Dive sera le candidat des Républicains à la législative partielle », www.courrier-picard.fr, 8 février 2016.

mais aussi au-delà. » Sa définition du « bertrandisme » en peu de mots ? « Une droite sociale, séguiniste à la base, avec une forte dimension régalienne[1] », lâche cet efficace relais de Xavier Bertrand auprès des députés.

À la mairie de Saint-Quentin, c'est aussi une personne jeune qui prend la relève. À trente-huit ans, Frédérique Macarez devient la première femme maire de la ville. Passée par Sciences Po Lille, diplômée d'un master de communication, elle est entrée en 2000 à la mairie de Saint-Quentin comme chargée de mission, avant de succéder comme directrice de cabinet à un certain Jérôme Lavrilleux. En 2014, directrice de la campagne pour les élections municipales, Frédérique Macarez devient adjointe au maire, en charge du développement et de la sécurité, et vice-présidente de la communauté d'agglomération. Mais à la différence de Julien Dive, elle n'est pas exactement une fidèle de Xavier Bertrand. Elle a été imposée par Pierre André, son prédécesseur. Ce dernier confirme dans la presse locale un pacte ancien : c'est elle qui devait succéder à Xavier Bertrand « quand celui-ci ira[it] voir plus haut ». *L'Aisne nouvelle* rappelle que « la protégée de Pierre André a moins d'atomes crochus avec Xavier Bertrand. Leurs deux caractères s'opposent parfois. Mais elle connaît tous les rouages de la ville[2]. » En vrais politiques, ni l'un ni l'autre n'expriment en public leurs différences. Membre de LR, Frédérique Macarez occupait la dixième position dans l'Aisne sur la liste « Se battre pour vous ! », conduite par Xavier Bertrand aux élections régionales de juin 2021.

1. Entretien avec l'auteur, Paris, octobre 2020.
2. « Frédérique Macarez, future maire de Saint-Quentin : “Ce choix ne date pas d'hier” », www.aisnenouvelle.fr, 6 janvier 2016.

Xavier Bertrand s'augmente en catimini

Devenu simple conseiller municipal de la ville de Saint-Quentin, Xavier Bertrand conserve en revanche la présidence de l'agglomération. Et c'est là qu'il est rattrapé par un gros couac. Jusqu'à présent, il ne percevait pas son indemnité de président car la loi plafonne le montant des indemnités des élus qui cumulent les mandats. Comme député-maire, il touchait 8 300 euros bruts par mois. Sans compter l'indemnité représentative des frais de mandat (IRFM) des députés, d'un montant de 5 770 euros bruts. Or, en devenant président de la région des Hauts-de-France, et en abandonnant ses mandats de député et de maire, Xavier Bertrand ne gagne plus que 5 236 euros bruts. Pour compenser ce manque à gagner, il décide de s'augmenter en catimini, dès janvier 2016, de 4 181,62 euros comme président de l'agglomération de Saint-Quentin. Seulement voilà, l'un des treize vice-présidents « cafte » cette substantielle rallonge au *Courrier picard*, qui titre : « Saint-Quentin. Plus pour Xavier Bertrand, moins pour les autres. » Car cette augmentation se fait au détriment des vice-présidents, qui voient leurs indemnités chuter de 250 à 300 euros par mois.

Xavier Bertrand se contente de récupérer son dû, mais la méthode semble rester en travers de la gorge de ses vice-présidents. « À l'occasion du dernier conseil communautaire, jeudi 24 mars, personne n'a moufté. Ni le président ni les vice-présidents. Comme si de rien n'était. Pourtant, en coulisses, un courrier a été adressé par les vice-présidents à Xavier Bertrand. Car le thème des indemnités n'avait jamais été abordé. Ni en conférence des maires ni ailleurs. La surprise a eu du mal à passer[1] », révèle *Le Courrier picard.* L'information fait le tour des rédactions. France 3 Hauts-de-France reconnaît qu'il n'y a rien de scandaleux d'un point de vue purement comptable, mais « c'est sur le plan éthique que le bât blesse. Ces petits arrangements entre amis pour que le président du conseil régional ne perde pas trop d'argent écornent l'image d'un Xavier Bertrand qui répétait à l'envi : "Plus rien ne sera jamais comme avant" : ça fait un peu mauvais genre[2]. »

Gérald Darmanin, vice-président du conseil régional, a fait le même calcul en récupérant une indemnité de 3 783 euros en tant que maire de Tourcoing, ajoute France 3. *Le Monde* tire dans le même sens, en rappelant que Xavier Bertrand avait revendiqué sa volonté d'incarner une manière de faire de la politique plus vertueuse, « abandonnant ses mandats de député de l'Aisne et de maire de Saint-Quentin pour mieux se consacrer, disait-il, à son nouveau poste[3] ». Pour le quotidien parisien, si l'opération n'a rien d'illégal, elle est plus contestable sur le plan éthique.

Aux élections municipales de 2020, la liste conduite par Frédérique Macarez est plébiscitée : elle passe avec 65,66 % des voix, soit les deux tiers des votants. Le Front national est à 15,5 %, une liste divers gauche à 9 % et le Parti communiste à 8 %. Il n'y a plus aucun socialiste au conseil municipal. Le taux de participation n'a été que de 31,37 %,

1. Alice Meunier, « Saint-Quentin. Plus pour Xavier Bertrand, moins pour les autres », www.lecourrier-picard.fr, 26 mars 2016.
2. Jennifer Alberts, « Xavier Bertrand s'est-il vraiment augmenté de 4 181,62 euros brut ? », france3-regions.francetvinfo.fr, 1er avril 2016.
3. Alexandre Lemarié, « Xavier Bertrand s'augmente de 4 000 euros pour compenser la fin du cumul de ses mandats », *Le Monde*, 1er avril 2016.

en raison de l'épidémie de Covid-19. « Le résultat montre que nous ne nous sommes pas plantés. Pendant toutes ces années, l'équipe municipale ne s'est pas économisée, répondant au mieux aux attentes de la population, respectant la parole donnée. Je n'ai jamais caché aux Saint-Quentinois que la situation économique et sociale risque d'être semée de difficultés dans les années à venir », assure Frédérique Macarez. Également présidente de la communauté d'agglomération du Saint-Quentinois depuis la démission de Xavier Bertrand en juillet 2020, elle dit ne pas avoir d'ambitions personnelles. « Ça me fait plaisir et ça nous fait plaisir de voir Xavier Bertrand s'imposer au niveau national. Il a bien évidemment notre soutien. Je serai à ses côtés[1] », ajoute Frédérique Macarez. Pour l'anecdote, née en 1977, la maire de Saint-Quentin a partagé la même promotion qu'Emmanuel Macron au lycée La Providence à Amiens ; mais, assure-t-elle en souriant, « je ne me souviens pas de lui[2] ».

Fidèle à sa tradition de débauchage – ou de pouvoir de persuasion –, l'équipe municipale a été rejointe en 2020 par le Vert Michel Magniez, spécialiste des problèmes de transport et, dans un tout autre domaine, traducteur du *Cicéron* de Stefan Zweig. « J'appartenais à un groupe des usagers des chemins de fer. Nous avons accompagné Xavier Bertrand lors d'une rencontre avec Guillaume Pepy. Il a fait remonter au patron de la SNCF ce que pensent les voyageurs de notre région. Avec Xavier Bertrand, c'est "oui, mais quand ?" ou "non, pourquoi ?". Et "que fait-on à la place ?". Xavier Bertrand considère que le Front national ne prospère que si on n'apporte pas de solutions aux problèmes des gens[3] », confie Michel

1. Entretien avec l'auteur, Saint-Quentin, novembre 2020.
2. « Frédérique Macarez, future maire de Saint-Quentin », art. cit.
3. Entretien avec l'auteur, Saint-Quentin, novembre 2020.

Magniez, maire-adjoint chargé de l'environnement et du développement durable.

Bien évidemment, l'opposition ne dresse pas un tableau aussi idyllique de la situation. « Tout n'est pas aussi clair que la municipalité le dit. Pourquoi a-t-on acheté des friches industrielles à au moins deux fois leur valeur ? Pourquoi a-t-on acheté des friches industrielles au prix fort alors qu'il n'y avait aucun projet de destination ? La valeur de ces friches a très vite fortement chuté et certaines ont été revendues à vil prix. On peut estimer les pertes à deux millions d'euros pour le bailleur HLM. Par ailleurs, la mairie, et notamment Xavier Bertrand, a voulu racheter les locaux en mauvais état de *L'Aisne nouvelle*, inoccupés depuis des années. Là encore, il n'y avait pas de projet précis. Mais au regard des finances qui étaient déjà exsangues, du fait du rachat des friches précédentes, le projet ne s'est finalement pas finalisé, souligne le communiste Olivier Tournay, interroge le communiste Olivier Tournay, conseiller municipal d'opposition. Bertrand, finalement, ne travaille que pour Bertrand. Tout le monde est au garde-à-vous. Dès que vous le mettez en cause, il se met dans une violente colère[1]. »

Toutefois, il est de bon ton à la mairie de Saint-Quentin de complimenter Olivier Tournay et de louer certaines de ses propositions. C'est pour mieux accabler Sylvie Saillard-Meunier, élue du Rassemblement national. « Nous sommes saint-quentinois depuis plusieurs générations et je vois ma ville décliner inexorablement. La population diminue et l'immobilier ne vaut plus rien. Aucun TGV ne passe », constate cette pharmacienne, qui ne figurait pas en 2021 sur la liste axonaise du RN aux élections régionales. « Je reproche surtout à Xavier Bertrand et à l'équipe municipale leur haine. Ils ne cessent de nous humilier,

1. *Idem.*

de tenter de me faire passer pour une conne », dénonce Sylvie Saillard-Meunier, qui me tend un tract anonyme distribué aux dernières élections municipales et intitulé : « Avec Mme Saillard, c'est l'incompétence, la démagogie et le mensonge permanent[1]. » Le document commence ainsi : « Achetez une calculette à Mme Saillard car elle ne sait pas compter… » L'œuvre de la municipalité elle-même, comme le laisse entendre l'élue du Rassemblement national ? Le 24 juin 2021, entre les deux tours des élections, opposé à ses adversaires politiques, Xavier Bertrand n'a pas hésité à déclarer : « Il vaut mieux être avec les communistes qu'avec les identitaires », et d'ajouter aussitôt après : « Oui, j'assume[2]. »

1. *Idem.*
2. « Xavier Bertrand : « Il vaut mieux être avec les communistes qu'avec les identitaires », www.valeursactuelles.com, 24 juin 2021.

20

« Floc floc » enlève les Hauts-de-France

Les élections régionales de 2010 n'avaient pas apporté de grandes surprises dans ces bastions socialistes. Dans le Nord-Pas-de-Calais, la liste conduite par le socialiste Daniel Percheron était arrivée en tête au premier tour, avec 29,16 % des voix, devant celle de la droite, emmenée par la secrétaire d'État Valérie Létard (UMP, 19 %), devançant de quelques voix Marine Le Pen (18,31 %). En Picardie, en revanche, le duel avait été plus serré entre la gauche, emmenée par le socialiste Claude Gewerc (26,64 %), et la droite rassemblée derrière Caroline Cayeux, maire de Beauvais (UMP) (25,94 %). Le Front national, totalisant 15,80 % des voix, avait pu lui aussi se maintenir au second tour. *Le Monde* observait que Caroline Cayeux « n'a[vait] guère bénéficié du soutien actif des poids lourds de la région, tant Éric Woerth, ministre du Budget et maire de Chantilly (Oise), que Xavier Bertrand, secrétaire général de l'UMP, député et adjoint au maire de Saint-Quentin (Aisne), ville où la gauche est arrivée en tête ». Au second tour, sans surprise, la gauche était arrivée en tête dans le Nord-Pas-de-Calais avec 51,89 % des suffrages, un score analogue à celui de 2004. La droite et le Front national n'amélioraient que faiblement leurs scores, respectivement 25,91 % et 22,20 %. En Picardie, la gauche se détachait largement (48,28 %). La droite obtenait 32,43 % des suffrages et le Front national, 19,30 %.

Consensus à droite autour de Bertrand

Pendant longtemps, Xavier Bertrand n'a eu en tête que la présidence de la région Picardie. Le problème, avec la refonte des régions, c'est que la Picardie risquait de disparaître, l'Aisne, l'Oise et la Somme se séparant pour rejoindre de nouvelles entités. Un temps, le gouvernement a même envisagé de marier la Picardie à la Champagne-Ardenne.

A priori, il n'est pas évident pour le député-maire de Saint-Quentin de s'investir dans la nouvelle région Hauts-de-France, dominée par Lille. D'autant que, depuis des mois, deux députés UMP de l'agglomération lilloise, le jeune et très ambitieux Gérald Darmanin, trente-deux ans, nommé secrétaire général adjoint de l'UMP par Nicolas Sarkozy, et Marc-Philippe Daubresse, soixante-deux ans, ancien ministre de la Jeunesse et des Solidarités actives, rêvent d'arracher ce bastion à la gauche. Le futur ministre de l'Intérieur d'Emmanuel Macron mène une campagne particulièrement agressive. Il ne manque pas une occasion de rappeler que lorsque Marc-Philippe Daubresse est entré au conseil régional en 1986, lui-même n'était « pas encore entré à l'école élémentaire ». Pour Gérald Darmanin, qui a arraché Tourcoing à la gauche en 2014, pas question « de laisser ceux qui ont toujours tout perdu dans la région mener les combats ». Réplique de Marc-Philippe Daubresse : « La carrure d'un homme politique ne se mesure pas au diamètre de ses chevilles[1]. »

Avec deux hommes irréconciliables, la droite risquait de partir au combat divisée. Xavier Bertrand, plusieurs fois ministre, ancien secrétaire général de l'UMP, apparaît assez vite comme le plus capé. Et surtout comme l'homme capable de rétablir la paix dans la formation néogaulliste. L'ancien ministre commence par faire savoir qu'il réfléchissait. D'un côté, la Picardie (Aisne, Oise, Somme) n'est qu'un poids léger face au Nord-Pas-de-Calais. De l'autre, comment justifier qu'il se porte candidat en 2015 aux élections régionales, alors qu'il annonce depuis des années vouloir concourir en 2016 à la désignation du candidat de la droite à l'élection présidentielle ? Xavier Bertrand doit déjà répondre aux mêmes questions qu'aujourd'hui : « Vos adversaires vous accusent de faire cette campagne un simple tremplin pour la primaire à droite en 2016 », l'apostrophe le quotidien *Aujourd'hui en France*. Réponse de l'intéressé : « Mon enjeu essentiel aujourd'hui, c'est la région. Ce qui ne m'empêchera pas, le temps venu, d'être candidat à cette primaire car personne ne porte les idées auxquelles je crois. Celles d'une droite populaire qui va vraiment au bout des réformes et qui n'est pas dure avec les plus fragiles[2]. »

Toutefois, en 2015, Xavier Bertrand a bien conscience que sa cote de popularité n'a pas décollé dans son parti et qu'il risque de se prendre une veste en 2016, face à Nicolas Sarkozy, François Fillon et Alain Juppé. En juin 2012, le maire de Saint-Quentin a subi un échec

1. Alain Aufray, « Xavier Bertrand poussé vers le nord », *Libération*, 7 janvier 2015.
2. Olivier Beaumont, Henri Vernet, « Marine Le Pen y va sans enthousiasme », *Aujourd'hui en France*, 5 juillet 2015.

cuisant en se présentant à la présidence du groupe UMP à l'Assemblée nationale. Face à Christian Jacob, un proche de Jean-François Copé, gratifié de cent dix-sept suffrages, il a dû se contenter de soixante-trois voix. Xavier Bertrand sait déjà qu'il ne tentera pas sa chance en 2016. « Aujourd'hui, cela se joue entre Alain Juppé et Nicolas Sarkozy. Être le troisième homme ne m'intéresse pas. Bruno Le Maire est dans cette situation, mais il veut être Premier ministre ; moi pas[1] », confie-t-il au *Journal du dimanche*.

« J'ai participé à cet "appel des 100" en faveur de Xavier Bertrand, assure le docteur Jean-François Rapin, sénateur LR du Pas-de-Calais (président de la Commission des affaires européennes du Sénat), l'un des plus chauds partisans de l'ancien maire de Saint-Quentin. Nous voulions une personnalité forte capable de gagner. Dans ce genre d'élections, je sais être modeste. Xavier Bertrand apporte 99 % des voix, et moi 1 %[2]. » Jean-Paul Branquart, directeur de la rédaction du bimensuel *Autrement dit*, conserve un souvenir mitigé du début de campagne de Xavier Bertrand dans cette nouvelle région de six millions d'âmes. « Je suis la vie politique locale depuis trente-cinq ans, se souvient le journaliste. J'ai écrit que le début de sa campagne n'étant pas très enthousiasmante. Elle ne décollait pas vraiment. Mes écrits agaçaient Xavier Bertrand et nos rapports étaient plutôt tendus. Mais ça s'est arrangé rapidement[3]. » Pour preuve, le nouveau président des Hauts-de-France lui accorde une longue interview en mai 2016, pour le vingt-cinquième anniversaire

1. Nicolas Prissette, « Xavier Bertrand n'est plus un "gentil garçon" », *Le Journal du dimanche*, 21 juin 2015.
2. Entretien avec l'auteur, Paris, février 2021.
3. Entretien avec l'auteur, Lille, février 2021.

de sa revue. « Je sais que dans cinq ans et demi, je serai jugé sur ma capacité à avoir rendu l'espoir, ou non, dans cette région », proclame l'élu.

Alliance avec les chasseurs

À la tête de la région depuis 2001, après avoir été vice-président pendant quinze ans, Daniel Percheron, soixante-treize ans, ne se représente pas. La journaliste Ariane Chemin l'avait désigné comme « l'un des hommes les plus puissants et les plus méconnus du PS ». Sénateur depuis 1983, il a été le patron de la fédération socialiste du Pas-de-Calais de 1973 à 1997, la plus importante de France. Cet ancien professeur d'histoire-géographie est un homme de culture. On lui doit l'implantation du Louvre à Lens en 2012. Mais c'est un social-démocrate, un homme discret, qui déteste la publicité. À la question : « Quel est le nom du président de région ? », moins de 10 % des sondés pouvaient citer son nom. Lorsque *L'Expansion* publie le classement des présidents de conseils régionaux selon la qualité de leur gestion en 2010, il se traîne en dix-huitième position… Le Nord-Pas-de-Calais recrute à tour de bras. Entre 2007 et 2011, les effectifs ont augmenté de 25 %. La région « a longtemps été connue pour être un havre pour qui cherchait du travail : il suffisait d'être encarté au PS ou de connaître un militant[1] », écrit *Le Point*.

La gauche étant en perte de vitesse, Martine Aubry, la maire de Lille, se garde quant à elle soigneusement de prendre la tête de la liste socialiste. C'est Pierre

1. Michel Revol, « Les dépenses pharaoniques du Nord-Pas-de-Calais », www.lepoint.fr, 17 janvier 2013.

de Saintignon, son premier adjoint et premier vice-président du conseil régional, chargé du développement économique, qui est désigné par les socialistes pour monter au feu. L'homme est reconnu pour ses compétences, mais il pâtit d'une faible notoriété (57 % des habitants ne le connaissent pas). « Si le PS y croyait vraiment, c'est Martine Aubry qui serait la candidate, ou Patrick Kanner, le ministre des Sports[1] », lâche Xavier Bertrand, qui ne se trompe pas d'adversaire. Son ennemi est bien Marine Le Pen. « On ne va pas se raconter d'histoires, ça se finira entre Marine Le Pen et moi », répète-t-il. « Après avoir voulu régler les problèmes avec son père, elle ne veut pas laisser sa nièce, Marion Maréchal-Le Pen, en haut de l'affiche[2] », ironise l'ancien ministre en lançant sa campagne électorale à Bousbecque (Nord). Si le FN l'emportait, la région deviendrait « la Grèce de la France ». Réplique de la présidente du FN : « Il repartira comme Mélenchon, avec son slip sur la tête. »

Tout aurait pu être bouleversé si Martine Aubry avait été tête de liste. Selon un sondage de l'institut Odoxa. La maire de Lille pouvait faire jeu égal, voire devancer Xavier Bertrand pour la deuxième place. Le maire de Saint-Quentin ne serait jamais devenu président de la région. Pourquoi a-t-elle renoncé ? Parce qu'elle aurait été battue au second tour. « Elle ne voulait être battue par la présidente d'un parti honni et se retrouver à siéger dans l'opposition[3]. »

1. Olivier Beaumont, Henri Vernet, *op. cit.*, 5 juillet 2015.
2. Alexandre Lemarié, « Nord : Xavier Bertrand parie sur le travail », *Le Monde*, 20 juin 2015.
3. DailyUne, « Élections régionales 2015 : l'étude qui révèle pourquoi Martine Aubry a reculé », dailynord.fr, 16 novembre 2017.

Xavier Bertrand parie sur le travail. C'est même son slogan de campagne : « Notre région au travail. » Les Hauts-de-France comptent plus de trois cent mille demandeurs d'emploi et un taux de chômage à 12,5 %, contre 10 % au niveau national. Mais tout en se présentant comme un gaulliste social, avec Philippe Séguin pour référence absolue, le député-maire de Saint-Quentin tient déjà un discours très droitier. Il s'est allié aux chasseurs, « les vrais experts de la faune et de la flore », qui militent rarement dans le camp des progressistes. D'ailleurs, en cas d'élection, ce sera Guy Harlé d'Ophove, président de la fédération des chasseurs de l'Oise, qui présidera la commission environnement de la région. Xavier Bertrand, « ennemi numéro un du Front national », choisit d'oublier que le même Harlé d'Ophove, de 1986 à 1988, a porté les couleurs lepénistes comme vice-président du conseil régional de Picardie, auprès de Charles Baur.

Dans *Valeurs actuelles*, Xavier Bertrand lâche qu'« il faut faire exploser le système européen ». Sur l'immigration : « Il faut un blocus maritime près des côtes de la Libye pour éviter les drames, qu'il y ait un million de personnes qui viennent en Europe. » Puis il annonce qu'il veut revenir sur les accords de coopération entre les États de l'espace Schengen[1]. Il se dit hostile au mariage gay. En réaction aux attentats de Bruxelles, le 24 mars, au micro de Jean-Jacques Bourdin, il reconnaît que « s'il avait été député en 1981, il n'aurait probablement pas voté l'abolition de la peine de mort"[2] ». Enfin, sur France Inter, le 23 novembre 2015, il suggère d'envoyer l'armée dans les quartiers sensibles en soutien aux forces de l'ordre.

1. Voir Charlotte Chaffanjon, « Bertrand, le crash-test », *Le Point*, 18 juin 2015.
2. Louise Couvelaire, *op. cit.*

Sur ces différents thèmes, il n'est pas loin de rejoindre le programme frontiste.

Il est intéressant de mettre en perspective ce programme de 2015 avec un article de Paul Quinio publié dans *Libération* en mars 2021 : « Xavier Bertrand a choisi d'aller sur le terrain de la droite la plus classique : la sécurité, l'immigration, la baisse du nombre des fonctionnaires, la libération des entreprises... Du classique dur qui sent bon ou plutôt mauvais le sarkozysme. [...] Alors qu'il s'échine depuis des mois, voire des années, à dresser de lui un portrait de gaulliste social, pas sectaire, soucieux de proximité et décidé à incarner une autre façon de faire de la politique, il s'élance aujourd'hui officiellement en racontant exactement l'inverse[1]. » Tout en se réclamant inlassablement du gaullisme social, Xavier Bertrand est en réalité et depuis longtemps à droite toute.

Durant toute la campagne, le chef de file de la droite peaufine son image de plouc, simple et proche des gens, « à portée de baffes » ou « d'engueulades » des électeurs. Il surjoue la carte de l'humilité, répétant que son front porte l'inscription « connard de politique ». Sa voiture est devenue sa seconde maison. Il avale les kilomètres. Sans cravate, une éternelle chemise blanche au col ouvert, il sort son sandwich devant les électeurs, serre les mains qui se tendent. « Et à chaque réunion publique, il y aura une baraque à frites, une machine à barbe à papa et un fût de bière[2] ! » se réjouit-il. Cette campagne est l'occasion pour lui de répéter qu'il a vraiment changé. L'ancien ministre a dit adieu aux dîners en ville. « Le monde parisien n'est pas le mien », assure-t-il. « Il confesse donc

1. Paul Quinio, « Xavier Bertrand, du classique dur qui sent mauvais le sarkozysme », www.liberation.fr, 25 mars 2021.
2. Charlotte Chaffanjon, *op. cit.*, 18 juin 2015.

avoir "péché" pour plaire à la "noblesse", dit avoir pleinement conscience de ce qu'il a "joué et surjoué" pour être accepté au sein d'un sérail qu'il n'était pas destiné à intégrer, avoue avoir été plus déçu par lui-même que par ce jeu politicien[1]. » Xavier Bertrand reconnaît qu'il a pu être arrogant. S'agit-il d'un vrai changement ou d'une posture cosmétique ?

Cornaqué par Gérald Darmanin, son directeur de campagne, l'ancien secrétaire général de l'UMP n'électrise pas les foules. Au premier tour, Marine Le Pen se détache largement, avec 40,64 % des voix. Elle arrive en tête dans les cinq départements de la nouvelle région née de la réforme territoriale. La liste LR-UDI-MoDem suit loin derrière (24,96 %). Les socialistes s'effondrent (18,12 %). Les communistes franchissent à peine la barre des 5 %, les Verts sont laminés. Petite satisfaction pour Xavier Bertrand : il arrive en tête dans sa ville de Saint-Quentin (43,05 %), devant la liste d'extrême droite (34,22 %). Si Pierre de Saintignon se maintenait, fusionnant sa liste avec celle du communiste Fabien Roussel, et s'il obtenait le soutien des écologistes, il pourrait espérer flirter avec les 28 % au second tour et reléguer Xavier Bertrand en troisième position. Mais Marine Le Pen serait élue.

« J'étais dans le bureau de Xavier Bertrand à Saint-Quentin quand Manuel Valls l'a appelé pour le féliciter et il lui a annoncé que les socialistes se retiraient. Il n'y a pas eu de négociations concernant ce retrait[2] », se souvient Jean-François Rapin. Xavier Bertrand décide d'appliquer sa propre stratégie. Il refuse le soutien de l'état-major de son parti, Les Républicains. Il a besoin des voix de gauche. « Il n'a pas besoin de Nicolas Sarkozy,

1. Louise Couvelaire, *op. cit.*
2. Entretien avec l'auteur, Paris, février 2021.

qui vient de déclarer que "voter PS ou voter FN, c'est la même chose". Xavier Bertrand explose : "Mais qu'ils se taisent, bon sang !" », rappelle France 3 Hauts-de-France dans un reportage intitulé « Xavier Bertrand, la revanche de "Floc floc"[1] ».

Grâce au retrait de la gauche, le tsunami de la vague Bleu Marine est stoppé. Xavier Bertrand gagne largement (57,77 %), tandis que Marine Le Pen n'améliore son score du premier tour que de 1,5 point (42,23 %). Les socialistes se sont mobilisés en masse, puisqu'à Lille la liste LR-UDI-MoDem obtient 78,02 % des suffrages. Satisfaction personnelle pour Xavier Bertrand : il dépasse 65 % des voix dans sa ville de Saint-Quentin. « Le candidat de la droite a bénéficié du report des voix de toute la gauche, passant de 558 420 voix au premier tour à 1 389 315 voix. Il ne pourra pas oublier les voix de ces électeurs qui ne seront plus représentés dans l'hémicycle », estime *Le Monde*, le 13 décembre 2015.

Créer soixante mille emplois en dix mois

Au soir de la victoire, Xavier Bertrand joue la carte de la modestie : « Ce n'est pas la victoire des partis politiques, ce n'est pas ma victoire, c'est la victoire des gens du Nord. Je remercie les électeurs d'avoir protégé notre belle région. [...] Je remercie aussi les électeurs de gauche qui ont clairement voté pour faire rempart. L'Histoire retiendra que c'est ici que nous avons stoppé

1. Jean-Louis Manand, « Régionales 2021 Hauts-de-France : Xavier Bertrand, la revanche de "Floc floc" », france3-regions.francetvinfo.fr, 31 mars 2021.

la progression du Front national. [...] Cela changera à jamais ma façon de faire de la politique », dit-il sous les applaudissements. Xavier Bertrand sait qu'avec cette victoire sur Marine Le Pen, il entre enfin pleinement dans la lumière. « L'emporter dans la troisième région de France, qui compte six millions d'habitants et représente 10 % du corps électoral, c'est autre chose que de convaincre deux cent mille militants. C'est d'une autre ampleur », assure Gérald Darmanin, son directeur de campagne. Xavier Bertrand prépare son retrait des primaires organisées par Les Républicains. Quand les deux hommes pénètrent pour la première fois dans le bureau présidentiel du conseil régional, Xavier Bertrand se met à regarder fixement le plafond et dit à Gérald Darmanin : « Regarde, il n'y a rien au-dessus. Personne[1]. » Il est enfin son propre patron.

Un proche de Daniel Percheron se souvient de l'arrivée de Xavier Bertrand au conseil régional : « Il n'a pas donné l'impression de vouloir rompre brutalement avec le passé. Il a rendu hommage aux deux anciens présidents socialistes du Nord-Pas-de-Calais et de Picardie. Il a cité Pierre Mauroy, l'ancien maire de Lille. Il annonçait même qu'il allait dialoguer au moins une fois par trimestre avec tous les élus du territoire, y compris avec la gauche qui n'était plus représentée à la région[2]. » Le président élu a pris soin de serrer la main de tous les employés du conseil régional à Lille. Jean-Paul Branquart, directeur de la rédaction d'*Autrement dit*, conserve un souvenir similaire des débuts de Xavier Bertrand à la région : « Il s'entretenait régulièrement avec Pierre de Saintignon. On sentait qu'il ne souhaitait pas se mettre à dos la gauche.

1. Louise Couvelaire, *op. cit.*
2. Entretien avec l'auteur, Lille, mai 2021.

Comme il a tout de suite mis les mains dans le cambouis, les gens avaient plutôt une bonne opinion de lui, y compris les socialistes[1]. » Xavier Bertrand promet aux entreprises de financer une partie des charges pour tout nouvel emploi créé. Il triplera la prime pour celles qui prendront des apprentis. Il offrira une aide aux transports pour les salariés qui prennent leur voiture. Mais il diminuera le nombre d'agents employés par la région et « menace de demander aux conseils départementaux de couper les vivres des allocataires du RSA qui refuseraient deux formations de suite[2] », rappelle *Libération*.

La Voix du Nord, le principal quotidien de la région, a soigneusement répertorié les principales promesses du candidat Bertrand. La plus emblématique : redonner du travail à soixante mille personnes entre janvier et septembre 2016, à l'aide d'un dispositif « proche emploi » destiné à recevoir les demandeurs qui le souhaitent. « Xavier Bertrand estime qu'il existe cent vingt mille offres d'emploi non pourvues dans la grande région. [...] Il faut aussi savoir que "tout jeune qui fera une demande de contrat d'apprentissage devra s'en voir proposer un"[3] », écrit le quotidien.

Du jour au lendemain, l'ancien ministre du Travail est devenu une nouvelle star nationale, gagnant d'un clic douze points dans le baromètre Ifop-Fiducial pour *Paris Match* et Sud Radio, mais surtout vingt-quatre points auprès des sympathisants socialistes et vingt-trois points à l'UDI. « Ses premiers actes – ne plus cumuler,

1. *Ibid.*, février 2021.
2. Haydée Sabéran, « Xavier Bertrand intronisé en Nord-Pas-de-Calais-Picardie », *Libération*, 5 janvier 2016.
3. « Au fait, qu'a promis Xavier Bertrand, le nouveau président de région ? », *La Voix du Nord*, 14 décembre 2016.

dépasser le clivage droite-gauche et s'installer dans la région Nord-Pas-de-Calais-Picardie à plein temps – sont restés conformes à sa promesse de faire de la politique autrement[1] », note *Paris Match*. « Grâce à cette victoire sur Marine Le Pen, Xavier Bertrand a incarné, pour beaucoup de Français, le rempart face à l'extrême droite. À ce moment-là, une partie de l'électorat du centre gauche l'a tenu en estime, reconnaît un journaliste politique d'un magazine parisien. Mais depuis que Xavier Bertrand poursuit une démarche très "sarkozyenne", courant après les sujets sécuritaires, cet électorat ne le suit sans doute plus[2]. »

Toutefois, le nouveau président de région revient quelque peu sur cette promesse de non-cumul des mandats en reconnaissant dans *La Voix du Nord* qu'il conserverait celui de conseiller municipal de Saint-Quentin, et surtout de président de la communauté d'agglomération axonaise. « Je veux garder mon lien avec ma ville pour ne pas être hors-sol », se justifie-t-il. Mais à l'exception de cette augmentation de 4 000 euros, qui écorne quelque peu son image de chevalier blanc, Xavier Bertrand réalise un parcours sans faute durant ses deux premières années de mandat. Même Pierre de Saintignon, président d'EuraTechnologies, lui tresse des louanges : « On se taquine pour savoir qui est de droite et qui est de gauche. [...] Tout ce que nous cherchons, c'est du pragmatisme et de l'efficacité[3] »,

1. Bruno Jeudy, « Xavier Bertrand, la nouvelle star », *Paris Match*, 21 janvier 2016.
2. Entretien avec l'auteur, juin 2021.
3. Héloïse de Neuville, « Un vent de fraîcheur venu du Nord », *Challenges*, 12 octobre 2017. Atteint d'un cancer, Pierre de Saintignon est décédé en mars 2019.

déclare-t-il lors du troisième sommet des start-up organisé par le magazine *Challenges*. Dans *Le Monde*, il tacle même l'ancien président socialiste : « Xavier Bertrand est un peu partout. Il s'exprime, ce que ne faisait pas assez Daniel Percheron. » Toutefois, l'ancien candidat socialiste tempère un peu son enthousiasme en déclarant : « Après, il faudra regarder les résultats[1]. »

Même Martine Aubry chante (presque) les louanges du nouveau président de région : « Je lui dis ce que je pense, je lui parle des projets de la ville. » Réponse de Xavier Bertrand : « Aubry, je m'entends bien avec elle. Mais je m'entends bien aussi avec des mecs de droite. » Il est vrai que la maire de Lille entretenait des relations plus difficiles avec Daniel Percheron. Fabien Roussel, futur secrétaire national du PCF et futur candidat du Parti communiste en 2022, ne dit pas plus du mal de Xavier Bertrand : « Il est présent et accessible. La gauche n'est pas représentée dans l'assemblée, mais on a des échanges pour défendre nos dossiers sur l'avenir de l'industrie ferroviaire et automobile[2]. » « Je n'ai de cadavres dans les placards avec personne sur cette scène régionale ! Je ne suis pas candidat au département. Pas candidat à la mairie de Lille. Et je n'ai pas d'élection avant cinq ans et demi[3] », explique tranquillement le nouveau président des Hauts-de-France.

En octobre 2016, Xavier Bertrand tire un premier bilan de son action et reconnaît qu'il n'a pas réussi à remettre soixante mille chômeurs sur le chemin de

1. Laurie Moniez, « Xavier Bertrand à l'épreuve de ses promesses », *Le Monde*, 5 octobre 2016.
2. Id., « Xavier Bertrand, le "maire" sans étiquette », *Le Monde*, 13 décembre 2016.
3. Id., « Xavier Bertrand à l'épreuve de ses promesses », art. cit.

l'emploi, comme il l'avait annoncé durant sa campagne, mais il affirme que 50 522 personnes ont retrouvé un travail avec l'aide du conseil régional. « L'objectif n'est pas atteint à 100 %. [...] En campagne électorale, on se voit plus beau et plus fort[1] », assure-t-il modestement. Mais de quel chapeau Xavier Bertrand tire-t-il ce chiffre de 50 522 personnes sorties du chômage ? Interrogé par la Cour des comptes sur son rapport « Mobilité et accès à l'emploi », publié en février 2021, le président des Hauts-de-France répond : « Lancé en 2016, le dispositif Proch'Emploi a permis de sortir du chômage plus de vingt mille habitants de notre région[2]. » Vingt mille personnes en quatre ou cinq ans, ce n'est pas cinquante mille en dix mois.

En revanche, l'ancien secrétaire général de l'UMP n'a jamais réussi à mettre les écologistes dans sa poche. Retirée de la vie politique, Marie-Christine Blandin, présidente verte du conseil régional du Nord-Pas-de-Calais de 1992 à 1998, a publié en avril 2021 un livre intitulé *La Restitution : Région-Sénat*[3]. La Roubaisienne juge inacceptable que Xavier Bertrand ait pu confier la commission de l'environnement aux chasseurs, qui ont ainsi pu se venger des écologistes. « La région a supprimé les subventions d'associations qui jouaient un rôle essentiel, comme le comptage des oiseaux,

1. Jean-Claude Branquart, Jonathan Blanchet, « Xavier Bertrand : "Je sais que dans cinq ans et demi je serai jugé sur ma capacité à avoir rendu espoir, ou non, dans cette région" », *Autrement dit*, 4 mai 2016.
2. Cour des comptes, « Mobilité et accès à l'emploi. La région Hauts-de-France : une illustration des enjeux nationaux », réponses des administrations et des organismes concernés, février 2021, p. 127.
3. La nage de l'ourse, 448 pages.

l'entretien d'espaces naturels, l'accueil des écoliers qui découvraient la nature. Ces personnes ont perdu leur emploi. Non seulement c'est scandaleux, mais c'est aussi une catastrophe[1] », dénonce-t-elle. *Mediacités*, journal en ligne consacré à l'investigation, créé en 2016, s'étonne aussi qu'il ait accordé une telle place aux fédérations de chasseurs et surtout qu'il n'ait pas posé de « limites à leurs velléités de revanche. Pourquoi risquer d'encourir les foudres des ménages sensibles aux enjeux de maîtrise de l'énergie, de lutte contre le changement climatique, de préservation de la faune et de la flore[2] ? » L'ancien maire de Saint-Quentin répond invariablement que les chasseurs et les pêcheurs sont les seuls et vrais défenseurs de la nature. Un peu court, tout de même. Là encore, Xavier Bertrand ne craint pas de droitiser son image.

Quant aux relations avec le Front national, devenu Rassemblement national, elles ont été dès le début exécrables. Lors de son intronisation, le nouveau président assurait que « l'opposition sera[it] respectée ». Une opposition qui se résume au FN. Celui-ci, par la voix de Philippe Emery, le président de groupe, promettait de son côté de voter toute proposition qui irait « dans le bon sens ». Il n'en a rien été. L'assemblée régionale est devenue dès le départ une arène bouillonnante. Dès la première séance plénière, qui a duré près de treize heures, le FN a demandé le démantèlement des camps de migrants de Calais et Grande-Synthe, « livrés aux mafias, aux trafics en tout genre, aux viols », accusant Xavier Bertrand d'être « coresponsable de cette

1. Entretien avec l'auteur, mai 2021.
2. Bertrand Verfaillie, « Monopoly, solitaire... À quoi joue Xavier Bertrand ? », *Mediacités*, 8 décembre 2016.

situation[1] ». « N'a-t-il pas quelque intérêt à cette dramatisation des échanges ? Qu'il réponde par le calme ou par la colère à ses "adversaires", son image d'ultime rempart au Front national se trouve confortée[2] », constate *Mediacités*.

Dans son bureau à l'Assemblée nationale, Marine Le Pen ne cherche pas à cacher son mépris pour la personne même de Xavier Bertrand : « Ne croyez surtout pas que je me laisse emporter en raison de divergences politiques. J'avais de meilleures relations et surtout davantage de considérations pour son prédécesseur, le socialiste Daniel Percheron. Xavier Bertrand est un individu violent, hargneux, agressif et même méchant. Il méprise profondément tous ceux qui ne le plébiscitent pas. Quant à ses convictions, c'est un opportuniste qui se laisse porter par le vent. Depuis son élection en 2016, je n'ai jamais pu avoir un seul débat avec lui, un seul véritable échange[3] », confie la future adversaire de Xavier Bertrand à l'élection présidentielle de 2022.

1. M. L. avec AFP, « Nord : une houleuse première séance au conseil régional », www.20minutes.fr, 29 janvier 2016.
2. Bertrand Verfaillie, *op. cit.*, 8 décembre 2016.
3. Entretien avec l'auteur, Paris, octobre 2020.

21

De « Macron-compatible » à « Macron-divergent »

Bis repetita. Transparent lors de l'élection présidentielle de 2012, Xavier Bertrand n'est guère plus visible pour la suivante, en 2017. Fort discret dans les médias, le président des Hauts-de-France se dit pourtant pleinement engagé derrière François Fillon. « J'ai une expérience dans les campagnes présidentielles : 2002 avec Chirac, 2007 comme porte-parole de Nicolas Sarkozy, 2012 comme orateur national », déclare-t-il, conseillant au candidat de droite de faire du terrain. « Il faut passer à quatre meetings par semaine et, à la fin, deux par jour. [...] Ça peut tout changer... Je lui dis à Fillon, je lui répète[1] », plaide Xavier Bertrand. Mais dans le deuxième volet de leur *Histoire secrète de la droite française*, intitulé *Apocalypse*, Gérard Davet et Fabrice Lhomme ne mentionnent l'Axonais qu'à de rares occasions.

1. Tristan Quinault-Maupoil, « Xavier Bertrand : "Fillon doit passer à quatre meetings par semaine" », www.lefigaro.fr, 24 mars 2017.

Une étonnante guerre des sous-chefs

Durant cette campagne présidentielle hors norme, François Fillon est rapidement perçu comme un « ex-futur » président de la République, depuis sa mise en examen le 14 mars 2017 pour « détournements de fonds publics », « complicité et recel de détournements de fonds publics », « complicité et recel d'abus de biens sociaux » et « manquements aux obligations de déclaration à la Haute Autorité pour la transparence de la vie publique ». Une mise en examen qui tombe d'autant plus mal que l'ancien Premier ministre s'était permis de déclarer que « ceux qui ne respectent pas les lois de la République ne devraient pas pouvoir se présenter devant les électeurs », visant directement Nicolas Sarkozy : « Qui imagine un seul instant le général de Gaulle mis en examen ? » avait-il lancé devant ses supporters. François Fillon s'est flingué lui-même.

Benoist Apparu, l'ancien ministre du Logement, le raconte avec humour : Nicolas Sarkozy aime l'argent et il l'assume. En revanche, François Fillon le cache. Il tente de passer pour austère. « Et puis, s'il a triché, autant le faire pour des millions. Il y a un côté petit-bras, gagne-petit[1]. » Jérôme Lavrilleux se montre encore plus méchant : « Sarko, il a l'argent vulgaire. Fillon, c'est une espèce de quintessence du catho ranci[2]. » Xavier Bertrand, en revanche, a toujours su préserver son image d'homme politique intègre, peu intéressé par l'enrichissement. On ne lui connaît pas d'amis fortunés qui lui auraient offert des costumes Arnys ou des croisières sur un yacht. « Il n'est pas dépensier. Il ne se nourrit pas sur la bête. Je

1. Gérard Davet, Fabrice Lhomme, *op. cit.*, p. 602.
2. *Ibid.*, p. 610.

n'en dirai pas autant de certains de ses collaborateurs[1] », assure un ancien cadre de la région Hauts-de-France.

Toutefois, Xavier Bertrand n'est pas totalement indifférent aux ennuis judiciaires de Fillon. S'il renonçait, pourquoi pas moi ? se prend-il à songer. Thierry Solère, un temps porte-parole de Fillon, passé depuis du côté de Macron, et Rachida Dati le racontent à leur manière : Baroin, Wauquiez et Bertrand veulent saisir leur chance. Tous appellent Sarkozy. L'ancien président leur répond : « OK, les mecs, mais mettez-vous d'accord. » Une étonnante guère des « sous-chefs » commence. Pour l'ancienne garde des Sceaux, « il y avait une bagarre entre Baroin et Bertrand. Je me souviens parfaitement de l'un et l'autre disant : “Et pourquoi pas moi ?”[2] ». La préférence de Sarkozy va à Baroin. Mais cela n'ira pas plus loin, le candidat Fillon ayant décidé de se maintenir après le grand rassemblement populaire du Trocadéro, devant cinquante mille personnes, auquel accepte finalement de participer François Baroin…

Bien qu'en retrait, Xavier Bertrand choisit de continuer à faire campagne pour François Fillon. « Mon idée, c'est que quand il faudra choisir contre Le Pen, j'aurai encore du poids. Tous ceux qui sont partis avant, Le Maire et les autres, ils ne sont pas audibles. Moi, le fait d'être resté jusqu'au bout, quand je vais à la télé sur France 2 et que je dis : “Maintenant, c'est Macron”, je suis audible[3]. »

On connaît la suite : le 23 avril 2017, François Fillon n'arrive qu'en troisième position (20,01 %), derrière Marine Le Pen (21,30 %) et Emmanuel Macron (24,01 %). Le jour même, Xavier Bertrand déclare dans

1. Entretien avec l'auteur, Lille, mai 2021.
2. Gérard Davet, Fabrice Lhomme, *op. cit.*, p. 696.
3. *Ibid.*, p. 707.

une vidéo diffusée sur les réseaux sociaux : « Lors du second tour de l'élection présidentielle, au-delà du choix d'un homme, il y a un choix de société. C'est pour cela que, sans état d'âme et sans ambiguïté, au second tour je mettrai un bulletin de vote pour M. Macron, pour rejeter l'extrémisme incarné par Mme Le Pen. C'est ma responsabilité de républicain. » Il ajoute : « Personne n'a le droit de jouer avec le feu face au risque de l'extrême droite. Et je le dis de cette région des Hauts-de-France, où nous affrontons au quotidien l'extrême droite. » Xavier Bertrand précise qu'il n'adhère pas pour autant « au projet de M. Macron[1] ».

Au second tour, le 7 mai, Emmanuel Macron totalise 66,10 % des voix au niveau national. Dans les Hauts-de-France, en revanche, il n'obtient que 52,94 %. Marine Le Pen se hisse en première position dans l'Aisne (52,91 %) et dans le Pas-de-Calais (52,05 %). À Saint-Quentin, Emmanuel Macron, qui avait été devancé au premier tour par la représentante du Front national, l'emporte largement au second tour (57,08 %).

Le nouveau président de la République pense-t-il à Xavier Bertrand comme ministre, ou même comme chef du gouvernement ? Le principal intéressé répond qu'il n'a pas eu de contact direct avec lui. « Le vendredi de l'entre-deux-tours, j'ai été contacté par son équipe à propos de mes déclarations : à savoir que j'avais l'intention de voter Macron, mais que je restais un homme de droite. Elle voulait savoir si c'étaient bien mes convictions et si j'étais prêt à le rallier. J'ai répondu "oui" à la première question et "non" à la seconde », précise-t-il, soulignant que si son nom a ainsi été évoqué, c'était « pour entretenir

1. « Présidentielle : Xavier Bertrand votera Emmanuel Macron au 2e tour », france3-regions.francetvinfo.fr, 23 avril 2017.

le doute[1] ». Mais lui a-t-on proposé le poste de Premier ministre avant de l'offrir à Édouard Philippe, député-maire du Havre et porte-parole d'Alain Juppé lors de la primaire de 2016 ? Le 1er juin 2017, à 7 h 52, sur son compte Twitter, Xavier Bertrand se montre catégorique : « Je ne suis pas prêt à oublier mes valeurs et mes idées pour un poste, même pour Matignon. »

L'ancien ministre du Travail a d'abord reçu des messages d'émissaires lui annonçant qu'Emmanuel Macron allait l'appeler. En fait, il n'aurait eu au bout du fil que son bras droit, Alexis Kohler, l'actuel secrétaire général de l'Élysée. Ce dernier ne lui aurait pas transmis d'offre précise. Information confirmée par Jean-Paul Mulot, ancien directeur délégué du *Figaro*, aujourd'hui porte-parole de La Manufacture, le think tank de Xavier Bertrand : « Non seulement les propositions n'étaient pas très claires, mais elles émanaient d'intermédiaires. En politique, il faut souvent se méfier des entourages. De toute façon, cela n'aurait pas collé, les deux hommes ne sont pas du même bois[2]. » Xavier Bertrand ne croit pas non plus que le nouveau locataire de l'Élysée souhaitait installer un futur concurrent à Matignon : « Macron voulait tout à sa main, un nouveau monde aseptisé avec l'uniforme d'En Marche !, le sentiment de toute-puissance[3] », estime le président des Hauts-de-France.

En revanche, son ami et bras droit, Gérald Darmanin, accepte la main tendue du chef de l'État. Il est

1. Tristan Quinault-Maupoil, Marion Mourgue, « Xavier Bertrand : "J'ai répondu non au ralliement à Emmanuel Macron" », www.lefigaro.fr, 11 mai 2017.
2. Entretien avec l'auteur, Saint-Quentin, novembre 2020.
3. Elsa Freyssenet, Olivier Ducuing, « Xavier Bertrand, une ambition nordiste », *Les Échos*, 2 novembre 2018.

nommé ministre de l'Action et des Comptes publics. Contrairement au Premier ministre Édouard Philippe, il adhère à La République en marche (LREM). En janvier 2016, dès son élection à la vice-présidence du conseil régional, Gérald Darmanin avait lâché la direction des Républicains, où il occupait le poste de secrétaire général adjoint. Les ponts ne sont pas rompus pour autant entre Bertrand et son principal lieutenant, ni entre Bertrand et le pouvoir. Pour preuve, LREM ne présente pas de candidat contre Julien Dive, son successeur dans son ancienne circonscription de Saint-Quentin aux élections législatives.

Lors de cette consultation, le Rassemblement national fait un carton dans le Pas-de-Calais, où il obtient quatre sièges : Marine Le Pen à Hénin-Beaumont, José Evrard à Lens, Ludovic Pajot à Bruay-la-Buissière et Bruno Bilde à Liévin. Dans le département du Nord, dans la circonscription de Valenciennes-Sud, Sébastien Chenu, future tête de liste du Rassemblement national aux élections régionales de 2021, ravit le siège de la maire de Denain, députée PS sortante. Pour l'anecdote, dans la circonscription de Berck-Étaples, Daniel Fasquelle, maire du Touquet-Paris-Plage, bat Thibaut Guilluy (LREM), qui avait pour suppléante Tiphaine Auzière, la belle-fille d'Emmanuel Macron.

Toujours est-il qu'au début du quinquennat, l'ancien ministre de la Santé est plutôt classé dans la catégorie « Macron-compatible ». *Le Parisien* évoque « sa curiosité au début du quinquennat, mêlée de bienveillance. Il pensait avoir l'oreille du président, il découvre que celui-ci ne l'écoute pas car, en fait, il n'écouterait personne. Est-ce par déception que le président des Hauts-de-France devient petit à petit « Macron-divergent » ? « Vous pouvez faire toutes les propositions du monde, ça ne l'intéresse pas. C'est simple, il a gagné en n'écoutant personne et il pense qu'il réussira en n'écoutant personne, donc il ne changera plus[1] », lâche, amer, l'ancien ministre de Nicolas Sarkozy dans *Le Figaro*.

Une élue, passée de La République en marche à La Manufacture, avant de quitter par la suite le think tank du président des Hauts-de-France, assure que, malgré sa surenchère perpétuelle vis-à-vis des propositions d'Emmanuel Macron, Xavier Bertrand a gardé le contact avec lui au moins jusqu'en 2019. « Bertrand a raison sur un point : Macron n'écoute personne. Il ne lit même pas les notes que vous lui préparez. Mais Bertrand non plus n'écoute pas, et il s'intéresse encore moins aux informations que vous pouvez lui communiquer. Les deux ont un point commun : ils naviguent à vue, en fonction des études de marketing. Je n'ai pas été étonnée en découvrant que l'Élysée, via le service d'information du gouvernement, diligentait des enquêtes d'opinion à un rythme encore plus soutenu que sous Sarkozy. Xavier Bertrand, s'il était élu, se comporterait exactement de la même façon[2] », constate la députée, doublement déçue.

L'Obs, de même, pense que les ponts n'ont pas été totalement coupés entre Macron et Bertrand, pendant un long moment. « Campé dans le rôle d'opposant constructif, Xavier Bertrand alterne idées et critiques ciblées pour se hisser à hauteur d'épaule du chef de l'État. Quand des ronds-points montaient les cris de "Macron démission", il s'est élevé contre ceux qui voulaient jouer

1. Marion Mourgue, « Xavier Bertrand de "Macron-compatible" à "Macron-divergent" », *Le Figaro*, 3 juillet 2018.
2. Entretien avec l'auteur, mai 2021.

"à la roulette russe avec les institutions"[1] », note Marie Guichoux en juin 2019. Pendant la crise des Gilets jaunes, loin de pousser au crime, Xavier Bertrand tient un discours raisonnable d'homme d'État. « On ne peut pas demander qu'un président démissionne à chaque éruption de colère des Français, ça voudrait dire que le pays est ingouvernable », insiste-t-il. Il n'est pas exactement un soutien au chef de l'État, mais, dit-il, « j'aide mon pays, je veux juste éviter qu'il ne chavire ». Ce qui lui vaut de faire partie des six personnalités les plus appréciées des Français[2].

Clash avec Laurent Wauquiez

Lorsqu'en décembre 2017 Xavier Bertrand quitte Les Républicains, au lendemain de l'élection de Laurent Wauquiez, personne n'est véritablement surpris. Voilà des mois qu'il se tient à l'écart du parti. « Tout mon engagement politique, ç'a été contre le FN », affirme-t-il le 11 décembre 2017 au journal de 20 heures de France 2. Bien avant, en mars 2016, il déclarait dans *Les Échos* : « La classe politique est dans un bus qui file à cent à l'heure dans un mur. Moi, je suis juste descendu du bus. » Peu d'élus le suivent, à l'exception de Guillaume Delbar, le maire de Roubaix. Ni le député Julien Dive, qui lui a succédé à Saint-Quentin, ni Christophe Coulon, vice-président du conseil régional des Hauts-de-France, ne claquent la porte de LR. Sans doute souhaitent-ils

1. Marie Guichoux, « Xavier Bertrand, la voie du Nord », *L'Obs*, 20 juin 2019.
2. Voir Sarah Belouezzane, « Xavier Bertrand, l'homme qui monte », *Le Monde*, 27 décembre 2018.

conserver des entrées dans leur formation politique. Par cette rupture brutale, Xavier Bertrand souhaite-t-il incarner dans l'opinion l'image d'une droite modérée – et bien évidemment « sociale » – face à une droite « réactionnaire » qu'incarnerait Laurent Wauquiez, le patron de la région Auvergne-Rhône-Alpes[1] ? À cela, l'ancien maire de Saint-Quentin répond : « Mon parti, c'est la région des Hauts-de-France. » C'est toujours le même gimmick : « Jamais sans ma région. » « Cher pays, sinon de son enfance (il est né à Châlons-en-Champagne en 1965), du moins de son avenir politique, s'il en a un… Cet enracinement sans doute sincère est à la fois sa force et sa faiblesse[2] », commente le journaliste Philippe Ridet dans un portrait tout en nuance, paru dans *Le Monde* en septembre 2019.

Le président des Hauts-de-France doit se douter qu'il s'est fait d'un coup beaucoup d'ennemis, à commencer par Laurent Wauquiez. Le départ, un peu plus tard, de Valérie Pécresse, présidente de la région Île-de-France, n'a pas été mieux accepté. « Ça ne se fait pas de lâcher son parti quand il est en mauvaise posture, surtout pour un ancien secrétaire général. Je sens chez les militants LR beaucoup de ressentiment et très peu d'enthousiasme pour le soutenir[3] », constate un journaliste politique d'un quotidien parisien. Dans son édition du 31 mars 2021, *Le Canard enchaîné* rapportera ces propos de Laurent Wauquiez, bien décidé à « défoncer » son ancien collègue

1. Voir Olivier Faye, Cédric Pietralunga, « Xavier Bertrand claque la porte de LR », *Le Monde*, 12 décembre 2017 ; Marion Mourgue, « Bertrand annonce son départ des Républicains après l'élection de Wauquiez », www.lefigaro.fr, 12 décembre 2017.
2. Philippe Ridet, « Il est comme ça, Xavier Bertrand », *Le Monde*, 28 septembre 2019.
3. Entretien avec l'auteur, mars 2021.

en prenant « la tête d'une fronde pour l'empêcher d'être candidat en 2022 ». Les deux hommes se connaissent bien. Ils ont été collègues dans les gouvernements Fillon. Laurent Wauquiez a occupé respectivement les fonctions de secrétaire d'État, porte-parole du gouvernement, chargé de l'Emploi, chargé des Affaires européennes et enfin ministre de l'Enseignement supérieur et de la Recherche.

La plupart des journalistes politiques contactés pour la rédaction de ce livre ont privilégié le *off*. Le président des Hauts-de-France a la réputation de lire tout ce qui s'écrit sur lui, et il a la rancune tenace. Difficile ensuite d'obtenir une interview quelque peu exclusive durant la campagne présidentielle si l'on a émis des remarques plus ou moins acides sur le candidat. Quant aux rédacteurs politiques de *La Voix du Nord* et du *Courrier picard*, ils n'ont pas pris la peine de répondre à mes appels.

Après son départ des Républicains, Xavier Bertrand se replie sur sa région et répète comme un leitmotiv : « Je suis président des Hauts-de-France, je ne suis pas président de la France » ; ou encore : « Ma logique prioritaire, c'est réussir dans la région, faire réussir la région. » Il ne cesse de répéter qu'il a changé, qu'il n'est plus le personnage mielleux dont se moquaient *Les Guignols de l'info* sur Canal Plus, le « lèch' cul », caricaturé par *Charlie Hebdo*. « Quand vous êtes ministre ou Premier ministre, vous n'avez qu'un seul électeur et vous voulez lui faire plaisir », assure-t-il.

Dans le même temps, il porte des coups de plus en plus acérés contre le chef de l'État. Emmanuel Macron serait le président des grandes agglomérations et de l'élite, des nantis. Lui, en revanche, se bat pour les braves gens et pour les villes de province, pour la campagne. « Ce ne sont pas les petites communes qui coûtent de l'argent.

Il n'y a pas de meilleur rapport qualité-prix qu'un élu municipal », assure-t-il à Vraignes-en-Vermandois, un village de deux cents habitants dans la Somme. La mairie est « une ancienne école primaire au parquet qui grince, où une télévision hors d'âge est toujours branchée à un lecteur VHS ». Une stratégie que moquent les proches de Laurent Wauquiez : « Ça pue la vieille ficelle de com Havas des années 1990[1] », lâche l'un d'entre eux.

Mais ce discours porte. Selon le baromètre Viavoice, publié en juillet 2019 dans *Libération*, pour 34 % des Français, Xavier Bertrand incarne le mieux « l'avenir de la droite ». Il devance Nicolas Sarkozy (32 %), Marion Maréchal (31 %), Emmanuel Macron et Édouard Philippe (30 %). Viennent ensuite Marine Le Pen (26 %) et Valérie Pécresse (25 %). Et, très loin derrière, Laurent Wauquiez (13 %) et Bruno Retailleau (10 %). Chez les sympathisants de droite, le président des Hauts-de-France récolte 61 % d'avis favorables, derrière Nicolas Sarkozy (66 %), mais loin devant Emmanuel Macron (31 %). Toutefois, aucun candidat ne s'en sort indemne. Car si 34 % des Français estiment que Xavier Bertrand représente l'avenir de la droite, ils sont davantage (37 %) à penser le contraire. Pour Nicolas Sarkozy, c'est pire : 48 % disent qu'il le représente « plutôt mal » – mieux toutefois que Marion Maréchal (49 %), Emmanuel Macron (51 %), Valérie Pécresse (45 %) et Laurent Wauquiez (62 %). Conclusion de *Libération* : l'avenir de la droite risque de se jouer loin de la rue de Vaugirard, siège des Républicains[2].

1. Olivier Faye, « Xavier Bertrand, l'ascension par la face nord », *Le Monde*, 29 avril 2018.
2. Jonathan Bouchet-Petersen, « Le grand écart des électeurs de droite », *Libération*, 9 juillet 2019.

D'autant que les élections européennes de mai 2019 sont catastrophiques pour Les Républicains. La liste emmenée par François-Xavier Bellamy n'obtient que 8,5 % des voix, très loin derrière celles du rassemblement national (23,3 %), de La République en marche-MoDem (22,4 %) et d'Europe Écologie-Les Verts (13,5 %). Pendant cette campagne, Xavier Bertrand a pris soin de garder le silence et de ne pas prendre position. Il a même refusé de s'associer à une tribune de soutien au candidat LR signée par tous les présidents de région de droite et du centre, de Valérie Pécresse à Laurent Wauquiez, en passant par Renaud Muselier (Paca) et Christelle Morançais (Pays de la Loire). Hervé Morin (Normandie), à l'initiative de ce texte, ne devrait pas mettre beaucoup d'ardeur dans la campagne de 2022 si Xavier Bertrand était désigné comme le candidat de la droite et du centre. Durant ces élections européennes, le président des Hauts-de-France a trouvé plus judicieux de faire un tour en Italie afin d'« étudier la prise de pouvoir des extrêmes[1] ». Dans les Hauts-de-France, la liste du Rassemblement national obtient 33,54 % des suffrages. Les Républicains ne sont qu'en cinquième position (6,53 %), devancés par La France insoumise (7,05 %). Quant aux socialistes, qui ont dominé pendant longtemps les régions du Nord-Pas-de-Calais et de Picardie, ils ne franchissent même pas la barre des 5 %.

1. Christine Ollivier, « Européennes : Xavier Bertrand choisit le silence », www.lejdd.fr, 22 mai 2019.

22

Le rapport accablant de la Cour des comptes

La stratégie de Xavier Bertrand, élaborée en 2015, est simple : si je peux dans cinq ans présenter un bilan positif dans les Hauts-de-France (6 millions d'habitants), troisième région la plus peuplée de l'Hexagone, j'aurai quelque chance de séduire le reste des Français en 2022 et de faire mentir les sondeurs qui annoncent un nouveau duel Macron-Le Pen au second tour.

Élu sur le slogan « Notre région au travail », l'ancien maire de Saint-Quentin a fait de l'emploi l'alpha et l'oméga de son mandat. À juste raison : au quatrième trimestre 2019, le taux de chômage dans les Hauts-de-France atteignait 10 % de la population active (11,4 % dans l'Aisne), contre 7,9 % pour la France. « En mai 2020, la région comptait près de 580 800 demandeurs d'emploi inscrits. [...] Le taux d'emploi de la région est le plus faible de France : 58,8 % de la population âgée de 15 à 64 ans est en emploi, contre 64,2 % en France[1] », souligne en février 2021 un rapport de la cinquième cour

1. « Mobilités et accès à l'emploi. La région Hauts-de-France : une illustration des enjeux nationaux », février 2021.

des comptes et de la chambre régionale des comptes des Hauts-de-France. Le taux de pauvreté y est le plus élevé du pays (après la Corse) : 18,6 %, alors que la moyenne nationale est de 14,9 %. Ajoutons que le taux de demandeurs d'emploi sans moyen de locomotion s'élève à 28 %. Les Hauts-de-France se caractérisent non seulement par un chômage structurel élevé, mais aussi par un faible niveau de formation et par un nombre important d'offres d'emploi non pourvues.

« De la com' pour pas grand-chose »

Dès sa prise de fonction en janvier 2016, Xavier Bertrand met en place Proch'Emploi, un dispositif permettant de faire le lien entre les personnes en recherche d'emploi et les employeurs. À cela s'ajoutent plusieurs aides de la région à la mobilité géographique : aides à la garde d'enfants, au passage du permis de conduire, à la location d'une voiture. Sans oublier le billet « Pass'Emploi TER ». Avec « En route pour l'emploi », la région propose un véhicule à 2 euros (et bientôt à 1 euro) par jour à ceux qui ont trouvé un CDD de trois mois minimum ou un CDI, pour un salaire n'excédant pas 2 600 euros. L'ancien maire de Saint-Quentin n'oublie jamais d'énumérer les aides multiples apportées aux chômeurs dans sa région, afin de peaufiner son image de « gaulliste social ».

C'est oublier que le conseil régional s'est emparé de la thématique de l'emploi « à la marge de ses compétences ». En effet, la loi ne lui confère pas de compétence directe en matière d'emploi. Le dispositif Proch'Emploi contrevient aux dispositions du Code du travail, qui n'autorise que les communes « à recevoir des offres d'emploi et à assurer le placement de leurs administrés ». Xavier Bertrand s'en explique : « La région a fait le choix d'aller hors de son champ strict de compétence pour créer des aides complémentaires qui servent aujourd'hui un public nombreux. » Il espère qu'à l'avenir les régions jouissent de compétences élargies à la fois sur le développement économique et sur l'emploi-formation grâce à des transferts de crédits d'État. Il propose par exemple que la région puisse définir « les priorités d'action des conseillers entreprises de Pôle Emploi ». C'est dans son programme électoral : les territoires contre Paris.

Mais au de-là du discours, est-ce que ça marche ? Selon un sondage Ipsos paru en mai 2021, le bilan de Xavier Bertrand est jugé bon et même excellent par 69 % des personnes interrogées. Mathieu Gallard, directeur de l'institut, interrogé par France Info, nuance ce résultat : « Les Français jugent sur l'image. Ils peuvent avoir le sentiment qu'un président a été actif, mais ils n'ont pas de souvenir détaillé de son action. Ils n'ont d'ailleurs pas, dans leur majorité, une connaissance des régions et de leurs compétences[1]. » Une militante de Xavier Bertrand, rencontrée en mai 2021 à Saint-Quentin, défend bec et ongles le bilan du président des Hauts-de-France. Mais à la question « qu'a-t-il fait de positif ? », elle ne sait répondre que « ce qu'il devait faire ». Cette avocate est incapable de citer une seule action menée depuis cinq ans par le conseil régional.

Vincent Lalouette, secrétaire du syndicat SNU Pôle Emploi des Hauts-de-France, se montre particulièrement sévère sur l'utilité réelle de Proch'Emploi : « Il [Xavier

1. Margaux Duguet, « Élections régionales 2021 : on a passé au crible le bilan de Xavier Bertrand à la tête des Hauts-de-France », www.francetvinfo.fr, 5 juin 2021.

Bertrand] est arrivé avec cette idée, mais c'était de la concurrence ou du doublon avec les services de Pôle Emploi. Or, on ne s'improvise pas conseiller à l'emploi. Des salariés du conseil régional se sont vu assigner cette tâche, alors que ce n'était pas leur métier. » Le syndicaliste ajoute : « C'est allé jusqu'à utiliser les services de Pôle Emploi pour Proch'Emploi. » Vincent Lalouette l'assure, on n'entendrait même plus parler de Proch'Emploi : « Ça a duré six mois, c'était beaucoup de com pour pas grand-chose[1]. »

Évidemment, durant la campagne des élections régionales 2021, les principaux adversaires de l'ancien ministre du Travail ont tous tiré dans le même sens. Pour Karima Delli, tête de liste des Verts et de la gauche, le bilan de Xavier Bertrand est « catastrophique, car nous avons eu une casse sociale incroyable, par exemple Whirlpool ou Bridgestone ». Selon la présidente de la commission du transport et du tourisme au Parlement européen, « Xavier Bertrand est le candidat permanent. L'homme qui est tout le temps en campagne. C'est l'homme qui promet tout, mais qui n'a rien fait et ne fait rien[2] ». Du côté du Rassemblement national, Sébastien Chenu ne se montre guère plus charitable : « Il n'y a pas eu d'effet Bertrand sur le front du chômage. [...] Ces dispositifs ont eu zéro effet et ont coûté beaucoup d'argent. » Le député d'extrême droite résume en trois mots la présidence Bertrand : « Déception, communication et trahison[3]. »

1. *Ibid.*

2. Vincent Gérard, « Karima Delli (union de la gauche) : "Xavier Bertrand promet tout mais ne fait rien" », www.oisehebdo, 8 avril 2021.

3. Laurent Goudet, « Élections régionales Hauts-de-France 2021 : Sébastien Chenu dénonce le manque de résultats de Xavier Bertrand », www.lobservateur.fr, 26 avril 2021.

Ce sont là, bien sûr, des slogans électoraux peu nuancés. Toutefois, le rapport « Mobilité et accès à l'emploi » de la Cour des comptes a donné des quintaux de grain à moudre à tous les adversaires de l'ancien secrétaire de l'UMP. Il suffit de lire le titre d'un blog hébergé par *Alternatives économiques*, publié le 27 février 2021 : « La Cour des comptes affirme que le conseil régional des Hauts-de-France ne peut pas dire si Proch'Emploi a servi au retour de l'emploi[1]. » Dès l'origine, ce blog avait épinglé le dispositif. Xavier Bertrand avait annoncé : « Dès le lundi 4 janvier [2016] à 7 heures du matin, il sera possible à tout demandeur d'emploi de contacter la région grâce à un numéro d'appel créé spécialement. Chaque demandeur d'emploi qui le souhaite pourra obtenir un rendez-vous personnalisé, dès janvier pour les premiers d'entre eux. » Or, commentait l'article : « Bien sûr rien n'est en place, rien ne pouvait être en place, et d'ailleurs à 7 heures du matin Xavier Bertrand n'a pas encore été élu président ! Et mettre en place un numéro d'appel ne se fera par un claquement de doigts et suppose une procédure de mise en concurrence organisée par un marché public. »

Xavier Bertrand promettait également : « En fonction des besoins et des candidats, nous déclencherons des formations tout de suite, et non dans six mois, pour tous les profils qui pourraient correspondre à une offre. » Commentaire du blogueur : « Tout cela est possible, sous réserve de disposer des compétences de professionnels à même de réaliser ce complexe travail d'ajustement et de les avoir intégrés dans une organisation pertinente : en quelques semaines, c'est bien entendu totalement

1. Michel Abhervé, blogs.alternatives-economiques.fr, 27 février 2021.

impossible ! Et avoir promis les premiers rendez-vous dès janvier 2016 est totalement irresponsable[1]. »

Le rapport de la Cour des comptes frappe fort dès la page 16, constatant que, malgré une communication soutenue dans tous les médias existants, 82,1 % des demandeurs d'emploi « ne connaissent aucune des aides à la mobilité de la région Hauts-de-France ». Pôle Emploi fait tout de même mieux : presque un demandeur d'emploi sur deux a connaissance de ses aides à la mobilité. La région ne lésine pourtant pas sur les moyens pour faire mousser ses actions : magazines, quotidiens, sites Internet, réseaux sociaux, publicité sur les ondes et à la télévision. Une radio régionale diffuse une émission consacrée à l'emploi « durant laquelle sont relayés les dispositifs mis en place par la région pour l'aide à la mobilité et des offres d'emploi transmises par Proch'Emploi », note le rapport.

On découvre également que, s'il existe des données, « le conseil régional des Hauts-de-France n'est pas en mesure d'apprécier si les dispositifs qui ont été mis en œuvre ont permis un retour à l'emploi pérenne à leurs bénéficiaires ». La Cour des comptes remue le couteau dans la plaie en observant qu'« il existe une offre d'aides à la mobilité foisonnante et disparate, mais [que] les aides sont peu connues, [que] leur accès est trop limité et [qu']elles sont mal coordonnées ». Résultat, de nombreux demandeurs d'emploi éprouvent un sentiment d'exclusion des dispositifs d'aide à la mobilité, « du fait de critères d'éligibilité en décalage avec les besoins ou

1. Michel Abhervé, « 4 janvier, 7 heures du matin : le service promis aux demandeurs d'emploi par Xavier Bertrand ne fonctionne pas et ne pouvait pas fonctionner ! », blogs.alternatives-economiques.fr, 4 janvier 2016.

trop restrictifs ». *Mediacités* constate que si le conseil régional n'est pas seul à être jugé « responsable d'un manque général de coordination, la collectivité dirigée par Xavier Bertrand suscite un jugement particulièrement sévère concernant ses résultats propres[1] ». À la lecture des 137 pages du dossier, on peine à dénicher une appréciation un tant soit peu positive de l'action du conseil régional en matière d'emploi, pourtant sa principale priorité. « Xavier Bertrand se comporte comme s'il était à la tête d'un État, commente Yves Adaken, journaliste à *Mediacités*. Or, en matière économique, la région est très limitée. Comme il n'a pas les moyens de ses ambitions, il compense en survendant ses actions. Malheureusement pour lui, la Cour des comptes ne l'épargne guère en insistant sur l'absence de résultat[2]. »

Les chiffres sont accablants. Concernant le dispositif « En route pour l'emploi » (un véhicule pour 2 euros, puis 1 euro par jour) : « Entre la création en 2016 et le 30 décembre 2019, 2 776 demandes ont au total été recensées : Parmi elles, 459 ont été éligibles et ont donné lieu à l'attribution d'un véhicule en location, soit un taux d'acceptation des dossiers de 16,5 %. » La voiture à 2 euros a été lancée en janvier 2017. Chaque fois qu'un heureux élu en bénéficie, la région invite des journalistes, publie des communiqués de presse, inonde les réseaux sociaux. Le 29 décembre 2020, pas moins d'une dizaine de reporters se sont ainsi déplacés pour l'abaissement du tarif de location à 1 euro. Le 7 janvier 2021, « Kahina, jeune habitante d'Hénin-Beaumont, reçoit les clés de l'un

1. Yves Adaken, « Hauts-de-France : la Cour des comptes tacle la politique de l'emploi de Xavier Bertrand », www.mediacites.fr, 5 mars 2021.
2. Entretien avec l'auteur, mars 2021.

des quatre-vingts véhicules dédiés des mains de Xavier Bertrand lui-même », ce qui lui permet de décrocher le journal télévisé de 13 heures sur TF1 pour cette « initiative très intéressante ». Qu'importe si la région a été contrainte de modifier deux fois les critères d'éligibilité d'« En route pour l'emploi » parce que ça ne prenait pas[1]...

Quant aux aides à l'obtention du permis de catégorie B, depuis le 3 septembre 2018, 439 jeunes âgés de dix-huit à trente ans ont bénéficié de cette aide. « À titre de comparaison, la région Hauts-de-France comptait 61 190 demandeurs d'emploi de moins de 25 ans au 1er trimestre 2018. » Alors que le nombre de bénéficiaires de ces aides reste particulièrement faible, « les effectifs mobilisés au sein de plusieurs directions du conseil régional pour l'animation, le pilotage et la gestion s'avèrent non négligeables. Leur coût serait à prendre en compte pour apprécier le coût global des dispositifs pour la collectivité. » Le dispositif Proch'Emploi mobilise quinze personnes pour l'accompagnement des demandeurs d'emploi, soit un coût pour la région d'environ 2,3 millions d'euros de subventions : très cher pour un résultat assez médiocre.

« L'éolien ? Basta ! Terminé ! »

Enfin, la Cour des comptes porte un coup définitif en concluant que les dispositifs d'aide à la mobilité développés par le conseil régional, après cinq ans, « n'ont

1. Voir Clémence de Blasi, « Voiture à 1 euro par jour : Xavier Bertrand s'offre un coup de com à peu de frais », *Mediacités*, 29 janvier 2021.

pas encore donné lieu à une évaluation permettant d'apprécier l'efficacité et l'efficience en matière d'insertion professionnelle ou de retour à l'emploi ». Pire : il n'est toujours pas possible d'évaluer si les aides ont permis ou accéléré le retour à l'emploi ou l'entrée en formation des bénéficiaires. Concernant Proch'Emploi, cette mesure phare de Xavier Bertrand, le conseil régional « n'est pas en mesure d'apprécier par des indicateurs spécifiques si les dispositifs qui ont été mis en œuvre ont permis un retour à l'emploi pérenne à leurs bénéficiaires ». « Le conseil régional des Hauts-de-France n'a même pas mis en place un outil de mesure de son action en matière d'emploi ! C'est désespérant, venant de la part d'un ancien ministre du Travail. Cela démontre que Xavier Bertrand est essentiellement dans la communication. Tant pis si l'impact réel sur le marché de l'emploi est ridicule[1] », déplore Michel Abhervé sur son blog d'*Alternatives économiques*. Le magazine *Challenges* se montre à peine plus charitable : « Le président de la région vante son action contre le chômage. Mais sa mesure phare, "Proch'Emploi", affiche un bilan mitigé. » Un dispositif que la publication qualifie de « Facebook de l'emploi[2] »…

Confronté à ce bilan assez médiocre, Xavier Bertrand se défend mollement en soulignant, page 127 du rapport de la Cour des comptes, que la région aurait sorti du chômage vingt mille habitants, sans toutefois pouvoir justifier ce chiffre. On est bien loin des soixante mille emplois annuels promis durant sa campagne de 2015 ! Le président des Hauts-de-France assure que 64 % des

1. Entretien avec l'auteur, juin 2021.
2. Florian Fayolle, « Les Hauts-de-France, laboratoire social survendu », *Challenges*, 27 mai 2021.

entreprises se tournent vers le dispositif régional, « faute d'avoir trouvé une réponse satisfaisante auprès des autres acteurs de l'emploi ». Et que 75 % des entreprises auraient reçu une proposition qui correspondait à leur besoin. Enfin, que 86,5 % des entreprises « souhaitaient continuer leur partenariat avec Proch'Emploi ». Du côté des demandeurs d'emploi, 70 % des bénéficiaires recommanderaient Proch'Emploi. Le problème, c'est qu'il faut croire Xavier Bertrand sur parole car ces chiffres sont invérifiables. « Ce n'est pas le travail d'un président de région de se faire photographier en train de remettre des clés de voiture à une personne qui a retrouvé du boulot. Ce n'est pas un distributeur de bonbons, un père Noël ! À la tête d'une région, il faut faire du développement économique, il faut avoir une stratégie[1] », s'insurge Marie-Christine Blandin, présidente verte du Nord-Pas-de-Calais de 1992 à 1998. Daniel Percheron, ancien président du Nord-Pas-de-Calais, se garde d'accabler son successeur ; mais il rappelle que la lutte contre le chômage n'entre pas vraiment dans les compétences de la région : « C'est un terrain très difficile avec les moyens de la région. La bonne volonté est là, mais, franchement, c'est une forme de mission impossible. À 99,9 % la situation de l'emploi est indifférente à la compétence et à l'action du conseil régional[2]. »

Le 9 juin 2021, lors de la « Grande confrontation » animée sur LCI par David Pujadas, réunissant les têtes de listes des Hauts-de-France, Sébastien Chenu a bien évidemment sauté sur l'occasion pour dénoncer les mesures proposées par Xavier Bertrand, « qui coûtent très cher et

1. Entretien avec l'auteur, mai 2021.
2. Clémence de Blasi, « Xavier Bertrand : son labo au banc d'essai », www.lepoint.fr, 13 novembre 2020.

qui n'apportent pas d'emplois ». Le président des Hauts-de-France est aussitôt sorti de ses gonds, accusant son adversaire d'avoir proféré « plus de vingt mensonges ». Tout au long du débat, il a souvent perdu son calme, se montrant agressif, voire méprisant, coupant fréquemment la parole à ses interlocuteurs. Il peine à se contrôler lorsque Karina Delli, la candidate écologiste, dénonce « un bilan famélique ». Au moment où le débat porte sur les éoliennes, Xavier Bertrand lui lance : « L'éolien ? Basta ! Terminé ! » Le président des Hauts-de-France oublie que le sujet, une fois encore, n'est pas de sa compétence. Sur l'écologie, l'ancien secrétaire général de l'UMP, allié traditionnel des chasseurs, n'est guère à son avantage. Lorsque la tête de liste des Verts et de la gauche lui reproche de vouloir inscrire la chasse à courre au patrimoine mondial de l'Unesco, l'ancien maire de Saint-Quentin paraît embarrassé. Sur son compte Twitter, le 17 mai 2021, n'a-t-il pas écrit que « la chasse fait partie du patrimoine de notre pays et des Hauts-de-France », ajoutant « la région saisira le ministère de la Culture pour inscrire la chasse au gibier d'eau et les chasses traditionnelles au patrimoine mondial de l'Unesco [1] » ? Une proposition qui ne classe guère le candidat à l'élection présidentielle dans le camp des modernes.

Sur le sujet de la chasse à courre, Karima Delli n'y va pas par quatre chemins. Durant la campagne électorale, elle s'est rendue dans l'Oise pour assister à une cérémonie au « cerf inconnu ». Indignation de Guy Harlé d'Ophove, président des chasseurs de l'Oise et président de la commission environnement au conseil régional,

1. « Xavier Bertrand propose d'inscrire les chasses traditionnelles au patrimoine mondial de l'Unesco », www.valeursactuelles.com, 18 mai 2021.

offusqué de cette comparaison avec le Soldat inconnu de l'Arc de Triomphe ! Réponse de la candidate : « La chasse à courre n'est pas un sport. Aujourd'hui, nous ne devons plus avoir ce type de pratique inadmissible qui est une pratique de torture moyenâgeuse. Je vous rappelle qu'avec le cerf de Chantilly, on a frôlé une catastrophe le long de la voie ferrée, ce qui n'est pas acceptable pour les usagers. Nous disons que les forêts doivent appartenir aux citoyens. Ils doivent pouvoir se balader en sécurité, redécouvrir la nature. La forêt, c'est notre bien commun[1]. »

Quoique Guy Harlé d'Ophove soit un ancien responsable du Front national, le président des Hauts-de-France n'a cessé de répéter, tout au long de la campagne des régionales, qu'il est « certainement l'adversaire numéro un du Front national depuis 1998[2] ». Sur LCI, le 14 juin 2021, il en a même rajouté : « Parfois j'ai l'impression d'être un peu le seul à combattre le Front national. J'ai le sentiment aujourd'hui que beaucoup ont baissé les bras. » Le vice-président du conseil régional en charge de l'environnement, de la ruralité, de la chasse et de la pêche n'en tient pas moins des propos plutôt musclés, traitant les antichasse de « révolutionnaires violents et dangereux » et qualifiant les chasseurs de « RG de la nature, de RG de nos campagnes ». Les dix-sept mille chasseurs de la région, affirme-t-il, « rayonnent au-delà. Ils sont un maillon de la ruralité. La société de chasse est bien souvent la dernière association dans les villages. Les chasseurs ont un poids identitaire. » Quant à leur poids électoral, Guy Harlé d'Ophove en veut pour illustration

1. Vincent Gérard, art. cit.
2. Source AFP, « Régionales dans les Hauts-de-France : Bertrand estime que Mme Le Pen "s'est planquée" », www.lepoint.fr, 14 juin 2021.

l'élection présidentielle de 2002 : « Lionel Jospin a été éliminé à deux cent mille voix près. Ce n'est rien. Il aurait eu le poids des chasseurs avec lui, il se qualifiait pour le second tour[1]. »

Plus d'argent pour les antichasse

Mediacités se montre particulièrement sévère sur les chèques en blanc que Xavier Bertrand a signés aux chasseurs : « D'où le financement à hauteur de 226 000 euros d'un radar pour la Fédération régionale des chasseurs, censé observer les oiseaux et les insectes en phase migratoire. » Or, deux ans plus tard, ce radar n'aurait toujours pas fourni de données au Système international sur la nature et paysage (SINP). Pas trop grave aux yeux du conseil régional, semble-t-il, puisqu'il attribue les deux tiers d'une nouvelle subvention de 484 261,76 euros… à la Fédération des chasseurs des Hauts-de-France (soit 329 402,76 euros) pour n'étudier que deux espèces, la perdrix grise et les blaireaux. Condition requise pour les associations postulantes ? Disposer de données à transmettre au SINP ! Autre version concernant l'utilisation de ce radar : les chasseurs chercheraient à prouver « que les espèces migratoires ne sont pas si menacées que cela[2] ».

Quant au Groupe ornithologique et naturaliste du Pas-de-Calais (GON), sa candidature a tout simplement été ignorée, alors qu'il est chargé de « gérer les

1. Marielle Martinez, « Pour Guy Harlé d'Ophove, "les chasseurs ont un poids identitaire" », www.courrier-picard.fr, 2 septembre 2018.

2. Blandine Flipo, « Xavier Bertrand signe des chèques en blanc aux chasseurs », *Mediacités*, 8 mai 2021.

données naturalistes régionales pour le Muséum national d'histoire naturelle ». Explication avancée : la région ne subventionne pas les structures antichasse[1]. Quelques jours plus tard, *Mediacités* remet la compresse : le GON a perdu sa subvention régionale annuelle de 91 000 euros. Il n'est pas le seul. Toutes les structures jugées « antichasse » ont vu leurs subventions supprimées. Les AJONC (95 000 euros), les Blongios (6 750 euros), le Conservatoire de l'espace littoral à Wimereux (162 100 euros), la Fédération de pêche du Nord (277 198 euros) et celle du Pas-de-Calais (250 386 euros). « À l'inverse, les fédés de chasse ont vu leurs budgets augmenter forcément », écrit le site d'investigation. Le vice-président Christophe Coulon, l'un des plus proches collaborateurs de Xavier Bertrand, reconnaît que la région refuse d'aider « ceux qui ont des prises de position contre la chasse, qui est une tradition et qui a une place sociétale des loisirs[2] ». Le Mouvement de la ruralité (LMR), qui a succédé à Chasse, Pêche, Nature et Traditions, ne pèche guère par excès de modération. Quand il parle des écologistes, c'est pour dénoncer leurs « méfaits en termes d'écologie punitive », leurs « actions liberticides et antirurales ou antichasse ». Quant à Marie-Christine Blandin, l'ancienne présidente verte du Nord-Pas-de-Calais, elle aurait mené, selon LMR, une « politique écologiste restrictive et ahurissante [...], dogmatique et punitive[3] ».

1. Stéphanie Maurice, « Hauts-de-France : les chasseurs, un électorat à rabattre », *Libération*, 16 mai 2021.
2. Laurie Moniez, « Monsieur Bertrand, qu'avez-vous fait avec cet argent distribué aux chasseurs ? », *Mediacités*, 14 mai 2021.
3. Le Mouvement de la ruralité, communiqué de presse du 9 avril 2021.

Réponse de la « souris verte », originaire de Roubaix : Xavier Bertrand « a un bilan catastrophique. [...] Ça a été très loin, parce qu'il leur a confié le pilotage de la commission de l'environnement. Et comme ces gens-là sont assez vengeurs, ils ont supprimé les subventions de tas d'associations environnementales. Ce qui a entraîné des suppressions d'emplois. [...] Ça a été une forme de napalm pour l'environnement. Une vraie catastrophe[1]. » Par ailleurs, l'ancien ministre de Nicolas Sarkozy ne manque jamais une occasion de s'affirmer « pronucléaire », rappelant que sa région « est candidate à l'implantation des futurs EPR », les réacteurs nucléaires de troisième génération. Réaction indignée de Gil Mettai, secrétaire régional de EEVL Picardie : « Quand on sait l'énormité des coûts, les défaillances de construction et les risques technologiques, cette voie vers laquelle il nous emmène est un cul-de-sac[2]. »

Enfin, ne parlez pas des éoliennes à Xavier Bertrand. C'est devenu une véritable fixation. Non seulement il se propose d'attaquer en justice tout projet de construction d'éoliennes, mais il se déclare prêt à subventionner des associations antiéoliennes. À ses yeux, il s'agit d'un « scandale national », d'« un sabordage des paysages français », d'« une filière qui est tout sauf nationale ». Enfin, ce serait une « méthode de développement anarchique qui méprise les populations[3] ». Serait-ce une autre façon de s'opposer à Emmanuel Macron, qui prévoit de tripler

1. Clémence de Blasi, « Les confessions de Marie-Christine Blandin, "souris verte chez les éléphants roses" », *Mediacités*, 28 mai 2021.
2. Laurie Moniez, « La campagne anti-éolien de Xavier Bertrand », *Le Monde*, 20 janvier 2019.
3. Christine Ollivier, « Xavier Bertrand souligne ses différences avec les Verts », *Le Journal du dimanche*, 21 mars 2021.

l'installation des éoliennes terrestres en France à l'horizon 2030 ?

En 2020, Xavier Bertrand a brutalement négocié un tournant écologique radical, jurant qu'il avait lui-même pris conscience de la gravité de la crise climatique. Il allait planter un million d'arbres en trois ans, développer la méthanisation, l'énergie solaire, l'usage de l'hydrogène, accélérer la rénovation thermique des logements, encourager le recyclage, lancer un plan en faveur d'une agriculture durable. « Nous avons mis en place Rev3, la troisième révolution industrielle, qui accélère sur la rénovation thermique ou les nouvelles énergies comme l'hydrogène et le photovoltaïque[1] », annonce-t-il. Il omet simplement de dire que Rev3, la « Troisième révolution industrielle en Hauts-de-France », a été initiée en 2012 par Philippe Vasseur, président de la chambre de commerce et d'industrie, et par Daniel Percheron, son prédécesseur à la tête de la région.

Fidèle à ses habitudes, l'ancien ministre de Nicolas Sarkozy a jeté sur la table dix projets, en se gardant bien de les budgétiser. « Cette politique de coups et ces décisions subites, souvent liées à l'actualité, désorganisent l'appareil et laissent beaucoup d'agents dans le désarroi », affirme un cadre du conseil régional sous couvert d'anonymat. Et *Mediacités* d'ajouter : « Une critique qui affleurait déjà dans le rapport annuel du Conseil économique social et environnemental régional (Ceser), rendu fin 2018, sur le bilan de la politique de développement durable de la région[2]. » Réaction de l'écologiste Myriam

1. Bruna Basini, Christine Ollivier, « L'urgence absolue, c'est l'emploi », *Le Journal du dimanche*, 12 juillet 2020.
2. Bertrand Verfaillie, « Écologie : le "coming out" ambigu de Xavier Bertrand », *Mediacités*, 1er mai 2020.

Cau, vice-présidente du conseil régional en charge du développement durable de 2010 à 2015 : « En fin de mandat, après avoir détruit la forêt, il vient de redécouvrir l'importance des arbres, à un an de l'élection[1]. »

En juillet 2020, pour se verdir encore un peu plus, Xavier Bertrand a abandonné son siège de président de la communauté d'agglomération du Saint-Quentinois pour le céder à Frédérique Macarez, maire de Saint-Quentin, et devenir vice-président en charge de la biodiversité des territoires et du développement du Parc d'Isle Jacques-Braconnier. En juillet 2021, Xavier Bertrand a profité d'une visite au Salon des migrateurs à Cayeux-sur-Mer, dans les Hauts-de-France, pour apporter son soutien aux chasseurs de gibier d'eau. Sur son compte Twitter, le candidat à l'élection présidentielle a rappelé que « les chasseurs sont des écologistes de bon sens. La chasse est un patrimoine à préserver, qui continuera d'avoir toute sa place dans la politique de la Région des Hauts-de-France[2] ».

1. Clémence de Blasi, « Xavier Bertrand : son labo au banc d'essai », www.lepoint.fr, 13 novembre 2020.
2. . Nico Amberian, « Xavier Bertrand au salon des migrateurs… "La chasse est un patrimoine à préserver" », www.chassepassion.net, 19 juillet 2021.

23

Le faux gentil

Dès l'arrivée de Xavier Bertrand au conseil régional, le climat s'est rapidement tendu. Le nouveau président a demandé aux services techniques de « déminer » son bureau, persuadé que des micros y avaient été cachés. Depuis, il les appelle régulièrement pour revérifier. Quelques semaines plus tard, France 3 Nord-Pas-de-Calais révèle qu'Éric Gavoille, son chef de cabinet adjoint, s'est doté d'une arme à feu, payée 800 euros, pour protéger l'élu. Selon son cabinet, il ferait l'objet de menaces « depuis la campagne pour les régionales ». Gérard Darmanin, alors vice-président du conseil régional, explique que cette solution reste moins coûteuse que de « se déplacer constamment entouré de gros bras du service de protection des personnalités ». L'arme, précise le futur ministre d'Emmanuel Macron, sera remboursée par le ministère de l'Intérieur[1]. La presse locale souligne que les élus, qui n'ont pas été informés de cet achat, sont quelque peu surpris mais ne souhaitent pas réagir.

1. Voir « Xavier Bertrand en danger ? Il achète une arme », actu.orange.fr, 5 juin 2016 ; « Hauts-de-France : le conseil régional paie une arme pour la protection de Bertrand », www.lepoint.fr, 4 juin 2016.

« On se reverra devant les tribunaux ! »

Éric Gavoille est un proche de Xavier Bertrand. Il a été son garde du corps quand ce dernier était ministre. Il l'a suivi à la mairie de Saint-Quentin, où il occupait les fonctions de directeur du service proximité de la ville. Xavier Bertrand y a aussi recruté un autre de ses gardes du corps, Michel Bion, à la tête de la police municipale. Ce dernier était en outre directeur de la sécurité et de la tranquillité publique. Selon la presse locale, ces deux postes « assurent au maire la mainmise totale sur la remontée d'informations. Il sait en temps réel tout ce qui se trame en ville pendant son absence[1]. » Deux officiers de sécurité, habituellement en charge des hautes personnalités, pour une sous-préfecture de l'Aisne : le maire aurait-il pris la grosse tête ? Ou se croit-il persécuté ? À l'époque, *Le Courrier picard* ne manque pas de souligner que « les cinq cadres de la mairie de Saint-Quentin qui exercent aux plus hautes fonctions, et surtout rémunérations, sont des proches du maire Xavier Bertrand ». Trois d'entre eux au moins étaient membres actifs de La Manufacture, la « boîte à idées » de Xavier Bertrand[2].

« Pendant les élections, il a toujours fallu se méfier de lui. C'est un adepte des coups tordus, qui n'hésite pas à déposer systématiquement plainte contre ses adversaires. J'en sais quelque chose », raconte Jean-Pierre Lançon, ancienne tête de liste socialiste aux élections municipales. « Xavier Bertrand est devenu carrément méprisant vis-à-vis de tous ceux qui ne partagent pas ses idées. Au

1. Guillaume Carré, « Le réseau local de Xavier Bertrand », www.courrier-picard.fr, 28 février 2015.
2. Voir « Les proches de Xavier Bertrand sur le podium des mieux payés », www.lecourrierpicard.fr, 18 juillet 2014.

conseil municipal, il ne répondait jamais aux questions de l'opposition, m'apostrophant d'un : “C'est fini, monsieur Lançon ? Vous avez terminé ?”[1] », se souvient l'élu.

Toutefois, la gauche n'était pas la cible principale de Xavier Bertrand. L'ancien ministre préférait s'en prendre à l'extrême droite et à sa tête de liste, Sylvie Saillard-Meunier. Un comportement qui étonne celle-ci : « On se tutoyait autrefois, nous avions des amis communs. J'ai vu Xavier Bertrand faire le clown, se souvient l'ancienne candidate aux élections législatives, mais depuis, il est devenu haineux, odieux, insultant, il déforme sans cesse mes propos. Il cherchait même à m'humilier[2] ! »

Thierry Comble était un proche de Xavier Bertrand. Il jouait dans la même troupe de théâtre, Quintinus. Président du Club 33, il m'avait mis en relation avec le ministre en 2008, lors de la préparation de la première édition de ce livre. Il s'est depuis brouillé avec lui. En 2013, assis au *Carillon*, le café situé derrière la mairie, Thierry Comble voit passer le chauffeur et un garde du corps de Xavier Bertrand. Il déclare : « Tout ça nous coûte cher. A-t-il vraiment besoin d'un garde du corps, alors qu'il n'est plus ministre ? » Quelques jours plus tard, c'est un Xavier Bertrand fou furieux qui se jette sur lui :

« Toi ! Je porte plainte contre toi !

— Qu'est-ce qui t'arrive ?

— Ce que tu as dit cette semaine sur la mairie. Tu vas recevoir du papier bleu. On se reverra devant les tribunaux ! »

Un ancien ministre, aspirant aux plus hautes fonctions, qui perd ses nerfs en public : scène d'autant plus étrange que Thierry Comble mesure près de vingt centimètres

1. Entretien avec l'auteur, mars 2021.
2. *Idem.*

de plus que Xavier Bertrand. Le député-maire de Saint-Quentin appelle ensuite deux témoins de la scène pour leur demander si Thierry Comble se permet souvent de le dénigrer et de critiquer la mairie. « Beaucoup de personnes se sont inquiétées pour moi, sachant que se faire menacer par lui, c'est du sérieux ! Mais d'autres ont immédiatement évité de me fréquenter, changeant même de trottoir quand ils me voyaient, craignant des représailles », soupire Thierry Comble. Ses relations avec l'ancien secrétaire général de l'UMP ne se sont pas beaucoup améliorées lorsqu'il est devenu, après la fermeture de son cabinet de géomètre, directeur de cabinet du groupe Rassemblement national au conseil régional des Hauts-de-France. « Mais à Lille, à ma grande surprise, Xavier Bertrand n'a pas cessé de me manifester des signes d'amitié. Quand il me voyait, il marchait presque sur les pieds de Marine Le Pen pour venir me serrer la main, me taper sur l'épaule[1]. » Et Thierry Comble n'a jamais plus entendu parler de la plainte.

L'ancien « chouchou » de Nicolas Sarkozy n'est plus le bon gros affable, à la voix posée, que j'avais rencontré il y a une dizaine d'années. Des journalistes locaux comparent leur marge de manœuvre à celle accordée aux rédacteurs dans l'ex-URSS. À mon retour à Saint-Quentin pour actualiser ma biographie, plusieurs interlocuteurs m'ont répondu : « Mais avez-vous l'autorisation de Xavier Bertrand ? » Certains Saint-Quentinois assurent que l'« on ne peut pas aller pisser sans qu'il en soit informé dans les minutes qui suivent ». C'est à peine une boutade. « C'est peut-être un peu ridicule de le dire comme ça, mais Xavier Bertrand est devenu un mauvais gars. Il ne tolère plus la moindre critique, il est devenu

1. Entretien avec l'auteur, juin 2021.

paranoïaque[1] », lâche un ancien vénérable d'une loge de Saint-Quentin, qui fréquenta autrefois le frère Bertrand.

Malgré tout, l'ancien maire n'a pas que des opposants dans sa ville. Il y a une décennie, j'avais rencontré son ami Bernard Delaire, alors responsable d'une association patrimoniale. Selon lui, Xavier Bertrand était « un incroyable déconneur », cultivant « un humour spontané et joyeux ». Depuis, Bernard Delaire est entré au conseil municipal de Saint-Quentin, en charge du patrimoine culturel et historique. « Je l'ai connu très jeune. C'est un altruiste. Xavier est un pragmatique et cultive le bon sens. Il me parle souvent de tous les gens simples qu'il rencontre, parfois dans la misère, et que l'on a oubliés », commente l'élu. Lors de mon passage à Saint-Quentin en novembre 2020, Bernard Delaire a tenu à me faire visiter l'ancien buffet de la gare, inscrit aux monuments historiques, avec son bar en béton armé serti de mosaïques et ses vitraux. Un pur joyau de l'Art déco. « Je n'ai pas de carte d'un parti et Xavier m'a demandé de ne pas en prendre car il veut me garder comme ami[2] », raconte l'un des proches du président des Hauts-de-France.

Accrochage violent avec Anticor

Au conseil régional, à Lille, Xavier Bertrand a-t-il cherché à appliquer les mêmes méthodes qu'à Saint-Quentin ? « Je ne dirai pas qu'il est paranoïaque. En revanche, il fonctionne en tribu. Il ne fait aucune confiance à tous ceux qui n'appartiennent pas à son clan. Très vite, il a traité les agents publics comme des exécutants, sinon des

1. Entretien avec l'auteur, Saint-Quentin, novembre 2020.
2. *Idem.*

chaises, à qui on aboie des ordres. Comment voulez-vous qu'ensuite ces salariés s'enthousiasment pour des projets imposés d'en haut[1] ? », raconte un cadre qui souhaite conserver l'anonymat, se retournant à plusieurs reprises pour vérifier qu'il n'est pas écouté à la terrasse du café, près de la gare Lille-Flandres, où il m'a donné rendez-vous.

« Nous sommes des républicains, les équipes étaient prêtes à se mobiliser pour cette nouvelle majorité. Mais il n'y a pas eu de retour. Et surtout, Xavier Bertrand et sa garde rapprochée n'ont pas compris que l'on ne manage pas un cadre A comme un agent d'exécution[2] », déplore Benoît Guittet, ancien responsable de la CFDT État-région-département des Hauts-de-France.

Il n'est donc pas plus aisé à Lille qu'à Saint-Quentin de témoigner du climat que fait régner Xavier Bertrand au sein du conseil régional. Certains salariés décrivent un président non seulement très autoritaire, mais désagréable et souvent méprisant. « Il me voit depuis cinq ans et il est incapable de se rappeler mon nom », m'a confié l'un d'entre eux. « La région se comporte comme les entreprises qui veulent se débarrasser de certains collaborateurs, elle les change de bureau fréquemment, quatre, cinq, six fois, pour les pousser à la démission », assure un autre agent.

Kaddour Qassid, représentant régional d'Anticor, association de lutte contre la corruption, se souvient encore de sa rencontre avec Xavier Bertrand en mars 2017. Le président des Hauts-de-France entendait prévenir dans son institution tout conflit d'intérêts et toute « utilisation frauduleuse des deniers publics ». Il voulait faire de la

1. *Idem*, Lille, mai 2021.
2. Entretien avec l'auteur, mars et juin 2021.

déontologie l'un des marqueurs de son mandat. *A priori*, une excellente initiative. « D'entrée de jeu, je lui ai annoncé une mauvaise nouvelle : un dysfonctionnement grave remontant à plusieurs années, donc avant sa prise de fonction, impliquant une fonctionnaire territoriale également engagée sur un poste de chargée de mission à l'Institut d'études politiques de Lille. Un cumul d'activités normalement interdit à tous les agents publics », raconte Kaddour Qassid. Quelle ne fut pas sa surprise de voir Xavier Bertrand s'énerver brutalement, puis se mettre à vociférer qu'il « n'y a pas d'impunité au conseil régional ». Après s'être calmé, d'autant que la « faute » était imputable à l'équipe précédente, Xavier Bertrand s'en est pris à son directeur de cabinet. « Comment se fait-il que je ne sois pas au courant ? », se serait-il mis à hurler. « J'ai vu de la peur dans les yeux du directeur de cabinet, il était livide. Xavier Bertrand l'engueulait comme un gamin pris en faute[1] », se souvient le responsable d'Anticor. Depuis, les relations de l'association avec le président de la région Hauts-de-France n'ont cessé de se détériorer, pour s'interrompre brutalement deux ans plus tard, en 2019.

Kaddour Qassid, que j'ai rencontré à Lille, en garde un souvenir amer. « Je pense qu'au départ Xavier Bertrand a voulu collaborer avec Anticor pour bénéficier de notre image d'association pugnace luttant contre la corruption. Mais, en interne, il n'a rien changé. Ce n'est que de la poudre aux yeux. » *Mediacités*, qui s'est intéressé à cette affaire en avril 2019, a révélé les échanges musclés entre l'association anticorruption et le président de la collectivité. La fonctionnaire territoriale qui cumulait une autre activité, quant à elle, n'a pas été

1. *Idem*, avril 2021 et mai 2021 à Lille.

sanctionnée. Comme l'association Anticor s'étonnait de cette passivité, Xavier Bertrand, dans une lettre datée du 23 avril 2019, s'est indigné de ces « propos mensongers » laissant à entendre « que la région tolèrerait des comportements illégaux et contraires à la déontologie du fonctionnaire[1] ». L'affaire a été classée par la justice, les faits étant prescrits.

Bertrand Verfaillie, journaliste indépendant, auteur d'*Agir avec les pauvres contre la misère*[2], constate que Xavier Bertrand réussit plutôt bien à afficher l'image d'un homme de droite sociale dans les Hauts-de-France. « Pourtant, assène-t-il, il est l'exemple même de la droite réactionnaire, dans la forme comme dans le fond. Mais il est populaire. Daniel Percheron, l'ancien président, avait beaucoup plus d'ambitions pour la collectivité, mais il ne prenait pas forcément le temps de médiatiser ses actions. Son successeur ne concentre son énergie que sur quelques actions phares. En revanche, il sait soigner sa communication. Pour faire simple : ce n'est pas une gestion, ce sont que des saillies de communication[3]. »

Philippe Allienne, rédacteur en chef de *Liberté Hebdo*, quotidien communiste des Hauts-de-France, va dans le même sens : « Si on fait abstraction de la communication, le bilan social de Xavier Bertrand est plus que mitigé. C'est l'opinion de la majorité des syndicats du conseil régional. Quand il s'agit de négocier, Bertrand est plus dans la menace que dans la résolution. Nous l'avons écrit dans notre hebdomadaire : côté face, il se dit "à portée

1. Yves Adaken, « Xavier Bertrand, Anticor et le cumul d'emploi d'une fonctionnaire de la région », www.mediacites.fr, 26 avril 2019.
2. Éditions de l'Atelier/Éditions Quart Monde, 2016.
3. Entretien avec l'auteur, mars 2021.

d'engueulade", il soutient les sidérurgistes d'Ascoval contre les manœuvres des élites parisiennes. Mais, côté pile, il mène une politique de droite réactionnaire. » Pendant la mobilisation des salariés de Bridgestone (usine de pneumatiques qui a cessé son activité à Béthune en avril 2021), « Xavier Bertrand les soutient et envisage même de se rendre à Tokyo pour défendre l'usine. Mais il sait très bien, au moment où il parle, que la direction japonaise a pris une décision irrévocable[1]. »

La presse locale suit au jour le jour l'actualité d'une manière plutôt satisfaisante et couvre régulièrement les déplacements de Xavier Bertrand, rendant compte de ses annonces presque quotidiennes. En revanche, elle ne dresse que fort rarement le bilan de ses innombrables actions. Ainsi, les lecteurs n'ignorent rien du très ambitieux programme de lutte contre la crise économique liée à la Covid-19, annoncé par le conseil régional en juin 2020. Mais savent-ils que la délibération qui en donnait les grandes lignes a omis d'expliquer comment ce plan serait financé, alors que le montant annoncé (1,3 milliard d'euros) représente près d'un tiers du budget de la région ?

En quoi l'ancien ministre de Nicolas Sarkozy serait-il le digne représentant de la droite sociale ? Les relations plus que conflictuelles entre l'institution qu'il préside et les syndicats de la région ne plaident pas vraiment dans ce sens, si l'on en croit l'audit du cabinet Secafi, financé par la région et publié en 2018. Ce cabinet, expert sur les questions d'organisation et de conditions du travail, est agréé par le ministère du Travail. L'étude, menée auprès de trois mille agents, montre que 78 % d'entre eux estiment que la fusion des régions Nord-Pas-de-Calais

1. Entretien avec l'auteur, février 2021.

et Picardie « n'a pas "amélioré leurs conditions de travail". Et 62 % des agents sondés trouvent leur charge de travail "importante", voire "excessive", en raison de la nouvelle organisation. Beaucoup évoquent des troubles physiques et même psychiques[1]. » De son côté, *La Voix du Nord* titre sur « le grand malaise chez les agents du conseil régional ». Elle souligne que la fusion n'est pas seule responsable de ce mal-être : « 43 % des employés des services centraux sont fortement ou très fortement exposés à des risques psychosociaux[2] », écrit le quotidien régional.

Les chiffres du mécontentement des agents, issus de l'enquête du cabinet Secafi, sont inquiétants : 69 % des agents doivent cacher leurs émotions ou faire semblant d'être de bonne humeur ; 65 % estiment avoir été insuffisamment consultés dans la mise en place des changements d'organisation ; 54 % trouvent leur travail stressant ; 53 % jugent l'organisation de leur direction incohérente ; 42 % ne sont pas associés aux décisions concernant directement leur travail ; 38 % se sentent parfois inutiles à leur poste… En janvier 2018, la CFDT a exigé « un plan Marshall pour redresser la barre et poursuivre les travaux de fusion non aboutis[3] ».

1. Guillaume Roussange, « Hauts-de-France : les syndicats critiquent l'introduction d'une part variable liée au mérite », www.lesechos.fr, 6 février 2018.
2. Laurent Decotte, « Audit : le grand malaise chez les agents du conseil régional Hauts-de-France se confirme », www.lavoixdunord.fr, 31 janvier 2018.
3. « Grande enquête CHSCT sur les conditions de travail. Alerte à la région Hauts-de-France », CFDT, sections syndicales région Hauts-de-France, janvier 2018.

« Un homme de dialogue ? Pas vraiment »

Un an plus tard, la situation ne s'est pas vraiment améliorée, puisque l'intersyndicale (CFDT, CGT, FA, Unsa, Sud, SNU-Ter) du conseil régional boycotte, début 2019, les négociations avec Xavier Bertrand, attestant d'un climat plus que dégradé. « On sent que le président de région fait de la politique, cherchant à faire la démonstration qu'il sait assumer une réduction de la dépense publique par la baisse du nombre de fonctionnaires[1] », dénonce Joseph Demeulemeester, responsable CGT au conseil régional. Sur le site audio de *La Voix du Nord*, le syndicaliste évoque un bilan social très lourd : des conditions de travail dégradées, des suppressions d'emplois, des désorganisations de services, des inégalités de traitement entre agents du Nord-Pas-de-Calais et agents de la Picardie. Nouveau titre en juin 2019 : « Échec des négociations sur la rémunération des agents du conseil régional. » Les syndicats ont voté l'unanimité contre les propositions de Xavier Bertrand et Brigitte Fouré, vice-présidente chargée du personnel. L'intersyndicale réclamait « un alignement de tous les agents de la région sur le régime le plus favorable (en l'occurrence celui du Nord-Pas-de-Calais), comme dans d'autres régions fusionnées ». Résultat, trois régimes vont coexister. « Or nous disons depuis le début qu'à travail égal, le salaire doit être égal, qu'on soit agent ex-Picardie, ex-Nord-Pas-de-Calais ou Hauts-de-France[2] », déplore Joseph Demeulemeester.

1. Sébastien Leroy, « Politique : les syndicats du conseil régional prudents après leur rencontre avec Xavier Bertrand », www.lavoixdunord.fr, 25 février 2019.
2. S. Le., « Social : échec des négociations sur la rémunération des agents du conseil régional », www.lavoixdunord.fr, 18 juin 2019.

Le responsable syndical n'a toujours pas changé d'avis quant au comportement de Xavier Bertrand : « Un homme de dialogue ? Pas vraiment. Les rencontres peuvent se compter sur les doigts de la main. C'est simple, il ne négocie pas, il concède. Preuve qu'il ne tient pas compte des représentants du personnel. Depuis 2016, cinq cents emplois permanents ont disparu. Je ne vois pas en quoi la politique sociale de Xavier Bertrand diffère de celle menée par Emmanuel Macron[1]. » De son côté, le syndicat Sud-Solidaires des Hauts-de-France constate un manque de confiance et de considération des agents « du fait du comportement d'élus suspicieux, condescendants et refusant le contact avec les agents ». À quoi s'ajoute un management caractérisé par « l'opacité et l'arbitraire » et « une absence de reconnaissance des compétences des agents, laissant penser à la présence d'une logique de déni qui a pour conséquence un gâchis économique et humain considérable[2] ». Pas exactement les méthodes de management que l'on aurait pu attendre d'un tenant de la droite sociale. Pour donner un ordre de grandeur, la région des Hauts-de-France compte neuf mille salariés, dont six mille dans le Nord-Pas-de-Calais, le reste en Picardie, ainsi que six mille salariés dans les lycées et trois mille dans les services « historiques » de la région (deux mille à Lille et mille à Amiens).

Quarante ans d'activité au sein des services de collectivités territoriales ou de l'État dans le Nord-Pas-de-Calais, puis dans les Hauts-de-France, cela laisse forcément des traces. Benoît Guittet, ancien coresponsable de la CFDT,

1. Entretien avec l'auteur, mars 2021.
2. Sud-Solidaires, « Enquête "Malaise à tous les étages" à la région des Hauts-de-France. Résumé du rapport, février 2017. De la lucidité et du courage avant qu'il ne soit trop tard », février 2017.

porte un jugement posé, mais sans concession, sur Xavier Bertrand et sur son action au conseil régional depuis son arrivée en 2016 : « Au départ, il n'y connaissait rien, ce qui est normal : il n'avait aucune expérience du pilotage de la région, comme l'équipe autour de lui, à l'exception de Valérie Létard. Mais elle a quitté dès 2017 la vice-présidence de la région pour celle du sénat. Xavier Bertrand est un bourreau de travail et il a pris immédiatement les dossiers à bras-le-corps. Vous lui envoyez un SMS à 8 heures, il vous répond à 8 h 10. Le problème, c'est que c'est un chef d'orchestre : il décide de tout et fonctionne en vase clos. En cela, il est pire que Macron. Tout doit passer par lui. Il n'a absolument pas tenu compte des équipes en place ni de l'intérêt de leurs expériences ou expertises pour faire fonctionner une collectivité singulière comme la région. » En tant que syndicaliste, Benoît Guittet garde en mémoire des négociations particulièrement difficiles avec le président de région. « Parce que nous n'acceptions pas ses dernières propositions, pour lui non discutables, il a rompu brutalement, annonçant qu'il ne travaillerait plus avec nous, mais avec deux syndicats minoritaires, FO et la CFTC, se souvient-il. Il peut être bienveillant, presque copain, mais uniquement lorsque ça ne mange pas de pain, que la concession est minime. En fait, il faut le servir et être assez docile. »

Comme la quasi-totalité de mes interlocuteurs, Benoît Guittet voit d'abord en Xavier Bertrand un homme qui donne la priorité à la communication sur l'action. « Il lui faut sans cesse lancer des "trucs" dont les médias vont parler. » Toutefois, il lui reconnaît « des idées pas complètement idiotes. Je ne l'attaquerai pas sur sa non-sincérité. Je l'ai vu intervenir immédiatement, et être affecté réellement, quand un collègue a été assassiné en

Corse, ou quand une salariée a été agressée chez elle. » Cadre et ancien délégué syndical, il reproche surtout au candidat à la présidentielle son manque de vision. « Dans ce domaine, c'est le vide sidéral. Il n'a pas écrit une ligne sur ce que sera la région dans vingt ans. Il n'a pas d'idées, il ne se projette pas dans l'avenir, les Hauts-de-France n'étant qu'un marchepied pour lui, déplore-t-il. Son manque de réflexion, de puissance intellectuelle, il le compense par une présence constante sur le terrain. Il est partout et, comme il a de l'instinct, du "pif", il comprend ce qu'il faut faire. Mais ses "trucs", c'est epsilon. Proch'Emploi, Proch'ceci ou cela, ça ne fait pas une politique. Finalement, on retiendra que ça n'a pas été un très bon président de région[1] », conclut l'ancien délégué syndical CFDT.

Les cadres de la région encore en activité avec qui j'ai pu m'entretenir à Lille et à Amiens ont presque tous la même analyse. Dès son arrivée en 2016, Xavier Bertrand a mis sur la table son ambition présidentielle. « Ce ne devait plus être la région des Hauts-de-France mais la région Bertrand, souligne l'un d'entre eux. En permanence, il a un œil sur les sondages. Il ne dit que ce que souhaitent entendre les Français. Ce qui le rend, en fait, très versatile. De l'autre œil, il lorgne en permanence sur ce que font Valérie Pécresse et Laurent Wauquiez. » Mais ce qui les a le plus frappés, c'est encore son choix de rayer de la carte toute prospective, à l'image d'un repreneur d'entreprise qui, pour gagner rapidement de l'argent, sabrerait la recherche et développement. « Faire de la publicité pour la voiture à 2 euros, c'est ridicule au regard des problèmes des Hauts-de-France et de la France. Les aides individuelles, ce n'est pas collectif, ça ne crée pas

1. Entretien avec l'auteur, mars et juin 2021.

du lien entre les gens. En fait, Xavier Bertrand n'est tout simplement pas moderne[1] », assène un cadre d'Amiens.

Ancien président du Mouvement des jeunes socialistes, devenu depuis coordinateur national de Génération.s, la formation créée par Benoît Hamon, Benjamin Lucas travaille au conseil départemental de la Somme. Il voit en Xavier Bertrand un président volontariste, populaire, bon orateur, actif sur le terrain, mais bien en mal de se prévaloir de résultats probants. Il lui reconnaît toutefois une vraie fermeté vis-à-vis de l'extrême droite. « Mais il a finalement une manière très vieux jeu de faire de la politique. Il se tient sans doute comme président de région. Mais il n'est pas au niveau pour devenir président de la République[2] », estime l'originaire d'Amiens.

J'aurai souhaité obtenir de la région et (ou) des adjoints de son président leur version des faits, sachant qu'il n'y a jamais une seule vérité, mais plusieurs. Hélas, mes demandes, notamment en février, mai et juin 2021, n'ont jamais reçu de réponse.

En mai 2021, une enquête de l'institut Harris Interactive ne créditait Xavier Bertrand que de 7 % d'appréciations favorables dans les catégories populaires, très loin de Jean-Luc Mélenchon (17 %), Emmanuel Macron (19 %) et surtout Marine Le Pen (36 %). Plus grave, il ne séduisait que 1 % des ouvriers. En revanche, il était plébiscité chez les retraités[3] (22 %). Apparemment, il ne suffit pas de se réclamer de la droite « sociale et populaire » pour enlever les suffrages des personnes peu diplômées et des ouvriers.

1. *Idem*, mai 2021.
2. Entretien avec l'auteur, février 2021.
3. Voir Dominique Albertini, « Régionales. Xavier Bertrand, moins vote populaire qu'il n'en a l'air », www.liberation.fr, 18 juin 2021.

24

L'empêcheur de tourner en rond

Charles Simon me doit, très indirectement, une notoriété locale qui lui a permis de devenir un personnage incontournable du Saint-Quentinois. Membre du Club 33, je l'ai rencontré à plusieurs reprises lorsque je préparais la première édition de ce livre. Ingénieur des Mines, diplômé de l'ESSEC, cadre supérieur à la SNCF, il racontait à cette époque qu'il était en attente d'une nouvelle affectation depuis... 2003. Il était payé 5 000 euros par mois pour rester chez lui. Afin d'occuper ses journées, il donnait des cours, déjeunait avec des amis ou s'essayait à la pêche au gros à Madagascar. Les raisons de cette mise à l'écart ? Détaché auprès de la filiale Geodis Solutions, société de transport et de logistique, il affirmait avoir révélé une fraude de 20 millions d'euros au préjudice de la SNCF. Charles Simon dénonçait par ailleurs des détournements de fonds lors de la construction de la LGV Nord.

Payé douze ans à rester chez lui

Las de ce placard doré, Charles Simon m'a contacté en août 2015. Son histoire, révélée par *Le Point*, a été reprise dans la presse du monde entier[1]. D'autant que l'article était accompagné de ses fiches de paie, attestant que ce salarié désœuvré bénéficiait certains mois… de primes ! Préalablement interrogé, le service de presse de la SNCF m'avait confirmé que son sort « était connu au plus haut niveau de l'entreprise ».

En septembre 2015, afin d'obtenir une nouvelle affectation, Charles Simon entame une grève de la faim de vingt-trois jours. Il perd douze kilos, sans que cela modifie son sort. Mais « le placardisé le plus célèbre de France » est désigné par les internautes du *Courrier picard* « personnalité de l'année 2015[2] » dans le Saint-Quentinois. Dans l'interview qu'il accorde à ce journal, il se définit comme un lanceur d'alerte, évoquant le rapport qu'il a remis au procureur national financier, à la Cour des comptes et à Xavier Bertrand concernant d'éventuels détournements de fonds commis au sein de la SNCF. Il y affirmait, par exemple, que « la facturation du transport régional de voyageurs était majorée de 10 % par an, grâce à un artifice comptable ». Selon lui, « l'absentéisme pour maladie du personnel n'est pas refacturé à la caisse de prévoyance de la SNCF [Sécurité sociale de la SNCF] pour améliorer fictivement sa situation financière, et de façon illégale sans respecter le Code de sécurité sociale qui s'impose en cette situation. […] Cette situation illégale

1. Ian Hamel, « SNCF : un cadre payé depuis douze ans à ne rien faire ! », www.lepoint.fr, 13 août 2015.
2. « Saint-Quentin. Charles Simon, le "placardisé", Saint-Quentinois de l'année 2015 », www.courrier-picard.fr, 1er janvier 2016.

est imposée aux conseils régionaux qui acquittent cette majoration[1]. »

Xavier Bertrand était un invité régulier du Club 33. Il était même présent lors de la campagne pour les élections municipales de 2014. « C'était une tribune politique qui a mis mal à l'aise tout le monde. Il était invité en tant que maire, mais en a profité pour faire une tribune[2] », racontera plus tard *Le Courrier picard*. L'élu connaît donc parfaitement la situation particulière de son administré. Il n'intervient pas. Par voie de presse, Charles Simon multiplie les demandes pour être (enfin) reçu par le futur président des Hauts-de-France, la région étant l'autorité organisatrice du transport ferroviaire de voyageurs. En raison de la notoriété du cadre de la SNCF, Xavier Bertrand consent à le recevoir le 19 août 2015. « Je sais pertinemment que depuis plusieurs années vous n'avez eu de cesse de me dénigrer personnellement, ainsi que l'action de la ville de Saint-Quentin », explique l'élu qui, magnanime, ajoute : « Il n'empêche que, comme pour chacun de mes administrés, je suis à votre disposition et à votre écoute pour vous aider dans vos démarches de retour à l'emploi[3]. » Selon Charles Simon, Xavier Bertrand lui aurait posé de nombreuses questions très précises sur le fonctionnement du système de détournement de fonds, concluant : « Comment peut-on régler ça ? Il est hors de question d'étouffer l'affaire. » Il lui aurait assuré « qu'il interviendrait personnellement pour qu'aucun de ces délits ne soit étouffé ».

Le cheminot saint-quentinois n'a jamais eu d'autre retour. Charles Simon a été mis à la retraite en juillet 2016,

---

1. Charles Simon, « Procès-verbal remis au PNF », 9 septembre 2015.
2. « Saint-Quentin : Rififi au Club 33 », www.courrier-picard.fr, 30 juillet 2017.
3. Archives de l'auteur.

à l'âge de cinquante-six ans[1]. « J'avais également demandé à Xavier Bertrand d'intervenir pour que je sois réintégré à la SNCF. J'aurais pu agir pour améliorer la qualité fournie aux usagers et intervenir pour empêcher toute éventuelle tentative de détournements de fonds publics. Il n'a absolument rien fait[2]. » Peu après, il a été exclu du Club 33. Motif officiel : « Il s'est mis hors-jeu lui-même. Il est sorti des règles du club[3]. »

Au-delà des guéguerres saint-quentinoises, l'ingénieur des mines faisait des propositions constructives pour la région des Hauts-de-Seine, expliquant comment réaliser une baisse d'environ 10 % de la facturation du transport régional de voyageurs. « Le budget de la région Hauts-de-France s'élève à 3 milliards et son budget transports [premier poste budgétaire] atteint plus d'un milliard d'euros, dont 745 millions uniquement pour le transport ferroviaire », souligne Charles Simon. Il cite le cas de Jean-Pierre Masseret, ancien président de la région Lorraine, avec qui il était en contact : il aurait obtenu à la fois de meilleures prestations et un meilleur coût en matière de transport régional de voyageurs.

C'est là un sujet particulièrement sensible, en particulier dans l'Aisne. À la vétusté des trains desservant Saint-Quentin, il faut ajouter les annulations brutales, sans que les usagers en soient informés. Lors de mon déplacement dans la région en mai 2021, je devais prendre un train pour Lille à 14 h 50. Le TER ayant été supprimé, je ne l'ai appris qu'en gare de Saint-Quentin. Le suivant ne partait que deux heures plus tard. En 2015, Xavier Bertrand avait pourtant promis le

1. Ian Hamel, « Payé depuis 13 ans à ne rien faire, un cadre de la SNCF prend sa retraite », www.lepoint.fr, 19 août 2016.
2. Entretien avec l'auteur, Saint-Quentin, novembre 2020.
3. « Saint-Quentin : Rififi au Club 33 », art. cit.

« triple A » : « À l'heure, assis, averti. » Autrement dit, « des trains à l'heure, des passagers assis dans les trains, des passagers avertis en cas de retard », annonçait-il. Six ans plus tard, « le triple A n'est pas appliqué, entre les suppressions de trains et les retards, mais la région n'a pas la main dessus[1] », souligne Gilles Laurent, président de la Fédération nationale des associations d'usagers des transports (FNAUT) des Hauts-de-France, interrogé par France Info. Ajoutez à cela des wagons souvent bondés. Paradoxalement, les Hauts-de-France sont la première région de France pour la production ferroviaire…

Y va-t-il uniquement de la responsabilité de la SNCF ? Et dans ce cas, comment expliquer que les performances des chemins de fer diffèrent d'une région à l'autre ? La proportion de trains partis et arrivés à l'heure atteint 86 % en Bretagne et dans le Grand Est ; elle n'est que de 79 % dans les Hauts-de-France (et de 76 % en Provence-Alpes-Côte-d'Azur). C'est pourtant le dossier majeur des régions. Les transports représentent le plus gros budget (1,1 milliard d'euros en 2020 dans les Hauts-de-France). Ce montant sert, environ pour moitié, à payer la SNCF qui gère les TER (500 millions), le reste étant destiné à l'achat du matériel roulant. « Pannes, retard de trains trop fréquents, dessertes insuffisantes, […] la qualité de service offerte par le monopole public fait depuis des années polémique, à tel point que Xavier Bertrand a décidé d'ouvrir 20 % du réseau à la concurrence à compter de 2023, annonce *Mediacités*. Les liaisons avec Paris pourraient suivre à partir de 2025[2]. » C'était l'un des enjeux des élections régionales, les partis d'opposition y

1. Margaux Duguet, art. cit., 5 juin 2021.
2. Yves Adaken, « Régionales dans les Hauts-de-France : demandez les programmes ! », *Mediacités*, 18 juin 2021.

étant très globalement hostiles. Cette libéralisation partielle aura-t-elle lieu ? Ou s'agit-il d'un simple moyen de pression pour contraindre la SNCF à revoir ses tarifs à la baisse et à améliorer sa ponctualité ?

Xavier Bertrand a annoncé avant les élections régionales de 2021 la mise en place d'un « schéma directeur pour la maintenance des rames et du réseau », accompagné d'un « contrat de confiance et régularité » avec les opérateurs. N'aurait-il pu être négocié bien plus tôt ? C'est ce que lui avait fortement conseillé Charles Simon. « Les équipes précédentes au conseil régional s'étaient battues pour le maintien de petites lignes, même celles qui n'étaient que peu fréquentées. Elles ont été supprimées. Résultat, dans toute la région lilloise, c'est la thrombose permanente, des bouchons interminables, sans compter la pollution. Alors que les indicateurs de santé sont les plus mauvais dans les Hauts-de-France[1] », déplore Véronique Malengé, ancienne chef de cabinet au conseil régional Nord-Pas-de-Calais.

« Xavier Bertrand se retranche derrière la SNCF en prétendant qu'il est dépourvu de moyens, que les chemins de fer ne répondraient pas à ses injonctions comme il l'a déclaré à la télévision. C'est inexact. Il a en main une arme efficace : celle de signer une convention de performance avec la SNCF, qui permette ensuite d'imposer des pénalités en cas de défaillance. Pourquoi ne le fait-il pas ? La région Normandie n'a pas hésité à suspendre ses paiements avec la SNCF pour la contraindre à respecter ses engagements », souligne Adrien Nave, conseiller régional RN des Hauts-de-France, en charge des transports[2].

1. Entretien avec l'auteur, juin 2021.
2. Entretien avec l'auteur, mai 2021.

1,3 milliard sorti d'un chapeau

Par ailleurs, Xavier Bertrand promettait le renforcement de la sécurité dans les gares et les trains, en investissant dans la vidéosurveillance et dans le personnel de sûreté ferroviaire. « Les choses avancent petit à petit. Sur les trois cent soixante-quatre gares de la région, cinquante ont été équipées et quarante sont en cours d'équipement[1] », constate France Télévisions.

Margaux Duguet, l'autrice de l'article, n'est décidément pas tendre non plus avec le président de région sur la question des lycées, qui sont aussi de sa compétence. Xavier Bertrand avait annoncé en 2015 un responsable de l'orientation référent pour chaque lycée, connaissant les métiers et les entreprises de la région. Si Manoëlle Martin, la vice-présidente en charge des lycées, évoque depuis août 2020 le lancement de six cents actions qui auraient touché onze mille trois cents jeunes, en revanche Thierry Quétu, secrétaire général de la Fédération syndicale unitaire (FSU) des Hauts-de-France, constate que, « dans les faits, il n'y a pratiquement rien, ça se fait à certains endroits, mais ce n'est pas excessivement développé[2] ».

Dans le monde « post-Covid, il faut investir à fond dans la santé », assure Xavier Bertrand, ancien ministre de la Santé. Il a promis, s'il était réélu, de doubler, voire de tripler chaque année le budget santé. « Une forme de *mea culpa* car, avant 2020, le budget santé a fortement baissé par rapport au mandat précédent[3] », rappelle le site d'investigations *Mediacités*.

1. Margaux Duguet, art. cit.
2. *Ibid.*
3. Yves Adaken, « Régionales dans les Hauts-de-France : demandez les programmes ! », art. cit.

Le plus grand coup de bluff reste encore l'annonce d'un plan de relance à 1,3 milliard d'euros, soit plus du tiers du budget de la région, en juin 2020. Xavier Bertrand s'est fait devancer par Valérie Pécresse, qui proposait pour l'Île-de-France un plan de relance équivalent, et par Laurent Wauquiez en Auvergne-Rhône-Alpes, qui mettait sur la table un milliard d'euros. Le chiffre de 1,3 milliard a été pris pour argent comptant par la plupart des médias locaux. Il semble pourtant sortir d'un chapeau, comme le souligne une fois encore *Mediacités*. Premier constat : Xavier Bertrand « ne distingue quasiment jamais les mesures nouvelles des dépenses votées avant la crise ». Le dispositif « intègre ainsi quasiment tout le budget annuel formation de la collectivité, soit 385 millions d'euros », presque 30 % de la relance régionale... Quand le projet promet 470 millions d'euros d'investissements publics, « on mesure mal le volume supplémentaire d'investissements par rapport à ce qui était déjà programmé avant la Covid[1] ».

Mais alors, que peut-on mettre sérieusement à l'actif de Xavier Bertrand ? Incontestablement, la remobilisation autour du canal Seine-Nord Europe, enterré depuis des décennies. De la gauche à l'extrême droite, personne ne le conteste. Déjà Napoléon avait songé à relier la Seine et la région parisienne au Nord, via l'Escaut, une liaison fluviale à grand gabarit déclarée prioritaire par la Commission européenne en 2007. Elle doit relier les ports d'Europe du Nord aux ports français comme Dunkerque et Le Havre. Plus globalement il s'agit d'offrir une continuité fluviale entre la région parisienne, les Hauts-de-France, la Belgique, les Pays-Bas et les canaux de l'Europe du Nord.

---

1. Yves Adaken, « Xavier Bertrand s'offre un coup de com avec son plan de relance à 1,3 milliard d'euros », *Mediacités*, 13 juillet 2020.

La difficulté, c'est que Paris n'en a jamais fait une priorité. Un dossier intitulé « Le canal Seine-Nord Europe, une connexion européenne nécessaire et prioritaire ? » résume fort bien la situation : « La déclaration d'utilité publique du canal Seine-Nord Europe date du 12 septembre 2008. [...] La mise en service était prévue en 2013, puis a été reportée à 2015, et enfin 2017. La non-réalisation du canal conduit à la prorogation de la déclaration d'utilité publique jusqu'au 12 septembre 2027[1]. »

Alors qu'Emmanuel Macron, en campagne présidentielle, confirme en mars 2017 le projet de canal Seine-Nord-Europe, Nicolas Hulot, ministre de la Transition écologique et solidaire, annonce en juillet 2017 une pause dans les grandes infrastructures de transport. Il est vrai que l'on ne trouve pas sous les sabots d'un cheval 4,7 milliards d'euros pour la réalisation d'un canal de 107 kilomètres de long, 54 mètres de large et 4,5 mètres de profondeur, reliant Compiègne à Aubencheul-au-Bac, à l'ouest de Cambrai. Seulement, si la France ne se décide pas, le financement européen (40 % pour les travaux et 50 % pour les études) sera perdu. Les acteurs régionaux, les Hauts-de-France, la Wallonie et la Flandre décident alors de se mobiliser et, le 15 septembre 2017, lancent « l'appel de Péronne ». Selon leurs calculs, la construction du canal créerait entre sept mille et treize mille emplois. Puis, après la mise en service, entre vingt-cinq et cinquante mille postes, grâce notamment à la création de nouveaux débouchés pour les industries régionales.

Tout va ensuite très vite. Le 3 octobre 2017, Élisabeth Borne, ministre des Transports, accepte la régionalisation

1. Marie-Agnès Lanneaux, maître de conférences en géographie, université de Lille, geoconfluences.ens-lyon.fr, 7 mai 2020.

de la gouvernance de la Société du canal Seine-Nord Europe (SCSNE). Elle « devient un établissement public local, l'État gardant une minorité de blocage. Xavier Bertrand est élu président du conseil de surveillance[1]. » L'établissement public d'État laisse finalement la place à un établissement public local le 1er avril 2020. Deux milliards d'euros seront à la charge de l'Union européenne, un milliard à l'État français, un autre milliard aux collectivités territoriales, à quoi s'ajoute un emprunt de 700 millions d'euros. Les travaux devraient débuter à la fin de l'année 2021.

C'est de cette opération que Xavier Bertrand est le plus fier. À juste titre. Dans le gratuit *St-Quentin Mag*, à la veille du premier tour des élections, il peut affirmer que « sans notre grande région, nous n'aurions jamais obtenu le canal Seine-Nord Europe, ni les moyens financiers d'imposer à l'État de récupérer son pilotage. Tout comme les 2 fois 2 voies de la RN2 Paris-Soissons-Maubeuge, le barreau Amiens-Creil-Roissy, avec un lien vers Soissons ». Au passage, il s'approprie la fusion du Nord-Pas-de-Calais et de la Picardie (voulue par Manuel Valls) : « Nous avons créé les Hauts-de-France. […] Cela nous a donné une force supérieure[2]. » Le « créateur » des Hauts-de-France ferait sans doute bien de se plonger dans un article de *L'Express* sur la fusion des régions et « le grand bluff des économies » paru en juin 2021. Les Hauts-de-France arrivent en tête des dépenses réelles de fonctionnement par habitant en 2019, soit 399 euros, alors que la moyenne en France métropolitaine (hors Corse) est de 309 euros.

---

1. Marie-Agnès Lanneaux, « Xavier Bertrand à la barre du canal Seine-Nord », www.lobservateur.fr, 12 juin 2020.
2. Éric Leskiw, « Xavier Bertrand prêt à se battre ! », *St-Quentin Mag*, 18 juin 2021.

L'Île-de-France ne dépense que 210 euros par habitant, et Auvergne-Rhône-Alpes, 285 euros[1].

Xavier Bertrand découvre la culture

Rappelons que l'opposition au projet du canal Seine-Nord Europe était essentiellement le fait des écologistes. « Je suis élue des Hauts-de-France et j'ai la conviction que ce projet est mauvais pour notre région et qu'il ne répond en rien aux enjeux du développement qui sont face à nous[2] », déclarait en octobre 2017 Barbara Pompili, alors député LREM de la Somme, et désormais ministre de la Transition écologique. À présent, plus aucune formation politique ne conteste l'utilité de ce projet pharaonique. Une tonne transportée par barge coûte entre 12 et 17 euros, au lieu de 21 euros par camion et 22 euros par train. « Xavier Bertrand, incontestablement, a très bien joué en régionalisant le projet et en fédérant autour de lui les élus. Il est véritablement devenu le capitaine de l'opération et, à ma connaissance, il fait l'unanimité sur ce projet, à gauche comme à droite[3] », constate Jacques Trentesaux, ancien rédacteur en chef de *L'Express* et cofondateur de *Mediacités*. Opinion largement partagée par Jean-Claude Branquart, directeur de la rédaction du bimensuel *Autrement dit* : « Sans Xavier Bertrand, le canal était enterré, le Picard Emmanuel Macron n'ayant pas saisi l'enjeu. Il est arrivé presque au

1. Béatrice Mathieu, « Fusion des régions, le grand bluff des économies », *L'Express*, 17 juin 2021.
2. « Le canal Seine-Nord, trente-cinq ans de débats et toujours pas de coup de pioche », *Le Monde*, 3 octobre 2017.
3. Entretien avec l'auteur, octobre 2020.

bluff en annonçant que la région allait avancer l'argent ! » Jean-Claude Branquart ne cache pas son admiration, tout en soulignant les limites du mode d'action de Xavier Bertrand depuis cinq ans : « Il est très réactif, très efficace et surtout, il ne s'arrête jamais. C'est une course permanente. Mais faire des coups les uns après les autres, ce n'est pas une stratégie. Et après lui, qui ? Le conseil régional manque de grands gabarits. La plupart de ses vice-présidents sont plutôt effacés[1]. »

Hormis le canal, quoi d'autre ? Xavier Bertrand rappelle qu'il a obtenu, avec Natacha Bouchart, maire de Calais depuis 2008 et vice-présidente de la région, de Bernard Cazeneuve, alors ministre de l'Intérieur, le démantèlement de la jungle de Calais. Il réclame le « démantèlement des camps illégaux et [la] reconduction à la frontière des clandestins, [la] lutte sans merci contre les passeurs qui exploitent la misère humaine ». Dans la même interview accordée au *Figaro* en juin 2021, il déclare : « Nous nous sommes battus pour faire reculer le chômage, faire revenir des usines, poursuivre la reconversion industrielle, et l'implantation de deux nouvelles usines de batteries électriques pour l'automobile en est une preuve[2]. » L'information est tombée en mai 2021 : le Chinois Envision devrait bâtir à Douai une usine de cellules électriques pour la future R5, qui permettrait la création de deux mille emplois. « Il s'agirait du deuxième projet majeur de production de batteries dans la région Hauts-de-France, après celui d'Automobile Cells Company (ACC), cette coentreprise entre Total-Saft et Stellantis qui prévoit de monter une usine à Douvrin (Pas-de-Calais) sur le site de production

1. *Ibid.*, Lille, février 2021.
2. Carl Meeus, « Xavier Bertrand : "Je veux redonner de l'espoir" », www.lefigaro.fr, 11 juin 2021.

de moteurs thermiques du constructeur automobile[1]. » Xavier Bertrand omet simplement de relativiser son rôle. L'implantation d'une usine de cette importance passe par des arbitrages au niveau de l'État. Il n'a fait que participer aux négociations.

L'ancien secrétaire général de l'UMP a aussi réussi là où personne ne l'attendait, en faisant grimper le budget de la culture de 70 à 110 millions d'euros, alors que jusqu'en 2015 personne ne lui connaissait d'appétence particulière en la matière. « L'homme de droite s'est ainsi acquis une forme de respect des milieux culturels, plutôt à gauche, d'autant qu'il a aussi maintenu les aides régionales lors de la crise sanitaire », reconnaît *Mediacités*, qui ne le ménage guère habituellement. Le site ajoute que cela n'a pas empêché Xavier Bertrand de « lancer son grand – et coûteux – projet personnel d'Institut de la photographie (IPP) des Hauts de France[2] ». Réaction d'un témoin de la vie politique lilloise, cité par *Le Point* : « Avec l'Institut, son bébé, qui bénéficie d'un régime d'exception, Xavier Bertrand fait du Martine Aubry. [...] Il a agi comme un prince, un grand mécène. Électoralement, ça peut lui rapporter gros, tant aux prochaines régionales qu'à l'élection présidentielle[3]. » L'Institut de la photographie, en partenariat avec les Rencontres d'Arles, doit en particulier se spécialiser dans la conservation de fonds patrimoniaux. Il sera doté d'un budget de fonctionnement de 3 à 6 millions d'euros par an, principalement financé par la région. Ce n'est évidemment pas sans arrière-pensée

1. Éric Béziat, « Renault aura sa production de batteries dans le nord de la France », *Le Monde*, 1er juin 2021.
2. Yves Adaken, art. cit.
3. Clémence de Blasi, « Xavier Bertrand : son labo au banc d'essai », www.lepoint.fr, 13 novembre 2021.

électoraliste, et d'abord localement. Ce haut lieu dédié à la photographie, dont l'inauguration est prévue en 2022, s'installera au cœur du Vieux-Lille[1]. Or, il n'a échappé à personne que Martine Aubry, maire de la ville, ne s'est guère mobilisée durant la campagne des régionales en faveur de Karima Delli.

Au niveau national, l'ancien maire de Saint-Quentin sait qu'il lui faut séduire les réseaux culturels, indispensables à tout prétendant à l'Élysée. *L'Obs* ne s'y est pas trompé en consacrant trois pages à la « révolution culturelle de Xavier Bertrand ». L'hebdomadaire parisien s'en donne à cœur joie pour décrire un « plouc » surjouant l'inculte pour mieux séduire les intellos. Un « paysan du Danube » qui leur dit : « Je sais bien… Pas facile de faire confiance à quelqu'un comme moi : un homme de droite qui a découvert la culture[2] ! »

Homme à tout faire dans la région, Xavier Bertrand n'a pas remplacé François Decoster, maire de Saint-Omer, vice-président à la culture, quand celui-ci est parti en août 2019 comme directeur de cabinet du secrétaire d'État Jean-Baptiste Lemoyne, chargé notamment du Tourisme. Il ne s'agit toutefois pas d'une prise de guerre définitive d'Emmanuel Macron, puisque Jean-Baptiste Lemoyne a mis fin à ses fonctions en avril 2021 pour revenir dans le giron de Xavier Bertrand[3].

---

1. Id., « Institut pour la photographie : derrière l'amour de l'art, les objectifs très politiques de Xavier Bertrand », *Mediacités*, 1er juillet 2020.
2. Véronique Groussard, « La révolution culturelle de Xavier Bertrand », *L'Obs*, 20 juillet 2017.
3. Voir Valéry Duhaut, « Saint-Omer : Le Maire, François Decoster, n'est plus directeur de cabinet ministériel », www.lavoiedunord.fr, 26 avril 2021.

Toutefois Michel Guerrin, rédacteur en chef du *Monde*, jette un œil pour le moins critique sur l'action de Xavier Bertrand dans le domaine de la culture. Certes, il a débloqué « des budgets pour la création largement supérieurs à ceux d'autres régions ». Mais on aurait pu imaginer que le représentant de la droite sociale et populaire mettrait le paquet « sur une culture de proximité, essaimant dans une région peu riche, entre un Nord bien pourvu en lieux de création et une Picardie qui l'est peu ». D'autant qu'il parle sans cesse de « décentralisation ». Eh bien, pas du tout : Xavier Bertrand a fait le contraire. Il a privilégié « le visible et le prestigieux », notamment en attirant à Lille le festival Séries Mania, spécialisé dans les séries télévisées, avec le soutien de Martine Aubry. En revanche, les acteurs culturels locaux n'ont pas vu leurs subventions augmenter[1].

Quel bilan peut-on enfin tirer de la présidence de Xavier Bertrand ? Pierre Mathiot, directeur de l'Institut d'études politiques de Lille, reconnaît qu'il bénéficie d'un niveau de notoriété exceptionnel, tournant autour de 40 %. « Il communique bien et il peut se contenter de faire campagne sur sa notoriété. Quant au bilan économique, je ne suis pas certain que la majorité des électeurs s'y intéressent. D'autant qu'il est difficile de s'informer, les médias n'ayant souvent plus les moyens ne mener de grandes enquêtes. » Un temps candidat en 2017 aux élections sénatoriales sur la liste de La République en marche, avant d'y renoncer rapidement pour raisons personnelles, Pierre Mathiot jette un regard froid sur la classe politique locale : « Xavier Bertrand, comme d'autres élus, notamment socialistes, essaie de combiner méthodes

1. Voir Michel Guerrin, « Quand on a un rêve présidentiel comme Xavier Bertrand, ce n'est pas le moment de se mettre à dos le monde culturel », www.lemonde.fr, 25 juin 2021.

nouvelles et attachement à la politique "à l'ancienne". Ils ne parlent pas très bien l'anglais. Peut-il s'adapter au nouveau monde[1] ? », s'interroge-t-il.

« Mention passable », semble dire pour sa part le politologue lillois Christian-Marie Wallon-Leducq. « Le bilan de Xavier Bertrand n'est pas plus probant que celui de ses prédécesseurs. À la tête d'un budget de 3,5 milliards d'euros, un président de région ne peut de toute façon pas faire des miracles », constate cet ancien enseignant à l'Université catholique de Lille. « Je constate que son positionnement idéologique est compliqué. En quoi est-il différent d'Emmanuel Macron ou d'Édouard Philippe ? Critiquer systématiquement le président de la République, cela ne dessine pas pour autant un espace. À moins que ne se dessine en 2022 un échec macronien[2] ? » Ancien ministre de l'Agriculture, de la Pêche et de l'Alimentation sous Jacques Chirac, ancien député du Pas-de-Calais, Philippe Vasseur a quitté la vie politique en 2000 pour prendre la présidence du conseil d'administration du Crédit mutuel Nord Europe. Il porte un regard bienveillant sur l'action de Xavier Bertrand. « Je connaissais un peu son épouse, qui travaillait dans un cabinet de relations publiques et s'était présentée contre le maire communiste de Saint-Amand-les-Eaux. Concernant Xavier Bertrand, j'ai surtout fait sa connaissance à l'occasion des élections régionales de 2015. Je ne souhaitais pas figurer sur sa liste. En revanche, je l'ai aidé. Et je lui apporte toujours mon concours bénévolement. Chaque fois que j'ai eu un problème, il a toujours respecté sa parole. Ce qui n'est pas le cas du président de la République ».

1. Entretien avec l'auteur, février 2021.
2. *Ibid.*

Pour cet ancien journaliste économique aux *Échos* et au *Figaro*, la primaire que certains souhaitent organiser à droite n'est certainement pas la solution. « Demain, si Bruno Retailleau gagnait chez Les Républicains, quel serait son score aux présidentielles[1] ? », commente le président du Forum mondial de l'économie responsable.

1. Entretien avec l'auteur, février 2021.

25

Haro sur le lycée musulman

Sur la photo, Xavier Bertrand fait face à une femme voilée. L'exécutif régional et départemental a rendu visite au lycée musulman Averroès au lendemain des attentats contre *Charlie Hebdo*, explique la légende. L'article a été rédigé par La Gazette patriote, le blog de Daniel Philippot, conseiller régional des Hauts-de-France, père de Florian Philippot, président du microparti Les Patriotes[1]. Xavier Bertrand, Gérald Darmanin, Nicolas Lebas (représentant de la région au conseil d'administration du lycée) et Jean-René Lecerf, président LR du département du Nord, sont venus témoigner leur soutien à la communauté musulmane, leur rappeler qu'ils refusent tout amalgame entre l'islam et le terrorisme.

Pendant la campagne pour les élections régionales de 2021, la même photo, cette fois légendée : « Le sulfureux lycée islamique », apparaît dans un tract anonyme intitulé « Les 6 péchés islamiques de Xavier Bertrand ». Marc Prévost, l'animateur du site *DailyNord*, rappelle que ce n'est pas la première fois que Xavier Bertrand « est la

1. « Le clientélisme communautaire de la majorité régionale », Gazette-patriote.fr, 18 janvier 2017.

cible de ses adversaires qui stigmatisent les subventions accordées à des établissements ou associations présumées islamistes ou proches des mouvances salafistes[1] ».

Tâchons d'y voir plus clair...

« La race juive, une race maudite »

Le lycée Averroès, du nom d'un philosophe et médecin musulman andalou du XIIe siècle, a été le premier établissement d'enseignement privé musulman à recevoir en France, en 2003, une autorisation d'ouverture délivrée par le Conseil supérieur de l'Éducation nationale. À l'origine de la création de ce lycée, Amar Lasfar, actuel président de Musulmans de France, organisation proche de la confrérie des Frères musulmans, a défendu dans les années 1990 des filles voilées exclues de leur établissement public. Il reconnaît que Musulmans de France, sans appartenir aux Frères musulmans, s'inscrit « dans leur courant de pensée ».

En février 2015, Soufiane Zitouni, professeur de philosophie, signe deux pages dans *Libération*, expliquant les raisons de sa démission du lycée Averroès. S'il n'y a pas trouvé de livres du philosophe andalou, il raconte, en revanche, que l'établissement collectionnait les ouvrages des frères Ramadan, « très prisés dans ce lycée ». « En plus de vingt années de carrière en milieu scolaire, je n'ai jamais entendu autant de propos antisémites de la bouche d'élèves dans un lycée », affirme-t-il. Une élève de terminale aurait déclaré devant lui que « la race juive est une race maudite par Allah, beaucoup de savants de l'islam

1. Marc Prévost, « Régionales : Xavier Bertrand ciblé par un tract très agressif », dailynord.fr, 11 avril 2021.

le disent[1] ». Enfin, un enseignant du lycée, peu après l'attaque terroriste contre *Charlie Hebdo*, aurait osé écrire que ce journal « cultive l'abject » et « concourt, chaque jour, à la banalisation des actes racistes ». Xavier Bertrand lit-il *Libération* ? Toutefois, l'ancien ministre du Travail ne pouvait pas ignorer que l'Union des organisations islamiques de France (UOIF), l'ancien sigle de Musulmans de France, invitait régulièrement à son rassemblement annuel du Bourget, le prédicateur égypto-qatari Youssef Qaradhawi. Ce dernier justifie pourtant les attentats-suicides commis en Israël. Plus grave, en janvier 2009, sur la chaîne Al Jazeera, ce Frère musulman a déclaré : « Tout au long de l'histoire, Allah a imposé [aux juifs] des personnes qui les punissaient de leur corruption. Le dernier châtiment a été administré par Hitler [...] C'est un châtiment divin. Si Allah veut, la prochaine fois, ce sera par la main des croyants ». Youssef Qaradhawi, qui n'a jamais été désavoué par Amar Lasfar, s'est vu interdire d'entrée en France depuis 2012.

Patricia Chagnon, élue du Front national, a vécu au Soudan et parle arabe. Elle dit avoir téléphoné à ce lycée pour s'assurer que l'établissement faisait bien respecter les préceptes coraniques, notamment le port du voile. Réponse du lycée : « Ne vous inquiétez pas, la pression sera telle qu'au bout de quelques semaines, votre fille portera le voile d'elle-même[2]. » Lors de la séance du conseil régional du 16 octobre 2017, la droite et l'extrême droite s'opposent sur la question du lycée Averroès. Marine Le Pen exige la suspension des subventions. Xavier Bertrand demande de mettre de côté la démagogie et

---

1. Sofiane Zitouni, « Pourquoi j'ai démissionné du lycée Averroès », *Libération*, 6 février 2015.
2. Archives de l'auteur.

les assimilations dangereuses et répond que « l'Éducation nationale a confirmé que l'établissement respectait son contrat avec l'Éducation nationale. Je vous signale également que depuis septembre 2015, il est enseigné, comme dans les autres établissements, un cours d'enseignement moral et civique. »

Gérald Darmanin appuie Xavier Bertrand en soulignant qu'« il n'appartient pas à la région de regarder le contenu de cet enseignement », rappelle que « la justice a blanchi le lycée Averroès » et qu'il trouve les « insinuations » du Front national « tout à fait scandaleuses ». Circulez, il n'y a rien à voir ! Sébastien Chenu, future tête de liste du Rassemblement national, apostrophe Xavier Bertrand en lui rappelant qu'il a voté « une subvention à l'association Radio Pastel qui diffuse les discours de M. Ramadan ». Réponse du président de région : il avait obtenu l'interdiction des conférences de Hani Ramadan (le frère de Tariq Ramadan) à Roubaix et à Saint-Quentin[1]. Xavier Bertrand a longtemps entretenu de bonnes relations avec le Qatar. À l'Assemblée nationale, il a appartenait au groupe d'amitié France-Qatar. Le site AmoMama, qui s'intéresse à l'actualité des célébrités, a retrouvé une photo de l'élu picard, accompagné de son épouse Emmanuel Gontier, à l'occasion d'un dîner en 2009, organisé en l'honneur de l'émir du Qatar, le Cheikh Hamad Bin Khalifa Al Thani[2].

En revanche, l'ouvrage de Christian Chesnot et Georges Malbrunot, *Qatar Papers. Comment l'émirat finance l'islam de France et d'Europe*, paru en avril 2019, n'a

1. Procès-verbal de la séance plénière du 16 octobre 2017.
2. Eteme Severine Celestine, « Xavier Bertrand : découvrez son ex-épouse, Emmanuelle Gonthier, avec qui il a des jumeaux », amomama.fr, 11 juillet 2021.

pas échappé au président des Hauts-de-France, comme il n'a pas échappé au ministère de l'Éducation nationale. Dans le chapitre intitulé « Quand le Qatar veut racheter le lycée Averroès de Lille[1] », les journalistes révèlent que l'établissement aurait perçu 3 millions d'euros de Qatar Charity, la principale ONG de l'émirat gazier. Par ailleurs, 1,2 million d'euros auraient atterri dans les caisses du centre islamique de Villeneuve-d'Ascq.

Presque aussitôt, le ministère de l'Éducation nationale lance une inspection pédagogique et financière concernant le lycée. Elle est menée juste avant le confinement. Le premier rapport, n° 2020-047, est confié à l'Inspection générale de l'Éducation nationale. L'audit suivant, n° 2019-59-202, est réalisé par la Direction générale des finances publiques. Arrivés en 2020 sur le bureau du président des Hauts-de-France, ces documents mentionneraient bien les financements étrangers dont bénéficie le lycée, mais n'en tireraient aucune conclusion. Insatisfaisant pour Xavier Bertrand qui, en octobre de la même année, demande des précisions à Jean-Michel Blanquer. A-t-il reçu des réponses ? Il a refusé de communiquer l'enquête menée par l'Éducation nationale. De mon côté, ma demande auprès du ministère est restée sans réponse. Quant à Amar Lasfar, président de l'association qui pilote le lycée Averroès, il assure que la subvention de la fondation Qatar Charity « a toujours été tracée explicitement dans notre comptabilité. Elle est tout à fait légale. Elle était de 950 000 euros et non pas de 3 millions[2]. »

1. *Qatar Papers. Comment l'émirat finance l'islam de France et d'Europe*, Michel Lafon, 2019, p. 91-115.

2. Jean-Marie Guénois, « Privé de financement par la région, le lycée Averroès de Lille saisit la justice », www.lefigaro.fr, 1er octobre 2020.

Si l'Éducation nationale ne bouge pas deux ans et demi après la sortie de *Qatar Papers* et continue de verser les sommes prévues dans le contrat d'association avec l'État, en revanche, Xavier Bertrand a suspendu dès septembre 2019 une subvention de 45 300 euros de la région des Hauts-de-France. Elle devait servir à la rénovation de la toiture et à l'achat d'ordinateurs[1]. Le lycée Averroès a saisi le tribunal administratif, considérant que la région n'a pas le droit de bloquer une subvention prévue par le contrat d'association avec l'État. « 45 300 euros, ce n'est pas grand-chose, mais c'est symbolique. L'attitude de Xavier Bertrand concernant le lycée Averroès a beaucoup changé. Il faut se rappeler qu'il s'était rendu dans l'établissement au lendemain des attentats de *Charlie Hebdo*, non pas pour dénoncer l'islamisme mais pour rassurer les responsables en déclarant qu'il ne faisait pas d'amalgame », rappelle Mohamed Louizi, ancien président des Étudiants musulmans de France à Lille et auteur de *Pourquoi j'ai quitté les Frères musulmans*[2].

Philippe Emery, l'ancien président du groupe Rassemblement national à la région, n'épargne pas non plus Xavier Bertrand : « Il était au courant de l'argent versé par le Qatar, puisque Nicolas Lebas, l'ancien vice-président du conseil régional, était au conseil d'administration d'Averroès ! Il a fermé les yeux pendant des années[3]. » En juillet 2020, Nicolas Lebas, en charge de l'enseignement supérieur et de la recherche, a quitté le conseil régional des Hauts-de-France pour passer à l'« ennemi » en rejoignant le cabinet d'Alain Griset,

1. « Xavier Bertrand suspend des subventions pour le lycée musulman Averroès de Lille : 3 questions sur la polémique », france3-regions.francetvinfo.fr, 17 octobre 2019.
2. Entretien avec l'auteur, Lille, février 2021.
3. Entretien avec l'auteur, mars 2021.

ministre délégué chargé des PME dans le gouvernement d'Emmanuel Macron.

Un rapport confidentiel de 24 pages en anglais sur le lycée Averroès, que j'ai pu consulter, rappelle que le 10 décembre 2015, au moment du second tour des élections régionales dans les Hauts-de-France, opposant Xavier Bertrand à Marine Le Pen, l'établissement musulman avait relayé un communiqué de la Ligue islamique du Nord appelant clairement à voter contre le Front national : « Nous, citoyens de confession musulmane, nous ne pouvons rester indifférents devant l'instrumentalisation des peurs de l'islam et des musulmans et de leurs institutions et nous appelons à éviter à tout prix que notre région soit dirigée par le parti du rejet et de l'exclusion. Le dimanche 13 décembre, votons massivement contre les porteurs de haine[1]. »

Par ailleurs, ce rapport confidentiel contient une photo prise en mai 2015 dans les locaux du lycée Averroès. Elle illustre les liens de l'établissement privé avec l'émirat gazier. Amar Lasfar, président de l'UOIF et Makhlouf Mamèche, président de la Fédération nationale de l'enseignement musulman (FNEM), posent en compagnie du cheikh Hamad Bin Nasser Al Thani, président du conseil d'administration de Qatar Charity, et de Youssef al-Kuwari, directeur exécutif de Qatar Charity. Or, l'objectif de Xavier Bertrand est devenu d'interdire les financements étrangers pour les mosquées. « Emmanuel Macron doit remettre à plat notre relation avec l'Arabie saoudite, le Qatar, la Turquie. Quand on est partenaire de la France, on ne soutient pas les ennemis de la République française[2] », disait-il en 2019.

1. Archives de l'auteur.

2. Hervé Gattegno et Christine Ollivier, « Xavier Bertrand : "Macron nous a fait perdre deux ans" », *Le Journal du dimanche*, 13 octobre 2019.

Interdire aux salafistes de s'exprimer

Le 31 mars 2021, le tribunal administratif de Lille a donné tort à Xavier Bertrand, suspendant sa décision de couper les vivres au lycée. Il affirme que l'établissement est proche d'une situation de « cessation de paiements », le manque à gagner s'élevant à plus de 300 000 euros pour la seule année scolaire 2019-2020. Par ailleurs, le tribunal évoque « un doute sérieux quant à [la] légalité » de la décision de Xavier Bertrand. En effet, sur quels critères s'appuie-t-il pour couper les subventions ? Gérald Darmanin, alors vice-président de la région, n'affirmait-il pas en 2016 que l'institution n'avait pas à juger le contenu de l'enseignement dispensé par le lycée Averroès ?

La région a fait appel de la décision[1]. Dans un communiqué daté du 1er avril 2021, le lycée précise que les deux contrôles n'ont relevé aucune anomalie majeure. Au contraire, le deuxième contrôle mené par deux inspecteurs généraux de l'Éducation nationale a souligné la qualité pédagogique de l'enseignement dispensé par le lycée Averroès et l'engagement des personnels[2]. Par une ordonnance rendue le 6 juillet, le tribunal administratif de Lille a enjoint à la région des Hauts-de-France de verser les subventions dues au lycée Averroès. « La Région a fait savoir auprès de l'AFP qu'elle allait verser la somme mais qu'elle compte bien aussi se pourvoir en cassation[3]. »

1. Tomas Statius, « Après l'arrêt de subventions au lycée Averroès de Lille, Xavier Bertrand débouté par le tribunal administratif », www.liberation.fr, 2 avril 2021.
2. Voir Lycée Averroès, « Justice rendue à Averroès », 1er avril 2021.
3. Lina Farelli, « La Région des Hauts-de-France sommée de verser des subventions au lycée musulman Averroès de Lille », www.saphirnews.com, 8 juillet 2021.

Tout en poursuivant son bras de fer avec le lycée Averroès, Xavier Bertrand a pris récemment des positions très dures vis-à-vis de l'islam politique. Le 28 mars 2021, dans *Le Grand Rendez-vous* Europe 1-CNews-*Les Échos*, il s'en prend au syndicat étudiant Unef, organisateur de réunions non mixtes racisées, affirmant qu'il « ne devrait plus avoir de financements publics et ne devrait pas siéger dans des institutions politiques ». Il ajoute : « J'ai moi-même écrit à mon préfet pour lui demander que la place de l'Unef au sein du Conseil économique et social régional ne soit plus une évidence. J'attends du gouvernement qu'il dise la même chose. » Autre proposition : interdire les listes communautaristes « car ces listes veulent placer les lois religieuses au-dessus des lois de la République ». Ce qui serait possible dans le cadre législatif actuel, avance-t-il.

Concernant le séparatisme, il estime qu'Emmanuel Macron n'a pas pris la mesure du problème depuis son élection, car il n'est pas à l'aise sur les sujets régaliens : sécurité, justice, défense ou respect de la laïcité. « Il parle de séparatisme parce qu'il a des problèmes à évoquer le communautarisme et l'islamisme[1] », déclare-t-il en septembre 2020. Un mois plus tard, le président des Hauts-de-France se montre nettement plus radical, parlant dorénavant de « guerre » : « Nous ne sommes toujours pas entrés en guerre. Les autres nous font la guerre matin, midi et soir, dans le cœur de nos quartiers... et pas seulement, lâche-t-il. Les intégristes ont une stratégie claire : provoquer une guerre de civilisation. »

Pour lui, « tous ceux qui sont aujourd'hui sur le territoire français, qui sont de nationalité étrangère [et] qui

1. Quentin Laurent, Alexandre Sulzer, « Droite, le moment Bertrand ? », *Aujourd'hui en France dimanche*, 20 septembre 2020.

commettent un délit ou un crime, [ou] s'en prennent aux valeurs de la République et notamment à la laïcité, tous ceux-là doivent quitter le territoire français ». Des propos que ne renierait pas le Rassemblement national. De même, lorsque l'ancien maire de Saint-Quentin exige que « tous ceux qui se revendiquent du salafisme en France, tous ceux qui se revendiquent des Frères musulmans – c'est-à-dire que ce sont des fondamentalistes –, qui placent l'islam politique au-dessus des règles de la République française » ne puissent « plus s'exprimer en France[1] ». En 2016, le même Xavier Bertrand posait avec Amar Lasfar, considéré comme le principal porte-parole des Frères musulmans en France. Et pourquoi cette organisation, qui n'est pas interdite dans l'Hexagone, n'aurait-elle pas le droit de s'exprimer ? Quant aux salafistes quiétistes, ils sont pacifistes et n'appellent pas au djihad. S'il est élu président de la République, Xavier Bertrand demandera-t-il leur interdiction, ce qu'un Donald Trump s'est bien gardé de faire aux États-Unis ?

En octobre 2020, après l'annonce de l'assassinat par décapitation de Samuel Paty, le président des Hauts-de-France énumère dans la presse locale la liste « interminable » des meurtres commis par les islamistes : « Merah, *Charlie*, l'Hyper Casher, la tuerie du Bataclan, le prêtre égorgé dans son église, la mort du gendarme Beltrame, l'attaque meurtrière à la préfecture de police de Paris. » Puisque notre droit n'est plus capable de nous protéger, estime-t-il, il faut donc changer notre droit. Et pour cela, changer la Constitution en consacrant par référendum

1. Arthur Berdah, « Bertrand : "Cela fait longtemps que l'État a failli dans cette lutte contre l'islamisme" », *Le Figaro*, 19 octobre 2020.

« le principe de laïcité au même niveau que l'égalité, la liberté, la fraternité[1] ».

Pour mieux éradiquer l'islamisme, Xavier Bertrand propose ensuite que son référendum sur la laïcité englobe également la protection des Français et l'immigration. Il estime dorénavant qu'il y a un lien « entre certains attentats et l'immigration clandestine » et entend réexaminer les pays d'origine des demandeurs d'asile. « Les pays ne voulant pas reprendre leurs ressortissants doivent savoir que nous mettrons un terme à l'obtention de visas pour venir en France, y compris pour leurs dirigeants et à l'aide publique au développement[2]. » Encore des propositions que ne rejetterait pas Marine Le Pen. Engagé à la fois dans la compétition des régionales et de la présidentielle, « Xavier Bertrand ne veut pas laisser le thème du communautarisme et de l'islamiste à ses adversaires Sébastien Chenu et Marine Le Pen, qui dénoncent une supposée complaisance du président divers droite », constate *DailyNord*[3].

Dans une interview accordée au *Figaro*, Xavier Bertrand souligne que les travaux de Guillaume Peltier dans ce domaine « sont des bases de travail ». Il est pour le moins curieux qu'un proclamé gaulliste social cautionne les idées de l'actuel vice-président délégué des Républicains, passé par le Front national et le Mouvement pour la France de Philippe de Villiers, fondateur du mouvement La Droite forte et ardent défenseur d'un rapprochement entre la

1. Bertrand Duchet, « XB face à l'islamisme », *St-Quentin Mag*, 22 octobre 2020.
2. Marion Mourgue, « Il faut un référendum sur la laïcité, la protection des Français et l'immigration », *Le Figaro*, 5 décembre 2020.
3. Marc Prévost, « Face au communautarisme, Xavier Bertrand dégaine le glaive de la justice », dailynord.fr, 20 avril 2021.

droite et l'extrême droite. Le 30 mai 2021 dans l'émission *Le Grand Jury dimanche* (*Figaro*-RTL-LCI), le député du Loir-et-Cher appelle à une justice d'exception contre le terrorisme : « Une proposition affranchie des règles de droit commun, calquée sur le modèle de la Cour de sûreté en vigueur au moment des troubles en Algérie[1] . » Cette Cour de sûreté (supprimée en 1981) pourrait placer en rétention sans possibilité d'appel. Guillaume Peltier en rajoute en affirmant qu'il « porte les mêmes convictions » que Robert Ménard, maire de Béziers et proche du Rassemblement national. Quant au front républicain, ce serait « une imposture intellectuelle ». Sollicité, Guillaume Peltier n'a pas trouvé le temps de répondre à mes questions. Xavier Bertrand, quant à lui, s'est vu contraint de recadrer son « ami » : « Sa position, ce n'est pas la mienne, il fait fausse route et sa position vis-à-vis de M. Ménard, je ne la partage pas non plus. M. Ménard c'est l'allié du Front national, je combats le Font national[2]. » En revanche, le candidat à l'élection présidentielle n'a pas contesté la proposition de Guillaume Peltier de rétablissement de la Cour de sûreté.

La sécurité « quoi qu'il en coûte »

L'élu picard cherche à frapper très fort, du moins les esprits, puisqu'il propose d'instaurer rétroactivement une période de sûreté de cinquante ans pour les crimes

1. Jacques Paugam, Olivier Pérou, « N'importe où Guillaume Peltier passe, il fout toujours le bordel ! », www.lepoint.fr, 21 mai 2021.
2. *Le Parisien*/AFP, « Proximité avec Robert Ménard : Xavier Bertrand recadre son “ami” Guillaume Peltier qui “fait fausse route” », www.leparisien.fr, 3 juin 2021.

terroristes. « Les terroristes islamistes sont jeunes et je ne veux pas les voir libérés tant qu'ils sont en état de nuire. Je souhaite que ce changement s'applique de manière rétroactive. Et je soumettrai cette question aux Français par référendum, s'il le faut », prévient-il dans l'interview qu'il accorde au *Point* en mars 2021 pour annoncer sa candidature à l'élection présidentielle. Cinquante ans serait donc la durée durant laquelle le condamné ne bénéficierait d'aucun aménagement ni remise de peine.

Depuis 1978, la période de sûreté est de vingt-deux ans (et de trente ans pour les faits de terrorisme). Par ailleurs, il existe déjà une « perpétuité incompressible » pour certains crimes particulièrement odieux. Nicolas Bastuck, dans *Le Point*, rappelle qu'« en vertu du principe de légalité des délits et des peines, pierre angulaire du droit pénal, une peine plus dure ne saurait s'appliquer rétroactivement ». Quant à la période de sûreté de cinquante ans, elle risquerait de se heurter à l'article 3 de la Convention européenne des droits de l'homme, qui « interdit aux États de pratiquer la torture ou de soumettre une personne relevant de leur juridiction à des peines ou des traitements inhumains ou dégradants ». Conclusion de l'article : les propositions du président des Hauts-de-France relèvent surtout de l'effet d'annonce[1]. On croyait pourtant que Xavier Bertrand s'entourait de juristes, de constitutionnalistes et de spécialistes du droit d'asile, comme le relevait *Le Monde*, avec une idée en tête : « Ne pas promettre quelque chose qui sera en fait infaisable[2] »…

---

1. Nicolas Bastuck, « Terrorisme : les propositions de Xavier Bertrand sont-elles réalistes ? », www.lepoint.fr, 25 mars 2021.
2. Sarah Belouezzane, « Présidentielles de 2022 : Xavier Bertrand tente de convaincre sur les questions régaliennes », www.lemonde.fr, 5 décembre 2020.

Concernant l'islam radical, il peut toujours s'appuyer sur son ami Éric Diard, député LR des Bouches-du-Rhône et auteur d'un rapport parlementaire très pertinent sur le communautarisme islamiste dans les services publics en 2019. L'année suivante, cet élu a publié avec le journaliste Henri Vernet un essai intitulé *Radicalisation au cœur des services publics. Sport, hôpitaux, transports… Ce qu'on ne vous dit pas*[1]. Xavier Bertrand compte aussi parmi ses fidèles le jeune député Pierre-Henri Dumont, député LR du Pas-de-Calais, qui tient des discours plutôt musclés sur le terrorisme et le séparatisme. En janvier 2019, il s'est opposé à ce que les djihadistes français qui combattaient en Irak et en Syrie soient emprisonnés en France, proposant à leur encontre des « éliminations ciblées »… À l'Assemblée nationale, Pierre-Henri Dumont a refusé en septembre 2020 d'écouter Maryam Poutegoux, vice-présidente de l'Unef, qui se présentait voilée, considérant qu'il s'agissait d'un « acte communautariste délibéré », contraire au principe de laïcité. « Qu'il s'agisse de la sécurité, de la défense de la laïcité, de la lutte contre le terrorisme, du séparatisme, Xavier Bertrand n'a jamais montré aucune faiblesse[2] », souligne le vainqueur de Philippe Olivier, beau-frère de Marine Le Pen, aux élections législatives de 2017.

Xavier Bertrand a trouvé son nouveau créneau : convaincre sur les questions régaliennes, ce que n'a pas su faire Emmanuel Macron. Comme Éric Ciotti, député LR des Alpes-Maritimes, il estime que le candidat de la droite doit incarner l'autorité. Vis-à-vis des attentats terroristes comme de la criminalité petite et grande, « la société est en danger et les Français ne se sentent plus en sécurité,

1. JC Lattès, août 2020.
2. Entretien avec l'auteur, avril 2021.

et pas seulement dans les zones de non-droit abandonnées aux caïds et aux trafics, lâche-t-il en février 2020. Regardez les chiffres de la délinquance publiés en douce juste après les vœux de M. Castaner : on assiste à une explosion de la violence depuis quatre ou cinq ans. » Que propose-t-il ? L'impunité zéro. Que la peine exécutée soit la peine prononcée. Entre quatre-vingt-dix mille et cent mille peines ne sont pas exécutées, avance-t-il, et fin 2017 « seules 25 % des amendes prononcées en 2016 en matière de vols, d'escroqueries ou de stupéfiants ont été recouvrées ». L'ancien maire de Saint-Quentin illustre son propos d'une anecdote : le 4 janvier, trois pharmacies ont été cambriolées. Les auteurs, interpellés, ont été libérés le lendemain. Le 6 janvier, « les mêmes recommençaient et étaient à nouveau interpellés. Ils ont donc récidivé la nuit même de leur sortie de garde à vue[1]. »

La sécurité, ou plutôt l'absence de sécurité, est pour le candidat Bertrand « l'immense faille du quinquennat d'Emmanuel Macron ». À l'écouter, le président « n'a jamais été à l'aise sur les questions régaliennes, d'autorité, de sécurité. Quand on n'a jamais été élu local, qu'on ne s'est jamais rendu au cœur d'un quartier miné par l'insécurité et les trafics, qu'on n'a pas reçu dans sa permanence des familles de victimes, il est impossible de se rendre vraiment compte de ce que vivent nos concitoyens[2] », lâche-t-il. Cette charge sur l'inaction du président de la République n'est guère inattendue : tous les autres candidats à l'élection présidentielle,

---

1. Christine Ollivier, Pascal Ceaux, « Xavier Bertrand, président de la Région Hauts-de-France : “Les délinquants profitent du laisser-faire” », *Le Journal du dimanche*, 2 février 2020.
2. Marion Mourgue, « Xavier Bertrand : “La sécurité restera l'immense faillite du quinquennat” », *Le Figaro*, 27 août 2020.

notamment de droite et d'extrême droite, risquent de tenir en 2022 des propos similaires. N'est-ce pas « l'embryon d'un programme musclé... mais banal pour un candidat de droite. Dans le sillage de ce que martelait, au hasard, Nicolas Sarkozy, avant, pendant, et après son quinquennat ! », note Louis Hausalter dans *Marianne*, dans un article intitulé « Xavier Bertrand pense-t-il[1] ? ».

Dans la grande interview accordée au *Point* en mars 2021, l'ancien ministre du Travail affirme qu'il va augmenter les budgets de la sécurité et de la justice. « La sécurité des Français, avec moi, ce sera "quoi qu'il en coûte" », annonce-t-il, avant de proposer d'abaisser à quinze ans l'âge de la majorité pénale : « Un juge pénal des mineurs pourra appliquer dans ce cas les mêmes peines que pour les adultes. » Xavier Bertrand plaide ensuite pour que des peines minimales automatiques soient instituées. Ce qui fait dire aux journalistes qui l'interviewent : « On croirait entendre Laurent Wauquiez lorsqu'il était à la tête de LR, au moment où vous avez choisi de quitter ce parti ! » Réponse de l'intéressé : « On connaît le travail que j'ai effectué sur les questions sociales et sanitaires, moins mes initiatives dans le domaine de la sécurité à Saint-Quentin. La droite sociale que j'incarne veut l'ordre et la justice[2]. » Or, qu'a-t-il fait dans sa ville ? N'expliquait-il pas au *Journal du dimanche* que les cambrioleurs de trois pharmacies à Saint-Quentin avaient été relâchés deux jours après leur arrestation et qu'ils avaient aussitôt récidivé ?

1. Louis Hausalter, « Xavier Bertrand pense-t-il ? », *Marianne*, 30 juillet 2021.
2. Sébastien Le Fol, Nathalie Schuck, « Xavier Bertrand : "Je serai candidat" », *Le Point*, 25 mars 2021.

Nouvelle annonce le 20 avril 2021 sur Europe 1 : s'il est élu, les Français se prononceront en octobre 2022 sur une modification de la Constitution, afin que « quand on attaque un policier, un gendarme, un pompier, un maire, il y [ait] une peine de prison automatique minimum d'un an non aménageable ». Malgré des études de droit, le candidat a-t-il oublié que les auteurs de faits doivent d'abord être interpellés et qu'il appartient ensuite aux magistrats de se livrer à un travail judiciaire ? Réplique immédiate d'Éric Dupont-Moretti, ministre de la Justice : « M. Bertrand propose donc une modification de la Constitution pour envoyer en prison automatiquement toute personne interpellée, sans preuve ni procès[1]. » Ce n'est pas très sérieux. Autre attaque en règle du ministre de la Justice : « Xavier Bertrand veut des peines de sûreté de cinquante ans rétroactives ; c'est parfaitement anticonstitutionnel et contre tous les traités internationaux, et il le sait très bien[2]. »

Le président des Hauts-de-France promet enfin la création de vingt mille nouvelles places de prison et la multiplication de centres éducatifs fermés. Les mineurs les plus dangereux y seraient encadrés de façon militaire. Les autres mineurs ne sont pas oubliés : pour eux, le bracelet électronique serait généralisé. Marie Le Pen, mais aussi Laurent Wauquiez et Éric Zemmour s'ils sont candidats, surenchériront-ils sur les propositions de leur futur adversaire ? Quand on lui rappelle que sous Nicolas

1. Mathilde Siraud, Wally Bordas, « La proposition de Bertrand sur les agresseurs de policiers est "une énormité", estime Dupond-Moretti », www.lefigaro.fr, 21 avril 2021.

2. Hervé Gattegno, Sarah Paillou et Plana Radenovic, « Éric Dupond-Moretti : "La justice sans police, c'est l'impuissance" », *Le Journal du dimanche*, 23 mai 2021.

Sarkozy, dont il a été le ministre, les effectifs de la police avaient baissé, Xavier Bertrand botte en touche en affirmant qu'il ne laissera pas « salir » le « bilan sécuritaire » de l'ancien président, assurant que sous son mandat la délinquance avait baissé grâce aux peines plancher[1].

1. Voir Christine Ollivier, David Revault d'Allonnes, « Xavier Bertrand : “La maison brûle et Macron regarde ailleurs” », *Le Journal du dimanche*, 16 mai 2021.

26

Un candidat à droite toute

Pour annoncer sa candidature à l'élection présidentielle, le président des Hauts-de-France a mis le turbo sur les questions de sécurité. Pour la majorité des Français, elles sont cruciales, qu'il s'agisse de la lutte contre l'islam radical et le terrorisme ou contre la criminalité. Mais en avançant des propositions radicales, Xavier Bertrand prend le risque de brouiller l'image d'homme de droite modéré qu'il façonne patiemment depuis plus de deux décennies. Ce positionnement lui permettrait de séduire les classes populaires afin d'élargir son électorat de droite, seul moyen d'envisager une victoire en 2022. Xavier Bertrand le reconnaît lui-même : « Un candidat sympa, de la droite ouverte et moderne », mais coupé de l'électorat populaire, « ça fera 12 à 13 % au premier tour. Et à 20 h 30, il n'y aura plus qu'à se désister pour Macron et prier pour que ça passe encore une fois[1]. »

« En déclarant sa candidature en plein confinement, alors que les sujets sanitaires saturaient l'espace médiatique, il a bien joué. Ce jour-là, il a pris plusieurs longueurs d'avance sur les autres candidats de droite. On

1. Dominique Albertini, art. cit.

sent chez lui un moteur puissant alimenté par un grand désir de reconnaissance. Ce moteur était jusqu'à présent un peu bridé par ses complexes sociaux et intellectuels. Sa victoire aux régionales de 2015 dans les Hauts-de-France l'a libéré. Effectivement, Xavier Bertrand n'est pas le plus libéral des candidats de droite. Il n'est pas impossible que des militants de la CFDT, par exemple, votent pour lui. Il connaît bien les Français et il sait leur parler. Mais il cherche encore ses mots pour décrire la France de Bertrand[1] », souligne Sébastien Le Fol, directeur de la rédaction du *Point*.

La panacée ? La République des territoires

Quelles sont les grandes lignes de son programme énoncées dans *Le Point* en mars 2021 ? En premier lieu, il propose aux Français d'instaurer « la République des territoires », nouvelle étape de la décentralisation. Ce serait, selon lui, un véritable changement de régime. « Une nouvelle façon de conduire l'action publique au service d'une nouvelle façon de vivre, de travailler : la révolution par les territoires. » Soit, mais en quoi la volonté d'accorder plus de pouvoirs aux présidents de région et de département, aux maires, va-t-il bouleverser le quotidien des Français ? En quoi serait-ce « inédit » ? D'autant que, s'il est élu président, un grand nombre d'exécutifs locaux n'auront pas sa couleur politique et auront tendance à ramer à contre-courant de ses initiatives.

Les journalistes du *Point* lui rappellent que, depuis les Gilets jaunes, les « territoires » sont devenus le mantra

1. Entretien avec l'auteur, avril 2021.

du pouvoir. Réponse du président des Hauts-de-France : « La pratique macroniste, c'est une centralisation et une verticalité, elle étouffe tout et conduit l'État à l'impuissance. Le président a négligé les partenaires sociaux, effacé le Parlement et méprisé les élus locaux. » Xavier Bertrand est-il le mieux placé pour dénoncer le comportement autoritaire du chef de l'État ? À la mairie de Saint-Quentin, puis au conseil régional des Hauts-de-France, il n'a jamais cessé de tout décider seul. « Les vice-présidents sont inexistants. Tout passe par son cabinet. L'administration n'en peut plus[1] », déplore le nordiste Patrick Kanner, ancien ministre socialiste de la Ville dans le gouvernement de Manuel Valls. Quant aux partenaires sociaux, en particulier les syndicats de la région, ils conservent un souvenir très mitigé de leurs rares contacts avec Xavier Bertrand.

En quoi est-il original de dénoncer l'État centralisé ? Presque tous les hommes politiques entonnent ce refrain depuis des décennies, sans forcément passer aux actes une fois au pouvoir. Emploi, social, santé, logement, formation professionnelle, transition écologique : l'ancien maire de Saint-Quentin entend transférer de vastes compétences aux collectivités locales. Quant aux préfets, ils auront le pouvoir de dérogation de certaines normes nationales, afin de les adapter à la situation des territoires. Xavier Bertrand devrait peut-être se montrer prudent. Depuis la première loi du 2 mars 1982, lancée par Gaston Defferre, alors ministre de l'Intérieur, supprimant la tutelle exercée par le préfet sur les collectivités locales, il n'y a pas vraiment eu de miracle, hormis une régionalisation, une départementalisation, une municipalisation des passe-droits et de la corruption. Un préfet, en poste

1. *Idem*, février 2021.

deux ou trois ans, ne parvient que difficilement à faire recruter sa maîtresse. En revanche, les élus locaux ne se sont jamais gênés pour embaucher amis, enfants, cousins et neveux dans les conseils régionaux, départementaux et dans les mairies. Michel Richard, ancien directeur de la rédaction du *Point*, se moque gentiment de cette dévotion aux bienfaits et vertus supposés du « localisme ». Imaginons un instant que les maires aient eu le pouvoir d'imposer des mesures sanitaires pour lutter contre la Covid : « Vous croyez vraiment que tous auraient eu le courage de fermer restaurants et magasins de leurs villes, “à portée de baffes” de leurs électeurs[1] ? »

L'ancien ministre de Chirac et de Sarkozy annonce « l'engagement d'un vaste plan d'investissement dans chacune de nos régions pour nos infrastructures, notamment numériques ». Encore faudrait-il qu'une croissance forte soit au rendez-vous. Ce que les journalistes de l'hebdomadaire lui rappellent : « Vous voulez financer de grands projets d'infrastructures en région. Avec quel argent ? Après le “quoi qu'il en coûte”, les caisses seront vides… » Le candidat ne répond pas, reconnaissant qu'il faudra rembourser les dettes.

Ensuite, tout en « déparisianisant » le fonctionnement du pays, Xavier Bertrand entend aussi « débureaucratiser » la France. Là encore, existe-t-il un seul candidat à une élection présidentielle qui ne critique pas la technocratie ? Qui ne répète pas que les élites, à commencer par les énarques, sont déconnectées des réalités ? L'énarque Emmanuel Macron a lui-même annoncé la disparition de l'ENA. Le couplet sur le travail n'est pas plus original : « Le travail, le mérite, la récompense de l'effort,

---

1. Michel Richard, « Lettre au tout frais candidat Xavier Bertrand », www.lepoint.fr, 28 mars 2021.

ces valeurs doivent redevenir un élément structurant de notre projet de société. » L'élu des Hauts-de-France est pourtant bien placé pour savoir que lorsqu'une usine ferme, comme celle de Bridgestone à Béthune, ce n'est pas en raison du manque d'entrain au travail de ses huit cent soixante-trois salariés, mais parce que des marques chinoises et coréennes produisent des pneus à très bas coût. Lors de sa fermeture, Xavier Bertrand a d'ailleurs reconnu son impuissance : « Une entreprise qui ne veut pas rester, on ne peut pas l'obliger. Mais dans ces cas-là, on ne part pas en versant des clopinettes[1]. » Le candidat ne dit pas comment, élu président, il pourrait, d'un coup de baguette magique, faire entendre raison à une multinationale.

Enfin, quand les deux journalistes du *Point*, confessant qu'ils peinent à discerner sa vision, demandent « quelle est la France de Xavier Bertrand ? », l'intéressé répond : « C'est une France fière, redressée et réconciliée. Pour cela, mon projet est clair : restaurer l'autorité de l'État, tourner la page du centralisme parisien et refaire du travail la clé de voûte de notre projet national[2]. » Non seulement cette « vision » ne fait pas de lui le chantre d'une rupture idéologique, mais à bien des égards il apparaît même comme un candidat du passé. « Le voilà qui revient sur une ligne très identifiée à droite, avec un diptyque "autorité, travail" que l'on croirait issu du programme de Nicolas Sarkozy en 2007[3] », ironise Soazig Quéméner dans *Marianne*.

1. Laurie Moniez, « "On s'est fait balader" : Bridgestone ferme son usine de Béthune », *Le Monde*, 14 novembre 2020.

2. Sébastien Le Fol, Nathalie Schuck, art. cit.

3. Soazig Quéméner, « Xavier Bertrand candidat à la présidentielle : retour vers le futur », www.marianne.fr, 25 mars 2021.

Plus inquiétant, dans cette interview de cinq pages, le candidat à l'élection présidentielle n'émet pas une seule proposition en faveur de l'environnement et de la lutte contre le réchauffement. Il se contente de déclarer que « le défi climatique qui est devant nous est immense ». A-t-il lu le rapport du Groupe d'experts intergouvernemental sur l'évolution du climat (GIEC), dont des extraits ont été publiés en juin 2021, prévenant que « quel que soit le rythme de réduction des émissions de gaz à effet de serre, les impacts dévastateurs du réchauffement sur la nature et l'humanité qui en dépend vont s'accélérer ». Même à +1,5 °C, « les conditions de vie vont changer, au-delà de la capacité de certains organismes à s'adapter », prédit le même rapport. Selon le nouveau rapport, publié en août 2021, la montée des eaux risque d'être « irréversible » pour des milliers d'années, engloutissant des régions entières et des îles. « Le niveau montera de 28 centimètres à 2 mètres d'ici 2100, selon l'intensité du réchauffement[1]. »

Cette absence d'intérêt pour l'environnement n'étonne guère Véronique Malengé, ancienne directrice adjointe de la commission environnement au conseil régional des Hauts-de-France, qui a préféré prendre une retraite anticipée en 2018. « C'est bien simple : tout ce que nous avions entrepris sous la présidence de Daniel Percheron a été mis au placard. Comme Xavier Bertrand a donné le pouvoir aux fédérations de chasseurs, nous nous sommes retrouvés sur le banc des accusés. C'est très regrettable car nous avions pu obtenir pour la région des fonds importants de l'Union européenne. Il n'y a pas que nos actions qui se sont retrouvées au placard, les cerveaux

1. Guerric Poncet, « Climat : ce qu'il faut retenir du nouveau rapport choc du Girc », www.lepoint.fr, 9 août 2021.

aussi ont rejoint les placards. Pour survivre, les fonctionnaires étaient obligés de ne plus réfléchir[1] », lâche l'ancienne chef de cabinet de la région Nord-Pas-de-Calais. De son côté, le magazine en ligne *Slate* rappelle que Xavier Bertrand est hostile à tout projet d'éoliennes dans les Hauts-de-France et qu'il ne cesse de se dire « sans ambages [...] pronucléaire ». D'où la sentence : « Comme si la droite pouvait se passer d'une vision écologiste[2]. » « Si je suis élu, je choisirai dès l'été prochain la relance d'un programme nucléaire digne de ce nom dont on a besoin pour rester indépendant et pour que l'électricité arrête d'augmenter dans notre pays », a annoncé en juillet 2021 le président des Hauts-de-France, en réaction aux propos tenus par Emmanuel Macron, en visite en Polynésie. Le chef de l'État a reconnu l'existence d'une « dette » de l'État français à l'égard de l'archipel en raison des essais nucléaires réalisés entre 1966 et 1996[3].

L'État actionnaire du café du coin

Toujours est-il que ces déclarations d'intention ne font pas un programme présidentiel. *Le Parisien* a déjà posé la question en 2020 : « Au fait, c'est quoi la ligne Bertrand ? » Réconcilier les Français ? Remettre les catégories populaires au cœur de la politique ? Redonner de l'espoir ? Offrir un projet collectif qui prenne ses racines dans l'identité des Français et qui les projette

1. Entretien avec l'auteur, juin 2021.
2. Benoît Helme, « Xavier Bertrand, une candidature qui ne fait pas rêver », www.slate.fr, 31 mars 2021.
3. « Présidentielles 2022 : Xavier Bertrand pour la relance du nucléaire », www.lepoint.fr, 27 juillet 2021.

dans l'avenir ? Autant de slogans quelque peu démagogiques que Xavier Bertrand égrène inlassablement sur les plateaux de télévision, sur les ondes et dans la presse écrite depuis des mois[1]. Lors du *Grand Rendez-vous* Europe 1-CNews-*Les Échos* du 28 mars 2021, l'ancien maire de Saint-Quentin a expliqué qu'il proposait « une autre voie » pour échapper au déclin, que « l'efficacité doit être la boussole », qu'il sera « le président de l'ensemble des Français », car lui « vient du peuple » et qu'« il est temps de leur [les Français] redonner la parole ». Enfin, il se veut le candidat du « redressement de la France[2] ». Un chapelet de banalités qui font dire en *off* aux journalistes politiques que Xavier Bertrand « ne symbolise guère le renouveau », et qu'« il n'y a pas de fond, que du positionnement, des propos de café du Commerce ».

Alors que la droite défend traditionnellement les vertus d'un État peu interventionniste, Xavier Bertrand a demandé au ministère de l'Économie et des Finances de « transformer les prêts garantis par l'État en fonds propres pour les PME et les entreprises de taille intermédiaire ». Si l'on comprend bien, il souhaite que l'État entre au capital des petites entreprises endettées par la crise, alors que dans le même temps le président des Hauts-de-France ne cesse de dénoncer ce même État et sa bureaucratie. Ainsi, d'un autre coup de baguette magique, les pouvoirs publics deviendraient les sauveurs du café du coin qui ne parvient pas à rembourser ses

---

1. Voir Quentin Laurent, Alexandre Sulzer, « Au fait, c'est quoi la ligne Bertrand ? », *Le Parisien*, 15 octobre 2020 ; Carl Meeus, « Xavier Bertrand : "Je veux redonner de l'espoir" », www.lefigaro.fr, 11 juin 2021.
2. Pierre-Alain Furbury, « Présidentielles : Xavier Bertrand se veut le candidat du "redressement de la France" », www.lesechos.fr, 28 mars 2021.

dettes… *Le Monde*, qui s'étonne que des élus de droite puissent ainsi basculer hors de leur propre cadre idéologique, donne la parole à un conseiller proche de plusieurs grandes banques. Ce dernier est catégorique : l'État n'entend surtout pas être actionnaire d'une boulangerie ou d'une PME de menuiserie[1].

Les orientations économiques du candidat, présentées le 12 avril 2021, portent sur la réindustrialisation de la France. Pour cela, il compte diminuer de moitiés les impôts de production « pour revenir à la moyenne de la zone euro ». Soit 33 milliards d'euros en moins dans les caisses de l'État. « Nous financerons les baisses de rentrées fiscales notamment par des efforts sur les dépenses publiques. Je ne laisserai ni filer les déficits ni augmenter la dette », promet-il. Les Français n'auront pas à redouter d'augmentation d'impôts durant son quinquennat. De quoi rassurer tout le monde, surtout les plus fortunés.

Pour tout ce qui concerne le business, Philippe Villin, conseiller de l'ombre des PDG du Cac 40, est son principal inspirateur. Énarque, inspecteur des Finances et ancien patron de presse sous Robert Hersant, il a été séduit en 2008 par le jeune ministre du Travail de Nicolas Sarkozy. Selon *Le Journal du dimanche*, c'est ce lobbyiste et entremetteur qui aurait donné le goût des dîners mondains à Xavier Bertrand. Lui encore, ennemi juré d'Emmanuel Macron, qui lèverait des fonds pour la campagne du président des Hauts-de-France[2]. Mais avec ses accents populistes, notamment pour défendre

1. Voir Elsa Conesa, « La droite et la tentation de l'État actionnaire », *Le Monde*, 17 juin 2021.
2. Voir Christine Ollivier, « L'homme qui vend Bertrand aux patrons », *Le Journal du dimanche*, 7 février 2021.

les salariés de Bridgestone, Xavier Bertrand ne s'est-il pas mis à dos les multinationales, grandes pourvoyeuses de subsides ? Il les a accusées de se gorger de subventions publiques avant de mettre la clé sous la porte. Selon le politologue Christophe Boutin, « ceux qui représentent les industries mondialisées ont depuis longtemps fait le choix d'Emmanuel Macron, dont ils ont financièrement soutenu la campagne en 2017, et Xavier Bertrand n'arrivera jamais à leur garantir autant d'avantages[1] ».

Pas de deux avec Arnaud Montebourg

Quand Xavier Bertrand annonce qu'il faudra « libérer le travail », il faut comprendre que le temps de travail risque d'augmenter. Bien qu'il nuance pour faire passer la pilule : « L'augmentation du temps de travail, si elle se décide dans certaines activités, c'est forcément avec une augmentation de la rémunération. » Concernant les retraites, il prévoit un report de deux ans de l'âge de départ, sauf « pour ceux qui sont cassés, usés par le métier ». Quant à l'assurance chômage, elle devra se transformer, « pour plus d'efficacité, vers la reprise d'emploi ». Ce qui peut se traduire par : moins d'aides moins longtemps pour les chômeurs. Est-ce ce que l'on attend d'une droite « sociale et populaire » ? « En réalité, l'ancien LR défend un programme de droite tout court [...] où l'on discerne très bien ce qui est "de droite et de droite" », constate l'hebdomadaire *Marianne*, qui ironise : « Et ma droite sociale, tu l'aimes, ma droite

1. Christophe Boutin, « 2022 : le casse-tête à quatre inconnues de Xavier Bertrand », www.atlantico.fr, 22 mars 2021.

sociale[1] ? » Benoît Rayski, historien et journaliste, va encore plus loin. Selon lui, Xavier Bertrand « vient de découvrir qu'il était de droite. Et même, extrêmement à droite ». Commentant l'une de ses propositions, qui consisterait à refuser des visas aux pays qui refuseraient de recevoir les étrangers expulsés par la France, ce collaborateur d'Atlantico ironise : « Nous allons nous arrêter là car nous approchons dangereusement des territoires maudits de la fachosphère[2]. »

Réaction des journalistes du quotidien *Les Échos*, qui ont longuement interviewé Xavier Bertrand : « La crise de la Covid vous aurait-elle rendu plus dirigiste, voire souverainiste ? » Réponse du président de région : « Je crois au rôle du politique. Ce sont les entreprises qui créent des emplois, mais les politiques doivent créer l'écosystème favorable à la création d'emplois. [...] C'est parce que nous avons été capables en deux semaines de mettre 121 millions sur la table que l'usine de batteries ACC s'est installée dans les Hauts-de-France. » Une fois encore, il faut attendre la fin d'une très longue interview accordée au quotidien économique pour que Xavier Bertrand se fende d'une déclaration enfin cohérente avec l'étiquette de la droite sociale, reprise d'une idée de Guillaume Peltier proposant d'augmenter tous les salaires nets de 5 %. « Je suis convaincu que nous devons augmenter le niveau de vie des salariés les plus modestes. Je travaille à des propositions

---

1. Louis Nadau, « Bonimenteur. Paie ta droite sociale : Xavier Bertrand veut réduire les impôts et baisser la dépense publique », www.marianne.net, 12 avril 2021.
2. Benoît Rayski, « Xavier Bertrand vient de découvrir qu'il était de droite. Et même extrêmement à droite », www.atlantico.fr, 6 décembre 2020.

très concrètes[1] », assure-t-il. Suffisant pour restaurer le lien avec les classes populaires ? Ce n'est pas certain. Adrien Quatennens, député du Nord et numéro deux de La France insoumise, dénonce au contraire la « férocité antisociale » de Xavier Bertrand. « J'ai le sentiment qu'à peu de chose près il a l'intention d'appliquer le programme qu'Emmanuel Macron applique », lâche-t-il sur la chaîne Public Sénat.

Mediapart voit dans la droitisation du discours de l'ancien ministre de Nicolas Sarkozy une volonté de « donner des gages à une famille qu'il a quittée avec fracas fin 2017, affirmant ne plus la reconnaître ». Explication de Damien Abad, président du groupe Les Républicains : « Il a mis un coup de barre à droite. C'est une façon de montrer qu'il n'en laissera pas à d'autres le monopole. » Quant à Julien Aubert, député LR du Vaucluse, à l'aile droite du parti, il juge que Xavier Bertrand « essaie de parler à des gens comme moi, lui qui n'est pas le préféré des conservateurs ou de la droite régalienne[2] ». Sentiment largement partagé par Pierre-Henri Dumont, trente-quatre ans, député du Pas-de-Calais, ancien stagiaire à l'UMP lorsque Xavier Bertrand en était le secrétaire général : « Certains observateurs veulent faire croire qu'il existerait des droites irréconciliables. Ce n'est pas vrai. Nous sommes d'accord entre nous sur 90 % des sujets. Xavier Bertrand a fort bien compris que, si nous voulons gagner la présidentielle, il ne faudra pas rester à notre score des

1. Nicolas Barré, Pierre-Alain Furbury, Renaud Honoré, « Je veux réduire de moitié les impôts de production », *Les Échos*, 12 avril 2021.
2. Ilyes Ramdani, « Xavier Bertrand accélère pour éviter le mur », www.mediapart.fr, 10 avril 2021.

élections européennes, mais nous ouvrir au centre et à tous ceux qui n'ont pas d'attaches politiques. En 2015, j'ai participé à sa campagne pour les régionales et, deux ans plus tard, il est venu me soutenir aux élections législatives[1]. »

Le 11 mai 2017, dans une interview au *Figaro*, Xavier Bertrand expliquait : « Les Français sont à la recherche d'un équilibre. Ils rêvent d'un vrai gouvernement d'union nationale, d'intérêt général, pas de ralliements à l'ancienne comme en 1988 ou en 2007. » Fin 2020, il amorce un rapprochement avec l'ancien ministre socialiste Arnaud Montebourg. Ce dernier, qui hésite toujours à annoncer son éventuelle candidature, estime que la gauche est trop minoritaire pour gagner en 2022. « Il est donc nécessaire de bâtir un compromis historique autour d'une refondation de la République, d'un capitalisme plus humain et d'une écologie ancrée dans la réalité économique[2]. » De quoi éveiller l'attention du président des Hauts-de-France. D'autant que les deux hommes présentent de nombreux points communs : « La valorisation du travail, l'intervention de l'État pour la reprise de l'outil industriel, l'union sacrée nécessaire autour de la souveraineté industrielle et de la préservation des emplois en France, le *made in France*, mais aussi un engagement européen critique. » Xavier Bertrand comme Arnaud Montebourg ont voté contre le traité de Maastricht[3]. Pour l'heure, l'ancien ministre du Redressement productif de François Hollande ne

1. Entretien avec l'auteur, avril 2021.
2. Sylvia Zappi, « Arnaud Montebourg s'engage un peu plus vers l'élection de 2022 », *Le Monde*, 13 janvier 2021.
3. Marion Mourgue, « Présidentielle 2022 : Xavier Bertrand ou la stratégie de l'arc républicain », www.lefigaro, 17 janvier 2021.

parvient toujours pas à faire émerger sa candidature potentielle pour 2022[1].

Sur le plateau de BFMTV, face à Ruth Elkrief, l'ancien maire de Saint-Quentin expliquait en janvier 2021 : « Il faut une équipe pour réussir, il faut une équipe pour redresser le pays. [...] Si vous n'êtes pas capable d'avoir cette équipe pour apaiser, réconcilier et redresser, vous ne pourrez pas réussir. L'homme tout seul, l'homme providentiel n'existe pas. » Ce rapprochement peut-il faire bouger les lignes au point d'éviter à la France un nouveau duel Macron-Le Pen au second tour ? s'interroge *Le Courrier picard*[2]. Apparemment, ce pas de deux n'a guère enthousiasmé la droite, au point que Xavier Bertrand ne se livre plus guère à des confidences sur les personnalités de gauche qu'il est amené à croiser, qu'il s'agisse d'Arnaud Montebourg ou encore de Jean-Pierre Chevènement, Bernard Cazeneuve ou Manuel Valls. Selon Marc Roche, correspondant du *Point* à Londres, Xavier Bertrand s'inspirerait beaucoup de Boris Johnson, bien que les deux hommes ne se ressemblent guère. Le locataire du 10 Downing Street a réussi à marginaliser le parti nationaliste de Nigel Farage, « équivalent britannique du Rassemblement national », mais il a aussi « attiré des voix de gauche au sein de l'électorat populaire du Nord et des Midlands, hostile au travaillisme radical du leader du Labour, le gauchiste Jeremy Corbyn[3] ».

1. Sylvia Zappi, « Arnaud Montebourg en panne de campagne présidentielle », *Le Monde*, 13 avril 2021.
2. Philippe Fluckiger, « Quand Bertrand parle à Montebourg », *Le Courrier picard*, 28 janvier 2021.
3. Marc Roche, « Ce que Xavier Bertrand tient de Boris Johnson », www.lepoint.fr, 31 mars 2021.

27

Mais qui connaît vraiment Xavier Bertrand ?

Été 2021 : à moins d'un an de l'élection présidentielle, je me pose la même question qu'en 2010 : faut-il faire confiance à l'ancien assureur de Flavy-le-Martel ? La réponse est toujours aussi délicate, tant l'homme reste un inconnu, pour ses proches comme pour ceux qui le côtoient depuis plus de deux décennies. Il ne fend jamais l'armure. Tous les matins, l'élu de la sous-préfecture de l'Aisne venait boire son café et lire les journaux au *Carillon*, un bar-brasserie proche de la mairie, toujours à la même table. Patrick Blanchard, l'ancien patron, n'a jamais recueilli la moindre anecdote, la moindre confidence de sa part.

Bertrand affiche sa troisième épouse

« Je le connais depuis des années, il reste insaisissable, il ne se livre jamais, abonde Jean-Louis Manant, journaliste à France 3 Hauts-de-France. Il ne déborde jamais du sujet de l'interview. Xavier Bertrand a été papa pour la quatrième fois, à plus de cinquante ans. C'est une merveilleuse nouvelle. Eh bien, il n'a jamais évoqué cette naissance[1] ! » Il faut se rabattre sur *Femme actuelle*, *Closer* ou *Gala* pour apprendre que le président de région s'est marié pour la troisième fois en 2018. Née en 1986, Vanessa Williot, de vingt et un ans sa cadette, est titulaire d'une licence d'histoire et d'un master de sciences politiques. Ancienne conseillère municipale d'opposition à Saint-Amand-les-Eaux, elle a fondé l'entreprise Will & Cie, spécialisée dans le conseil en communication d'entreprise. Mme Bertrand partage, semble-t-il, la même passion pour la politique que son mari.

Le candidat à l'élection présidentielle est père de quatre enfants : Caroline, née de son premier mariage avec Isabelle Dubois ; les jumeaux Ambre et Malo, issus de sa seconde union avec Emmanuelle Gontier[2] ; et le petit dernier qui, toujours selon *Closer*, s'appellerait Lucas. Situation inimaginable il y a une dizaine d'années, l'ancien secrétaire général de l'UMP apparaît désormais dans la presse people. Le 1er juillet 2016, on le voit même embrasser sa future épouse sur la bouche lors du match de l'Euro Belgique-Pays de Galles, bien conscient que les photographes ne manqueront pas ce baiser. « Xavier Bertrand et Vanessa Williot : un couple fusionnel qui a trouvé son équilibre », titre *Gala* au lendemain du second tour des régionales. « Le couple ne peut cacher sa complicité. C'est à ses côtés que le politique est allé voter, devant les caméras de BFMTV. [...] Attentionné,

1. Entretien avec l'auteur, mai 2021.
2. Voir Lorine Paccoret, « Xavier Bertrand : qui est sa femme Vanessa Williot ? », *Femme actuelle*, 24 mars 2021 ; Gwendoline Richet, « Xavier Bertrand : qui est sa femme Vanessa Williot, qu'il a épousée en 2018 ? », www.closermag.fr, 8 mars 2021.

il n'a d'ailleurs pas manqué de la laisser passer devant lui pour se rendre à l'urne. » On sait maintenant, grâce à Twitter, que « certains envisagent [qu'ils] puissent un jour remplacer Emmanuel Macron et Brigitte en tant que locataires de l'Élysée[1] », relate encore le magazine des célébrités.

Comme si cela ne suffisait pas, *Gala* en rajoute le 29 juin 2021, évoquant le « gros sacrifice » que Vanessa a consenti pour Xavier : « Fin 2015, elle a refusé de se présenter sur sa liste aux régionales pour éviter les soupçons de piston. “Objectivement, j'avais toute légitimité pour être candidate, étant seule élue des Républicains à Saint-Amand. Mais ç'aurait été un très mauvais message adressé aux électeurs, car c'est tout ce que les gens détestent en politique”[2] », explique-t-elle. Vanessa Williot omet de rappeler qu'en 2014, le communiste Alain Bocquet avait été réélu dès le premier tour à Saint-Amand-les-Eaux (seize mille habitants), avec 75,77 % des voix. Et que la liste de droite, conduite par Éric Castelain, n'avait recueilli que 18,69 % des suffrages, ne disposant que de trois sièges sur trente-trois au conseil municipal.

« Il est hyper structuré, mais tout est archi-calculé. [...] Il faut être méthodique quand on a une telle ambition, mais ça ne sonne pas vrai[3] », commente un cadre de LR qui ne fait pas partie des supporters de Xavier Bertrand En 2008, l'un de ses anciens collaborateurs soulignait que, lorsqu'il était ministre, toute spontanéité lui était

1. Chloé Whitman, « Xavier Bertrand et Vanessa Williot : un couple fusionnel qui a trouvé son équilibre », www.gala.fr, 28 juin 2021.
2. Nicolas Schwartz, « Xavier Bertrand : sa 3e épouse Vanessa Williot a fait un gros sacrifice pour lui », www.gala.fr, 29 juin 2021.
3. Source AFP, « Xavier Bertrand, un méthodique aux ambitions présidentielles », www.lepoint.fr, 6 juin 2021.

déjà étrangère : « Tout est préparé, même ses blagues[1]. » Le Picard possède des fiches sur tous ses interlocuteurs. Les journalistes qui couvrent son activité ont remarqué qu'il use avec chacun du vocabulaire censé correspondre à la ligne du média. « Il répétera "*cancel culture*" ou "*woke*" à plusieurs reprises dans l'entretien s'il croit que ce sont des mots que l'on répète en conférence de rédaction. Finalement, il nous prend un peu pour des cons[2] », lâche un reporter qui couvre la droite.

Il n'y a guère que Bernard Delaire, conseiller municipal délégué, chargé du patrimoine culturel et historique à Saint-Quentin, l'un des plus anciens amis de Xavier Bertrand, qui m'ait assuré que celui-ci est « un incroyable déconneur ». Il n'y a aucune raison de ne pas le croire, bien que cette qualité ne saute pas forcément aux yeux. La plupart des personnes que j'ai pu rencontrer au cours de ces deux enquêtes, à une décennie de distance, ne lui connaissent pas d'autre vraie passion que la politique. « Il est incapable de penser à autre chose. Même quand il est en vacances en Corse. Rituellement, il donne une interview et organise une réunion publique pendant son séjour dans l'île. Sinon, il continue toute la journée à appeler des élus, à leur adresser des SMS pour les féliciter de leur dernière tribune ou de leur dernière intervention[3] », raconte une journaliste parisienne qui le suit depuis des années. « Il est mielleux avec la presse nationale, mais il n'y a jamais rien de naturel chez lui. Il ne laisse rien au hasard. Avant sa déclaration de candidature, il ne portait jamais de cravate, pour faire peuple. Depuis, il en

1. « Xavier Bertrand, faux gentil, faux mou, vrai méchant », *Marianne*, 8 novembre 2008.
2. Entretien avec l'auteur, Paris, mars 2021.
3. *Idem*, juin 2021.

met systématiquement une et surtout, il insiste auprès des rédactions pour qu'on la voie bien sur les photos[1] », ironise un autre reporter parisien.

Du moins sait-on que, depuis fort longtemps, le Picard passe ses vacances en Corse. Dans la région de Balagne, à proximité de Calvi et de L'Île-Rousse, et y aurait accueilli Gérald Darmanin. L'île a d'ailleurs profité en 2011 de sa réserve parlementaire : Xavier Bertrand a versé 5 100 euros pour la réfection des portes d'une église. Dans un article intitulé « Comment Xavier Bertrand est devenu un homme du Sud », paru le 1er août 2021 sur le site du *Point*, le candidat à l'élection présidentielle nous apprend que pour l'ancien maire de Saint-Quentin, « la mer est le seul spectacle qui me laisse immobile. J'ai une affection particulière pour la Méditerranée, une relation charnelle. Souvent je marche des heures dans les calanques en Corse ou à La Ciotat ». L'un de ses amis confirme que Xavier Bertrand « peut rester des heures sur un rocher à regarder les flots[2]. »

« Un homme d'une grande susceptibilité »

Il y a une décennie, Xavier Bertrand affirmait collectionner les toupies et les boussoles. Je lui avais demandé quel était son livre de chevet, il m'avait répondu : les *Fables* de La Fontaine. À l'époque, les mauvaises langues prétendaient qu'il n'avait pas terminé trois bouquins dans son existence. Depuis l'annonce de sa candidature à l'Élysée, on sait au moins que son ouvrage de référence est

1. *Idem*, mai 2021.
2. François Tonneau, « Comment Xavier Bertrand est devenu un homme du Sud », www.lepoint.fr, 1er août 2021.

Les Deux Clans. L'essayiste britannique David Goodhart y décrit deux Occidents qui ne se comprennent plus, les diplômés, aisés, citoyens du monde (« les gens de n'importe où ») et, face à eux, les oubliés de la mondialisation (« les gens de quelque part »).

Sébastien Chenu, le candidat du RN dans les Hauts-de-France, connaît bien Xavier Bertrand. Il est né à Beauvais (Oise), ville dont il a été l'adjoint au maire de 2001 à 2014. Chef de cabinet de Christine Lagarde, secrétaire général de l'UMP chargée de la diversité culturelle, il a été proche de Xavier Bertrand lorsque ce dernier occupait les fonctions de secrétaire général du parti. Lors du débat télévisé sur LCI, le 9 juin 2021, qui opposait tous les candidats des Hauts-de-France, Sébastien Chenu a rappelé à son adversaire qu'il l'avait invité pour fêter ses quarante ans, en 2013 (un an avant qu'il ne rejoigne le RN). « Chez Xavier Bertrand, il n'y a pas de place en dehors de la politique. Je ne lui connais pas d'autres passions et sans doute pas beaucoup d'amis. Son plan de carrière lui bouffe tellement d'énergie qu'il prend toute critique comme une attaque personnelle. Bertrand n'a pas d'affect, il ne s'intéresse pas à l'autre, il ne fait que lui vendre sa camelote. Finalement, ce n'est pas quelqu'un de très attachant[1] », commente, assassin, son ancien « ami ».

Bien entendu, les amis politiques de Xavier Bertrand décrivent un tout autre personnage. Le centriste Frédéric Leturque, maire d'Arras, avait croisé le ministre par le passé. Mais c'est surtout à l'occasion des élections régionales de 2015 qu'il apprend à mieux le connaître. Il décrit un homme direct, plutôt convivial sans être exubérant, proche des gens et vivant simplement. « C'est un bourreau de travail et il tient ses engagements. C'est

1. *Idem*, Paris, février 2021.

vrai, il peut être incisif, même dur, mais c'est toujours pour le bien commun[1] », assure le président des maires du Pas-de-Calais, qui préfèrerait à titre personnel que Xavier Bertrand continue à se consacrer à la région.

Damien Abad, qui fut à l'origine du mouvement des Jeunes Centristes, préside depuis novembre 2019 le groupe Les Républicains à l'Assemblée nationale. « Je connais Xavier depuis plus d'une décennie, j'étais à l'époque député européen. C'est vrai qu'il n'est pas bavard sur sa vie privée. Mais je vous rassure, il se livre quand il est en confiance. Ce n'est pas de l'eau tiède : il a une vraie colonne idéologique et c'est un humaniste. C'est ce qui me fait dire qu'il est dans le bon couloir et peut rallier la droite et centre[2] », assure le député LR de l'Ain.

Mais s'il chouchoute la « grande » presse, en revanche le président des Hauts-de-France ne porte pas dans son cœur les médias qui se livrent à de l'investigation, tentent de lui poser des questions dérangeantes et ne louent pas aveuglément ses propositions. « Nous l'énervons et il nous prend pour quantité négligeable », constate Marc Prevost du site d'information *DailyNord*, créé en 2009, qui revendique quarante à cinquante mille lecteurs. Lors de notre rencontre, la pluie ne cessait de tomber sur Lille et nous eûmes le plus grand mal à dénicher une terrasse abritée. « Xavier Bertrand, assure-t-il, donne l'impression d'un homme politique très maîtrisé, mais en fait c'est un écorché vif, d'une grande susceptibilité. Politiquement, c'est un méchant qui mène tout le monde à la baguette. Au conseil régional, il ne donne guère la parole à ses vice-présidents. Il est « jupitérien » comme un certain

1. *Idem*, avril 2021.
2. *Idem*, avril 2021.

Emmanuel Macron. Son bilan, c'est d'abord de la communication. Proch'Emploi n'a donné que de maigres résultats. Malgré tout, il faut mettre à son actif le canal Seine-Nord[1]. »

Localement, le site d'investigation *Mediacités* est incontestablement le média le plus dérangeant pour l'homme de communication. Il n'y a guère de semaine sans qu'il ne mette le doigt sur les failles du discours du souverain des Hauts-de-France. « Xavier Bertrand est l'exact opposé de Daniel Percheron, son prédécesseur. Ce dernier était un visionnaire, mais il était discret. Il avait horreur des médias. Son successeur, en revanche, est un intuitif, un pragmatique qui sent les choses et qui comprend les attentes des gens, ce qui lui permet de jouir d'une bonne image dans la population. Et surtout de bénéficier d'une cote d'enfer dans les milieux patronaux, ce qui devrait l'aider pour sa campagne. En revanche, pour ce qui est de son corpus idéologique… À sa décharge, il n'est pas très différent en cela de la plupart des hommes politiques[2] », commente Jacques Trentesaux, cofondateur de *Mediacités*.

Le candidat ne répond plus

Sur sa liste aux élections régionales, Xavier Bertrand n'a pas oublié le patronat. « Ce sont les entrepreneurs qui font les emplois », répète-t-il. Frédéric Motte, l'ancien patron du Medef des Hauts-de-France, était ainsi en bonne position, tout comme Laurent Rigaud, le président du Centre des métiers de l'artisanat, désigné tête de liste

1. *Idem*, Lille, mai 2019.
2. *Idem*, juin 2021.

dans le Nord. Tous deux sont vice-présidents, le premier chargé d'une mission transversale Rev sur la transition écologiste, le second à l'emploi. « Rappelons que Karine Charbonnier, du groupe Beck-Charbonnier, et André-Paul Leclercq avaient joué ce rôle [la dimension entrepreneuriale de l'offre de Xavier Bertrand] pendant le mandat qui s'achève, respectivement comme vice-présidente LR des relations avec les entreprises et président de la commission économe. Le second ne rempile pas[1] », rappelle DailyNord. « En revanche, Xavier Bertrand a toujours eu portes ouvertes, pour ne pas dire colonnes ouvertes à *La Voix du Nord*. Ce journal surfe sur une ligne anti-Rassemblement national[2] », dénonce Marine Le Pen dans son bureau de l'Assemblée nationale.

En 2008, comme je préparais la première édition de ce livre, Thierry Comble, géomètre, président du Club 33 à Saint-Quentin et ami de Xavier Bertrand, avait joué les intermédiaires avec le ministre du Travail. Ce dernier avait dû se sentir en confiance et m'avait donc reçu. J'avais ainsi pu le suivre dans plusieurs de ses déplacements, tandis que deux confrères, Christophe Jakubyszyn et Muriel Pleynet, auteurs du *Chouchou*, avaient été boudés. Michel Bettan, le plus proche collaborateur du ministre, leur avait expliqué qu'il percevait leur travail comme hostile. Xavier Bertrand n'avait plus confiance en eux, les liens étaient rompus[3].

Depuis la publication de mon livre en 2010, je n'ai plus eu l'occasion de croiser la route de Xavier Bertrand. En revanche, je suis resté en contact avec Thierry Comble

1. Marc Prévost, « Régionales : Frédéric Motte s'engage avec Xavier Bertrand », dailynord.fr, 6 mai 2021.
2. Entretien avec l'auteur, Paris, octobre 2020.
3. Voir Christophe Jakubyszyn, Muriel Pleynet, *op. cit.*

et Charles Simon, un autre membre du Club 33. En 2017, les deux hommes ont été exclus de cette association pour des motifs peu clairs. Par ailleurs, leurs relations avec l'ancien maire de Saint-Quentin se sont dégradées. Ma proximité avec ces deux « bannis » a-t-elle suffi pour que Xavier Bertrand décline mes demandes d'entretiens ? D'autres proches du président des Hauts-de-France, rencontrées sans difficulté en 2010, ne m'ont pas reçu non plus. Ainsi Christophe Coulon, vice-président de la région, croisé en mai 2021 à l'École supérieure de journalisme (ESJ) de Lille, à l'occasion d'un débat entre candidats aux élections régionales, n'a pas trouvé le temps de me rappeler, malgré sa promesse. Pas de quoi étonner mes nombreux interlocuteurs en Picardie et en Nord-Picardie. Christophe Jakubyszyn et Muriel Pleynet, du moins, avaient été prévenus de l'hostilité du ministre de Nicolas Sarkozy à leur endroit. On ne m'a pas jugé digne de cet égard.

28

Horizon 2022

Xavier Bertrand ne répondant pas à mes demandes d'entretien, j'ai cherché à le rencontrer à l'occasion du colloque organisé au Touquet-Paris-Plage le 16 avril 2021. Le thème était sans lien direct avec la campagne des élections régionales, ni avec 2022, puisqu'il posait la question : « Brexit, divorce ou nouveau départ ? » Étaient attendus Xavier Bertrand et surtout Michel Barnier, l'ancien chef de la force opérationnelle chargée des négociations post-Brexit. Peu avant ce rendez-vous, l'ancien commissaire européen, libéré de ses obligations bruxelloises, avait présenté une offre de service à LR : « Moi, je suis disponible pour travailler au parti et au groupe avec tous ceux qui le voudront sur le thème "patriote et européen"[1]. » S'il n'a pas annoncé sa candidature à l'élection présidentielle, Michel Barnier a du mal à cacher que l'aventure le tente.

1. Emmanuel Galiero, « Barnier s'engage à réconcilier les patriotes et les Européens », *Le Figaro*, 17 février 2021 ; Dominique Albertini, « Michel Barnier, l'intention monte », *Libération*, 17 février 2021.

Bertrand et Barnier s'évitent

Mais patatras : le 15 avril, veille du colloque, Daniel Fasquelle, maire du Touquet-Paris-Plage et trésorier des Républicains, écrit sur son compte Twitter : « Michel Barnier toujours fidèle à sa famille politique, fort de son parcours, de son expérience et de son bilan face aux Britanniques dans le cadre du Brexit, est le mieux placé pour rassembler la droite et le centre pour gagner en 2022. » Voilà un gros caillou dans la chaussure du président des Hauts-de-France, d'autant que Daniel Fasquelle vient tout juste d'être réélu président des Républicains du Pas-de-Calais. C'est lui qui « est chargé de négocier avec les présidents sortants les listes et les investitures des échéances régionales et départementales pour le compte de Christian Jacob, le numéro un des Républicains[1] », écrit *DailyNord* la veille de la rencontre entre les deux gaullistes. Rencontre qui n'aura pas lieu, Xavier Bertrand préférant s'exprimer par vidéo. Il loue toutefois l'action de Michel Barnier, qui a « évité une catastrophe, grâce à ses qualités, son expérience, et dont nous aurons besoin dans le débat politique national ». Michel Barnier n'est déjà plus dans le palais des congrès du Touquet pour écouter ces éloges. Les deux hommes ne s'apprécient guère. En 2009, lors des élections européennes, Xavier Bertrand, alors secrétaire général de l'UMP, avait pris le contrôle de la campagne, marchant sur les plates-bandes de Michel Barnier, tête de liste en Île-de-France, ne cessant de lui glisser des peaux de banane[2].

---

1. Marc Prévost, « Présidentielle : Daniel Fasquelle rappelle Xavier Bertrand à l'ordre du parti », dailynord.fr, 15 avril 2021.
2. Voir Ian Hamel, « Au Touquet, Barnier et Bertrand, présidentiables potentiels, se sont loupés », www.marianne.net, 16 avril 2021.

Xavier Bertrand se doute bien qu'à droite le « TSB » (tout sauf Bertrand) va se mettre en route et il s'y prépare. En revanche, il ne s'attendait pas à un tel coup de pouce de l'Élysée. Si Emmanuel Macron avait voulu l'installer en candidat sérieux à l'élection présidentielle, il ne s'y serait pas pris autrement. Les politologues évoqueront sans doute encore longtemps cette opération qui a consisté à envoyer cinq ministres, dont ceux de l'Intérieur et de la Justice, pour tenter de déstabiliser le président des Hauts-de-France lors des élections régionales. Le coup était si tordu que la liste de La République en marche n'a obtenu que 9,13 % des suffrages au premier tour. Le chef de l'État, qui vote avec son épouse au Touquet-Paris-Plage, a été contraint d'annoncer qu'il glisserait un bulletin Xavier Bertrand dans l'urne au second tour ! Avant le déclenchement de cette opération commando, la tête de liste LREM-MoDem, Laurent Pietraszewski, secrétaire d'État chargé des Retraites et de la Santé au travail, fort peu connu des électeurs, était crédité d'un meilleur score (10 à 11 %).

Si les ministres Alain Griset et Agnès Pannier-Runacher ont évité de se mettre en avant, en revanche, le tonitruant Éric Dupont-Moretti, garde des Sceaux, qui répétait n'être pas venu « chasser sur les terres du RN, mais chasser le RN de ces terres », y a gagné un surnom : l'extrême droite l'a caricaturé un fusil à la main, en Tartarin « islamo-gaucho », *alias* « Ducon-Morito ». À en croire *Le Canard enchaîné*, Emmanuel Macron plastronnait, certain que Dupont-Moretti allait « mobiliser les gens du Nord[1] ». L'ancien avocat, originaire de cette région, passé par les barreaux de Douai et de Lille, a même été battu à Cousolre, village proche de Maubeuge où il a grandi et où réside sa mère. En revanche, son

1. « Le missile anti-Bertrand », *Le Canard enchaîné*, 12 mai 2021.

collègue Gérald Darmanin s'est arrangé pour montrer qu'il était en service commandé et qu'il renâclait à l'idée d'affronter son « ami » Xavier Bertrand, dont il a été le vice-président à la région jusqu'en juillet 2020. Il ne faut jamais insulter l'avenir. « On voit bien la marque satanique que représenterait une victoire du RN[1] », a-t-il lâché pendant la campagne, afin de bien montrer que son ennemi prioritaire était pour lui l'extrême droite.

Le même Gérald Darmanin s'est même permis de faire de la retape pour la liste conduite par Xavier Bertrand : « Je veux dire à quel point j'ai trouvé qu'il a été un président courageux. Il a gagné la bataille face au Front national et il a réussi à faire ce travail de fusion des deux régions, ce qui n'était pas évident[2]. » Qu'en est-il des relations Bertrand-Darmanin ? « Au sein de la Macronie, Darmanin est considéré comme un agent double. Le président de la République lui a demandé de trancher. Résultat, ils se voient moins avec Bertrand. Mais je sais qu'il leur arrive encore de dîner ensemble avec leurs épouses. Ces deux-là sont les mêmes, un peu à l'image de Sarkozy. Ils n'ont pas de limites pour arriver, quitte à balancer des saloperies sur tous ceux qui peuvent leur barrer la route[3] », explique un témoin resté proche des deux politiciens, rencontré à l'hôtel Carlton de Lille.

Le parachutage de cinq ministres dans les Hauts-de-France, loin d'être destiné à combattre l'extrême droite, était surtout imaginé pour handicaper Xavier Bertrand

---

1. Wally Bordas, « Régionales : Gérald Darmanin estime qu'une victoire du RN serait "une marque satanique" », www.lefigaro.fr, 11 juin 2021.
2. Benjamin Recouvreur, « Gérald Darmanin candidat aux régionales : "Xavier Bertrand a été un président courageux" », www.francebleu.fr, 14 mai 2021.
3. Entretien avec l'auteur, Lille, mai 2021.

dans sa candidature présidentielle. Emmanuel Macron pensait pouvoir forcer l'ancien maire de Saint-Quentin à briguer son aide pour le second tour des régionales[1]. Il est vrai que les sondages mettaient alors au coude-à-coude Xavier Bertrand et Sébastien Chenu, tête de liste du RN, avec des scores compris entre 32 et 35 %.

Le président des Hauts-de-France n'est pas tombé dans ce piège grossier. « Les annonces politiques des uns et des autres, je m'en cogne, lâchait-il à l'annonce du débarquement de cinq membres du gouvernement. Ça fait plus de cinq ans que je suis sur le terrain et je ne changerai jamais ma façon de faire. Il y en a qui aiment bien les salons parisiens. Il y en a qui aiment les grands bureaux à Lille. Moi, je préfère le terrain, le terrain, le terrain, le terrain, et je ne changerai pas[2] », ajoutait-il en visite à Albert, dans la Somme.

Le premier tour a été sans appel : Xavier Bertrand arrive très largement en tête avec 41,39 % des suffrages, loin devant le RN (24,37 %), les écologistes et la gauche pourtant unis (18,99 %). LREM et MoDem tombent sous la barre des 10 %. En 2015, Marine Le Pen avait obtenu 40,64 % et toutes les listes de gauche et les écologistes réunis atteignaient 28,27 %. Xavier Bertrand, lui, a progressé d'un peu plus de seize points. À Saint-Quentin, il obtient la majorité (59,24 %), alors que le RN chute à 18,04 %. Il peut revendiquer sa victoire sans rien devoir au parti du président.

Gérald Darmanin s'est empressé de féliciter son « ami », « récompensé pour son bilan ». De quoi provoquer le

1. Voir Olivier Faye, « En Picardie, la campagne déguisée de Macron », *Le Monde*, 19 juin 2021.
2. Éric Turpin, « Régionales… "Je m'en cogne", dit Xavier Bertrand à propos de la candidature de plusieurs ministres », www.francebleu.fr, 6 mai 2021.

courroux du ministre de la Justice qui, lui, a vraiment mouillé sa chemise pour la liste macroniste. « C'est indigne, c'est une trahison[1] ! » a reproché le garde des Sceaux au ministre de l'Intérieur devant l'ensemble de leurs collègues du gouvernement, selon des propos révélés par CNews et confirmés au *Monde* par plusieurs participants. Réaction de l'ancien maire de Tourcoing : « Commence déjà par gagner une élection. » Dans le canton de Tourcoing-2, Gérald Darmanin a obtenu 64,98 % des voix.

Quelques mois avant les élections régionales, le sénateur du Nord Patrick Kanner, ancien ministre socialiste de la Ville, de la Jeunesse et des Sports, s'étonnait de la popularité de Xavier Bertrand : « Il n'a pas amélioré la vie des habitants, il n'a pas amélioré la situation sanitaire. La population de la région n'a pas cessé de diminuer. Je ne veux pas être désagréable, mais quel est son bilan ? À part tourner toute la journée dans sa voiture-bureau... Les Hauts-de-France lui servent de paillasson pour son ambition personnelle[2] », déplore cet ancien président du conseil général du Nord. Mais au soir du premier tour, le président des Hauts-de-France se soucie comme d'une guigne de cette gauche unifiée qui n'a pas atteint 20 % des suffrages. À l'exception de Grande-Synthe, il est arrivé en tête dans toutes les villes de la région. Depuis son fief de Saint-Quentin, il se projette vers 2022 sans attendre le second tour : « Nous avons desserré pour les briser les mâchoires du Front national », lance-t-il, certain que l'expression fera date et prenant soin, comme toujours, d'employer l'ancienne dénomination du parti de Marine Le Pen.

---

1. Olivier Faye, « Passe d'armes entre Dupont-Moretti et Darmanin sur Xavier Bertrand », *Le Monde*, 25 juin 2021.
2. Entretien avec l'auteur, février 2021.

Malgré ce vrai succès, il ne peut ignorer qu'un peu plus de 67 % des électeurs de cette région ont boudé les urnes (comme dans le reste du pays). En définitive, seuls 13,6 % des habitants des Hauts-de-France ont voté pour lui. Mais est-il le principal artisan du recul de l'extrême droite ? Le parti lepéniste a chuté de 10 % sur le plan national, mais de bien plus haut dans les Hauts-de-France. Le politologue lillois Tristan Haute, docteur en science politique, minimise l'impact réel de Xavier Bertrand sur l'érosion de l'extrême droite : « Le RN est dans une dynamique électorale défavorable depuis les municipales, où l'on a observé une forme de repli sur soi. Il a reculé dans un certain nombre de grandes villes et perdu pas mal d'élus dans les conseils municipaux. » Élu député en 2017, Sébastien Chenu, tête de liste du RN aux régionales, avait été sévèrement battu en 2020 aux élections municipales à Denain. Si, entre 2015 et 2021, le Rassemblement national a perdu 584 000 électeurs, Tristan Haute constate que « ce gros demi-million n'est pas passé chez Xavier Bertrand. Il s'est tout simplement abstenu[1] ». L'électorat de Bertrand et celui de Marine Le Pen ne se recoupent pas du tout. Le premier séduit le milieu rural, les catégories aisées, les personnes âgées ; la patronne du RN, les classes populaires, les personnes peu diplômées et les jeunes.

Reste à savoir pourquoi les électeurs traditionnels de l'extrême droite se sont-ils abstenus plus que les autres ? « Ça fait des années qu'on espère que Marine va passer, mais à chaque fois il y a barrage[2] », déplore l'un d'eux. Pour Fabien Desage, maître de conférences en science

1. Yves Adaken, « Xavier Bertrand a-t-il vraiment fait baisser le RN dans les Hauts-de-France ? », *Mediacités*, 25 juin 2021.
2. *Le Monde*, 24 juin 2021.

politique à l'université de Lille, le RN serait victime de son « hyper-présidentialisme » : « En misant tout sur la présidentielle, ses chefs ont asséché toutes les élections intermédiaires[1]. »

« Si je ne gagne pas… »

Le 27 juin 2021, le second tour confirme les résultats du premier et les amplifie. Xavier Bertrand est élu avec 52,37 % des suffrages et s'installe un peu plus dans la présidentielle. Le RN est à 25,65 %, la liste de gauche et des écologistes à 21,98 %. Costume et cravate sombre, accompagné de Vanessa Williot, son épouse, le vainqueur prononce un discours d'à peine cinq minutes dans la salle du palais de Fervaques, à Saint-Quentin. « L'Histoire retiendra que par deux fois, ici, sur la terre des Hauts-de-France, fidèle à une certaine idée de la France, le Front national a été arrêté et nous l'avons fait fortement reculer, assure-t-il. Ce résultat me donne la force d'aller vers tous les Français. »

Xavier Bertrand vient d'enfiler le costume du seul candidat capable de battre Marine Le Pen avec certitude en 2022. C'est oublier un peu vite que le RN a chuté presque partout. En Auvergne-Rhône-Alpes, où Laurent Wauquiez (LR) est passé avec 55,17 % des suffrages, le candidat du RN plafonne à 11,18 %. En Île-de-France, Valérie Pécresse l'emporte dans une quadrangulaire (45,92 %), Jordan Bardella, vice-président du Rassemblement national, s'effondrant à 10,79 %. Également confrontée à une quadrangulaire en Pays de

1. Yves Adaken, « Hauts-de-France : derrière la victoire de Xavier Bertrand, les quatre leçons des régionales », *Mediacités*, 29 juin 2021.

la Loire, Christelle Morançais (LR) conserve la présidence avec 46,45 %, avec un RN à 10,48 %. L'ancien président de cette région est Bruno Retailleau, aujourd'hui président du groupe Les Républicains au Sénat et potentiel candidat à l'élection de 2022.

« Bertrand a gagné sa région comme tous les autres. Ni plus ni moins, et même moins bien que certains. Alors, pourquoi lui et pas les autres ? aurait déclaré le soir du second tour Christian Jacob, le patron de LR. [...] Tout le monde est d'accord pour considérer que Bertrand n'est pas le candidat de droit divin[1] », croit savoir *Le Canard enchaîné*. L'ancien maire de Saint-Quentin suscite toujours autant d'animosité. « Tous ceux qui ont été ministres en même temps que lui sont maintenant contre lui[2] », assure François Baroin qui, lui, n'est toujours pas candidat.

Dès le soir du second tour, la classe politique s'est déjà projetée dans l'antichambre de la présidentielle. Selon un sondage Ipsos pour France Télévisions, le candidat de droite serait à 18 % des intentions de vote. Il se rapproche d'Emmanuel Macron et de Marine Le Pen, tous deux crédités de 24 %. De son côté, un sondage Harris Interactive pour *Challenges* accorde 16 % à Xavier Bertrand, 26 % à Marine Le Pen et 24 % à Emmanuel Macron. Toujours est-il que le danger se précise pour le chef de l'État. Une autre enquête, réalisée dans les Hauts-de-France, montre que la plus grande part des voix obtenues par les partisans de celui-ci au premier tour a bénéficié au candidat Bertrand au second (et apparemment pas à la gauche).

1. « Le "TSB" (tout sauf Bertrand) de Jacob », *Le Canard enchaîné*, 30 juin 2021.
2. Paul Chaulet, Éric Mandonnet, « Les équations de Xavier Bertrand », *L'Express*, 1er juillet 2021.

« Un tel résultat montre que l'électorat LREM de 2021 est très compatible avec celui de Xavier Bertrand[1]. »

« Maintenant, tout le monde a compris que la présidentielle est désormais un match à trois », assure l'ancien maire de Saint-Quentin dans l'édition des *Échos* parue au lendemain du second tour. « Le match à deux a du plomb dans l'aile : Marine Le Pen engueule ses électeurs – c'est du jamais vu – et Emmanuel Macron cherche encore à enjamber le scrutin », ironise-t-il. S'il ne gagne pas cette présidentielle, confie-t-il plus sérieusement, « c'en sera fini de LR comme parti de gouvernement. Une partie ira à la droite de la droite, une autre chez Macron et la partie qui restera stoïque se situera au niveau du PS d'aujourd'hui, c'est-à-dire un parti territorial[2]. » C'est la méthode Coué à plein régime : Xavier Bertrand ne peut ignorer que, chez Les Républicains, beaucoup ne sont pas prêts à lui faire la courte échelle. À commencer par Laurent Wauquiez. En décembre 2017, Xavier Bertrand avait annoncé à la télévision son retrait de LR, alors que le président de la région Auvergne-Rhône-Alpes venait tout juste d'être élu avec 75 % des voix des adhérents. Cela ne s'oublie pas. « Pour Xavier, le plus dur commence maintenant. La guerre en interne sera impitoyable[3] », confiait à *Aujourd'hui en France* un de ses meilleurs amis, au soir du premier tour des régionales.

L'objectif du président des Hauts-de-France est de prendre une telle avance dans les sondages dès la rentrée qu'il tuera la primaire ou le processus de « départage » organisé par LR

1. Yves Adaken, art. cit.
2. Elsa Freyssenet, « Xavier Bertrand : "Maintenant, la présidentielle est un mach à trois" », *Les Échos*, 28 juin 2021.
3. Olivier Beaumont, « Xavier Bertrand sur orbite », *Aujourd'hui en France*, 21 juin 2021.

pour choisir un candidat. Reste une inconnue majeure : l'attitude de l'ancien président à son égard. À droite, la voix de Nicolas Sarkozy continue de porter. « Bertrand va régulièrement lui baiser les babouches. Ce n'est pas que Sarkozy ne l'aime pas, mais il pense qu'il n'a pas la carrure. D'ailleurs, il ne l'a jamais pris pour un possible successeur. Il [Bertrand] sait qu'il n'aura pas son soutien, mais il espère que l'ancien président n'essaiera pas de le tuer », assure un sarkozyste. Et d'ajouter, sans complaisance : « L'ancien président est lui-même obsédé par son poids. C'est peut-être enfantin, mais le tour de taille de Bertrand suffit, selon lui, à le disqualifier[1]. » Mais ne s'est-on pas moqué autrefois du physique de François Hollande ? Lui aussi fut longtemps considéré comme un second choix. Xavier Bertrand sait que sa candidature ne suscite pas l'engouement « façon politique-people sur papier glacé », reconnaît *Les Échos*. Or, le parti néogaulliste s'est très longtemps construit sous la houlette d'un chef charismatique, « comme un système solaire gravitant autour d'une seule étoile, seule capable de maintenir sa cohésion[2] ». Après de Gaulle, Pompidou, Chirac, Sarkozy… Xavier Bertrand ? « il doit se douter quc ce sont des régimes de bananes que ses adversaires vont lui glisser sous les pieds pour le faire trébucher. En se servant, pour commencer, de toutes ses déclarations contradictoires. Le 6 juillet 2021, sur le plateau de TF1, le président des Hauts-de-France annonce : « je ne serai pas candidat à une primaire », arguant que « la primaire n'a pas laissé de bons souvenirs à droite et a été source de divisions ». Aussitôt *Libération* lui rappelle ses propos de 2013 : « J'ai toujours été un militant des primaires. Quand j'étais à la tête de

1. Entretien avec l'auteur, juin 2021.
2. Sarah Belouezzane, « La droite cherche son champion en vue de 2022 », *Le Monde*, 30 juin 2021.

l'UMP, j'ai poussé pour des primaires aux élections régionales [...]. Et j'y crois à chaque fois. Je l'ai poussé également pour les élections municipales. » Quant au *Figaro*, il souligne qu'en 2013, « celui qui était alors député UMP jugeait, à l'inverse, que la primaire donnait "une légitimité forte" au candidat victorieux. Un message en direction de Nicolas Sarkozy qui envisageait de retenter sa chance en 2017 après sa défaite en 2012[1] ».

L'ancien secrétaire général de l'UMP n'a pas attendu septembre 2021 pour lancer sa campagne. Comme à son habitude, il a sillonné les routes tout l'été, et plus seulement celles des Hauts-de-France, suivant les conseils d'un certain Nicolas Sarkozy avant l'élection de 2007 : « Occuper l'espace, même l'été, pour plier le match et installer la dynamique[2]. » Son slogan-phare : « Je veux m'adresser à cette France que l'on refuse de voir, d'entendre, et qui s'est abstenue ces deux dimanches. C'est le cri du cœur de la France qui chaque jour travaille et pourtant n'arrive plus à joindre les deux bouts. C'est le cri de la France qui respecte les règles et qui voit que partout on piétine impunément la loi. C'est le cri de la France qui compte chaque euro pour boucler ses fins de mois[3]. » Pendant tout l'été, il a posté sur les réseaux sociaux « des vidéos maladroites en apparence où il tente de montrer un visage simple et authentique », constate la presse. « Au

1. Sylvain Chazot, « Quand Xavier Bertrand affirmait qu'il avait "toujours été un militant des primaires », www.libération.fr, 8 juillet 2021 ; Pierre Lepellier, « Présidentielle : quand Xavier Bertrand jugeait que les primaires étaient "une formidable chose" », www.lefigaro.fr, 8 juillet 2021.

2. Marion Mourgue, « Xavier Bertrand, des régionales à 2022 », www.lefigaro.fr, 27 juin 2021.

3. Laurie Moniez, « Vainqueur, Xavier Bertrand propose déjà de redresser la France », *Le Monde*, 29 juin 2021.

volant d'une moissonneuse-batteuse, il a dit son amour des moissons et son respect pour les agriculteurs », note *Le Dauphiné libéré*[1]. Une maladresse volontaire qui peut prêter à s'attendrir ? « Il est très rare que les politiques français ne soient pas dans la mise en scène, la théâtralité. Là, Xavier Bertrand casse la distance, il parle au quotidien sans intermédiaire, c'est plutôt réussi, applaudit Philippe Moreau-Chevrolet, professeur de communication à Sciences-Po dans *Libération*[2].

Le problème, c'est que Xavier Bertrand n'est plus le seul à droite sur la ligne de départ. Le 22 juillet 2021, Valérie Pécresse (53 ans), présidente de la région d'Île-de-France, s'est déclarée à son tour candidate à l'élection présidentielle de 2022. Contrairement à Xavier Bertrand, elle indique ne pas avoir « peur de la primaire ». « Nous avons un devoir d'unité et de jouer collectif, car il faut un seul candidat de l'alliance de la droite et du centre pour l'alternance », affirme-t-elle. Comme le président des Hauts-de-France, Valérie Pécresse a passé tout l'été à sillonner le pays, au rythme de deux déplacements par semaine[3]. Les autres prétendants à droite ? Michel Barnier (70 ans), Philippe Juvin (57 ans), Bruno Retailleau (60 ans) et Laurent Wauquiez (46 ans).

Et après la rentrée ? Difficile de répondre sans faire de la politique-fiction. Pour s'en dissuader, qu'il suffise de relire certains commentaires à l'emporte-pièce lâchés tout au long de la campagne des régionales : LR était

---

1. Nathalie Mauret, « L'été en campagne de la droite », *Le Dauphiné libéré*, 5 août 2021.
2. Nicolas Massol, « Réseaux sociaux, Xavier Bertrand et Instagram : la com estivale », www.libération.fr, 4 août 2021.
3. Sarah Belouezzane, « Pécresse "n'a pas peur" de la primaire à droite », *Le Monde*, 24 juillet 2021 ; Géraldine Woessner, « La métamorphose de Valérie Pécresse », *Le Point*, 29 juillet 2021.

en état de « mort cérébrale », les électeurs des Hauts-de-France étaient déroutés par la « double casquette » de Xavier Bertrand, Éric Dupont-Moretti allait « casser la baraque » dans le Nord, le duel Macron-Le Pen éclipsait tous les autres candidats, sans oublier la grande question : « Pourquoi Sarkozy tend-il la main à Macron ? » Il faut aussi se souvenir qu'un an avant l'élection présidentielle de 1981, les sondages créditaient Valéry Giscard d'Estaing de 61 % des voix au second tour et qu'il n'en a obtenu que 48,24 %. En 1995, Édouard Balladur était censé battre Michel Rocard par 57 % contre 43 %. En 2007, Ségolène Royal devait arracher sur le fil la victoire face à Nicolas Sarkozy (51/49 %). En 2016, les sondeurs analysaient les chances d'Alain Juppé, Nicolas Sarkozy et François Hollande : aucun des trois ne s'est présenté sur la ligne de départ[1]. Il convient donc de rester prudent.

1. Voir Guillaume Tabard, « Présidentielles : sous la Ve République, ce que disaient les sondages un an avant le scrutin », www.lefigaro.fr, 20 avril 2021.

Épilogue

Le plus dur reste à faire

Reste une question d'importance et pour l'heure sans réponse : le nerf de la guerre. Elle se pose d'autant plus que Xavier Bertrand, depuis 2017, n'appartient à aucune organisation politique structurée. Comment financera-t-il sa campagne s'il n'est pas porté par Les Républicains ?

En 2011, Xavier Bertrand a créé à Saint-Quentin La Manufacture, dont le porte-parole actuel, Jean-Paul Mulot, ancien directeur délégué du *Figaro*, a été le représentant pour les Hauts-de-France au Royaume-Uni. La seule enquête un peu fouillée sur ce micro-parti, reconnu comme tel par la Commission nationale des comptes de campagne et des financements politiques et également présenté comme une « boîte à idées », remonte à avril 2018. « La Manufacture ne se montre pas très innovante en matière de transparence, écrivait *Mediacités*, auteur de l'enquête. Son représentant a refusé de nous indiquer le nombre des adhérents, des donateurs ou même des sympathisants. Difficile donc de mesurer son pouvoir d'attraction. D'autant que les personnalités, pour l'instant, ne se bousculaient pas au portillon, à l'exception notable d'Éric Besson, l'ancien député PS devenu ministre de Nicolas Sarkozy. » Plus récemment, *Le Journal du dimanche* constatait : « Consigne a été donnée de garder le silence. Bertrand ne veut pas ouvrir les portes de sa Manufacture[1]. » *Mediacités* a révélé que lors des élections régionales de 2015, La Manufacture avait financé la campagne de Xavier Bertrand « à hauteur de presque 350 000 euros, sur un total de 1,6 million[2] ». Pour l'élection présidentielle, il ne sera plus question de millions, mais de dizaines de millions d'euros. Les comptes 2019 de La Manufacture (les derniers disponibles) faisaient état de 104 958 euros de dons de particuliers. « Les dons, assure l'entourage de Bertrand, auraient "explosé" depuis sa victoire aux régionales. À quel point ? Mystère, là encore », écrit *Le Point*[3].

Hormis les gros sous, à quoi sert La Manufacture ? Jean Spiri, son délégué national, parle d'une association de réflexion et d'action qui alimente Xavier Bertrand en idées et organise son réseau territorial. Elle aurait ouvert des antennes un peu partout en France. Élu conseiller régional en Île-de-France en 2015, Jean Spiri ne figurait pas cette année sur la liste menée par Valérie Pécresse. « D'autres y verront un signe, alors que Pécresse et Bertrand pourraient bien être rivaux, demain, pour 2022[4] », notait déjà *Le Journal du dimanche* en mai 2021. Les journalistes politiques se montrent en

---

1. Christine Ollivier, « Comment Bertrand recrute pour 2022 », *Le Journal du dimanche*, 11 octobre 2020.
2. Pierre Januel, « Petits secrets et grandes ambitions du microparti de Xavier Bertrand », *Mediacités*, 27 avril 2018.
3. Jacques Paugam et Nathalie Schuck, « Xavier Bertrand : à la recherche de l'armée de l'ombre », www.lepoint.fr, 9 juillet 2021.
4. Christine Ollivier, « Jean Spiri, le Manufacturier qui œuvre pour Xavier Bertrand », *Le Journal du dimanche*, 13 mai 2021.

général très sceptiques sur l'efficacité de cette structure. « La Manufacture, c'est Macron et Michel Bettan, son bras droit et conseiller politique depuis vingt ans, et c'est tout », dit l'un d'entre eux. « C'est juste un lieu pour convier les élus qui le soutiennent ou qui commencent à s'intéresser à lui depuis qu'il monte dans les sondages », assure un autre.

Frédérique Dumas, ancienne adjointe au maire d'Antony, a été élue députée des Hauts-de-Seine en 2017 sous l'étiquette La République en marche. L'année suivante, elle lâche la Macronie pour se rapprocher de Xavier Bertrand. Les fiançailles n'ont pas duré très longtemps. Le 12 octobre 2020, elle signait dans *L'Opinion* une mise au point : « Je n'accompagnerai pas Xavier Bertrand dans son combat », regrettant que le président des Hauts-de-France « fasse le match de celle ou celui qui est plus à droite que l'autre ». Quant à La Manufacture, ce n'est pour elle qu'« une machine à recruter des élus, et donc une machine électorale[1] ».

Telle n'est pas l'opinion de Julien Martinez, responsable national de l'animation de La Manufacture. « C'est au contraire un lieu où nous confrontons nos idées à la réalité du terrain », explique cet élu local, conseiller national des Républicains, qui assure être en contact permanent avec des centaines de militants dans tous les départements. Originaire d'Oyonnax, dans l'Ain, il est le premier « bertrandiste » – hors Picardie – dont j'aie fait la connaissance après la sortie de mon livre en 2010. D'un optimisme communicatif, il assure que « quelque chose est vraiment en train de se passer. Je sens une effervescence, comme lors de la campagne de

1. Frédérique Dumas, « Je n'accompagnerai pas Xavier Bertrand dans son combat », *L'Opinion*, 12 octobre 2021.

Nicolas Sarkozy en 2007. Les personnes plus âgées me parlent dans les mêmes termes de celle de Jacques Chirac en 1995, avec son slogan sur la "fracture sociale"[1] ». La Manufacture, ajoute Julien Martinez, voit affluer des militants qui s'étaient un temps éloignés de LR, mais aussi des macronistes déçus, et même des républicains de gauche. Quelle sera à cet égard l'attitude de Laurent Wauquiez, le président de la région Auvergne-Rhône-Alpes ? « Les sondages placent Xavier Bertrand à 18-20 %, les autres responsables de droite ne sont qu'à 11-13 %. Il faut savoir si nous voulons vraiment gagner en 2022. Je pense que la stratégie de Laurent Wauquiez est plutôt de préparer 2027, puisque Xavier Bertrand propose le mandat unique[2]. »

« Les favoris de septembre ne sont pas ceux de mai »

Que pense un journaliste politique de la stratégie mise au point par Xavier Bertrand ? J'ai interrogé à ce sujet Olivier Pérou, du *Point* :

« Xavier Bertrand a déjà annoncé que la présidentielle se jouera entre Macron, Le Pen et lui. Mais ses principaux adversaires à droite, réélus également, ne lâchent rien…

— Bien qu'il ait indexé sa candidature à la présidentielle sur une victoire aux régionales et bien que celle-ci soit large, le chemin vers l'Élysée est semé d'embûches. La première s'appelle Laurent Wauquiez. Le président de région de droite le mieux réélu, c'est lui. Valérie Pecresse, elle,

1. « J. Martinez : "Je sais que Xavier Bertrand sera président de la République" », www.lavoixdelain, 24 mars 2021.
2. Entretien avec l'auteur, juin 2021.

aura son mot à dire, puisqu'elle a vaincu la troïka rose-rouge-verte. Eux aussi ont mis à terre le RN dans leur région. Xavier Bertrand n'échappera pas à une primaire, ou tout le moins à des discussions avec ces deux-là. Il a pensé être le seul en capacité de réveiller la droite ; c'était un calcul incomplet.

— *Tout en se revendiquant de la droite sociale, Xavier Bertrand mène une politique très droitière, assez identique à celle de Laurent Wauquiez en Auvergne-Rhône-Alpes, qui lui a permis de siphonner dans les Hauts-de-France les voix du RN. Comment peut-il se repositionner ensuite pour séduire les centristes ?*

— Il y a deux séquences marquantes. D'abord, son interview au *Point*, très droitière en effet. Il y avait là des échos de Sarkozy 2012. L'autre moment, c'est au soir de sa victoire. J'ai entendu là les bases d'un discours sur la fracture sociale, tendance Chirac 1995. Il ne parviendra à reconquérir les centristes qu'en radoucissant le premier et en renforçant le second. Mais il y a un troisième paramètre, indépendant de sa volonté : les centristes font cavalier seul derrière Macron, donc en tant que sortants. Ils ne se rangeront pas derrière lui, sauf à être éliminés du premier tour. Il doit composer sans eux, mais en les ayant toujours dans un coin de sa tête.

— *Comment expliquer la stratégie suicidaire du chef de l'État, qui a désigné Xavier Bertrand comme son adversaire le plus dangereux en envoyant pas moins de cinq ministres aux élections régionales dans les Hauts-de-France ?*

— C'est un pari du président de la République, mais il commet la même erreur que Xavier Bertrand lui-même : oublier Laurent Wauquiez, qui peut jouer – y compris au service de Bertrand s'il est désigné – un rôle de catalyseur de l'électorat le plus à droite. Nationaliser le scrutin des Hauts-de-France sur l'autel de la présidentielle a été une erreur tactique. Un coup de poker comme il les aime, depuis qu'il en a réussi un en 2017. Mais, depuis, il les manque tous ou presque. Xavier Bertrand, s'il espère faire lui aussi un coup, doit calmer la monture. Il s'est porté candidat trop tôt, or l'histoire de l'élection présidentielle démontre que les favoris de septembre ne sont pas ceux de mai. La droite le sait mieux que personne[1]. »

En politique, l'obstination ne fait pas tout. Encore faut-il ne pas croiser plus obstiné que soi.

1. *Idem.*

Table

Cet ouvrage a été composé
par Facompo à Montrouge (Hauts-de-Seine)

Impression réalisée par

Normandie Roto Impression s.a.s.
61250 Lonrai

en août 2021
pour le compte des Éditions de l'Archipel,
département éditorial de la S.A.S. Écriture-Communication

Imprimé en France
N° d'impression : 2104364
Dépôt légal : septembre 2021